公共管理系列教材

管理定量分析

方法与技术（第二版）

Quantitative Analysis for Management
Methods and Techniques

刘兰剑　李　玲　编著

中国人民大学出版社
·北京·

本书特色

第一，难度小。本书对数学基础没有严格要求，高中水平足以应付，绝大部分内容可以在没有基础的情况下完全掌握。而且，核心理论与方法在课堂内就可消化，不需要花费额外的时间，减轻了学生的学业负担。

第二，深度够。本书并没有为了追求易学而丧失深度。相反，在注意分解难点的同时，本书特别注重内容上的深度和广度。无论是进行管理工作还是科学研究，本书中的理论和方法足以解决一般的问题。

第三，实用性强。作者根据多年的教学和科研经验，选择了学生在未来工作及学习中很可能用到的基本理论和方法。

第四，理论和操作相结合。本书大多数章节在阐述相关理论与方法之后，演示了这些理论与方法的软件实现与操作过程，学生学完课程后可以运用有关软件解决实际问题。

第二版前言

本书出版以来，被许多高校选为教材，受到了广大师生的欢迎，在使用的过程中，作者不断地向部分高校征集意见，并结合自己使用教材的经验和体会，以及学生在学习过程中反馈的信息，对本书的内容做了较大幅度的修改。具体修订工作如下：

(1) 对统计软件及其应用部分的内容进行了整合。根据本书在各高校使用过程中反馈的意见，调整了统计软件及应用部分章节的具体编排，将各章的软件实现与软件应用进行了融合，以案例分析为载体，以软件操作为主线，在应用软件解决具体案例的同时对软件功能的具体实现进行了介绍。使得学习与教学过程中可以更加直观地理解与掌握软件的具体操作。

(2) 对部分章节的案例与统计分析数据进行了更新，力求使所用案例与分析数据既能满足理论分析的需要，更能贴近社会发展实践。使读者在学会统计分析方法的同时，能对现实的社会问题有比较准确的把握。

(3) 在原有基础上增加了回归分析与网络分析法。原书在回归分析部分只进行了相关理论分析而未能涉及具体的软件应用，在修改过程中对这一问题进行了完善。同时近年来网络分析这种新型的统计分析工具，越来越受到广大读者的关注，本书在修订时也对此进行较为翔实的介绍。

(4) 更新了部分教学案例，使得教学的趣味性和理论性结合得更为紧密。

(5) 更换或删除了部分例题。在使用的过程中发现部分例题难度稍大，难以满足所有师生在教学过程中的需要，因此，在修订的过程中对部分例题进行了更换或者删除。

本书共 21 章，可以根据课时多少和学生专业选择不同的内容组合进行讲授，全书的课时设计是 72 学时。本书的第 1、2、3、4、5、6、7、8、9、10、17、18 章由刘兰剑编写，第 11、12、13、14、15、16、20 章由李玲编写，第 19、21 章由刘兰剑、李玲共同编写，全书由刘兰剑统稿。

在此次修订过程中，武佳静、戴雨桐、刘阳阳、朱亦菲、夏婉婷、张田、张文静、应海涛、孙璐、项丽琳、李瑞婷等对书中的文字、例题等进行了全面核对，封峰、白昆艳、王婷、郭鹏等同学对改版后的统计软件及应用部分的文字进行了仔细核对，对所有案例的数据全部重新输入软件进行了计算与检查，并对章节后的习题进行了试做，避免了在练习及操作过程中可能出现的一些问题。

本书可作为高等学校公共管理、工商管理、经济学、社会学等相关专业的本科生或硕士生（含 MPA、MBA）教材，也可作为人文社科类博士生初学研究方法的参考书，还可供各级公共管理人员、企业管理人员、工程技术人员参考。

我们本着对读者负责和精益求精的精神，对原书通篇进行字斟句酌的思考和研究，力求消除一切瑕疵和错误。但由于水平所限，书中难免还会出现缺点和错误，敬请读者批评指正。

同时借此机会，向使用本套教材的广大师生，向中国人民大学出版社的编辑朱海燕和李俊峰，向给予我们关心、鼓励和帮助的同行、专家学者致以由衷的感谢。

本书作者

2017 年 10 月

第一版前言

萌发编写一本定量分析教程的想法，是在 2004 年我首次接手这门课程教学任务的时候。挑选合适的教材是当时的第一项工作。在最初的几年里，几乎翻遍了所有的同类书籍，想找一本老师教得省时省力、学生学得轻轻松松，学完后又能运用定量分析技能解决实际问题的教材，但是很快发现，这项工作并非易事。市面上的定量分析教材大致可以分为三种类型，第一类脱胎于数学教科书，从定义、定理的证明，到以例题说明这些方法的实际应用，都遵循严谨的数学逻辑。这类教材对老师和学生的数学基础要求比较高。第二类是精心编写的理论简化版，把繁杂的推导略去，只介绍定量分析方法的基本思路，理论逻辑基本上是蜻蜓点水、一笔带过，最后列举一些简单的例子说明这些方法的应用。这类教材可以让学生比较轻松地了解到一些定量分析方法，但对理论逻辑的理解不够深入，灵活运用能力受到限制。第三类是国外教材的译本，其优点是逻辑清晰，但其中列举的案例都是以国外的情况为背景，中国的学生不免会有距离感，难以有切身感受。这三类教材各有优点与特色，但面临的共同问题是难以满足多层次学生的定量分析方法学习要求，再加之繁杂的数学计算过程常常让人望而却步，敬而远之。

可喜的是，近年来，计算机正在悄然改变我们的生活，功能日益强大的软件在工作、娱乐、生活、学术研究等方方面面影响着我们。在学术界，诸如 SPSS、LISREL、STATA 等培训课程大受欢迎，因为这些软件能迅速解决复杂的计算问题，把人们从巨量的计算之中解脱出来。但是，大家很快发现，如果仅仅掌握软件操作，缺乏对定量分析基本理论的理解，不但难以正确使用这些软件，也无法正确解读软件的运行结果。如何将理论学习与软件操作结合起来，让学生既能领会理论的精髓，又能真正掌握定量分析的方法，是近期一些从事这方面教学和研究的学者努力的方向，也是我们编写本书的初衷。

一方面，本书在略去繁杂的数学推导的同时，保留了定量分析逻辑的精髓，通过对这些精髓部分的精讲，学生完全可以深入理解定量分析方法。另一方面，本书中提到的绝大多数定量分析方法，都介绍了相应的计算机软件实现技术，以确保学生既能够领会理论，又能够掌握方法。

在正式出版之前，我们先以讲义的形式将书中的内容在本科生及研究生中试用，经过几年的反复试用、修改才形成现在的书稿。试用的结果是令人欣喜的，普通本科生不用花费额外的时间，仅在课堂内就可以完全掌握这些技能。本书不但可以让学生轻松掌握一定的定量分析方法，也为他们熟练运用这些技术奠定了良好的基础。本书的难度不大，实用性却比较强。对于老师来讲，可以轻轻松松将定量分析这样“难啃的骨头”传授给学生。

本书共20章，可以根据课时多少和学生专业选择不同的内容组合进行讲授，全书的课时设计是72学时。本书的第1、2、3、4、5、6、7、8、9、10、16、17、20章由刘兰剑编写，第11、12、13、14、15、19章由李玲编写，第18章由刘兰剑、李玲共同编写，全书由刘兰剑统稿。

本书可作为高等学校工商管理、公共管理、经济学、社会学等相关专业的本科生或硕士生教材，也可作为人文社科类博士生初学研究方法的参考书，还可供各级公共管理人员、企业管理人员、工程技术人员参考。

我的学生李艳芳、陈敏敏、张艳芳、姬晴晴、徐英、赵志华等对书稿做了大量的校对工作，特别是陈敏敏、李艳芳、姬晴晴三位，在我授课的过程当中，将所有的课后作业认真进行了手工计算，一些可以用软件解决的问题，她们进行了计算机数据录入，并运用软件计算出结果，把软件和手工计算的结果进行了一一核对。中国人民大学出版社的朱海燕、孟庆晓两位女士对本书的写作和出版给予了大力支持，本书才得以最终和读者见面。对于她们的辛苦工作，在此一并表示感谢。

定量分析的理论、方法、技术在不断的发展中，近年来很多专家学者致力于新方法、新技术的开拓，也出版了一些优秀的教材。本书在编写过程中借鉴了许多有价值的研究成果，参考文献已经列出，但由于参考资料的浩瀚，难免有所疏漏，在此向相关作者表示衷心的感谢！

由于作者水平有限，书中错误在所难免，敬请读者和各位同仁批评指正。

目　录

第1篇　定量分析概述

第2篇　实用统计方法

第 4 篇　其他定量分析方法

第 1 篇

定量分析概述

第1章

绪　论

引例

《红楼梦》一书共120回。众所周知，自从胡适作《红楼梦考证》以来，一般都认为前80回为曹雪芹所写，后40回为高鹗所续，然而这种看法一直都饱受争议。那么，这个问题能否从统计的角度做出论证？从1985年开始，复旦大学的李贤平教授带领他的学生做了这项很有意义的工作，他们创造性的想法是将120回看成是120个样本，然后以与情节无关的虚词出现的次数作为变量，巧妙运用数理统计分析方法，看看哪些回目出自同一人的手笔。一般认为，每个人使用某些词的习惯是特有的。于是李教授用每个回目中47个虚词（之、其、或、亦……，呀、吗、咧、罢……，可、便、就……）出现的次数（频率）作为《红楼梦》各个回目的数字标志。之所以要抛开情节，是因为在一般情况下，同一情节大家的描述都差不多，但由于个人写作特点和习惯的不同，所用的虚词是不会一样的。利用多元统计分析中的聚类分析法进行聚类，果然将120回分成两类，即前80回为一类，后40回为一类，很形象地证实了《红楼梦》不是出自同一人的手笔。之后又进一步分析前80回是否为曹雪芹所写。这时又找了一本曹雪芹的其他著作，做了类似计算，结果证实了用词手法完全相同，断定前80回为曹雪芹一人手笔，是他根据《石头记》写成，中间插入《风月宝鉴》，还有一些别的成分。而后40回是否为高鹗所写呢？论证结果推翻了后40回是高鹗一个人所写，而是曹雪芹亲友将其草稿整理而成，宝黛故事为一人所写，贾府衰败情景当为另一人所写，等等。这个论证在红学界引起很大轰动。李教授等人用多元统计分析方法支持了红学界的观点，使红学界大为赞叹。

无独有偶，全球最大的零售商沃尔玛通过分析顾客购物的数据后发现，很多周末购买尿布的顾客同时也购买啤酒。经过深入观察和研究发现，美国家庭买尿布的多是爸爸。年轻的父亲们到超市买尿布，同时“顺手牵羊”带走啤酒，好在周末看棒球赛的同时过把酒瘾。后来沃尔玛就把尿布和啤酒摆放得很近，从而双双提升了尿布和啤酒的销量。这个故事被公认是数据挖掘的经典范例。

本章学习要点

- 了解定量分析的特点
- 了解定性分析与定量分析的异同
- 了解国外著名大学对定量分析技能的要求

定量分析是建立在多学科知识和技术基础上的综合性课程，侧重于解决问题而不是空谈。课程目标是训练未来开明的管理者运用先进技术的能力，在某种意义上它与医疗领域相似。举例来说，一个医生总是先接受建立在医疗领域科学基础上的知识和技术的综合训练，然后再展开实际医疗工作，即先诊断病人的病情，然后对病情采取相应合适的治疗程序。相似地，定量分析专家必须接受大量的训练，这些训练也是建立在定量分析知识和技术基础上的综合训练。进入实际工作后，定量分析专家必须对管理问题做出诊断，然后采用合适的定量分析技术对问题进行分析，最后不但要知道解决实际问题的方向，而且要洞悉解决实际问题的精确数量界限。

许多学生在选定量分析相关课程和教材时表现出了相当大的焦虑和怀疑，其主要原因是定量分析有一个高度数学化特征的声誉，而这个声誉使得人们对定量分析方法能够处理实际管理问题产生了怀疑。大多数传统的定量分析课程和教材由于加强了对数学的介绍而不是实务应用，使人们加深了对定量分析的焦虑和怀疑。

而本书不是一本传统的定量分析教科书。我们意识到本书的大多数读者是有志于成为管理者的人，而不是数学家。因此，贯穿全书的重点是传达未来的管理者需要知道定量分析的哪些内容。本书会包含一些数学知识，因为数学是定量分析领域的主要语言，但你将遇到的数学知识只是高中代数和基础概率论的基本概念。你肯定会为这等水平的数学知识是那么有用和直观而惊喜。另外，一点都不需要知道构成定量分析基础的艰深的数学理论。因此，数学在本书中只是起到第二位作用。

我们不再强调数学的一个原因是已经有了应用定量分析的功能强大的数据处理软件包。数据处理软件包会在最少的指引下自动应用后台必要的数学知识，这对定量分析的应用产生了革命性的影响。在过去，训练有素的定量分析工作者要为管理者进行重要的定量分析研究，而现在，数据处理软件包使得管理者自己也能够进行分析。尽管工作很忙的管理者会继续依靠定量分析研究团队为他们展开重大的研究，但是越来越多的管理者已经通过数据处理软件包自己进行定量分析了。因此，既然本书的目标读者是未来的管理者和管理咨询人员，所以我们把重点放在定量分析基本原理的解释和使用数据处理软件包分析问题的知识上。

未来的管理者需要从定量分析课程中学习哪些内容呢？

（1）对定量分析所涉及的范围及其功能有一个基本的认识和正确的评价。

（2）了解各种定量分析方法的基本理论和解决问题的思路。

（3）识别在什么情况下可以用哪种定量分析方法成功地解决实际问题。

（4）学会理解和解读定量分析软件输出的结果。

（5）了解各种定量分析软件包的使用并熟练掌握其中的一部分。

以上这些就是本书主要的教学目标，希望本书在介绍定量分析的特色时能起到领路人的作用。

1.1 定量分析方法简介

定量分析是对一个对象内部几个因素或者几个对象之间的数量特征、数量关系与数量变化的分析。它的要点在于运用管理学、统计学、运筹学、系统工程等科学方法，在错综复杂的问题中理清脉络，提炼要素，并理清有关要素间的逻辑和数量关系；确定量化的原则；建立相应的数学模型；运用有效算法得出合理的、符合需要的结论。

管理学在管理的五大基本职能中特别强调人力、物力和财力资源的协调性，以达到有效管理的目的。统计学的核心是数据分析，通过描述统计和推断统计的方法探索出数据内在的数量规律性。运筹学强调以量化为基础的优化决策。系统工程强调在系统规划、设计、制造和使用等过程中建模、分析、预测、评价、决策的科学性。这些学科之间既有联系又有区别，构成了定量分析方法的重要基础。

定量分析方法不仅可以用来分析问题，更重要的是可以用来解决问题，良好的定量分析可以带来可观的经济效益。

表 1－1 和表 1－2 反映了一些定量分析获奖研究成果的应用情况。表 1－1 提供了那些至今还有价值的经典应用（1990 年以前实施的），表 1－2 专注于在 20 世纪 90 年代进行的定量分析研究。每张表的最右边的一列表示这些研究每年所节省的花费。此外，表中没有列出的另一项收益（例如改善的客户服务和更好的管理控制）有时比财务收益显得更为重要。

表 1－1　　一些经典的定量分析获奖应用

组织	应用	Interface 期刊号	每年节支
联合航空公司	为满足乘客需求以最低成本进行订票处和机场的工作班次排程	1－2/1986	600 万美元
Citgo 石油公司	优化炼油运作以及产品的供应、配送和营销	1－2/1987	7 000 万美元
旧金山警署	用计算机系统最优排程和巡警设置	1－2/1989	1 100 万美元
荷玛特发展公司（Homart Development Co.）	商业区和办公楼销售的最优化安排	1－2/1987	4 000 万美元
AT&T	为公司商业用户的电话销售中心的优化选址	1－2/1990	4.06 亿美元，更多的销售
美国石油公司	确定和评价公司产品商业化的新战略	12/1982	1 000 万美元

续前表

组织	应用	Interface 期刊号	每年节支
美国邮政服务公司	邮件自动化方案的技术经济分析	3－4/1987，1－2/1992	2 亿美元
标准品牌公司	控制 100 种成品的库存（安全库存、再订购点和订购量）	2/1981	380 万美元
IBM	整合备件库存的全国网络以改进服务支持	1－2/1990	2 000 万美元及 2.5 亿美元库存降低
Hydroelectrica Espanol	应用统计预测管理水力发电的水库系统	1－2/1990	200 万美元
施乐公司	维修用户机器的战略修正以缩短反应时间和改进维修人员的生产率	1/1975	生产率提高 50% 以上

表 1－2　　20 世纪 90 年代定量分析获奖应用

组织	应用	Interface 期刊号	每年节支
宝洁公司	重新设计北美生产和分销系统以降低成本和改进市场进入速度	1－2/1997	2 亿美元
南非国防部	国防设施和武器系统规模与状态的重新优化设计	1－2/1997	11 亿美元
数字设备公司	重构供应商、工厂、分销中心、潜在厂址和市场区域的全球供应链	1－2/1995	8 亿美元
Reynolds 金属制品公司	自动化来自超过 200 个工厂、仓库和供应商的货物装载的调度系统	1－2/1991	700 万美元
中国	为满足国家未来能源需求的大型项目的优选和排程	1－2/1995	4.25 亿美元
Delta 航空公司	超过 2 500 个国内航线的飞机类型配置以最大化利润	1－2/1994	1 亿美元
美洲航空公司	为机组人员和服务人员优化配置航行支线的顺序	1－2/1991	2 000 万美元
Merit 青铜制品公司	安装统计销售预测和成品库存管理系统来改进客户服务	1－2/1993	更佳的服务
美洲航空公司	设计票价结构、订票和协调航班的系统来增加收入	1－2/1992	5 亿美元，更多收入
L. L. Bean 公司	为一个大型呼叫中心优化配置电话干线、接收台和电话代理	1－2/1991	950 万美元
纽约市	详细检查从传讯到被捕的程序以缩短等待时间	1－2/1993	950 万美元
AT&T	为指导商业用户设计呼叫中心开发了一个基于个人计算机的系统	1－2/1993	7.5 亿美元

1.2 定性分析与定量分析

定量分析是相对于定性分析而言的，它们分别从数量关系与性质特征两个不同的方面分析研究问题。

1.2.1 定性分析与定量分析的联系

定量分析遵循科学主义的方法论传统。科学主义是近代自然科学自牛顿以来确立的一种方法论观点，这种观点认为社会现象与自然现象尽管在表现形式上有所不同，但在本质上都是客观的、因果性的和有规律的，因而是可以用数学形式进行观察、实验和概括的。而定性分析则基于人本主义方法论，这种思潮认为，社会现象与自然现象根本不同，社会现象在本质上是不可能客观地进行分析和说明的，只能通过理解和释义来整体把握。定量分析着眼于对假设、理论的实证和对现象变化的预测，而定性分析更强调对现象的理解和诠释。定量分析更多地运用演绎推理，从一般假设中推出结论，再对结论进行检验，而定性分析则强调归纳和整体把握，通过对概念的分析和释义得出结论。

实际上，定性分析主要依赖于分析人员的主观判断和经验，靠的是直觉，这种分析方式与其说是科学不如说是艺术，定性分析能力天生存在于分析人员的头脑里，并随着分析人员经验的增长而提高。在进行决策时，如果分析人员有相似的经历，或遇到的问题比较简单，也许应该首推这种分析方式。

定性分析仅仅分析被考察对象所包含的成分或具备的特性，它的主要功能是“解释”，通常用描述性语句表达有关的分析结果，主要方法有历史研究、文献研究、逻辑分析、个案研究、头脑风暴法、德尔菲法等。例如，对全国 2013 年的交通状况可以做“较好”的评价，还可以做“比 2012 年更好”的比较性评价。显然，这两种评价都是对全国 2012 年交通状况的定性描述，而这种描述本身是建立在定性分析的基础上的。再如，可以对某个人做这样的介绍：“中等个子，较胖，性格比较内向，工作认真负责……”其中对外貌特征、个性以及工作态度的介绍都是建立在定性分析的基础上的。

但是如果分析人员缺乏经验，或问题复杂，定量分析方式就显得非常重要了，分析人员在进行决策时应该予以重视。定量分析的能力只能通过对数据分析的假设条件和方法理论的学习来获得。在运用定量分析方法时，分析人员首先要从问题中提取量化资料和数据，对其进行分析，再运用数学表达式的形式把问题的目标、约束条件和其他关系表示出来。

定量分析可以对一个被研究对象所包含成分的数量关系或所具备性质间的数量关系进行分析，也可以对几个对象的某些性质、特征、相互联系从数量上进行分析比较。定量分析的主要功能是“实证”，研究的结果也用“数量”加以描述。例如，可以用“2013 年全国的交通事故率比 2012 年下降了 5%”来反映“2013 年的交通状况比 2012 年更好”。这里的 5%不是任意的猜测，而是对 2013 年和 2012 年全国的交通事故做统计分析和比较的结果。由“交通事故率”的例子可见两种分析方法对同一问题有各自的分析标准，但是内在联系密切。

1.2.2 定性研究与定量研究的区别

定量研究与定性研究是社会科学领域两种不同的研究范式，两者在研究目标、对象及方法上都存在明显的区别。首先，研究目标上，定量研究重视预测控制，而定性研究重视对意义的理解；其次，研究对象上，定量研究强调事实的客观实在性，而定性研究强调对象的主观意向性；最后，研究方法上，定量研究注重经验证实，而定性研究注重解释建构。由于方法论上的不同取向，导致了在实际应用中定量研究与定性研究存在明显的差别。这主要体现在如下几个方面：

（1）着眼点不同。定量研究着重事物量的方面，定性研究则着重事物质的方面。

（2）在研究中所处的层次不同。定性研究是为了确定定量研究的范围，定量研究是为了更准确地定性。

（3）依据不同。定量研究的依据主要是调查得到的现实资料数据，定性研究的依据则是大量历史事实和生活经验材料。

（4）手段不同。定量研究主要运用经验测量、统计分析和建立模型等方法，定性研究则主要运用逻辑推理、历史比较等方法。

（5）学科基础不同。定量研究是以概率论、社会统计学等为基础，定性研究则以逻辑学、历史学为基础。

（6）结论表述形式不同。定量研究主要以数据、模型、图形等来表达，定性研究结论多以文字描述为主。

定性研究是定量研究的基础，是它的指南，但只有同时运用定量研究，才能在精确定量的根据下准确定性。

1.3 管理教育中的定量分析

我国管理学界长期以来习惯定性研究方法，而缺少依靠数据进行的定量分析和研究。这种情况很大程度上影响了我国管理学研究成果在国际上的学术交流，难以获得国际同行的认可，制约了我国管理学科的发展。关于管理的大量研究及成果被判定为是前科学的，只是对问题或变量所做的概念界定或描绘，并未对假设进行检验；许多研究是问题导向或实践导向的，是应用性的而非基础性的，往往囿于经验的描述，因而对学科知识的积累没有贡献。“造成这种状况的一个基本原因是缺乏严谨的研究方法，尤其是经验-实证研究方法应用的不足。”从 20 世纪 90 年代末期开始，我国一批有远见的管理学家开始介绍、引进国外的定量分析方法与技术，快速推进了我国管理学的研究和教学工作。

国外管理研究普遍非常重视定量分析。我们以加州大学伯克利分校（University of California，Berkeley）、兰德政策研究研究生院（The RAND Graduate School of Policy Studies）和哈佛大学肯尼迪政府学院（John F. Kennedy School of Government）为例，介绍美国管理学科对学生定量分析能力的要求。

加州大学伯克利分校的哈斯商学院是一所世界闻名的学院，在美国同类学校中排在第

10名左右。哈斯商学院要求攻读博士学位的学生具有坚实的数学基础和定量分析能力，因此不少博士生进校以后，导师会根据具体情况建议他选修一些数学课，以增强他在这方面的基础。虽然定量分析技能的重要性会因为每个博士生所研究的专业方向而有所不同，但所有的博士生都必须在这方面具有足够的能力，以便阅读日益增多的应用数学方法的专业文献，跟上学科发展的步伐。定量分析方法课要求博士生在微积分、线性代数、数学模型建立以及中级统计学等方面接受训练，学生一般是到统计系和数学系去修读研究生程度的课程来满足这方面的要求。

兰德政策研究研究生院是由举世闻名的咨询公司兰德公司于1970年创建的，旨在专门培养公共政策分析人员。它认为，一名合格的公共政策分析人员，必须具有广博的社会科学和自然科学的知识背景，掌握各种分析技术，具备跨学科研究的能力和信心。

其开设的分析类核心课程共有四类，着眼于公共政策分析重要的概念和分析技巧。它们分别是：定量方法、技术学、经济学、社会科学。

定量方法包括统计学与数据分析Ⅰ、统计学与数据分析Ⅱ、分析方法、计量经济学或建模的备选方法。统计学与数据分析Ⅰ介绍统计学的基本工具，包括图形统计学、初步数据分析、概率论初步、二项式分布及正态分布、统计推断原理、简单线性回归。统计学与数据分析Ⅱ介绍统计学的技巧，包括问题确定与模型建立、应用与实例研究、多元线性回归、极大似然估计、分类分析、贝叶斯分析，它强调统计学运算及标准方法的局限性。分析方法介绍常常用来帮助决策者在不确定环境下对复杂问题做出选择的定量分析工具，通过案例以及相关读物的学习掌握如何选择这些工具并运用这些工具建立模型，用以解决一些简单问题并解释其结果，这些工具包括：决策分析、成本—效益分析、线性规划、排队理论和模拟。计量经济学介绍评估变量间关系的方法，既包括对一般线性模型的评估，也包括当经典假设不具备时的替代方案。模型建立的备选方法介绍选择性建模的技术以及适合某环境的技术评估方法，着重讲述的是技术的选择与模型的设计，而不是详细的数学理论。

技术学至少包括下列课程中的一门：技术与公共政策分析、军事技术、医疗技术的发展传播和管制。技术与公共政策分析主要讨论国家安全与技术在其中扮演重大角色的国内问题，通过案例的学习，掌握处理由于技术的变革而导致的复杂的有争议的问题的方法，明确在什么地方该进行技术分析，什么时候该把技术分析与政治、社会、经济的考虑结合起来。经济学包括微观经济学和宏观经济学。社会科学包括行为科学在公共政策分析中的应用、社会科学研究方法、组织行为等。

哈佛大学肯尼迪政府学院最富有特色的专业是其公共政策硕士（MPP）教育。肯尼迪政府学院MPP教育主要以培养领导者为目标，期望通过学习，使学生掌握公共服务成功所需的概念框架和特定技能。其中，分析方法与经验方法这两门核心课程介绍数量方面的知识，包括概率论、基本的统计知识、不确定条件下的决策和最优化、回归分析、项目评估。

强调定量分析技术是国内外管理学培养学生的共同特点。在掌握定性分析技术基础上，加州大学伯克利分校的哈斯商学院、兰德政策研究研究生院和肯尼迪政府学院都强调了定量分析技术的重要。这在哈斯商学院、兰德政策研究研究生院分析类核心课程的内容中得到了充分体现。肯尼迪政府学院 MPP 教育则通过针对性的训练特别强化了学生在公共政策分析中运用数学的能力，并且在学生入学前要求他们必须掌握微积分。

除了通过教科书了解国内外的情况，涉足管理定量研究方法的方式之一，就是花时间阅读与自身学科相关的学术性期刊中的文章，从中发现最新的定量分析方法。你可以在图书馆或者互联网上找到这些期刊。

下面列举了中国出版的一些经济管理类期刊，以帮助你在管理研究过程中查阅资料，除了这些期刊，国内外还有许多优秀的期刊刊登管理类的学术论文。

《管理科学学报》　　《中国管理科学》
《管理世界》　　《科研管理》
《科学学研究》　　《研究与发展管理》
《中国工业经济》　　《经济研究》
《中国软科学》　　《管理学报》
《科学学与科学技术管理》　　《公共管理学报》
《管理工程学报》　　《管理科学》
《中国科技论坛》　　《软科学》

你的老师也可以就哪些期刊与你的研究学科比较相关给出建议。阅览室里的图书管理员也同样可以给你帮助。此外，特别是当你不好意思向他人征询建议的时候，你可以通过扫视本学科教科书的参考书目来了解有哪些重要的期刊。

阅读并熟悉与你的领域相关的期刊，首先浏览那些引起你兴趣的期刊，并且细读一些特别让人感兴趣的论文，尽可能对本学科的期刊多加熟悉。从本领域的期刊中获得最新的研究方法与技术，不失为一种有效的途径。

本章小结

本章通过介绍定性研究与定量研究的关系，强调了引入定量分析方法与技术在管理工作及研究中的重要作用，通过介绍加州大学伯克利分校、兰德政策研究研究生院和哈佛大学肯尼迪政府学院的定量分析课程，了解国外著名大学和研究机构对管理定量分析技术的要求，最后，介绍了我国的一些管理类期刊，启发学生从这些期刊中了解和学习最新的定量分析方法。

关键术语

定性方法　　定量方法　　科学主义　　人本主义

复习思考题

1. 定量分析有哪些特点？

2. 选择一篇高水平的论文，分析作者的研究方法、研究思路及研究结论之间的关系。

3. 为什么国内外管理教育中普遍重视定量分析技能的训练?

4. 在本章列举的经济管理类期刊中，选读10篇左右的定量分析论文，总结其中都用了哪些定量分析方法。

第2章

概念的操作化及测度

引例

中新网北京2016年1月15日上午，来自中纪委的5位高官亮相国务院新闻办公室的新闻发布会。发布会上，中央纪委副书记吴玉良集中介绍了2015年中国反腐的主要“成绩单”。他介绍，去年，无论是给予党纪政纪处分人数还是审查中管干部人数均为改革开放历年来的最高值。全国共立案33万件，处分33.6万人，涉嫌犯罪被移送司法机关处理1.4万人。涉嫌违纪的中管干部结案处理和正在立案审查的90人，其中涉嫌犯罪被移送司法机关处理42人。十八大以来查处的中管干部覆盖了31个省区市①。

《中国纪检监察报》（2016年6月19日第2版）发表了提名为《广西专项整治群众身边腐败问题，2万人主动上交违纪款1.4亿元》的文章。文章指出，广西壮族自治区通过加大查办案件力度和限期主动交代政策的感召，一批党员干部受到触动，主动向组织交代问题、上交违纪款物。截至2016年5月底，共1.6万余人主动到纪检监察机关交代问题，2万余人主动上交违纪款1.4亿余元。

有人说，中国的腐败官员，很多是可以申报吉尼斯世界纪录的。比如，安徽萧县原县委书记毋保良，贪污受贿800多次以后，因别的案子牵连到他才东窗事发，意外落马。呼和浩特铁路局原副局长马俊飞，在当地住宅和北京的房子里藏了8 800万元人民币、419万美金、30万欧元、27万港币、43.3公斤黄金。国家能源局煤炭司副司长魏鹏远，家中被搜出的人民币现金超过2亿元，差不多有2.3吨重，百元大钞堆起来，足有36层楼那么高，执法人员从银行调用了16台点钞机清点这些现金，当场烧坏了4台。还有河北秦

① 中纪委晒2015反腐大数据：去年全国处分33.6万人. 中国新闻网，2016-01-15.

可以用下面的公式描述指标和概念之间的关系：

指标＝概念＋误差

好的指标只有很少的误差，不好的指标则与概念之间只存在些微联系。

在许多情况下，一个单独的概念需要采用多个指标来进行测度。应用多重指标的原因就是这一概念可能具有一维以上的含义。例如，接待员的工作绩效与他的办事效率和服务态度都有关系。为了在这一场合下恰当地测度工作绩效，至少需要一个效率指标和一个服务态度指标。“三元测度”一词有时被用来描述多个指标是如何附着或圈定于某个概念。

当单一指标不能很好地测度概念时，多重指标就是必要的。比如要测度“和谐社区工程”的成功与否就需要若干不同的指标。房价的上涨、犯罪率的下降、破坏公共设施行为的减少、居民愿意夜晚在户外散步，以及总体精神面貌都可作为测度指标。居民委员会活动、邻里之间日常生活互助活动的开展都可以作为附加指标。每一项指标都能够部分反映“和谐社区工程”这一概念。多重指标法背后的理论依据是各个指标的误差可以互相抵消，最后得到的综合评价要比单一指标更能准确地体现概念。因为这些原因，“多指标策略”在测度重要概念时受到广泛推崇。

由于概念含义的复杂性，使得指标的选择常常带有较大的主观性，即对于同一个概念，可能有不同的测度指标，有的确实是在测度这一概念，有的却不是测度这一概念。这就引出了概念测度的效度与信度问题。

2.2 测度的效度与信度

2.2.1 测度的效度

测度的效度（validity）即有效性，也称测量的有效性或者准确度。它是指测量工具或者测量手段能够准确测出所需变量的程度。换句话说，效度是测量标准或所用的指标能否如实反映某一概念的真正含义的程度情况。它有两层含义：一是测量指标与所需要测量的变量之间的相关与吻合程度，二是测量结果是否接近该变量的真实值。如果二者一致或接近，则该测度的效度高。

研究者们已经开发出检测效度的一些方法。一般而言，效度可以分为三种：内容效度、标准效度和建构效度。

1. 内容效度

内容效度指的是测量内容或测量指标与测量目标之间的合适性和逻辑相关性，也就是说，测量工具越能反映概念定义的内容，内容效度越高。内容效度实际上是检验由操作化所得到的测量指标是否比较全面地代表了该概念所包含的内容。对内容效度常采用逻辑分析与统计分析相结合的方法进行评价。逻辑分析就是检查由概念到指标的经验推理是否符合逻辑，是否有效。比如，用问卷去测量人们的生育观念，那么首先需要弄清“生育观念”的定义，然后看看问卷中的问题是否都与人们的生育观念有关。统计分析主要采用单项和总和相关分析法获得评价指标，即计算每个题项的得分与题项总分的相关关系，依据相关性是否显著判断是否有效。若是量表中有反义项，应将其逆向处理后再计算。

2. 标准效度

标准效度又称准则效度，指的是用一种不同以往的测量方法或者指标对同一事物或变量测量时，将原有的一种测量方式或指标作为标准，用新的方式或者指标测出的结果与原有结果进行对比，如果两次结果具有相关性或一致性，那么，就可以说此种方法或指标具有标准效度。

标准效度有多种形式。如果标准是根据将来发生的情况而建立的，那么这种标准效度称为预测效度；如果标准是与某种测量方法同时被证明是有效的，那就称其为共变效度；如果标准是以实际经验判断为准的，也称作实用效度。

标准效度可以用两种测量工具得出的观测值之间的相关系数来衡量，而不是靠主观判断。例如，评价汽车驾校笔试成绩的效度，要看考生毕业后的实际驾驶技术（如事故发生率），如果这两个测量之间的相关性较高（比如，考生在驾校的笔试成绩较高，其毕业后的驾车技术也较好），说明该汽车驾校的笔试成绩是有效的，反之，就说明该驾校的笔试成绩的有效性值得怀疑。这里，考生的实际驾车技术就是评价其笔试成绩效度的标准。又如，调查人们对中小学生课间加餐的态度，一种测量方式是运用直接访谈法，询问被调查者是否赞成中小学生课间加餐。为了验证这次调查的有效程度，可以再使用另一种测量方法，即给这些被调查者一份反对给中小学生课间加餐的呼吁书，看其是否愿意在上面签字，如果前后两次测量的一致性程度高，说明第一次直接访谈得到的结果是有效度的。

3. 建构效度

建构效度主要是要了解测量工具是否反映了概念和命题之间的内部结构，它涉及一个理论的关系结构中其他概念的测量。也就是指我们根据某种理论假设所设计的测量工具进行测量的结果与该理论假设的吻合程度，如果测量结果与理论假设相吻合，那么该测量就具有较高的建构效度。比如，我们为了探讨婚姻满意度与其他变量之间的关系，建构了一个理论假设：婚姻满意度与婚姻忠诚度有关，即婚姻满意度较高的人婚姻忠诚度也较高。如果我们用“你有没有欺骗对方的情形”作为婚姻忠诚度的一个测量指标，而且测量的结果与假设理论一致，即婚姻满意度与婚姻忠诚度之间具有较强的逻辑关系，则婚姻忠诚度这一测量指标就具有较高的建构效度。但是，如果研究显示，对婚姻满意的和对婚姻不满意的夫妻都有欺骗对方的情形，那么，用婚姻忠诚度这一指标来测量婚姻满意度的建构效度就有待商榷了。

建构效度分为收敛效度与判别效度两种，它反映了测度内容的结构形成是否合理。收敛效度是指同一项目里的概念之间应该具有较高的相关度；判别效度是指不同项目中的概念如何更好地区别，因此应该具有较低的相关度。与收敛效度相反，此类效度是指当一个概念的多重指标相收敛时，则这个概念的多重指标也应与其相对立之概念的测量指标有负向相关。例如与“政治容忍”相关的多重指标应会与“政治不容忍”相关的多重指标间有负向相关。

2.2.2 测度的信度

信度（reliability）即可靠性，它是指采用同样的方法对同一对象重复测量时所得结果的一致性程度。在观察对象本身并未发生变化时，一个可靠的指标在测度中总是对它们赋予同样的数值。或者说，不管谁做测度，不管在何处测度，除了所测度概念自身的变化，其他因素的影响都不能导致应用这一指标所获得测度结果的差异，那么这一指标就具有信度。

1. 信度的分类

信度指标多以相关系数表示，大致可分为三类：稳定系数（跨时间的一致性）、等值系数（跨形式的一致性）和内在一致性系数（跨项目的一致性）。信度分析的方法主要有以下四种：

（1）**重测信度法**。这一方法是用同样的问卷对同一组被调查者间隔一定时间重复施测，计算两次施测结果的相关系数。显然，重测信度属于稳定系数。重测信度法特别适用于事实式问卷，如性别、出生年月等在两次施测中不应有任何差异，大多数被调查者的兴趣、爱好、习惯等在短时间内也不会有十分明显的变化。如果没有突发事件导致被调查者的态度、意见突变，这种方法也适用于态度、意见式问卷。由于重测信度法需要对同一样本施测两次，被调查者容易受到各种事件、活动和他人的影响，而且间隔时间长短也有一定限制，因此在实施中有一定困难。

（2）**复本信度法**。复本信度法是让同一组被调查者一次填答两份问卷复本，计算两个复本的相关系数。复本信度属于等值系数。复本信度法要求两个复本除表述方式不同外，在内容、格式、难度和对应题项的提问方向等方面要完全一致，而在实际调查中，很难使调查问卷达到这种要求，因此采用这种方法者较少。

（3）**折半信度法**。折半信度法是将调查项目分为两半，计算两半得分的相关系数，进而估计整个量表的信度。折半信度属于内在一致性系数，测量的是两半题项得分间的一致性。这种方法一般不适用于事实式问卷（如年龄与性别无法相比），常用于态度、意见式问卷的信度分析。在问卷调查中，态度测量最常见的形式是五级李克特（Likert）量表。进行折半信度分析时，如果量表中含有反义题项，应先将反义题项的得分做逆向处理，以保证各题项得分方向的一致性，然后将全部题项按奇偶或前后分为尽可能相等的两半，计算二者的相关系数。

（4）**α 信度系数法**。α 信度系数是目前最常用的信度系数，其公式为

$$\alpha=\frac{k}{k-1}\left|1-\frac{\sum_{i=1}^{k}\sigma_i^2}{\sum_{i=1}^{k}\sigma_T^2}\right|$$

其中，k 表示量表中题项的总数，σ_i^2 为第 i 题得分的题内方差，σ_T^2 为总题项（总得分）的方差。从公式中可以看出，α 系数评价的是量表中各题项得分间的一致性，属于内在一致性系数。这种方法适用于态度、意见式问卷（量表）的信度分析。您不一定要亲自手工计算，很多统计软件都可以输出 α 值。通常情况下 α 系数在 0.6 以上被认为可信度较高。

2. 增加信度的方法

信度的两个主要威胁是在测度中存在的主观性和缺少精确性。主观测度是指以测度者或调查问卷回答者的判断为依据的测度。要求分析人员对邻里关系的质量做出一般性评价

的测度就是一个主观测度。主观测度具有内在的不可靠性，因为最终的测度结果一定会有判断的成分在内。对将要参与测度的人员进行严格的培训可以改进信度。这种培训的目的是提高测度的一贯性。另外一个增加信度的方法是，让几个人同时对一个问题进行测度，然后选择其中具有一致性的测度结果作为结论。一些研究表明，几个测度者之间所表现出来的相互信度是以他们测度行为的一致性为基础的。

信度也可以通过排除分析人员的主观性来增强。与其让分析人员对社区生活的质量给出一个笼统的评价，不如让他们去回答一系列具体的问题。街道上有垃圾堆积吗？房屋有涂料脱落的情况吗？狗有没有四处乱跑？路面有坑坑洼洼吗？有多少坑洼？

信度问题经常出现在调查研究中。例如，在一个你心情非常糟糕的日子，要求你接受一项关于你的一位上司，或一位当地的政治人物，或一位官僚的工作表现的民意调查。你做出的评价一定比在一个事事顺利的日子里所做的评价更严厉、更不留情面。虽然主题没变，但与主题无关的因素导致了评价结果无端变异，导致不可靠性的发生。

但是，当我们通过消除测度的主观性因素来增强其信度时，可能会造成效度的减弱。某些对公共管理者而言很重要的概念——雇员绩效、公民对服务的满意程度、娱乐项目的影响——往往不能全部由客观指标进行评价。在这种情况下，主观指标和客观指标的结合使用才是最理想的测度方式。

开发指标的两种方法：第一，查阅本领域的文献。如果一个指标在文献中曾经被应用，它至少具有表面效度和一致效度，同时也可能符合其他的效度标准。第二，自行研发。需要注意的是自行研发的指标要经过各种严格的效度信度检验之后才可以使用。

2.3 测度指标分类与测度水平

2.3.1 测度指标的分类

我们已经讨论了两种类型的测度指标——主观的和客观的。主观指标需要根据个人判断来对它进行赋值，而客观指标追求的则是随意性最小化。假定城市管理者想要知道每个社区得到的市政服务的状况，客观指标将要度量的是城市公园的面积、生活垃圾的收集量、巡警人数等；主观指标则可能通过询问市民对各式各样市政服务的数量和水平是否合适来进行测度。

第三种类型的测度指标是非侵入性指标，它主要是为了规避所谓的霍桑效应（Hawthorne effect）。例如，询问居民对警察服务质量的意见，可能会导致他们对警察的行为变得敏感。如果某个居民再次被询问是否对警察的服务有意见，他的答案有可能会因为先前的刺激而产生偏误。

使用非侵入性指标是解决这一问题的一个途径。例如，一个图书馆通过询问读者最经常使用的参考书来评定最有用的参考书目。这里存在的问题是许多从来没用过参考书的人也可能做出回答。测度最常用参考书的一个非侵入性指标是每本书的磨损程度。

假定我们想了解酗酒者喝酒数量的变化，由于酗酒者认为被看作“酒鬼”是一件不光彩的事情，因此，向其发放问卷了解喝酒数量的多少是徒劳的。非侵入性指标就是清点他家垃圾筐中的酒瓶数量，通过酒瓶数量的变化推测喝酒数量的多少。

非侵入性指标的例子还有很多，例如，观察亮灯的房间数，以判断楼盘的销售量和入住率；在高架桥上安装摄像头，观察车辆的速度、变道以及违章现象；观察地球不同区域的亮度以辨识经济发展水平；等等。

2.3.2 测度的水平

根据测度的精确程度不同，可以将测度的水平分成四种类型：定类尺度、定序尺度、定距尺度以及定比尺度。

（1）定类尺度，又称类别尺度，按事物的某种属性对其进行平行的分类或分组。这类指标只能测度事物之间的类别差，其他差别无法得知。例如，按照性别将人口分为男、女两类，按肤色分为白种人、黄种人、棕种人、黑种人四类，按洲别分为亚洲人、欧洲人、美洲人、非洲人、大洋洲人五类。

（2）定序尺度，又称顺序尺度，是对事物之间等级差别和顺序差别的一种测度。它不仅可以测度类别差，还可以测度次序差。这类指标不能测量类别之间的准确差值，只能比较大小，不能进行加、减、乘、除数学运算。例如，人可以根据年龄分为幼年、少年、青年、中年、壮年、老年等类；满意程度可分为非常满意、比较满意、一般、不满意、很不满意几类。

（3）定距尺度，又称间隔尺度，是对事物类别或次序之间距离的测度。该尺度通常使用自然或物理单位作为计量尺度。例如，30℃和20℃之间相差10℃，－30℃和－20℃之间也是相差10℃。再比如，1等星比2等星亮10倍，0等星比1等星亮10倍，－1等星又比0等星亮10倍。定距数据可以进行加、减运算，不能进行乘、除运算。其原因为定距尺度中没有绝对零点，定距尺度中的“0”是作为比较的标准，不表示没有。

（4）定比尺度，也可以称为比例尺度，它与定距尺度属于同一层次，其区别在于是否有绝对零点。在定距尺度中，“0”表示某一个数值，而定比尺度中，“0”表示“没有”或“无”。例如，温度是典型的定距尺度，因为在摄氏温度中，0℃表示在海平面高度上水结冰的温度，但对于销售人员来说，“0”表示没有成交量，所以销量属于定比尺度。在实际生活中，“0”在大多数情况下均表示事物不存在，如长度、高度、利润、薪酬、产值等，所以在实际统计中，使用的多为比例尺度，即定比尺度。由于在定距尺度中，“0”表示特定含义，因此有些书上把定距尺度看成是定比尺度的特殊形式，对两者不加区别。

本章小结

本章介绍了管理研究中测度的基本思路、测度的效度、测度的信度以及测度的水平等问题，并对检验、改善信度与效度的方法进行了介绍。

关键术语

效度　　信度　　测度水平　　三元测度　　非侵入性指标　　定类尺度　　定序

尺度　定距尺度　定比尺度

复习思考题

1. 开发测度指标，评价我国技术水平。
2. 编写一系列指标，用来评估城市交通状况。
3. 主观指标和客观指标的相对优缺点各是什么？
4. 举例说明效度及信度。
5. 试开发两个非侵入性指标。
6. 解释官僚主义、欺行霸市、拖沓冗长、高效廉洁，并开发指标测度这些概念。
7. 各举出两个例子，说明四种测度水平。

第 2 篇

实用统计方法

第3章

抽样方法与抽样分布

引例

抽样调查的用途之一就是预测政治选举结果，由于这种预测马上就会被随后的大选结果检验，因而具有相当大的挑战性。

2000 年的美国总统选举一波三折，出现了前所未有的激烈场面，爆出了“难产”的世纪大新闻。11 月 7 日美国第 54 届大选投票后，本应在第二天宣布大选结果，却因两党总统候选人对决定胜负的佛罗里达州的计票结果发生严重争执，双方由政治竞争发展到“对簿公堂”，大小官司打了 50 多场，从地方法院、州法院、巡回法院，一直打到联邦最高法院，从而使大选战火四处蔓延，美国上下沸沸扬扬，全世界都在注视佛罗里达州关于选票所引起的混乱。联邦最高法院 12 月 12 日对佛罗里达州人工重新计票问题做出最后裁决，戈尔 14 日宣布“退出”竞选之后，大选才有了最终结果。大选结果显然变成了审判的结果。因此，不少政治评论家认为，布什总统不是选出来的，而是“判”出来的。与此同时，共和党以“极其微弱的优势”继续控制国会参众两院。这是 1954 年以来，共和党首次同时控制白宫和国会。美国政治分析家认为，共和党在这次大选中获得了“全面胜利”。

不过，回到美国 2000 年的总统大选，各个民意测验机构都一致认为双方势均力敌，以至于难以预料输赢。尽管存在差异，但是各个机构的预测却惊人地相似（见表 3-1）。

预测与选举结果是如此接近，连官员们也无法说清楚到底为什么，以至于事情不得不提交到最高法院。看来民意测验也无法消除所有的悬念。

表 3－1　　2000 年美国总统大选前夕所预测的民意调查结果

日期		候选人得票百分比（%）			
		小布什	戈尔	佩罗特	其他
11 月 5 日	Hotline/Battleground	43	51	4	1
11 月 5 日	Marist College	46	51	2	1
11 月 5 日	Fox	47	47	3	2
11 月 5 日	Newsweek	46	49	6	0
11 月 5 日	NBC/Wall St. Journal	45	48	4	2
11 月 5 日	Pew	46	49	3	1
11 月 5 日	ICR	44	46	7	2
11 月 5 日	Harris	47	47	5	1
11 月 5 日	Harris（on line）	47	47	4	2
11 月 5 日	ABC	46	49	3	1
11 月 6 日	IDB/CSM	47	49	4	0
11 月 6 日	CBS	48	47	4	1
11 月 6 日	Portrait of America	43	52	4	1
11 月 6 日	CNN/USA Today	46	48	4	1
11 月 6 日	Reuters/MSNBC	48	46	5	1
11 月 6 日	Voter. com	45	51	2	0
11 月 7 日	选举结果	48	48	3	1

资料来源：Robert M. Worcester，WAPOR Newsletter，2001 Winter.

现在猜想一下，这些民意调查专家究竟访问了多少受访者，使其对大约 1 亿选民的行为预测的误差不超过 2 个百分点？本章将探讨研究者是如何完成如此准确的预测的。

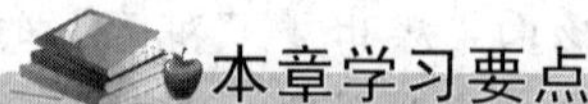

本章学习要点

- 非概率抽样的基本方法
- 概率抽样的基本方法
- 抽样分布

3.1　抽样简史

其实，民意测验机构之所以能够那么准确地预测 2000 年的总统大选，部分原因在于研究者已经学会如何使用抽样方法避免以前的测验机构所未能避免的缺陷。

抽样就是选择观察对象的过程。比如，在繁忙的街道上，每隔 10 人就访问 1 个就可以称为抽样。在讨论具体的抽样方法之前，先介绍一下抽样的简要历史。

在社会研究中，抽样的发展是与大选民意测验的发展齐头并进的。毫无疑问，这种关系的存在是因为大选民意测验是社会研究者验证其预测结果准确性的难得的机会，在选举日当天，他们就能知道预测的准确程度。

阿尔夫·兰登（Alf Landon）总统是谁？难道是你在历史课昏睡中错过的一个总统？

实际上，如果《文学文摘》（*Literary Digest*）的预测是正确的话，兰登就应该曾经是美国总统！

《文学文摘》是一本 1890—1938 年在美国发行的颇为流行的新闻杂志。1920 年，《文学文摘》的编辑向六个州的人民邮寄了明信片，询问他们在即将来临的总统大选中，会投票给华伦・哈丁（Warren Harding）还是詹姆斯・考克斯（James Cox）。被选为民意测验对象的人名是从电话簿与车牌登记名单中所选出的。根据反馈回来的明信片，《文学文摘》正确地预测了哈丁将在选举中获胜。在之后 1924 年、1928 年与 1932 年的大选中，《文学文摘》扩大了其调查的数量，并做出了准确的预测。

1936 年，《文学文摘》进行了一次最具雄心的民意测验活动：选票被寄给了从电话簿与车牌登记名单中随机抽取出来的 1 000 万人，最后收到了 200 万人以上的回应。结果显示，有 57%的人支持共和党候选人阿尔夫・兰登，而当时的在任总统富兰克林・罗斯福的支持率为 43%。

两个星期之后，投票结果显示，罗斯福以历史上最大的优势——61%的得票率获得第二届任期。相较于罗斯福的 523 张选举人票，兰登仅得到 8 张。

为什么会出现如此大的偏差？

实际上，问题的症结在于《文学文摘》所采用的抽样框：电话用户和汽车拥有者。在 1936 年那时的背景下，这种设计只选择了不成比例的富人样本，尤其是当时美国还处在最严重的经济萧条后期。这个样本排除了穷人，而几乎所有的穷人都支持罗斯福的新经济政策。《文学文摘》没有反映全民的投票意愿。

与《文学文摘》正相反，1936 年，乔治・盖洛普（George Gallup）准确地预测了罗斯福将会击败兰登。

盖洛普和美国民意测验中心（American Institute of Public Opinion）利用配额抽样方法在 1936 年、1940 年与 1944 年，成功地预测了当年的总统当选人。但在 1948 年，盖洛普与其他许多大选民意调查者一样，经历了某种尴尬，他们错误地预测纽约市长托马斯・杜威（Thomas Dewey）能击败当时在位的哈里・杜鲁门（Harry Truman）而当选总统。1948 年的预测失败包含了多种因素：首先，许多预测者在 10 月初就停止了民意测验的工作，而这时杜鲁门获得的支持率仍呈稳定上升趋势；其次，不少选民在竞选阶段保持着尚未决定的态度，他们大部分是在迈入投票亭时才决定投杜鲁门的票。

更重要的是，盖洛普的失败在于他的样本不具代表性。配额抽样——这种在早几年很有效的方法——是盖洛普在 1948 年所使用的方法。这项抽样技术要求研究者必须对总体的情况有所了解。对于全国性大选的民意调查而言，这类信息主要来自人口普查资料。然而，到 1948 年，二战促成了大量农村人口涌入城市，在很大程度上改变了 1940 年人口普查资料显示的人口特征，而盖洛普的抽样依据的正是 1940 年的人口普查资料。此外，由于城市居民更支持民主党，因此，在将乡村投票者的人数估计得多于实际的情形下，便相对地低估了投票支持民主党的人数。

在了解了抽样在民意测验中的应用之后，我们来看抽样调查方法本身的发展历程。

作为一种统计调查方法，抽样调查已有一百多年的历史。不过抽样调查的开端、发展与完善是一个复杂的过程，很难说它是从何时开始发展和应用的。我们可以从多个方面追溯其起源。

抽样调查是从统计调查的实践中提出的，随着社会的发展，除了预测选举结果，很多领域都需要搜集资料，开始都是在一定范围内进行全面调查。由于全面调查规模较大，费时费力，因而促使了抽样方法的提出和抽样理论的发展。此外，抽样调查的理论与方法的发展又是建立在概率论与其他数理统计理论基础上的，因此它的发展与统计推断的理论发展是分不开的。由于抽样调查的应用范围很广，理论来源于实践，使抽样调查已发展成为应用数理统计的一个重要分支。纵观抽样调查的发展过程，大致可以分成以下几个主要阶段：

第一阶段，只在个别场合使用抽样方法，其尚未成为一种常用的统计调查方法。一个比较完整的早期抽样调查的例子是由法国著名的数学家拉普拉斯（Laplace）受法国政府的委托而进行的对法国人口的估计与推算。当时由于宗教洗礼等原因，法国已有人口的出生登记，但却没有人口总数的资料。拉普拉斯的做法是首先按不同的自然条件抽选了30个行政区，在抽中的行政区中又抽一些小区。为了便于开展工作，当时选择小区并没有采取随机的方法而是挑选热心于这项工作和有知识的区长作为抽选标准。最后他利用样本中人口总数与出生人口数之间的比率来推断法国的总人口，当时他调查的时点是1802年9月22日，那时样本区的总人口数为2 037 615，样本区的出生人口数他采用前3年出生人口总数215 599除以3，看来是为了消除个别年份中的偶然差异，因此求得样本区总人口与出生人口之比为28.352 845，也即出生率为35.27‰。由此可推算全法国当时的人口总数。用今天的术语说，拉普拉斯采用的是二阶抽样方法，并在估计中使用了比估计量。由于拉普拉斯主要是一位数学家，他并没有专门从事统计调查工作，因此他的方法当时并没有得到推广。他的工作只是一个特殊的案例。在他以后很长一个时期内，有关大规模的社会、经济和人口调查仍继续采用全面调查的方法。

第二阶段，抽样调查作为一种方法的正式提出、推广与逐步普及。竭力提出并推广抽样调查的先驱者是挪威的统计学家凯尔（A. N. Kiaer），他是挪威中央统计局的第一任局长，当时统计局的主要任务是每十年进行一次人口普查和农业及其他方面的大规模调查。凯尔感到普查项目不可能很细，于是提出所谓代表性（representativeness）样本调查。他将代表性调查定义为“根据抽样设计，从总体的正常‘代表’中合理地收集数据”，他强调所调查的样本应是总体的一个“代表”。他领导的第一个代表性样本调查是1894年进行的关于挪威退休金和疾病保险令的调查。这个调查包含有60多个项目，调查的人数达8万。这是第一次独立于普查，从总体中抽取部分有代表性单元进行调查，并用来说明总体的尝试，取得了较好的效果。1895年他又组织了一次成年男子收入按职业、年龄和社会地位分组的代表性调查，他把这些结果发表在国际统计机构的出版物上，引起了其他国家统计学家的关注。在1985年瑞士伯尔尼召开的国际统计学会（International Statistical Institute，ISI）第五次大会上，凯尔正式提出使用代表性样本调查方法来代替全面调查的建议，因此有些学者将1895年作为抽样调查发展历史的开端。不过在当时，凯尔的建议并没有被许多统计学家所接受，甚至遭到激烈反对。经过1897年和1901年两次ISI大会的激烈争论，ISI授命成立一个专门的委员会来研究这个问题，在1903年ISI第九次大会上凯尔的主张才得到与会的多数统计学家的承认。研究这一方法的委员会在会上提出了下列建议："委员会建议采用代表性方法，但在公布结果时，将选择观察单位的条件加以详细说明。"此后，代表性调查方法的应用日益普及。

第三阶段，概率抽样在抽样调查中逐渐占主导地位。从 1903 年以后用样本来说明总体已逐渐被接受，但在如何选择样本的问题上产生了随机抽选和有目的抽选两种方法的讨论。英国统计学家鲍莱（A. L. Bowley）对于采用随机抽样具有重要贡献，他受到埃奇沃斯（Edgeworth）理论的启示，在 1906 年的论文中用实际的数字论证了简单随机抽样情况下统计量根据中心极限定理服从正态分布。后来鲍莱进一步认识到系统抽样和简单随机抽样的差别，指出实际调查结果比公式给出的误差要小，因为系统抽样样本在总体中的分布是比较均匀的，而公式是按随机抽样计算的，因而给出的误差界限是一个非常安全的界限。鲍莱在他的研究报告中曾提出了按比例分配分层抽样的思想，因此迄今有人称按比例在各层分配样本为鲍莱分配。

第四阶段，现代抽样调查理论的发展和完善。奈曼（J. S. Neyman）在 1934 年提出的分层抽样中的最优分配和比估计及回归估计是对抽样调查的一个重要贡献。许多学者认为这是抽样调查发展史中的一个里程碑。奈曼论文的意义有两个方面：一是在理论上说明了为什么应用随机抽样比有目的抽样更加合理，这个问题虽然鲍莱已经提出，但并没有完全解决；二是奈曼在随机化条件下的点估计和区间估计打破了老的传统思想。传统思想要求每个单元都是等概率的，样本必须是按比例代表总体的一个样本。奈曼的最优分配理论证明了不等比例的样本也同样可以得到有效的估计。这里需要指出的是，俄国统计学家楚普洛夫（Tschuprow）早于奈曼在 1923 年就提出了分层抽样的最优分配理论，但由于种种原因，他的影响没有奈曼大。

现在，抽样调查技术更加成熟，应用范围极其广泛，从自然科学到人文社会科学，从工商企业到政府管理的重大决策，都离不开抽样调查。

一般来说，抽样方法分为概率抽样和非概率抽样两类。概率抽样是社会科学研究中选取大型和具有代表性样本的主要方式，前述的大选民意调查就是一例。同时，很多研究情境经常使得概率抽样变得不可能和不适合，而非概率抽样技术倒经常是最适合的方式。下面将讨论社会研究中的非概率抽样技术，然后再阐述概率抽样技术。

3.2　非概率抽样

非概率抽样（nonprobability sampling）是指抽取样本的方式并不依据概率理论的抽样技术。研究中经常会遇到无法选择概率样本的情形，例如要研究无家可归者，不但没有一份所有无家可归者的现成名单，也不可能造一份这样的名单。此外，即使有可能进行概率抽样，也不见得恰当。在这种情形下，就该采用非概率抽样了。

下面介绍四种非概率抽样方法：就近抽样、判断式抽样、滚雪球抽样以及配额抽样。

3.2.1　就近抽样

就近抽样是指研究者根据现实情况，以自己方便的形式抽取偶然遇到的人作为调查对象，或者仅仅选择那些离得最近的、最容易找到的人作为调查对象。

例如，为了调查某市的交通情况，研究者到离他们最近的公共汽车站，把当时正在那里等车的人选作调查对象。其他类似的就近抽样还有：在街口拦住过往行人进行调查；在图书馆阅览室对当时正在阅读的读者进行调查；在商店门口、展览大厅、电影院等公众场所向进出往来的顾客、观众进行调查；利用报刊向读者进行调查；老师以他所教的班级的学生作为调查样本进行调查；等等。

就近抽样与随机抽样的相似点是都排除了主观因素的影响，纯粹依靠客观机遇来抽取对象。就近抽样与随机抽样的不同点是就近抽样不能保证使总体中的每一个成员都具有同等的被抽中的概率。那些最先被碰到的、最容易见到的、最方便找的对象具有比其他对象大得多的机会被我们抽中。

就近抽样的优点是方便省力；缺点是样本的代表性差，有很大的偶然性，我们不能依赖就近抽样得到的样本来推论总体。

3.2.2 判断式抽样

判断式抽样又称“立意抽样”或“目标式抽样”，是指根据调查人员的主观经验从总体样本中选择那些被判断为最能代表总体的单位作样本的抽样方法。

当调查人员对自己的研究领域十分熟悉，对调查总体比较了解时，采用这种抽样方法可获取代表性较高的样本。这种抽样方法多应用于总体小而内部差异大的情况，以及在总体边界无法确定或研究者的时间与人力、物力有限时采用。例如，要对福建省旅游市场状况进行调查，有关部门选择厦门、武夷山、泰宁金湖等旅游风景区作为样本调查，这就是判断式抽样。

有时候研究者对研究异常案例也特别感兴趣。他们通过对异常案例的考察来加深对态度和行为规律的理解。要深入理解某个学校精神的本质，你们可以访问在鼓舞士气的集会中没有陷入大众情绪或根本没有参加集会的学生，这也属于判断式抽样。

3.2.3 滚雪球抽样

滚雪球抽样是指先随机选择一些被访者并对其实施访问，再请他们提供另外一些属于所研究目标总体的调查对象，根据所形成的线索选择此后的调查对象。在特定总体的成员难以找到时，滚雪球抽样是最适合采取的一种抽样方法，例如，要研究退休老人的生活，可以清晨到公园去结识几位散步老人，再通过他们结识其朋友，不用很久，你就可以交上一大批老年朋友。但是这种方法偏误也很大，那些不爱活动、不爱去公园、不爱和别人交往、喜欢一个人在家里活动的老人，你就很难把雪球滚到他们那里去，而他们却代表着另外一种退休后的生活方式。滚雪球抽样以若干个具有所需特征的人为最初的调查对象，然后依靠他们提供认识的合格的调查对象，再由这些人提供第三批调查对象，依此类推，样本如同滚雪球般由小变大。滚雪球抽样多用于总体单位的信息不足或观察性研究的情况。

在滚雪球抽样中，先选择一组调查对象，通常是随机选取。访问这些被调查者之后，再请他们提供另外一些属于所研究的目标总体的调查对象，根据所提供的线索，选择此后的调查对象。这一过程会继续下去，形成滚雪球的效果。尽管最初选择调查对象时采用的是随机抽样，但最后的样本都是非概率样本，被推荐或安排的被调查者比随机抽取的被调查者将在人口和心理特征方面更类似于推荐他们的那些人。

滚雪球抽样主要是用于估计十分稀有的人物特征，例如名字不能公开的信息，可利用政府或社会服务的人员；特别的群体，如私家车的车主等。

滚雪球抽样的主要优点是可以大大地增加接触总体中所需群体的可能性。而且可以根据某些样本特征对样本进行控制，适用于寻找一些在总体中十分稀少的人物。此外，还可以使调查费用大大减少，不过这种成本的节约是以调查质量的降低为代价的。

缺点是如果总体不大，有时用不了几次就会接近饱和状况，即后来访问的人再介绍的都是已经访问过的人。但是很可能最后仍有许多个体无法找到，还有些个体因某些原因被提供者故意漏掉不提，这两者都可能具有某些值得注意的性质，因而可能产生偏误，不能保证代表性。另外，如果被调查者不愿意提供人员来接受调查，那么这种方法就会受阻。

滚雪球抽样是在特定总体的成员难以找到时最适合的一种抽样方法，譬如对获得无家可归者、流动劳工及非法移民等的样本就十分适用。

3.2.4 配额抽样

配额抽样也称“定额抽样”，是指调查人员将调查总体样本按一定标志分类或分层，确定各类（层）单位的样本数额，在配额内任意抽选样本的抽样方式。配额抽样和分层随机抽样既有相似之处，也有很大区别。配额抽样和分层随机抽样的相似之处在于，都是事先对总体中所有单位按其属性、特征分类，这些属性、特征我们称为“控制特性”。例如市场调查中消费者的性别、年龄、收入、职业、文化程度等方面的特征。但它与分层抽样又有区别，分层抽样是按随机原则在层内抽选样本，而配额抽样则是由调查人员在配额内主观判断选定样本。

前面已经提过，1936年盖洛普使用配额抽样方法成功地预测了总统当选人，而同样的方法却造成了他在1948年的错误预测。就像概率抽样一样，配额抽样所强调的也是样本的代表性，只是二者达到目的的方法不太一样。

配额抽样从建立描述目标总体特征的矩阵或表格开始。举例来说，研究者必须事先知道，目标总体中男性占多少比例，女性占多少比例；在不同的年龄阶层，还有教育水准、种族团体等不同类别中，男女比例又是如何？要建立一个全国性的配额样本，研究者必须知道全国人口中有多少比例的城市人口、居住在东部地区、男性、年龄小于25岁、白领人口、蓝领人口等，以及其他一些类型的矩阵。

这样的矩阵一旦建立起来，矩阵中的每一个格子（cell）就有了相应的比例，此时研究者就根据研究目的从不同的格子中选择样本并收集资料，而代表每一个格子出现的人，则按照这些格子相对于总体的比例，给予加权。当所有的样本要素都被加权时，这样的资料就可以合理地代表整个总体。配额抽样方法有一些先天的缺陷。首先，配额的框架（不同的格子所代表的不同比例）必须十分精确。为了做到这一点，必须掌握最新的资料，但这是十分困难的。1948年盖洛普之所以没能正确地预测出杜鲁门会当选总统，部分原因便在于此。其次，从某些特定的格子中选择样本时，可能会存在偏误——即使十分清楚此格子相对于整个总体的比例。因为一个访员如果被要求与五位具有某些复杂特征的人面谈，他会本能地避免去访问要爬七层楼才能找到的受访者、破败家庭的成员和家养恶犬的人。

不少研究者尝试将概率抽样方法与配额抽样方法结合，但是其效果还有待观察。就现在而言，如果你们的目的是进行统计描述，建议运用配额抽样方法时要多加小心。

同时，配额抽样的逻辑有时还可以有效地用于实地研究。譬如在一项有关正式团体的研究中，应该对团体的领袖和普通成员都进行访谈。如果研究一个学生组织，就应该既访问组织中的激进派，也访问较温和的成员。大体来说，当研究看重代表性的时候，就应该用配额抽样的方法，对男人和女人、年轻人及老年人以及类似的情形都进行访问。

3.3 概率抽样

3.3.1 概率抽样的逻辑、概念与抽样误差

1. 概率抽样的逻辑与涉及的基本概念

非概率抽样尽管适合于某些研究目的，但是其样本却不能够保证代表总体。当研究者试图精确地、统计性地描述大型总体时，比如总体中失业者的比例，准备投票支持某个候选人的选民比例，就要用到概率抽样。所有的大型调查都利用概率抽样的方法。

尽管概率抽样包括了复杂的统计应用，但是其基本逻辑却并不难理解。如果总体中的成员在所有方面——人口特征、态度、经历、行为等都是相同的，那么就无须进行仔细的抽样了。在这样的状况下，任何样本都适用。事实上，在这个同质性极高的特例里，一个个案就足以成为整个总体的样本。

事实上，构成人类总体的个体之间天然地在各方面都存在区别。概率抽样背后的基本观念是：要对总体进行有用的描述，从该总体中抽选出来的样本必须包含总体的各种差异特征。然而，要做到这一点，却并不容易。先看看研究者容易出错的地方，然后就会了解为什么概率抽样是一种让研究者选取充分反映总体内部差异的样本的有效方法。

概率抽样的一个基本原则是如果总体中的每一个个体被抽取为样本的概率相同，那么从这个总体中抽取的样本，就具有对该总体的代表性。

为了更清楚地理解抽样技术，我们需要学习几个概念：总体、样本、均值、样本容量、标准差、随机选择。

总体（population），是一个统计问题中所涉及个体的全体。

样本（sample），按一定程序从总体中抽取的一组个体。

均值（mean），表示一系列数据或统计总体的平均特征的值。

样本容量（sample size），样本中所含个体的数量。

标准差，也称均方差，是各数据偏离平均数的距离的平均数，它是均方离差和平均后的方根，用σ表示。标准差是方差的算术平方根。标准差能反映一个数据集的离散程度。平均数相同的，标准差未必相同。标准差计算公式为

$$\sigma=\sqrt{\frac{\sum_{i=1}^{n}(X_i-\mu)^2}{N}}$$

式中，X_i 为每一个 X 的取值；μ 为这一组数据的均值；N 为这一组数据的个数。

例如，为了了解同学的管理定量分析课程成绩，随机抽取了两组同学的成绩，分布如下（每组 8 名同学）：

样本 1

75	70	73	69	81	68	76	77

样本 2

99	89	44	86	79	67	25	100

$$\overline{X}_1=\overline{X}_2=73.625\qquad \sigma_1=4.47\qquad \sigma_2=26.82$$

可见，均值相同的一组数，标准差可以有很大差异。

随机选择指的是在随机抽样中，任何要素都具有同等的、独立于任何其他事件的被抽到的概率。投掷硬币是最常引用的例子，对正面或反面的选择是与先前对正面或反面的选择无关的一个独立事件。不管出现过多少次正面，下一次出现正面的概率还是 50%。掷骰子也是一例。研究者通常使用随机数表或计算机程序，从中随机选出样本。

2. 抽样误差的产生

抽样误差是指样本指标值与被推断的总体指标值之差。

例如，要选出 100 位大学生的样本，你可能就是到校园里绕一圈，访问遇到的 100 名学生。这种抽样方法经常为一些未经训练的研究者所使用，但这种方式存在严重的问题。抽样误差意味着这些被挑选出来的样本并不典型。这种误差并不一定是有意识的。事实上，如果进行随意抽样，这种误差就肯定会存在。首先，成见可能会使你们的样本无法真实地反映总体。假设你们对一些看起来很酷的学生心存畏惧，认为他们可能会嘲弄你们的研究，则你们可能会有意无意地避免访问这些人。或者你们可能会觉得那些看似冷漠高傲的学生与你们的研究目的没有关系，于是，也避开这些人。

即使有意识地每隔 10 个同学访问 1 个走进大学图书馆的学生，也无法保证这是具有代表性的样本，因为不同类型的学生进出图书馆的频率不同，你们的样本中可能过多地代表了频繁出入图书馆的学生。

抽样误差是在遵循随机原则的条件下，用样本指标代表总体指标而产生的不易避免的误差。抽样误差越小，说明样本的代表性越高；反之，样本的代表性越低。

抽样误差是统计推断所固有的，虽然难以避免，但可以确定其数量界限，并通过抽样设计程序加以控制，因此抽样误差也可以称为可控制的误差。

3. 抽样框及抽样框误差

（1）抽样框。

抽样框又称“抽样框架”“抽样结构”，是指对可以选择作为样本的总体单位列出名册或排序编号，以确定总体的抽样范围和结构。设计出了抽样框后，便可采用抽签的方式或按照随机数表来抽选必要的单位数。若没有抽样框，则不能计算样本单位的概率，从而也就无法进行概率抽样。

抽样框必须和我们所要研究的总体一致。在最简单的抽样设计中，其抽样框就是构成研究总体的要素列表。不过，在实践中，通常是既有的抽样框界定了研究总体，而不是相反或者其他。也就是说，我们经常先在思维中设想研究总体，然后再寻找可能的抽样框。在对这些可获得的抽样框进行评估、检验之后，我们会从中挑出最适合我们需要的、代表了研究总体的样本。

好的抽样框应做到完整而不重复。常见的抽样框有大学学生花名册、城市黄页里的电话列表、工商企业名录、街道派出所里居民户籍册、意向购房人信息册…… 在没有现成名单的情况下，可由调查人员自己编制。应该注意的是，在利用现有的名单作为抽样框时，要先对该名录进行检查，避免有重复、遗漏的情况发生，以提高样本对总体的代表性。例如，要从 10 000 名职工中抽出 200 名组成一个样本，则这 10 000 名职工的名册，就是抽样框。

（2）抽样框误差。

抽样框误差是指因不准确或不完整的抽样框而引起的误差。问题是，从包含抽样误差的抽样框中抽取的样本有时无法正确地代表调研目标的实际情况，这就存在抽样框误差。举个例子，以电话号码簿作为抽样框，在对某地区所有住户进行某种意向调查时，就存在抽样框误差。

电话号码簿常常被用在民意调查中。如果要针对电话用户做调查，电话簿可以提供一个相当好的抽样框。如果电话簿被用来代表城市的所有人口，这种做法便有许多缺失，其中又以涉及社会阶层的偏差最为显著。因为穷人可能没有办法申请电话，而有钱人却可以申请一部以上的电话。因此，使用电话簿抽样方法很可能产生倾向中产阶级和上流社会的偏差。

电话簿所隐含的偏差经常被忽视，但使用这一方法所进行的选前民意调查，有时也会有相当准确的结果。造成这个现象的原因可能是偏差本身也与投票行为有关：通常比较穷的人往往不去投票。这两个偏差效应所造成的效果常常类似，因此，使用电话簿调查方法得出来的调查结果可能与实际的选举结果非常吻合。遗憾的是，直到选举结束，调查人员才能确知正确的结果。有时候（例如 1936 年《文学文摘》的民意调查），你们会发现投票者并没有按照所预期的阶级偏差进行投票。使用电话簿进行调查的主要缺点在于，研究人员无法估计样本结果的误差程度。

理想抽样框的标准是能够实现目标总体与抽样总体的一致，然而在实践中由于设计或者资料本身等方面的原因，目标总体与抽样总体往往不一致，无法保证样本的代表性，而且由于目标总体单位数不准确，对总体进行估计时就会产生估计量偏倚，增大其方差。这种误差并不是来自抽样的随机性，而是产生于不完善的抽样框，因此称为抽样框误差。抽样框误差是一种非抽样误差。

（3）抽样框误差来源。

丢失目标总体单位也被称为“涵盖不足”，是指抽样框没有覆盖全部目标总体单位，有些目标单位没有在抽样框中出现，因而也就没有机会被选入样本，这些单位成为丢失目标单位。对丢失的总体单位不能发现并纠正会造成调查中对总量的估计偏低。

包含非目标单位是指抽样框中包含了一些不属于研究对象的非目标总体单位。这种偏差的影响很大，但是潜在威胁却通常会小一些，因为可以在调查中辨认出非目标元素并把它们剔除。一般情况下，由于抽样框中存在非目标总体单位，容易造成估计量过高。

丢失目标单位和包含非目标单位共存是指在抽样框中既有丢失目标单位，又包含非目标单位。在实际调查中，丢失目标单位不易被察觉和发现，具有较大的隐蔽性，相比之下，包含非目标单位的抽样框误差的威胁性要小些。因为在调查过程中，非目标单位容易被发现，并予以剔除。即便如此，如果丢失目标单位和非目标单位数量相当，且相互抵消，估计量是否会产生偏差仍然难以断定。这要取决于丢失目标单位和非目标单位的数量特征是否有显著性差异。

复合连接是指抽样框单元与目标总体单元不完全一一对应，而是存在一对多、多对一或是多对多模式的现象。在前一种模式中，若进行简单随机抽样，能保证每个目标总体单位以同等的可能性被抽中。在后两种模式中进行简单随机抽样，每个目标总体单位被抽中的概率是不同的，从而使估计量产生偏斜。例如，若某银行想针对其客户的情况进行一次抽样调查，则该行所有客户构成目标总体。选择的抽样框是银行的来往账目，这就构成了多对一模式。若在这个框中进行抽样，则来往账目多的客户被抽中的可能性较大，来往账目少的客户被抽中的可能性很小，而两种客户通常会有较大差异，从而造成样本的偏斜，使估计量产生偏差。

抽样框老化又被称为“抽样框过时”或“不准确的抽样框”，是指随着时间的推移，抽样总体与目标总体产生极大的偏差，即原来的抽样框不符合实际情况，必须进行更新。最典型的例子，就是随着城市建设的大规模展开，许多地区已被改造，地址发生了变化，如果仍按以前的抽样框去抽样，那么精度就会难以控制。

（4）减少抽样框误差的方法。

第一，在抽选样本之前，要对抽样框加以检查，发现可能存在的问题，进行识别、处理，并采取一定措施加以补救。可以和普查或其他调查资料的总值或记录等相比较、分析，进而查明是否存在遗漏。可以利用客观现实的相互联系，找出平衡关系，推算是否有偏差。发现存在问题时，要及时进行补救。当一些目标总体单位对调查结论不会产生太大影响时，可重新把抽样框定义为可以得到的目标总体单位，将抽样框视为旧抽样框所能提供的总体。当抽样框不能涵盖抽样总体时，就可以采用辅助抽样框，采用此法要避免目标单位的重叠。第二，连接遗漏单位法，就是指把抽样样本遗漏的个体和抽样样本中某个值相连接，其连接规则必须在调查前明确规定。其前提条件是在抽样过程中能发现被遗漏的单位。此外，对抽样框进行清查是最费力、最烦琐效果也最好的一种方法，即在临近调查前，重新独立构建抽样框的全部或部分。

下面介绍简单随机抽样、系统抽样、分层抽样、多级整群抽样四种概率抽样方法。

3.3.2　简单随机抽样

简单随机抽样（simple random sampling）是社会研究进行统计推断时经常使用的最基本抽样方法。

简单随机抽样是指从总体 N 个单位中任意抽取 n 个单位作为样本，使每个可能的样本被抽中的概率相等的一种抽样方式。

简单随机抽样是其他抽样方法的基础，因为它在理论上最容易处理，而且当总体单位数 N 不太大时，实施起来并不困难。但在实际中，若 N 相当大时，简单随机抽样就不是很容易办到的。首先它要求有一个包含全部 N 个单位的抽样框；其次用这种抽样得到的样本单位较为分散，调查不容易实施。因此，在实际中直接采用简单随机抽样的并不多。

当建立了合适的抽样框后，如果要进行简单随机抽样，必须给名册中的每一个要素一个号码，不可以漏掉任何一个号码。然后可以利用随机数表来选择要素。

如果所使用的抽样框是机读格式（例如磁盘或磁带），简单随机抽样工作可由电脑自行完成（电脑可以非常有效地自动将抽样框中的所有要素编码，产生一系列的随机数号码，然后再将所有被选到的要素打印出来）。

随机数表由统计工作者用计算机生成的随机数组成，并保证表中每个位置上出现哪一个数字是等概率的，利用随机数表抽取样本保证了各个个体被抽取的概率相等。

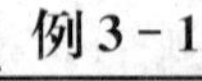

例 3-1

要调查居民对某项公共政策的态度，从 100 户居民家庭中抽选 10 户居民代表抽选样本。

具体步骤如下：第一步：将 100 户居民家庭编号，每一户家庭一个编号，即 01～00（每户居民编号为两位数，00 代表 100）。第二步：在本书附录的随机数表中随机确定抽样的起点和抽样的顺序。假定从第 1 行、第 9 列开始抽，抽样顺序从左往右抽，选择最右边的两位数。第三步：依次抽出号码分别是 92，45，42，05，94，96，05，37，36，02，共 10 个号码。由于 05 号码被抽了两次，再补充 1 个号码：22。由此产生 10 个样本单位号码为 92，45，42，05，94，96，37，36，02，22。编号为这些号码的居民家庭就是抽样调查的对象。

实际生活中，这些随机数表起着很大的作用，所以很多人会专门去寻找随机数表产生器。

在社会研究中，常常需要用随机数表来选择一组随机数，以下便是随机数表具体的使用方法。

例 3-2

假设要从 980 个人（或其他分析单位）的总体中用简单随机抽样方法选取 100 个人作为样本。

（1）将总体中所有的人编码。在本例中，编码为 1 到 980。接下来的问题是从随机数表中随机选取 100 个数字。一旦完成这项工作，编码和选出的随机数字相符的那些人将组成样本（注意：如果确定总数有多少，倒不一定非要将所有的人进行实际编码。假如已经有了所有人的名单，选定随机数字后，就可以用计数的方式，将被选到的人圈选出来）。

（2）确定所选择的随机数需要几位数字。在本例中，总人数有 980 个，所以需要有三位数字才能保证所有人都有被选中的机会（如果总人数是 11 825 的话，则需要选择五位数的随机数）。因此，我们要从 001 到 980 的数字中抽出 100 个随机数。

（3）随机数表有好几页，每页都按行和列排着很多五位数的数码。随机数表包含了由 00001 到 99999 范围内一系列的随机数字。要在本例中使用这个表格的话，就必须先回答下列问题：

1）如何从五位数字号码中产生三位数字号码？

2）按什么顺序在表中选择号码？

3）从哪里开始选择？

每个问题都有几个合理的解答。关键是要建立一个执行原则来进行。

（4）要从五位数中产生三位数，我们可以从表格中选取一个五位数字，但每次只看它最左边的三位数。如果我们选择第 1 页第 1 个数——10097，最左边的三位数将为 100（也可以取最右边的三位数字 097，或中间的三位数字 009，任何方法都行）。关键在于要先建立一个原则，然后从头到尾都依这个原则去做。为了方便起见，本例中我们选择最左边的三位数字。

（5）也可以随意确定在表格中选取数字的顺序：依纵列的方向往下选取，依纵列的方向往上选取，由右到左或由左到右，或者依对角线的方式选取。同理，使用什么样的方法并不重要，重要的是选定了一个方法之后，必须从头到尾都使用这种方法。为了方便起见，我们选择依纵列的方向往下选取的方法。当到达一列的最末端时，我们可以从下一列的最顶端继续选取；一页选完后，我们可以从下一页的第一个纵列继续选取。

（6）现在，我们从哪儿开始？你们可以闭上眼睛，然后用铅笔随意在表格上戳一下以决定开始的第一个数字。（这个方法听起来并不科学，但却很有用。）或者，你们可能会害怕把书本给戳坏了或者没有戳到数字，那么不妨闭上眼睛，随意选取一个行号和一个列号（例如选择第五行第三列），然后从这个位置的数字开始。

（7）假设我们决定从第三列的第五个数字开始，翻到随机数表，会看到这个数是 80157。我们选择 801 为第一个随机号码，现在我们必须再选出其他 99 个。由第三列继续往下，我们选择 340，455，020，053，035，149，398，062 等号码。在第三列的最后，我们选择了 436 这个号码，然后从第四列的最顶端继续我们的选取工作：135，742，等等。

（8）太简单了，不是吗？然而问题又出现了。当我们选到第五列时，所选到的数字分别是 346，248，232，383，640，988……总人数只有 980 个人，怎么可以选取 988 这个数字？解决的方法很简单：忽略它。当选取随机数时碰到超过范围的数字，跳过这个数字然后继续选下一个即可：353，686……同样的方法也可以用来解决选择随机数时碰到同一个号码的情形。举例来说，如果两次选到了 399 的话，跳过第二个重复的 399。

（9）依此进行，选足 100 个随机数。回到你的名单，用所选的随机数抽样，因此你所选到的样本应该包括编码为 801，340 以及 455……的这些人。

3.3.3 系统抽样

实际研究中，简单随机抽样方法并不常用。如果以人工方式来做的话，这个方法相当烦琐。简单随机抽样通常需要一份要素的名单。如果手头上有要素名单，研究人员通常采用系统抽样而不是简单随机抽样。

系统抽样（systematic sampling）是系统化地选择完整名单中的每第 K 个要素组成样本的方法。比如，抽取大学学生名单里的每 25 人的第一个学生组成一个样本。

为了避免使用本方法时所造成的人为偏差，必须以随机的方式选择第一个要素。因此，在上述的例子中，必须先随机选择一个 1～10 之间的号码，将这个号码代表的要素作为选取的第一个样本，然后每隔 10 个要素选取一个作为样本。在专业上这个方法被称为"以随机方式开始的系统抽样法"（systematic sample with a random start）。系统抽样法中有两个常用术语：抽样间距和抽样比率。抽样间距（sampling interval）是指两个被选择的要素间的标准距离，在上述的例子中，抽样间距为 10。抽样比率（sample ratio）则是被选择的要素与所有总体要素数量的比率，在上述例子中，抽样比率为 1/10。

$$抽样间距=\frac{总体大小}{样本大小}$$

$$抽样比率=\frac{样本大小}{总体大小}$$

在实际应用中，系统抽样方法与简单随机抽样方法本质上几乎是一致的。如果这一系列的要素在抽样前确实是随机分布的，我们可以将系统抽样看成随机抽样。到目前为止，有关系统抽样与简单随机抽样方法孰优孰劣的争论，在很大程度上已有定论，系统抽样方法因其简单而较受青睐。从经验上说，两种方式所得的结果本质上是一样的。系统抽样方法在某些情况下，甚至比简单随机抽样方法还要稍稍精确一些。

然而，系统抽样方法潜藏了一个危机。名单中要素的排列方式可能使系统抽样产生问题。这种排列方式问题通常被称为周期性问题。如果要素名单是以与抽样间隔一致的循环方式排列的，系统抽样方法则可能产生一个有重大偏误的样本。下文以两个例子解释这种现象。

研究人员从名册中每隔 10 个士兵抽出一个来进行研究。然而士兵的名册是依下列的组织方式来编排的：首先是中士，接着是下士，其后才是二等兵；用一班一班的方式进行编排，每个班 10 个人。因此，此名册中每隔 10 个便是一位中士。如此系统抽样可能会取得一个完全是中士的样本，同样的理由，此方式也可能会取得一个完全不含中士的样本。在另一个例子中，假设我们想在一栋公寓建筑物内选择公寓样本。如果样本是从每个公寓的编码（如 101，102，103，104，201，202 等）中抽出的话，那么所使用的抽样间隔，可能刚好等于每层楼的户数或是每层楼户数的倍数。如此所选到的样本有可能都是属于西北角的公寓或都是接近电梯的公寓。假设这些形态的公寓有一些共同的特性（如月租费较高），样本就会产生偏误。对街道上编号相同的房屋进行系统抽样，也会发生同样的情形。

如果要对一份名册进行系统抽样，必须小心考察名册的基本特征。如果其中的要素有特定的排列顺序，必须确定该顺序是否会使样本产生偏误，如果有的话必须加以解决（例如，在每段间隔当中使用简单随机抽样方法）。

总体来说，如果不考虑其他的因素，就便利性而言，系统抽样通常比简单随机抽样方法好。抽样框中要素特殊排列所产生的问题，通常也很容易解决。

3.3.4　分层抽样

分层抽样（stratified sampling）并不是前面谈到的随机抽样和系统抽样的替代方法，然而，它代表了这两种方法在使用时一种可能的修正形态。分层抽样是在抽样之前将总体分为同质性的不同群（或层）。这一程序能够提高样本的代表性（起码就分层变量而言是这样的），它还可以和简单随机抽样、系统抽样或整群抽样结合起来使用。

简单随机抽样和系统抽样，都能保证一定程度的代表性并可以估计误差。分层抽样则可以提高代表性，同时减少可能的抽样误差。为了理解这一方法，先回顾一下抽样分布的基本理论。

抽样设计中有两个因素可以减少抽样误差。首先，大样本比小样本产生的抽样误差小。其次，从同质（homogeneous）总体中抽取样本比从异质（heterogeneous）总体中抽取样本所产生的抽样误差要小。分层抽样便是基于上述抽样理论中第二个影响因素的抽样方法。

基本步骤：首先将总体分成互不交叉的层，然后按一定的比例，从各层次独立地抽取一定数量的个体，将各层次取出的个体合在一起作为样本。分层抽样的特点是将科学分组法与抽样法结合在一起，分组减小了各抽样层变异性的影响，抽样保证了所抽取的样本具有足够的代表性。

例如，一个单位的职工有 500 人，其中不到 35 岁的有 125 人，35～49 岁的有 280 人，50 岁以上的有 95 人，为了了解这个单位职工与身体状况有关的某项指标，要从中抽取一个容量为 100 的样本，由于职工年龄与这项指标有关，决定采用分层抽样方法进行抽取。因为样本容量与总体个数的比为 1∶5，所以在各年龄段抽取的个数依次为 125/5，280/5，95/5，即 25，56，19。

3.3.5　多级整群抽样

前面讨论了直接从要素名单中用一些相当简单的步骤进行抽样的方法。然而许多研究都需要从一个不易获得抽样名单的总体中抽样，例如，一个城市，一个国家的人口，全国的大学生，等等。在这些例子当中，抽样的设计必定更加复杂，通常必须先进行整群要素抽样，然后再从这些群中抽取要素。

当不可能或不方便编制一个完整的名单形成目标总体的时候，就可以使用整群抽样（cluster sampling）方法。整群抽样是指只要该群被选中，则该群中的所有成员都进入随后的子样本。例如，当要对一个总体区域，例如城市的人口进行抽样的时候，虽然没有整个城市的人口名册，但是人们居住在这个城市中的不同街道，因此可以先对城市中的不同街道进行抽样，然后列出抽选出来的每个街道的住户名单，再对这些住户进行抽样，之后列出抽选出来的住户人口名册，最后再对这些人口名册进行抽样。使用多级整群抽样方法，能够对全市的人口进行抽样，而不需要整个城市的人口名册。

由此看到，多级整群抽样方法重复两个基本步骤：列表名册和抽样。先编制初级抽样单位的名册或将之分层，然后对这个名册进行抽样，根据选出的初级抽样单位再编制其要素名单或分层，得到次级抽样单位名单并进行抽样，如此一直重复下去。

采用随机抽样方法进行抽样的原因有二。第一，这一过程可以避免研究者自觉或不自觉的偏见。按直觉偏见来选择样本的研究者会很容易地选择能够支持他研究预期或研究假设的个案。随机抽样避免了这种危险。第二，随机抽样为我们进入概率理论提供了契机，而这一理论提供了估计总体参数和抽样误差的基础。现在讨论概率理论与抽样分布。

3.4 概率理论与抽样分布

概率理论是数学的一个分支，它为研究者提供了抽样技术和分析样本结果的工具。更一般地说，概率理论为估测总体参数提供了基础。参数（parameter）是对总体中的某变量的概括性描述。一个城市的所有家庭的平均收入是一个参数，城市的所有人口的平均年龄分布也是一个参数。当研究者从样本开始进行推论时，他们就是试图用样本观察来估测总体参数。概率理论使得他们不仅能够进行推论，而且还能够判断该估测在什么程度上代表了总体的实际参数。比如，概率理论使得调查机构能够从大约包含 2 000 个投票人的样本来推测总体 1 亿人的投票行为，而且还能够明确指出该估测的可能误差。

概率理论是如何完成这个看似不可思议的奇迹的呢？诀窍就在于抽样分布。

3.4.1 抽样分布的基本概念

样本统计量的概率分布称为抽样分布（sampling distribution）。因为样本是通过对总体的随机抽样获得的，因此，样本统计量是随机变量，有一定的概率分布。常见的概率分布有正态分布、卡方分布、t 分布、F 分布等。从总体中挑选出来的单个样本能够给出对总体参数的估测值。其他样本也会给出相同或是稍微不同的估测值。概率理论能够告诉我们大量样本的估测值的分布。为了了解其中的原理，我们来看看一个关于抽样分布的例子。

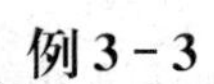

例 3-3

为了便于介绍概率抽样的统计量，我们从 10 个人的抽样开始。假设一个群体中有 10 个人，每个人的口袋里都有一定数量的钱。假设其中一人身无分文，一人有 1 元，另一人有 2 元，依次类推到有 9 元的那个人。

我们的任务是求出每人拥有的平均金额：将每一个人的金额相加，可知总和为 45 元，所以平均值为 4.5 元。但我们的目标在于不必实际考察所有 10 个人就能估算出他们的平均值，可以通过从总体中选出随机样本，利用样本的平均值推论出总体平均值的方法来做到这一点。

首先，假设从总体中随机地选取一个样本。根据选择的人不同，对该群体平均值的估计可能是 0～9 元之间的任何一个。图 3-1 显示了这 10 个可能的样本。图中的 10 个点代表了 10 个可以估计总体的“样本”平均值。图中这些点的分布被称为“抽样分布”。显然，只选择了一个样本的抽样很不理想，因为这样我们错失 4.5 元这个真正平均值的可能性太大了。

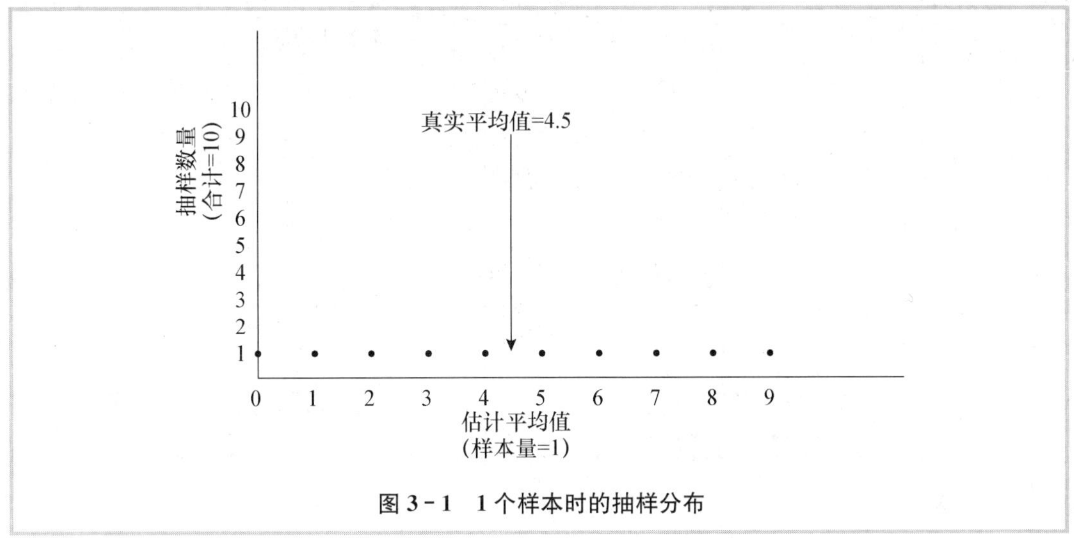

图 3-1　1 个样本时的抽样分布

那么，如果我们使用 2 个样本的抽样，情况会怎么样呢？由图 3-2 可见，扩大样本容量，则可望有效提升估计的正确性。现在有 45 个可能的抽样：[0，1]，[0，2]，…，[7，8]，[8，9]。而且，其中有些样本组的平均值是相等的，比如样本组 [0，6]，[1，5] 和 [2，4]，…的平均值都是 3 元。在图 3-2 中，3 元上所显示的 3 个点就代表这几个样本。

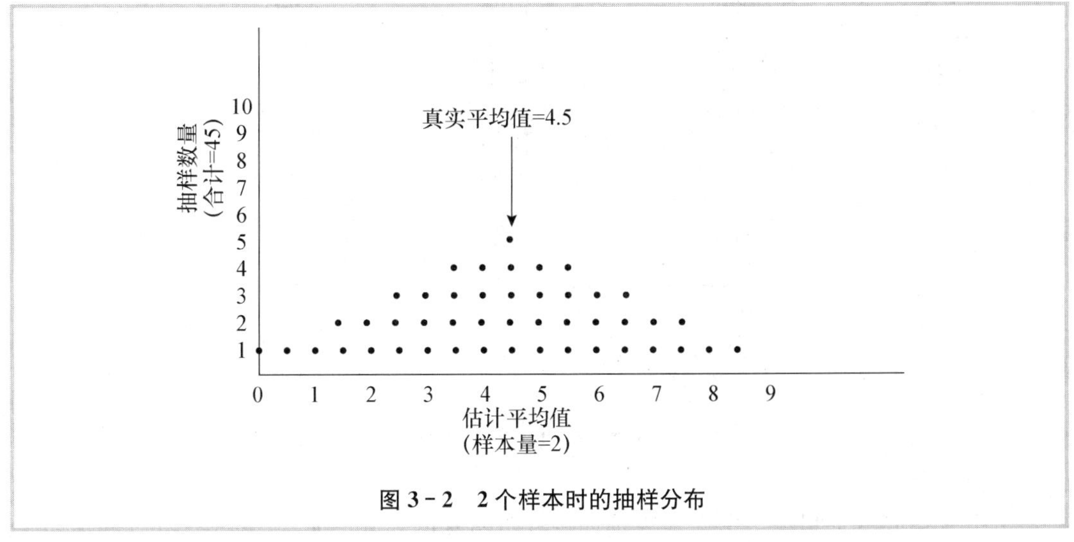

图 3-2　2 个样本时的抽样分布

而且，从图中我们还可以看到，这 45 个抽样的平均值并不是均匀分布的，而是在某种程度上趋向于真正的平均值 4.5 元。其中只有两组样本的平均值离 4.5 元较远 [0，1] 和 [8，9]，偏差达到了 4 元。同时，却有 5 组样本的平均值正好就是真正的均值 4.5 元，而其余有 8 组样本的平均值与真正的平均值只差±0.5 元。

假设现在选取更大的样本，将会发生何种情况？可以从图 3-3 看出包含 3、4、5 和 6 个样本时的各种抽样分布。

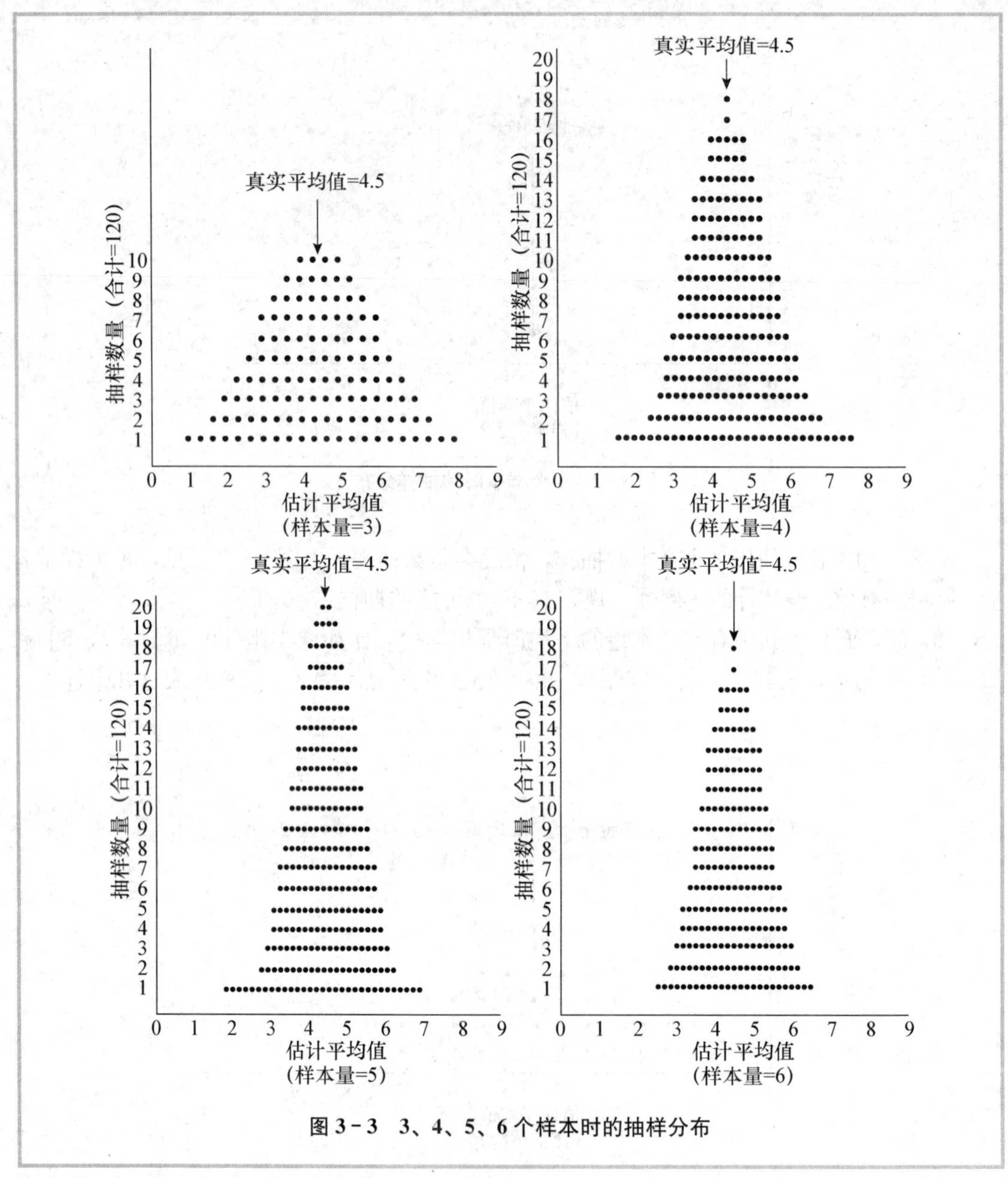

图 3-3　3、4、5、6 个样本时的抽样分布

由图 3-3，我们可以很清楚地看到抽样分布的变化。每增加一次样本容量，估计平均值的抽样分布都有一些改进。当然，在这个例子中所能达到的极限就是选择 10 个样本，这种抽样是唯一的（每人都选），其结果是得到真正的平均值 4.5 元。所选择的样本越大，根据样本的值来估测总体参数就越准确。

3.4.2　几种常见的抽样分布

1. 正态分布

正态分布是概率论中最重要的一种分布，也是自然界最常见的一种分布。图 3-3 的分布通常形成正态曲线（normal curve）。正态曲线的概率分布是正态分布。该分布由两个参数——平均值和方差决定。概率密度函数曲线以均值为对称中线，方差越小，分布越集中在均值附近。

（1）正态分布的特征。

1）以平均数为中心，并在平均数所在位置形成一个单峰的山形分布。

2）曲线是完全对称的。

3）绝大部分分数值集中在平均数的附近。

4）正态曲线由其平均数 μ 和标准差 σ 完全确定。

在正态分布中，约有 68.26%的变量值分布在以平均数为中心的 1 个标准差范围内；

约有 95%的数据分布在以平均数为中心的 1.96 个标准差范围内；

约有 99%的数据分布在以平均数为中心的 2.58 个标准差范围内（见图 3-4）。

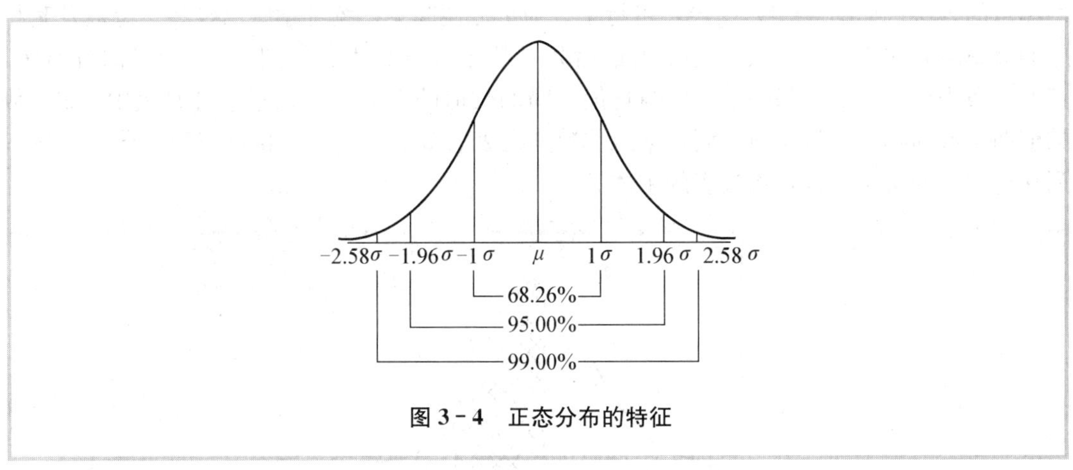

图 3-4　正态分布的特征

（2）z 分数。

z 分数（z-score），也叫标准分数（standard score），是一个正态分布中某一分位数与平均数的差再除以标准差的值。z 分数可以回答这样一个问题："一个给定分数距离平均数多少个标准差?"在平均数之上的分数会得到一个正的标准分数，在平均数之下的分数会得到一个负的标准分数。z 分数能够反映一个分数距离平均数的相对标准距离。z 分数的计算公式如下：

$$z=\frac{X_i-\mu}{\sigma}$$

式中，X_i 为原始数据中的每一个 X；μ 为原始数据的均值；σ 为原始数据的标准差。

z 分数可将原始数据变换为与均值相联系的发生概率，通过查正态分布表，可以知道任何事件的概率。

根据这一公式以及 z 分数的定义，对于大于均值的变量值，如果其与均值之间的距离正好为一个标准差单位，则其 z 值为 1；如果与均值之间的距离正好为两个标准差单位，则其 z 值为 2；同理，如果与均值之间的距离正好为三个标准差单位，则其 z 值为 3。参考图 3-4，如果 z 值为 1，则其相应的概率为 0.341 3——也就是说，在正态分布中，有 1/3 强的数值落在平均数与平均数右侧一个标准差单位的变量区间内。对于小于均值的变量值，如果与均值之间的距离也正好为一个标准差单位，则其 z 分数与处于平均数右侧相同位置的 z 统计量相比，数值相同，符号相反，即 $z=-1$（因为如果我们所感兴趣的变量值小于平均数，则 $X-\mu$ 为负值）。

因为正态曲线是以平均数为中心的对称分布，因此当 z 分数的符号为负时，其概率的计算也是不成问题的。当 z 为－1 时，其相应的概率也为 0.341 3（即有 1/3 强的数值落在平均数与平均数左侧一个标准差单位的变量区间内）。因此，如图 3-4 所示，在一个正态分布中，有 0.682 6 的数值落在以平均数为中心的一个标准差范围内（0.341 3＋0.341 3）。同理，与 $z=2$（或－2）对应的概率为 0.477 2，与 $z=3$（或－3）对应的概率为 0.498 5。将它们分别乘以 2，则得到其总概率分别为 0.954 4 和 0.997。

管理者怎样计算在他们的日常工作中所碰到的其他无法计数的概率问题呢？显然，利用图示的方法（如图 3-4）已经不可行了。为了方便起见，统计学家已经将 z 分数及其相应的概率编制成正态概率表，见本书最后附录的正态分布表。如图 3-5 阴影部分所示，正态分布表反映了落在每一个 z 值与均值之间的数值的百分比。在正态分布表中，z 分数的前两位数列在表的最左面一列，第三位数列在表的最上面一行，相对应于 z 分数的概率列在行与列的交叉位置，构成表的主体。

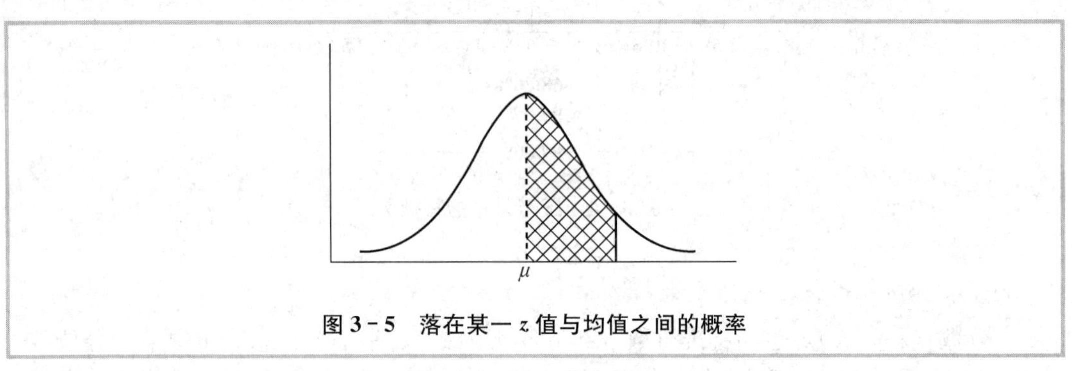

图 3-5　落在某一 z 值与均值之间的概率

举例来说，在正态分布中，有百分之多少的数值落在平均数 μ 与 $z=1.33$ 之间？这一问题实际上就是，有百分之多少的数值落在平均数和离平均数 1.33 标准差单位之间呢（也是 $1\frac{1}{3}$个标准差单位）？在正态分布表的最左面的一列，从上到下可以找到 z 的前两位数 1.3，然后沿着这一行从左向右看，直到第一行中 z 的第三位数字 0.03 那一列，这时便得到概率 0.408 3。这就是说，有 40.83%的数值落在平均数与 1.33 个标准差之间。

有了这一结果，我们就可以利用有关正态分布的知识来回答一系列有趣的问题。例如，有百分之多少的数值落在平均数 μ 与平均数左侧 1.33 个标准差单位的变量区间内？如果 z 为负值，这里为－1.33，说明我们所关心的变量值小于平均数。因为正态曲线是对称的，因此 z 为 -1.33 和 z 为 1.33 与正态曲线所围成的面积相等，其概率也为 0.408 3。

有百分之多少的数值落在大于 $z=1.33$ 范围内？这一区域如图 3-6 阴影部分所示。怎样计算这一概率呢？请回忆一下前面讲过的知识，在正态分布中，变量值大于平均数的概率和小于平均数的概率相等，各占一半（0.5）。我们已经知道，在平均数和 z 为 1.33 之间的概率为 0.408 3，那么用 0.5 减去 0.408 3 就可以得到大于 1.33 的概率，为0.091 7。因此，有 9.17%的数值落在大于 $z=1.33$ 的范围内。

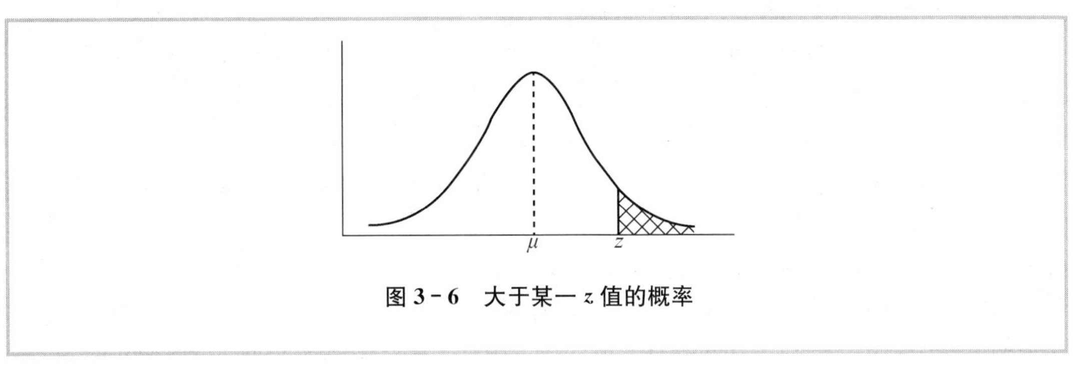

图 3-6　大于某一 z 值的概率

在正态分布中，有百分之多少的数值在 $z<1.33$ 的范围内？这一部分如图 3-7 阴影部分所示。我们可以用两种方法中的任意一种来解决这一问题。比较简单的方法是用 1（正态分布的总概率）来减去 z 大于等于 1.33 的概率（0.091 7），结果是 0.908 3。或者，由于在平均数与 z 之间的概率为 0.408 3，小于平均数的概率为 0.5，因此，将这两个概率加总，同样可以得到小于 $z=1.33$ 的概率，也为 0.908 3。

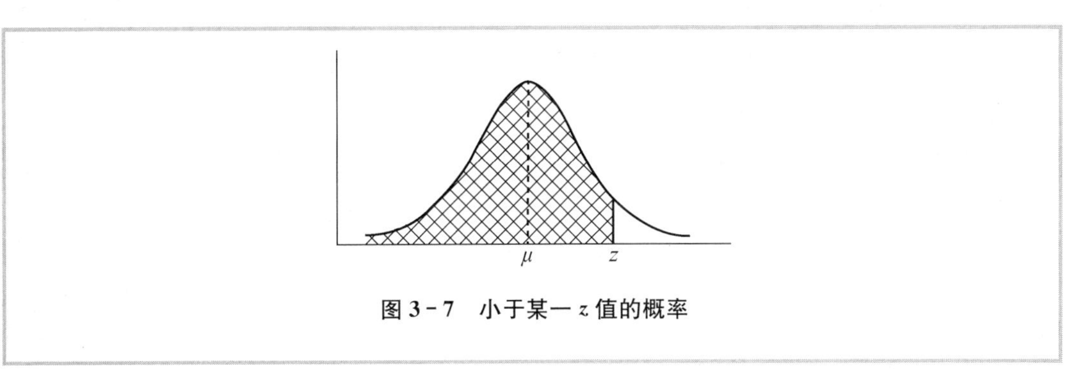

图 3-7　小于某一 z 值的概率

（3）正态分布的应用举例：数据标准化。

可以利用 z 分数将原始数据标准化，经过标准化处理的数据符合标准正态分布，即均值为 0、标准差为 1 的正态分布。

例如，考试直接得到的分数属于顺序数据，不能作进一步的运算，为了充分利用测验所得到的信息，就有必要对原始分数进行某种处理，使之成为等距数据，z 分数是最常用的一种方法。成绩的 z 分数是从学生的原始成绩转化而来，但具有以下一些特点：一是它的平均分数为 0，标准差为 1；二是分数之间等距，可以作加减运算；三是不会改变原始分数的分布形状和分布顺序；四是标准分会出现负值，其数值一般在 3 与 -3之间。

如果只知道某一学生定量分析课程考试得了 87 分，那么我们几乎无法判断该成绩是好是坏。因为考试题目的难度、学生现有的知识水平以及评分标准都会影响到学生的得分。87 可以说很高，也可以说很低，但如果我们知道了学生的 z 分数，我们就可以了解该学生这次考试是低于平均分还是高于平均分以及在全班（或者总体）的一个什么位置。假定定量分析课程成绩服从正态分布，标准差为 7，平均值为 90 分，请同学们根据这些条件推算这位同学的成绩所处的位次。

2. 卡方分布（Chi-square distribution）

学习卡方分布（即 χ^2 分布）之前，首先来看一个重要概念：自由度（degrees of freedom，df）。许多统计检验中都涉及自由度。自由度的一种定义是“未知量的数目减去连接这些未知量的等式的数目”。下面用一个例子说明这一点。假设有两个变量（x 和 y），它们的值是未知的。你可以对 x 和 y 赋予任何一个值。这样有两个自由选择或两个自由度。但是假设知道 $x+y=30$。这样就只有一个自由度了，因为一旦对 x 赋予了一个值，y 的值就确定下来了（如 $x=11$，那么 $y=19$）。相类似，如果有三个未知变量 x，y，z，就有三个自由度了。但是如果知道 $x+y+z=50$，所拥有的自由度就是 2 了，因为如果知道两个变量的值就能确定第三个变量的值了（如果 $x=10$，$z=35$，那么 $y=5$）。如果知道两个等式，如 $x+y+z=50$，$x+y=20$，那么就只剩下一个自由度了，因为只要对任何一个变量赋予一个值，其余变量的值也就确定了（如 $x=13$，那么由于 $x+y=20$，所以 $y=7$。如 $x=13$，$y=7$，由于 $x+y+z=50$，所以 $z=30$）。

（1）χ^2 分布的定义。

设随机变量 X_1，X_2，…，X_n，彼此独立且都服从均值为 0、标准差为 1 的标准正态分布，记为 N（0，1），则随机变量

$$Y=\sum X_i^2$$

服从自由度为 n 的 χ^2 分布，记为 $Y\sim\chi^2(n)$。

χ^2 分布如图 3-8 所示。

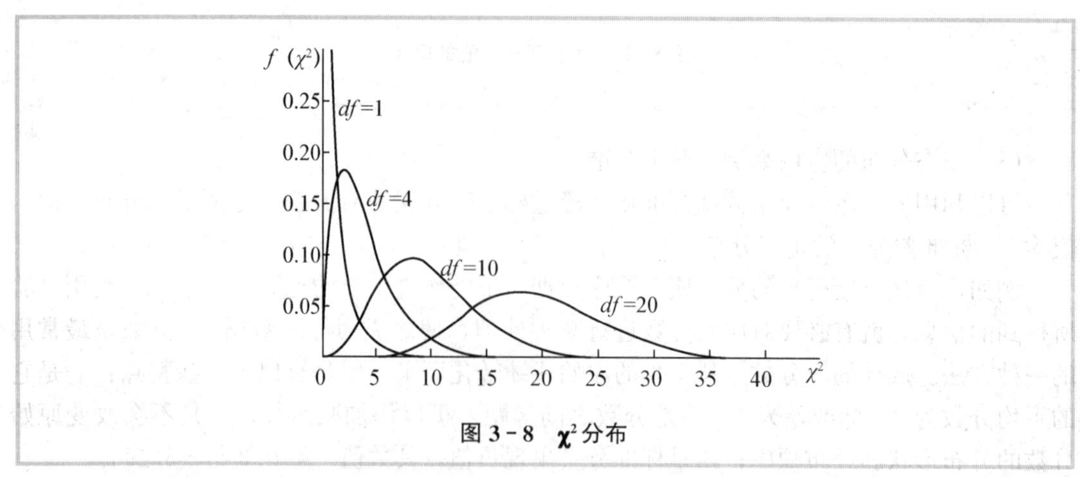

图 3-8 χ^2 分布

（2）χ^2分布的性质。

1）χ^2分布随机变量的取值范围为（0，∞）。

2）若 $Y_1 \sim \chi^2(n)$，$Y_2 \sim \chi^2(m)$，且相互独立，则 $Y_1 \pm Y_2 \sim \chi^2(n \pm m)$。

3）χ^2分布为非对称分布，其分布曲线的形状由自由度决定，自由度越大，分布越趋于对称。

4）当 $n \to \infty$，$\chi^2(n) \to N(n, 2n)$。

3. *t* 分布

t 分布又称学生分布。

（1）*t* 分布的定义。

设 $Z \sim N(0, 1)$，$Y \sim \chi^2(n)$，且相互独立，则

$$T = \frac{Z}{\sqrt{Y/n}}$$

服从自由度为 $n-1$ 的 t 分布，记为 $T \sim t(n-1)$。

t 分布如图 3-9 所示。

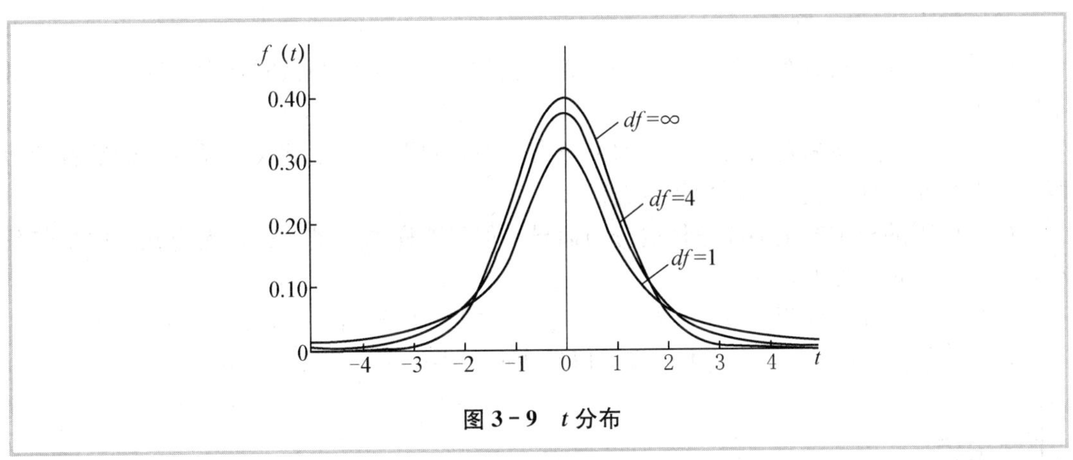

图 3-9　*t* 分布

（2）*t* 分布的性质。

1）*t* 分布与标准正态分布相似，关于 $T=0$ 对称，只有一个峰，峰值在 $t=0$。

2）分布曲线受自由度影响，自由度越小，离散程度越大。

3）当 $n \to \infty$，$t(n) \to N(0, 1)$。

4. *F* 分布

（1）*F* 分布的定义。

若 $X \sim \chi^2(m)$，$Y \sim \chi^2(n)$，且相互独立，则

$$F = \frac{X/m}{Y/n}$$

服从自由度为 m（第一自由度）和 n（第二自由度）的 F 分布，记为 $F \sim F(m, n)$。

F 分布如图 3-10 所示。

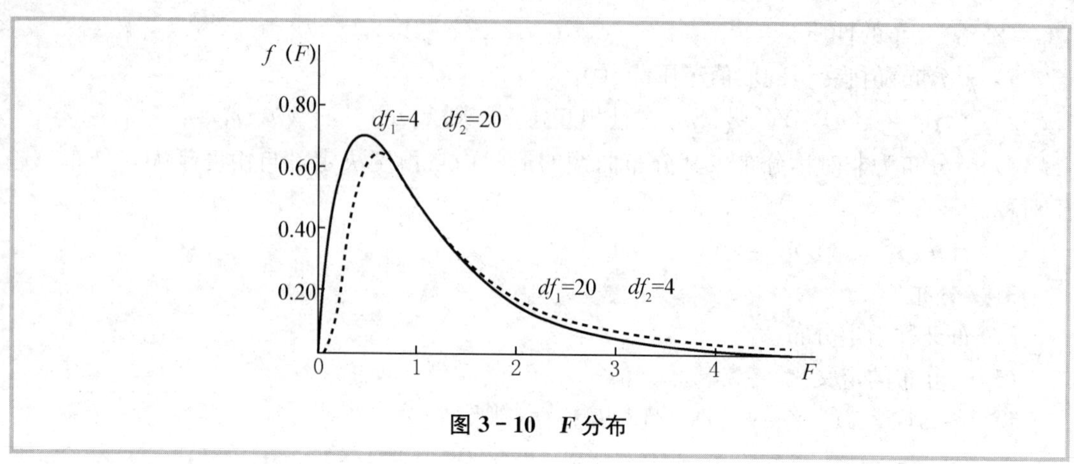

图 3-10 F 分布

（2）F 分布的性质。

1）F 分布随机变量的取值范围为（0，∞）。

2）F 分布的分布曲线受两个自由度的影响。

3）若 $F \sim F(m, n)$，则 $1/F \sim F(n, m)$。

4）若 $X \sim t(n)$，则 $X^2 \sim F(1, n)$。

除了以上介绍的分布，其他的概率分布中也常常会用到中心极限定理，这个定理的基本内容如下：

（1）无论样本所来自的总体是否服从正态分布，只要样本足够大，样本平均数就近似服从正态分布，样本越大，近似程度越高。

（2）所需的样本容量随原总体的分布而异，但只要样本容量≥30，无论原总体是何分布，都足以满足近似的要求。

（3）设原总体的期望为 μ，方差为 σ^2，则样本平均数的期望为 μ，方差为 σ^2/n。

（请尽量记住这个定理的基本内容，以后我们解决很多问题都依靠它。）

本章小结

本章介绍了抽样理论以及抽样分布理论。其中，非概率抽样抽取样本的方式并不依据概率理论，比如就近抽样、目标式（判断式）抽样、配额抽样和滚雪球抽样。而概率抽样是依据概率理论进行的抽样，比如简单随机抽样、整群抽样、分层抽样等。样本统计量的概率分布称为抽样分布，常见的分布有正态分布、t 分布、F 分布等。

关键术语

概率抽样　非概率抽样　就近抽样　目标式抽样　滚雪球抽样　配额抽样

抽样框　自由度　抽样分布　总体　样本　均值　标准差

复习思考题

1. 抽样调查有哪些特点?
2. 总体和样本有何异同?
3. 什么是抽样平均误差? 影响的因素有哪些?
4. 什么是配额抽样与系统抽样? 各有哪些方法?
5. 抽样为什么要遵循随机原则?
6. 多级整群抽样的特点是什么?
7. 抽样分布有哪几种典型分布，每种分布有什么不同?
8. 概率抽样和非概率抽样有什么区别，各自的优缺点是什么?
9. 小明在邮局工作。他的上司认为他在该局工作表现不好，对他进行了批评。在该局中，每个员工平均每天所处理的信件数服从平均数为 670、标准差为 70 的正态分布。他的上司通过计算得知小明平均每天的处理量为 500 封。那么平均日处理量多于和少于小明的人数各为百分之多少? 你认为上司对小明的指责公平吗?
10. 公务员局的负责人和职员年终总结所花的时间平均每人为 27.2 分钟，其标准差为 4.9 分钟（服从正态分布）。请问花费时间在 22.3 分钟至 32.1 分钟、17.4 分钟至 37 分钟以及 12.5 分钟至 41.9 分钟之间的分别占百分之几?
11. 小李是某大型保险公司的数据分析员。在 3 个月之前她博士毕业后来该部门工作，对 24 832 元的工资还算满意。但是，自从工作之日起，她已经逐渐了解到在该公司中，与其工作岗位相同的其他同事的工资都比她高。后来她又了解到，该公司这类职位所有职员的工资服从平均数为 25 301 元、标准差为 986 元的正态分布。因此，小李确信，与其他同事相比，她的工资相对较低。你是否同意她的看法? 请用正态曲线说明你的观点。

第4章

区间估计

引例

从10 000人的总体中随机抽取一个100人组成的样本，经计算，该样本人口的平均受教育年限是12年，请问所有人口的平均受教育年限是几年？从某监狱随机抽取60名刑满释放人员进行跟踪调查，结果发现，有40%的人在出狱后一年内又因犯罪入狱，请问该监狱所关押的罪犯的平均重犯率是多少？

管理人员常常采用抽样的方法，计算样本均值或者比例。但是如何在一定的把握性下，用样本的数据推断总体的特征，或者是根据一个样本的观察值推算出总体参数的所在区间，就是区间估计。

本章学习要点

- 总体均值的区间估计
- 总体比例的区间估计
- 样本容量大小如何确定

4.1 基本概念

样本就是总体的一个子集，所有样本都是从总体中随机抽取的。所谓随机抽样是指总体中的每一个成员都有相同的被抽中的机会。如果一个样本不是随机抽取的，那么这里所介绍的统计方法则不一定适用。

统计量是用来概括样本特征的测度值。样本的均值、标准差和中位数都是统计量。

参数是用来概括总体相应特征的测度值。总体的均值、标准差和中位数都是参数。

为了表达准确和便于区分，统计学家们对于作为参数和作为统计量的均值、标准差等使用不同的符号来表示（见表 4-1）。

表 4-1　参数和统计量的符号

测度对象	总体参数	样本统计量
均值	μ	$\overline{X}$
标准差	σ	s
事件个数	N	n

无论数据是来自总体还是样本，均值总是采用相同的方法来进行计算。但是，标准差就要采用不同的公式来计算。

在真实世界中，找到一个总体的真实的标准差是不现实的。大多数情况下，总体标准差是通过随机抽取一定量的样本并计算样本标准差估计的。因此有两个定义，用在不同的场合：若是总体，标准差公式根号内除以 N；若是样本，标准差公式根号内除以（$n-1$）。因为我们大量接触的是样本，所以普遍使用根号内除以（$n-1$）。

$$\sigma=\sqrt{\frac{\sum_{i=1}^{n}(X_i-\mu)^2}{N}}\qquad s=\sqrt{\frac{\sum_{i=1}^{n}(X_i-\overline{X})^2}{n-1}}$$

标准误（standard error of mean），即样本均值的标准差，是描述均值抽样分布的离散程度及衡量均值抽样误差大小的统计量，反映的是样本均值之间的变异。标准误一般用 $s.e.$ 来表示。切记标准误不是标准差，而是多个样本平均数的标准差。标准误用来衡量抽样误差。标准误越小，表明样本统计量与总体参数的值越接近，样本对总体越有代表性，用样本统计量推断总体参数的可靠度越大。因此，标准误是统计推断可靠性的指标。在 σ 已知的情况下，标准误计算公式为 $s.e.=\frac{\sigma}{\sqrt{n}}$；在 σ 未知的情况下，其计算公式为 $s.e.=\frac{s}{\sqrt{n}}$。

下面对标准误和标准差作一个对比。标准误与标准差是常用的两种统计指标，两者均为变异指标。标准差表示个体变量值之间的离散程度；标准误是表示样本均数间的离散程度，标准误小则抽样误差小，说明样本均数与总体均数接近。标准差可结合均数估计正常参考值范围；标准误可结合均数估计总体均数的可信区间。

置信度也称置信水平（confidence level），是指利用样本统计量估计总体参数落在某一区间时的概率，或者作出此推论的信心，用符号 $1-\alpha$（显著性水平）表示。常用的置信度有 99%，95%，90%，相应的显著性水平 α 为 0.01，0.05，0.10。一般来讲，置信水平由研究者根据所研究问题的重要性自行确定，置信度并非越高越好，能够解决问题即可。

置信区间是指由样本统计量所推算的总体参数所在区间。

4.2 总体均值的区间估计

区间估计是根据样本统计量来估计总体未知参数所在区间的方法。由于这种估计的区间能以一定的置信度来保证估计的准确性，因此，也称该区间为置信区间。

根据统计学理论，为了估计总体均值而进行的多次抽样，多个样本均值符合前述的一种概率分布——t 分布。

t 分布的形状与正态分布相似，但是比正态分布平坦。与正态分布不同的是，t 分布因样本容量不同而不同。

自由度与样本容量相当，并用来确定对应的 t 值。如第 3 章所述，t 分布的自由度就是 $n-1$。

下面我们通过一个例子来说明如何利用样本均值估计总体均值所在的区间。

已知总体 $X \sim N(\mu, \sigma^2)$，求均值 μ 的置信区间。

（1）取统计量 T，用样本 X_1，X_2，…，X_n 的标准差 s 替代总体标准差 σ 后，利用 t 分布定义可知统计量

$$T=\frac{\overline{X}-\mu}{s/\sqrt{n}} \sim t(n-1)$$

（2）确定两个常数 a 与 b，保证 $P\{a<T<b\}=1-\alpha$。

对给定的置信度 $1-\alpha$，根据图 4-1 的 t 分布图和 t 分布的对称性特点取 $t_{\alpha/2}(n-1)$，使

$$P\left\{\left|\frac{\overline{X}-\mu}{s/\sqrt{n}}\right|<t_{\frac{\alpha}{2}}(n-1)\right\}=1-\alpha$$

$$\Leftrightarrow P\left\{-t_{\frac{\alpha}{2}}(n-1)<\frac{\overline{X}-\mu}{s/\sqrt{n}}<t_{\frac{\alpha}{2}}(n-1)\right\}=1-\alpha$$

（3）解出的置信区间

$$P\left\{\overline{X}-\frac{s}{\sqrt{n}}t_{\frac{\alpha}{2}}(n-1)<\mu<\overline{X}+\frac{s}{\sqrt{n}}t_{\frac{\alpha}{2}}(n-1)\right\}=1-\alpha$$

可得所求 μ 的置信度为 $1-\alpha$ 的置信区间为

$$\left(\overline{X}-\frac{s}{\sqrt{n}}t_{\frac{\alpha}{2}}(n-1),\ \overline{X}+\frac{s}{\sqrt{n}}t_{\frac{\alpha}{2}}(n-1)\right)$$

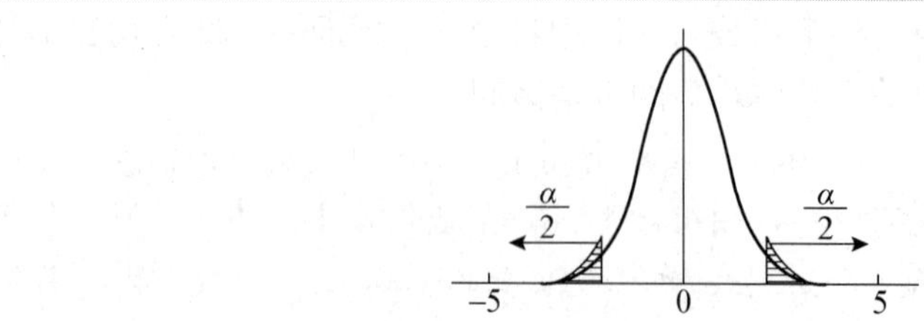

图 4-1 利用 t 分布确定置信区间示意图

结论：总体均值 μ 所在区间的下限是 $\overline{X}-\frac{s}{\sqrt{n}}t_{\frac{\alpha}{2}}(n-1)$，上限是 $\overline{X}+\frac{s}{\sqrt{n}}t_{\frac{\alpha}{2}}(n-1)$。

（请尽量理解上面的计算过程，这有助于你全面掌握区间估计的思路，如果你实在搞不明白这个计算过程，也没有关系，记住最后的结论即可。）

例 4－1

某高级中学的教学质量受到了社会的广泛指责，原因是该校绝大多数高中生的体育成绩达不到 9 级水平。为了提高学生的体育成绩，该校专门加强了这方面的训练。校长想知道，这些训练对于提高学生的体育成绩究竟是否有作用，接受训练后学生的平均体育成绩是否达到了 10。如何通过抽样的办法了解受训后学生总体的体育成绩（显著性水平为 0.05。)？

为确定学生的平均体育成绩，随机选取 10 名学生。假定学生的体育成绩服从正态分布。这 10 名高三学生的体育成绩列入表 4－2。

表 4－2　　10 名高三学生的体育成绩

学生	成绩
1	13.4
2	12.1
3	11.4
4	10.6
5	10.3
6	10.2
7	9.8
8	9.7
9	9.4
10	8.6
$\overline{X}$	10.55

估计的标准差 $s=\sqrt{\frac{\sum_{i=1}^{n}(X_i-\overline{X})^2}{n-1}}=1.41$，标准误 $s.e.=\frac{s}{\sqrt{n}}=\frac{1.41}{\sqrt{10}}=0.45$。

查附录 t 分布表可知在 0.05 的显著性水平上，自由度为 9 时 $t_{\frac{\alpha}{2}}=t_{0.025}=2.27$，代入

$$\left(\overline{X}-\frac{s}{\sqrt{n}}t_{\frac{\alpha}{2}}(n-1),\ \overline{X}+\frac{s}{\sqrt{n}}t_{\frac{\alpha}{2}}(n-1)\right)$$

可得在 0.05 的显著性水平上，学生的平均体育成绩在 10.55－1.021 5 及 10.55＋1.021 5 之间，即在区间（9.53，11.57）上。

根据以上结果，无法判断学生的平均体育成绩是否达到了 10。

校长想使结论更可靠些，有没有办法？

分析：如果均值的标准误能够被减小，我们就能够获得更大的可靠性。

让我们把样本容量增大到 100。抽取的容量为 100 的样本，其均值也是 10.55，标准差也是 1.4。请计算新的标准误（计算的结果是 0.14）。

由于自由度是 99，也可以使用正态曲线来近似 t 分布。

$$10.55\pm0.14\times1.96=10.55\pm0.2744$$，即待估区间是（10.275 6，10.824 4）。

根据以上计算结果，我们能得出什么结论？

另外，我们还需要记住区间估计的基本要求：

（1）置信度。区间估计时，希望区间包含总体参数的概率越大越好，因此，置信度不能太低，一般取 0.9 以上。

（2）精确度。区间估计时，希望区间的平均长度越短越好，因此，估计出的总体均值所在区间不能太长。

例 4－2

对某地家庭收入进行抽样检查，随机抽取 100 个家庭，其样本平均值为 11 900 元，据现有资料，已知总体中家庭收入的标准差是 1 500 元。求置信度为 99%的家庭收入的置信区间。

解： $n=100$，$\overline{X}=11\,900$，$\sigma=1\,500$

$\alpha=0.01$，查本书附录 t 分布表可知，在自由度为 99 的情况下，在 0.01 的显著性水平上，$t_{\frac{\alpha}{2}}(n-1)=t_{0.005}\ (99)\ =2.576$

代入$\left(\overline{X}-\frac{\sigma}{\sqrt{n}}t_{\frac{\alpha}{2}}\ (n-1),\ \overline{X}+\frac{\sigma}{\sqrt{n}}t_{\frac{\alpha}{2}}(n-1)\right)$

可得在 0.01 的显著性水平上，家庭收入均值的置信区间是（11 513.6，12 286.4）。

4.3 总体比例的区间估计

例 4－3

某部门在进行一项关于职工流动原因的研究，研究人员从该部门的离职职工中随机抽取了 25 人组成一个样本。在对其进行访问时，有 13 人说他们离开该部门是由于同上级领导不能融洽相处。

试对由于这种原因而离开该部门人员的真实比例构造 95%的置信区间。

分析：要用 t 检验，必须知道标准差 s，统计学家发现，比例问题的标准差可以用如下公式计算：$s=\sqrt{p(1-p)}$，其中 p 为样本在某种特征上所占的比例，因此，比例的区间估计与均值的区间估计稍有区别。

解： $n=25$　　$p=13/25=0.52$　　$s=\sqrt{0.52(1-0.52)}=\sqrt{0.2496}=0.499$

$$\frac{s}{\sqrt{n}}=\frac{0.499}{\sqrt{25}}=0.0998$$

在 0.05 的显著性水平上，$t_{\frac{\alpha}{2}}=t_{0.025}=2.064$，代入

$$\left(p-\frac{s}{\sqrt{n}}t_{\frac{\alpha}{2}}(n-1),\ p+\frac{s}{\sqrt{n}}t_{\frac{\alpha}{2}}(n-1)\right)$$

可得在 0.05 的显著性水平上，真正由于与该部门领导不能融洽相处而离开该部门的人员比例所在区间是（0.314，0.726）。

4.4　样本容量的确定

管理研究者常常需要面对的一个问题是：恰当地进行区间估计究竟需要多大容量的样本，适当的样本容量既可以解决面临的问题，又可以节约调查成本。

例 4－4

民政局想知道特困家庭的年平均纯收入水平，要求在把握性是 95%的情况下，运用抽样推断方法，使总体平均收入的估计值与实际值的差距在 100 元以内，抽取的样本容量应该是多大?

分析：样本容量足够大的情况下，$1-\alpha=0.95$ 时，t 值等于 z 值等于 1.96。

因此，该估计的置信区间是$\left(\overline{X}-\frac{s}{\sqrt{n}}t_{\frac{\alpha}{2}}(n-1),\ \overline{X}+\frac{s}{\sqrt{n}}t_{\frac{\alpha}{2}}(n-1)\right)$，样本一旦抽出，$\overline{X}$ 就已经确定，此时误差区间大小由$\frac{s}{\sqrt{n}}t_{\frac{\alpha}{2}}(n-1)$ 确定，即$\frac{s}{\sqrt{n}}t_{\frac{\alpha}{2}}(n-1)=100$，而 $t_{\frac{\alpha}{2}}(n-1)=1.96$。

由题意可得 $100=1.96\frac{s}{\sqrt{n}}$，则 $n=\left(\frac{1.96s}{100}\right)^2$。

如果能够确定 s，则能够确定样本容量。

我们随机抽取一个样本，计算样本的标准差 s，就可以估算出样本容量，如表 4－3 所示。

表 4－3　随机抽取的样本数据

家庭	年纯收入（元）
1	3 500
2	3 200
3	3 000
4	2 820
5	2 300

续前表

家庭	年纯收入（元）
6	1 850
7	3 300
8	3 150
9	1 750
10	1 950
$\overline{X}$	2 682
s	658.38
$s.e.$	208.2

经计算得：$s=658$。

根据以上分析可以推知：$n=166.3$，因此，所需样本容量是 167。

一般来说，样本容量可由如下公式确定：

$$n=\left(\frac{t\times s}{E}\right)^2$$

式中，n 为样本容量；t 为期望的置信水平对应的 t 分数；s 为估计的标准差；E 为允许的误差。

本章小结

本章主要介绍了总体均值的区间估计、总体比例的区间估计以及样本容量大小确定等问题。管理者采用抽样的方法，计算样本均值或者比例，如何在一定的置信水平下，根据样本的数据推断总体参数的估计范围，就是区间估计。样本容量的计算，是抽样前的一项准备工作，是体现用专业知识节约调查成本的一项重要工作。

关键术语

统计量　　参数　　标准误　　置信度　　置信区间

复习思考题

1. 某研究者想知道市民对妇女儿童基金会的平均捐款金额（数据总体分布是正态分布），研究者抽取了一个由 10 人组成的样本，结果列在下表中，以 95%的把握性估计总体均值所在区间（见表 4-4）。

表 4-4　　市民对妇女儿童基金会捐款金额抽样分析

捐款人编号	捐款数（元）
1	25
2	0
3	35
4	100

续前表

捐款人编号	捐款数（元）
5	0
6	0
7	15
8	20
9	25
10	50
$\overline{X}$	27
s	30.39
$s.e.$	9.6

2. 如果学生的长期缺勤率超过 10%，教育主管部门将考虑采用新的校长业绩考核办法。某市在其所管辖的学校中随机抽取了 5 所学校，其学生的长期缺勤率分别是：5.4%，8.6%，4.1%，8.9%，7.8%。请对该市学校的长期缺勤率进行估计，要求把握性是 95%。

3. 随机抽取了某机关 6 个人发放的取暖费，数据如下：223，247，187，170，215，275（单位：元）。请在 90%的置信水平上，估计该机关的平均取暖费所在区间。

4. 某政府机构想通过抽样调查的办法了解今年职工退休的比例，在置信度 90%、误差不超过 2%的条件下，该抽取多少个样本？（比例问题的最大标准差是 0.5。）

5. 某工会以 95%的把握性对该工会成员的年收入水平进行估计，要求误差不超过 200 元。假定经过初步调查估计出的均值为 15 000 元，标准差为 1 000 元，需要一个多大的样本？

6. 由 36 名高年级学生组成一个随机样本，要求他们分别记下每周观看电视的时间，根据以往的调查，它服从标准差为 6 的正态分布，从记录结果算出样本平均数为 15 个小时，试求总体平均数 99%的置信区间。

7. 随机抽取某大学 16 名在校大学生，了解到他们每月的生活费平均为 800 元，标准差 s 为 300 元。假定该大学学生每月平均生活费服从正态分布，试以 95%的置信度估计该大学学生的月平均生活费的置信区间。

第 5 章

假设检验

引例

某公司针对某产品设计了两种邮购广告，分别用随机抽样的方法对居民邮寄广告，甲广告寄出 200 份，有 44 位居民订购了该产品，乙广告寄出 400 份，有 100 位居民订购了该产品。此时很容易算出，甲广告的订购率为 22%，乙广告的订购率为 25%。我们是否可以依此就得出结论：乙广告设计比甲广告设计好（乙广告的订购率高于甲广告)?

常见的错误就是直接依据两组样本的比例值（甲广告的订购率为 22%，乙广告的订购率是 25%）得出结论，认为乙广告优于甲广告。事实上，乙广告未必优于甲广告，因为两个比例值是分别基于 200 个样本和 400 个样本得出的。如果继续扩大样本容量，甲乙两个广告的订购率就可能发生变化。我们要做的事情，就是依据这两组样本数据（甲组 200 个，乙组 400 个）来推断甲乙两种广告设计的优劣。这是显著性检验的问题。实际上，显著性检验的结果是，不能认为两者具有显著性差异。

可见，统计分析并不是仅仅计算研究对象的特征的样本平均值、方差，或者所占百分比，而且更重要的是研究样本特征值与母体特征值的关系，研究变量之间的关系，特别是因果关系，从而发现被研究对象的发展规律，或者验证有关假想、结论是否成立，验证有关理论在新的时空中是否成立，进而可以引出改变客观世界的策略。但是，目前在我国的各类研究报告、学位论文和发表论文中，还存在较多的常识性错误。例如，“把样本平均值当作母体平均值对待，不做显著性检验”就是常见错误之一。[①] 学习定量分析技术，可以使我们掌握这些分析方法，避免出现类似的常识性错误。

案例表明我们不能仅仅描述关系，还需要做更深入的分析。观测到的结果是否真正反

① 参见马庆国：《管理统计：数据获取、统计原理、SPSS 工具与应用研究》，394 页，北京，科学出版社，2002。

映了母体中的差别，在从样本到总体的过渡中应该遵循怎样的逻辑？假设检验可以处理这类问题。

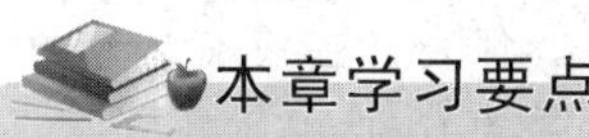

本章学习要点

- 假设检验的基本概念与步骤
- 双样本均值的比较检验
- 单侧与双侧检验

5.1 假设检验的基本方法

参数估计（parameter estimation）和假设检验（hypothesis testing）是统计推断的两个组成部分，它们都是利用样本对总体进行某种推断，但是推断的角度不同。参数估计讨论的是用样本统计量估计总体参数的方法，总体参数在估计前是未知的。而在参数假设检验中，则是先对总体参数的值提出一个假设，然后利用样本信息去检验这个假设是否成立。如果成立，我们就接受这个假设，如果不成立，就放弃它。所以也可以说，本章讨论的内容是如何利用样本信息，对假设成立与否做出判断的一套程序。

假设检验的基本思想可以用小概率原理来解释。所谓小概率原理，就是认为小概率事件在一次试验中是几乎不可能发生的。也就是说，如果对总体的某个假设是真实的，那么不支持这一假设的事件A在一次试验中是几乎不可能发生的；要是在一次试验中事件A竟然发生了，我们就有理由怀疑这一假设的真实性，拒绝这一假设。

假设检验的步骤为：

（1）提出原假设和备择假设；

（2）确定统计量；

（3）规定显著性水平 α（小概率）；

（4）计算统计量的值；

（5）根据计算结果做出拒绝或接受原假设的判断。

注意，假设的提法请参阅本书的参考文献［14］，绝大多数情况下，原假设的提法是所关注的事件没有发生变化，而把想要证明的结论作为备择假设。

在假设检验问题中，把要检验的假设称为原假设（零假设或基本假设），记为 H_0；把原假设的对立面称为备择假设或对立假设，记为 H_1。

例5-1

公安系统近期开展了“清网行动”，目的是将网上追逃多年的罪犯捉拿归案。

在开展“清网行动”之前，某警察局平均每天抓到的网上逃犯人数是3（被捕人数的分布是正态分布）。上级突然要对该警察局“清网行动”的业绩进行检查，由于事先没有通知，来不及对该行动展开以来的所有被捕人数进行统计，但是，局长命令办公室主任必须马上拿出客观的依据向上级汇报，以说明该局最近的工作力度很大、业绩明显。办公室主任决定采用抽样推断的方法来解决这个问题。他认为，只要现在平均每天抓到的网上逃犯的数量大于3，那就说明最近工作业绩有改善。但是，在没有总体数据的情况下，如何证明现在的平均抓捕人数大于3呢（显著性水平为0.05）？

办公室主任随机抽取了10天的抓捕人数，列出表5-1。

表5-1　某警察局10天的抓捕人数

天	抓捕人数
第1天	3
第2天	10
第3天	6
第4天	3
第5天	2
第6天	6
第7天	3
第8天	4
第9天	3
第10天	5
$\overline{X}$	4.5
$s.e.$	0.749 07

第一步：构造假设。

H_0：开展行动以来，警察局平均每天抓捕的网上逃犯人数没有增加（还是3个）（原假设）。

H_1：开展行动以来，警察局平均每天抓捕的网上逃犯人数增加了（备择假设）。

第二步：确定统计量。

分析：根据数据分布的特点，该数据可以用 t 分布来处理。

构造统计量 $T=\dfrac{\overline{X}-\mu}{s.e.}\sim t(n-1)$，其中，$s.e.=\dfrac{s}{\sqrt{n}}$。

第三步：确定显著性水平 α。

在这个例子中，我们选取 $\alpha=0.05$。

第四步：计算统计量的值。

$$\overline{X}=4.5 \quad \mu=3 \quad s=2.368\,78 \quad n=10$$

根据上述数据计算得：$t=2.002\,5$。

第五步：根据计算结果做出拒绝或接受原假设的判断。

观察 t 分布表可以发现，同一自由度的情况下，t 值从左至右是增加的，对应的概率是减少的。

查 t 分布表，发现 $t=2.002\,5$ 对应一个小于0.05的概率，这是一个小概率事件，因为我们只抽了一次样，可以看作只做了一次实验，小概率事件在一次实验中是几乎不可能发生的，现在竟然发生了，即总体均值为3的情况下，随机抽到一个均值为4.5的样本是一个小概率事件，小概率事件在一次抽样中发生，因此，拒绝原假设 H_0，接受备择假

设 H_1。

据此可以推断，在 95%的置信水平下，警察局的工作是有显著效果的。

5.2　单侧与双侧检验

例 5－1 的原假设是警察局平均每天抓捕的网上逃犯人数没有增加，我们在检验这个假设的过程中只需考虑 t 分布的一侧，就是均值大于 3 的这一侧，因此，可以称其为单侧检验。

而实际问题中有一些需要作单侧检验。例如，工作的效率是否低于某个值、缺勤率是否高于某个值、产品的使用寿命是否低于某个值等问题。另一些则需要做双侧检验。例如，螺丝的长短、食品中某种微量元素的添加剂量等问题。

例 5－2

食品药品监督管理局查扣了一批食盐，怀疑其中的碘含量不符合标准。食盐中国家标准碘含量是 30mg/kg。随机抽取的 10 袋食盐，所得碘含量数据如表 5－2，以 95%的置信度检验这批食盐中的碘含量是否合格。

表 5－2　　10 袋食盐中碘含量数据

袋	碘含量（mg/kg）
第 1 袋	30
第 2 袋	38
第 3 袋	35
第 4 袋	33
第 5 袋	37
第 6 袋	32
第 7 袋	30
第 8 袋	35
第 9 袋	30
第 10 袋	30
$\overline{X}$	33
s.e.	0.977 53

H_0：这批食盐的碘含量是 30。

H_1：这批食盐的碘含量不是 30。

构造统计量 $T=\frac{\overline{X}-\mu}{s.e.}\sim t(n-1)$。

由于食盐中碘含量过多对人体健康不利，过少也不行。因此，这是一个双侧检验问题，要将显著性水平 α 均分在 t 分布图的两侧，构成拒绝域，如图 5－1 所示。

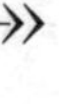

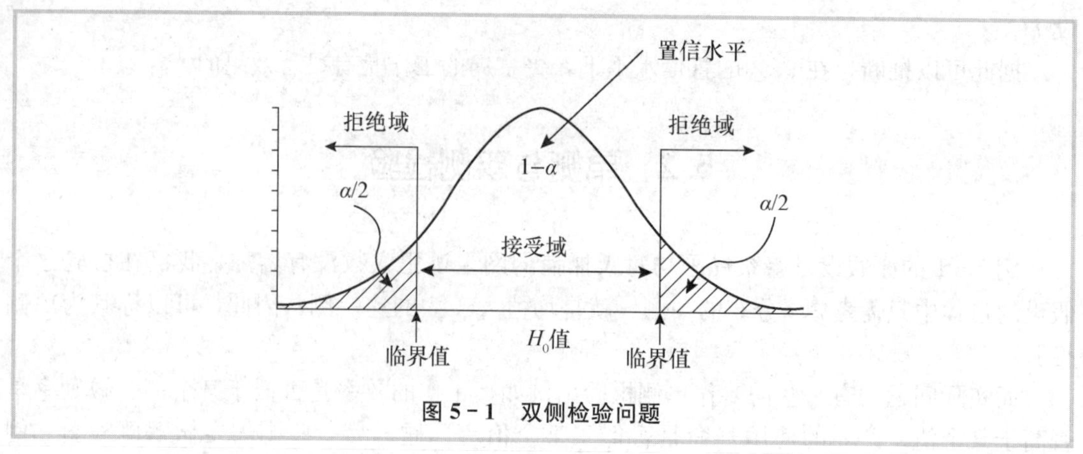

图 5-1　双侧检验问题

经计算：$t=3.069$。

由于是双侧检验问题，需要把 $\alpha=0.05$ 平分在 t 分布图的两侧，$\frac{\alpha}{2}=0.025$，在 t 分布表中查找 0.025 所对应的 t 值以判断是否落入拒绝域。

查表可得，自由度为 9，$\alpha=0.025$ 对应的 t 值为 2.27，3.069 大于 2.27，落入拒绝域，拒绝原假设，接受备择假设，说明该批食盐的碘含量超标。

例 5-3

某地区在各政府部门间进行了一次缺勤率的调查，如果平均缺勤率高于 0.18，政府将考虑采用新的绩效考核办法，随机抽取的 9 个政府部门的缺勤率数据见表 5-3，在 95%的置信水平上推测总体的缺勤情况。

表 5-3　9 个政府部门的缺勤率数据

部门	缺勤率
第 1 个部门	0.17
第 2 个部门	0.18
第 3 个部门	0.20
第 4 个部门	0.21
第 5 个部门	0.18
第 6 个部门	0.23
第 7 个部门	0.30
第 8 个部门	0.26
第 9 个部门	0.19
$\overline{X}$	0.21
$s.e.$	0.014

H_0：各部门平均缺勤率$\leqslant 0.18$。

H_1：各部门平均缺勤率>0.18。

构造统计量 $T=\frac{\overline{X}-\mu}{s.e.}\sim t(n-1)$。

我们只考虑平均缺勤率是否低于 0.18，缺勤率越低越好，因此，这是一个单侧上限检验问题，上侧分位数 α 构成拒绝域，如图 5－2 所示。

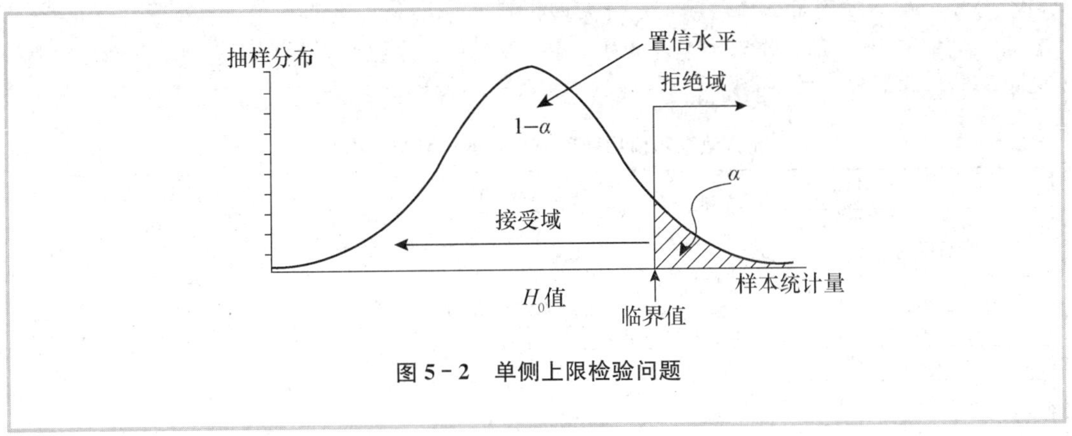

图 5－2 单侧上限检验问题

将表格中的数据代入构造的统计量，经计算：$t=2.14$。

查表可得，自由度为 8，$\alpha=0.05$ 对应的 t 值是 1.86，2.14 大于 1.86，落入拒绝域，拒绝原假设，接受备择假设，说明各部门的平均缺勤率已经超过了 0.18，需要采用新的考核办法。

5.3 均值之差的检验

很多情况下，我们需要比较两个样本是否相同，例如，

- 校长想了解经过专门的阅读课程训练后，中学高年级的阅读水平是否有所提高，他想对训练之前与之后的阅读水平做一比较；
- 精神健康专家想了解某一类型的治疗方法是否比另一类型的要好；
- 董事长想了解广告效果是否影响销售量，这可进行一项试验，一些区域做广告而另一些区域不做广告。

这些情况下，想要了解两个样本是否是不同的或两个总体均值是否有差别，可采用的技术就是均值之差的检验。

两个样本均值之差的检验可以根据总体的方差相等与否，分成如下三种情况，用不同的方法进行检验：

第一，两个样本独立，总体方差不等的情况；

第二，两个样本独立，总体方差相等的情况；

第三，不独立样本（配对样本）。

注意：两个样本均值之差的 t 分布自由度为 n_1+n_2-2。（“独立”的含义请回忆高中数学的概率部分。）

例 5-4

公务员局的办公室主任想测定一种新的招聘方案是否会减少聘用一个公务员所花费的时间。他抽取10个部门作为样本，计算了在一段时间里，在采用新方法前和采用新方法后，聘用一个公务员所花费的平均时间。数据见表5-4（置信水平为95%）。

表5-4　新方法采用前后聘用一个公务员所花平均时间　单位：小时

部门	新方法采用前	新方法采用后
第1个部门	36.4	32.2
第2个部门	49.2	45.2
第3个部门	26.8	31.3
第4个部门	32.2	27.1
第5个部门	41.9	33.4
第6个部门	29.8	29.0
第7个部门	36.7	24.1
第8个部门	39.2	38.2
第9个部门	42.3	38.0
第10个部门	41.9	37.2
$\overline{X}$	37.64	33.57
s	6.71	6.23
$s.e.$	2.121 49	1.969 15

H_0：新方法采用后，聘用一个员工的平均时间没有减少。

H_1：新方法采用后，聘用一个员工的平均时间减少了。

第一种情况，两个样本独立，总体方差不等。

总体标准误为

$$s.e.=\sqrt{(s.e._1)^2+(s.e._2)^2}=\sqrt{2.121\,49^2+1.969\,15^2}=\sqrt{4.5+3.88}=2.89$$

计算均值之差的 t 值：$t=\dfrac{37.64-33.57}{2.89}=1.41$。

查表，自由度为18，t 值为1.41，对应的概率大于0.05，因此，在 $\alpha=0.05$ 水平上接受原假设。

第二种情况，两个样本独立，总体方差相等。

总体标准差为

$$s_d=\sqrt{\frac{(n_1-1)(s_1)^2+(n_2-1)(s_2)^2}{n_1+n_2-2}}=\sqrt{\frac{(9\times6.71^2)+(9\times6.23^2)}{10+10-2}}=6.47$$

总体标准误为

$$s.e.=s_d\sqrt{\frac{1}{n_1}+\frac{1}{n_2}}=6.47\times\sqrt{\frac{1}{10}+\frac{1}{10}}=2.89$$

计算均值之差的 t 值：$t=\frac{37.64-33.57}{2.89}=1.41$。

查表，自由度为18，t 值为1.41，对应的概率大于0.05，因此，在 $\alpha=0.05$ 水平上接受原假设。

第三种情况，不独立样本（配对样本）。

配对样本需要计算采用新方法前后的差值，然后再对差值进行检验。表5-5是对两个样本差值的计算结果。

表5-5　配对样本差值计算　单位：小时

部门	新方法采用前	新方法采用后	差值
第1个部门	36.4	32.2	4.2
第2个部门	49.2	45.2	4.0
第3个部门	26.8	31.3	−4.5
第4个部门	32.2	27.1	5.1
第5个部门	41.9	33.4	8.5
第6个部门	29.8	29.0	0.8
第7个部门	36.7	24.1	12.6
第8个部门	39.2	38.2	1.0
第9个部门	42.3	38.0	4.3
第10个部门	41.9	37.2	4.7
$\overline{X}$	37.64	33.57	4.07
s	6.71	6.23	4.84
$s.e.$	2.121 49	1.969 15	1.611 76

根据 $n-1$ 即9个自由度来计算 t 值，看均值是否与0有显著性差异。

$$t=\frac{4.07-0}{1.61}=2.53$$

t 值对应的概率小于0.05，因此是显著的，所以我们拒绝原假设，接受备择假设。

不独立样本的 t 检验会产生最显著的结果，但这种方法只能用于配对样本。

注意：在本例中，为了演示总体方差不等、方差相等、配对样本等三种不同情况下的假设检验方法，我们使用了同一个案例。在实际问题中，一个案例一般只用以上三种方法中的一种处理即可。另外，同等条件下，独立样本方差不等假设下的 t 值一般小于等方差假设下的t值，因此，在总体方差未知的情况下，独立样本不等方差假设是最保守的。

（上述的几个公式看起来有点复杂，如果你记不住，也没有太大关系，软件会帮你计算各种情况下的 t 值，但你必须知道这几种分类及其含义。）

5.4 假设检验中的两类错误

假设检验的依据是小概率原理，即小概率事件在一次试验中很难发生，但很难发生不等于不发生，因而假设检验所得出的结论有可能是错误的。这种错误有两类：

（1）当原假设为真，观察值却落入拒绝域，而做出了拒绝原假设的判断，称作第一类错误，又叫弃真错误，这类错误是“以真为假”。犯第一类错误的概率是显著性水平 α。

（2）当原假设为假，观察值却落入接受域，而做出了接受原假设的判断，称作第二类错误，又叫取伪错误，这类错误是“以假为真”。犯第二类错误的概率记为 β。

当样本容量 n 一定时，若减少犯第一类错误的概率，则犯第二类错误的概率往往增大。若要使犯两类错误的概率都减小，只能增加样本容量。

本章小结

在从样本推及总体的过程中应该遵循怎样的逻辑？假设检验就是利用样本统计量推算总体参数的一种技术。本部分介绍了假设检验的基本步骤，通过案例介绍了不同情形下的假设检验方法。最后，介绍了假设检验中的两类错误。

关键术语

原假设　　备择假设　　统计量　　单侧检验　　双侧检验　　第一类错误　　第二类错误

复习思考题

1. 某大学各系平均每年发表 5.1 篇专业文章，市场营销系的平均数是 3.5，对于这一数字，营销系的系主任并不觉得该系教工学术水平差，而是营销类专业发表文章比较难，系主任了解了其他 12 所大学的营销系发表文章的情况，发现 $\overline{X}=4.2$，$s=1.6$，这些数据能否支持营销系主任的观点？

2. 某警察局的破案率是 46.2%，该局局长认为自己的业绩非常优秀。上级部门随机抽取了类似 10 个警察局的破案率数据，结果如下：44.2%，36.4%，51.7%，32.9%，46.4%，40.3%，49.4%，32.1%，29.0%，41.0%。根据这些数据分析该局局长的判断是否正确。

3. 某市政府认为公务员中存在严重的长期缺勤问题，于是在今年改变了考勤制度。去年，人均缺勤天数是 12.8 个工作日，今年对随机抽查的 20 名公务员的调查表明，平均缺勤天数是 8.7，标准差是 4.6。根据这些数据，在 90%的置信水平上对新考勤制度的效果进行评价。

4. 某法院在涉案金额 100 万元以上的案件中随机抽取了 16 例，这类案件被处罚金额的样本均值是 74 000 元，标准差是 55 000 元，以 99%的置信度估计此类案件的罚金额度。并以假设检验的方法来判断社会上争论的观点——该类案件罚金超过 100 000 元是否正确。

5. 某篮球队采用了新的投篮训练方法之后，为了检验这种方法的有效性，随机抽取了 20 名用新方法训练的运动员，10 名采用旧方法的运动员，用表 5－6 中的这些数据分析并判断新的训练方法是否有效。

表 5-6　　25 场比赛数据的均值和标准差

	用新方法训练	用旧方法训练
均值	0.212	0.193
标准差	0.026	0.047

6. 某教授认为脱产的学生要比在职的学生优秀，他用同样的考题对脱产学生和在职学生分别进行了考试，分数见表 5-7。试用所学知识，判断教授的观点是否正确。

表 5-7　　脱产学生与在职学生考试分数的均值和标准差

	脱产	在职
均值	88.7	83.1
标准差	7.8	11.4
n	24	36

7. 某部门采取了一种新的业绩考核办法，新办法执行前后的公众对该部门印象调查数据如表 5-8 所示。提出假设并检验之。

表 5-8　　新的业绩考核办法执行前后公众对某部门的印象

	执行前	执行后
该部门工作做得好	23	47
该部门工作做得不好	79	73

8. 质监局检查某食品厂生产的果酱重量是否合格。标准规格是每罐 250 克，根据以往经验，标准差是 3 克。现在在该厂生产一批这样的罐头，从中抽取 100 罐检验，其平均净重量 251 克。按规定，显著性水平 $\alpha=0.05$，问这批罐头是否符合标准？

第6章

变量间关系：相关分析与回归分析

引例

世界上的事物或多或少存在某种联系，例如：身高与体重之间就存在着联系，一般情况下，身高越高体重也越大；投资与利润之间也存在着类似的联系。研究这种联系无论是在经营决策还是在科学研究中都必不可少，比如：投资方只有在考虑了投资和利润的关系后，才能大致预测出一定水平的投资能带来多少利润；又如，对于公务员考核次数和公务员业绩之间关系的研究，有助于对公务员队伍的科学管理，提升政府形象。这些变量之间的关系可以通过相关分析来研究。另外，如果警察局局长想知道某一区域内的犯罪率是否与区域内的警灯数量有关，从而可以较为客观地决定是否应该通过增加警灯的数量来降低犯罪率，这类问题可以用回归分析来解决。

本章学习要点

- 相关分析的概念与用途
- 相关系数的计算以及显著性检验
- 线性回归的基本方法
- 线性回归的假定

6.1 相关分析

6.1.1 相关关系

如前所述，变量之间存在相互的联系，如果进一步考察，可以发现，这些联系又可以具体分为两种不同的类型。

1. 函数关系

它反映出现象之间存在严格的依存关系。这种关系的特点是：

（1）变量之间的数值以确定的关系相对应。

这种关系中，对于某一变量的每一个数值，都有另一个变量的确定的值与之相对应。

（2）变量间的关系可以用一个确定的公式来反映。

例如，$S=\pi R^2$，圆的面积随着半径而变动；$V=pq$，产值 V 和产量 p、单位生产成本 q 之间也是确定的函数关系。

2. 相关关系

它是指现象之间确实存在依存关系，但这种关系不确定、不严格。

这种关系的特点：

（1）变量之间确实存在数量上的依存关系。

如前所述的身高与体重之间、投资与利润之间都存在某种依存关系。

（2）数量依存关系的具体关系值是不固定的。

在这种关系中，对于某个变量的某个数值，另一个变量可以有若干个数值与之对应，这些数值表现出一定的波动性。例如，身高与体重之间存在一定的依存关系，但是体重除了与身高有关外，还受年龄、性别、区域、种族等因素影响。身高与体重并无严格的对应关系，同一身高的人，体重大多数情况下是不相等的。但即便如此，这两个变量之间仍旧存在一定的规律性，在一般条件下，身高越高，体重越大。

统计在研究变量的相关关系时，应当首先根据有关的科学理论，通过观察和实验，才能建立这种联系，并且还要通过理论与实践的检验。只有这样，才能得出科学的有意义的结论。

6.1.2 相关关系的种类

变量之间的相关关系是很复杂的，它们以不同的方式和程度相互作用，表现出不同的类型和形态。

（1）按相关关系涉及的变量多少来划分，可分为单相关和复相关。

两个变量之间的相关关系叫作单相关（也称一元相关），即只涉及一个自变量和一个因变量。三个或三个以上的变量之间的相关关系叫作复相关（也称多元相关），即研究涉及一个因变量和两个或两个以上的自变量。

（2）按相关的方向分，可分为正相关和负相关。

自变量的数值增加，因变量的数值也基本随之增加，即为正相关，如商品价格上升，供给也上升，而相反的即为负相关，如商品价格上升，商品的需求下降。

（3）按相关的表现形式分，分为线性相关（直线相关）和非线性相关（曲线相关）。

变量间的相关关系近似地表现为直线，即称为直线相关。其特点是当一个变量增减一个单位时，另一个变量也按一个大致固定的量变化。若这种相关关系近似为曲线时，即称为曲线相关，按具体形态又可分为：抛物线、指数曲线、双曲线等。

在实际应用中，变量之间究竟采取哪种形态，要根据具体情况进行理论分析，并根据实际经验，才能得到较好的解决。

（4）按照相关的密切程度分，分为完全相关、不完全相关和无相关。

当一个变量的值完全由另一个变量的值所决定，即称为完全相关，亦即前述的函数关系，如 $S=\pi R^2$；两个变量各自独立，互不影响，称为无相关，如股票价格和气温之间，一般是无相关的；介于这二者之间，称为不完全相关，通常相关分析是指对不完全相关的分析。

以上相关关系的种类，如图 6－1 所示。

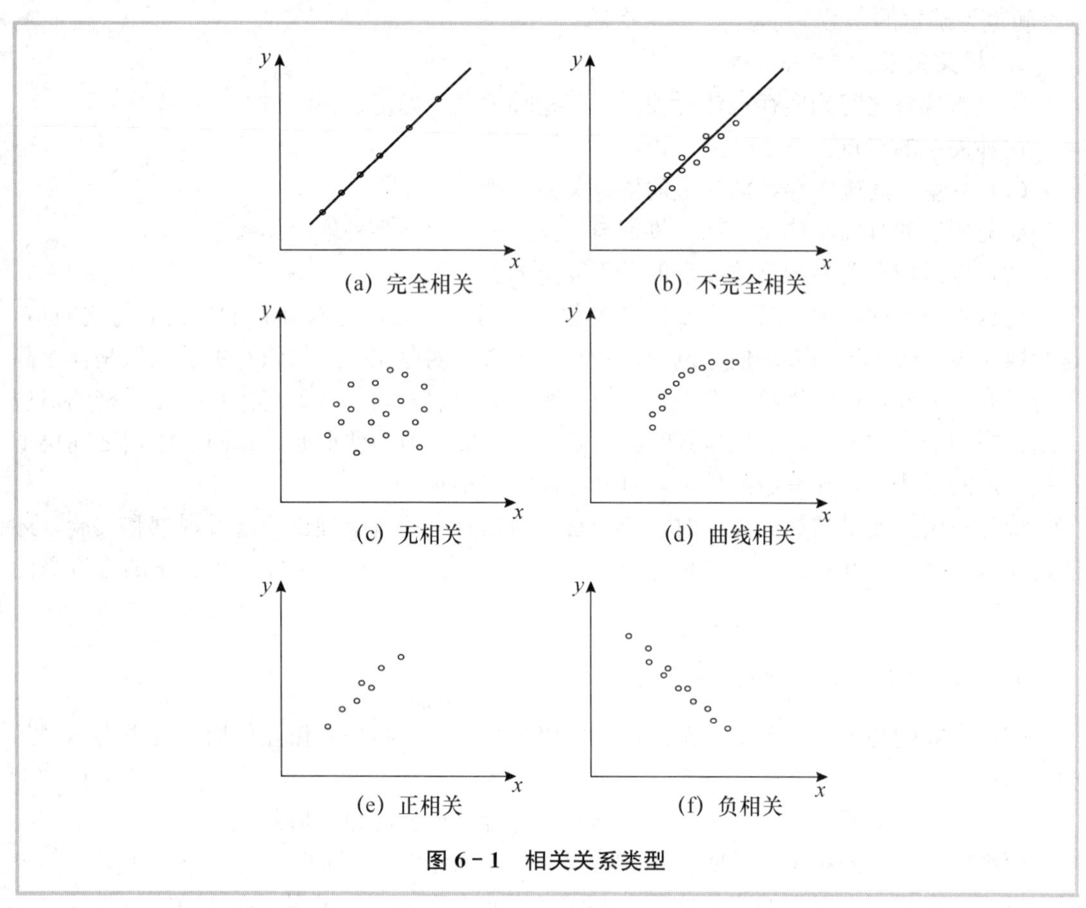

图 6－1 相关关系类型

此外，线性关系还有其他的组合类型，在此不一一列举。

6.1.3 相关分析的主要内容

相关分析的目的在于分析现象间相关关系的形式和密切程度以及依存变动的规律性，在实际工作中，有非常广泛的应用。主要内容如下：

1. 确定变量之间有无相关关系，以及相关关系的表现形式

这是相关分析的出发点，有相关关系才能用相应的方法去分析，否则，只会得出错误的结论。相关关系表现为何种形式就用什么样的方法分析，若把本属于直线相关的变量用曲线的方法来分析，就会产生认识上的偏差。

2. 确定相关关系的密切程度

对于这个问题，直线相关用相关系数表示，曲线相关用相关指数表示。相关系数的用途很广泛。

3. 选择合适的数学方程式

确定了变量之间的相关关系及其密切程度，就要选择合适的数学方程式来对变量之间的关系进行描述，并用自变量的数值去推测因变量的数值，这称为回归分析。如果变量之间为直线相关，则采用直线方程，称为线性回归；如果变量之间为曲线相关，则采用曲线方程，称为非线性回归。

4. 测定变量估计值的准确程度

在相关分析中，第三步建立了数学方程式，并用方程式对因变量进行估值。将因变量的估计值和实际值之间进行对比，因变量估计值的准确程度可以用估计标准误差来衡量。

6.1.4 简单线性相关分析

通过散点图可以基本判断变量间相关关系的方向和程度，如果通过散点图发现变量间基本是线性相关，就可以用相关系数来衡量其线性关系的密切程度。

1. 相关系数

1890 年，英国统计学家卡尔·皮尔逊（Karl Pearson）便提出了相关系数的公式。

$$r=\frac{\sigma_{xy}^2}{\sigma_x\sigma_y} \tag{6-1}$$

式中：　r——相关系数；

σ_{xy}^2——变量 x 与变量 y 的协方差；

σ_x——变量 x 的标准差；

σ_y——变量 y 的标准差。

需要说明的是，σ_{xy}^2 为正，意味着变量 x 与变量 y 为正相关；σ_{xy}^2 为负，意味着变量 x 与变量 y 为负相关。

r 与 σ_{xy}^2 同符号，r 为正，意味着变量 x 与变量 y 为正相关；r 为负，意味着变量 x 与变量 y 为负相关。

2. 相关系数的计算

$$\sigma_{xy}^2=\frac{\sum(x-\bar{x})(y-\bar{y})}{n}$$

$$\sigma_x=\sqrt{\frac{1}{n}\sum(x-\bar{x})^2}$$

$$\sigma_y=\sqrt{\frac{1}{n}\sum(y-\bar{y})^2}$$

将以上各式代入式（6－1），可得

$$r=\frac{\sum(x-\bar{x})(y-\bar{y})}{\sqrt{\sum(x-\bar{x})^2\sum(y-\bar{y})^2}} \tag{6-2}$$

式（6-2）为相关系数 r 的基本计算公式。经推算，还可形成相关系数 r 的简便计算公式

$$r=\frac{n\sum xy-\sum x\sum y}{\sqrt{n\sum x^2-\left(\sum x\right)^2}\sqrt{n\sum y^2-\left(\sum y\right)^2}} \tag{6-3}$$

或者

$$r=\frac{\sum xy-n\bar{x}\cdot\bar{y}}{\sqrt{\sum x^2-n\bar{x}^2}\sqrt{\sum y^2-n\bar{y}^2}} \tag{6-4}$$

例 6-1

用表 6-1 的数据来说明相关系数的计算过程。

表 6-1　相关系数计算之数据

企业	月产量 x（千件）	单位成本 y（元）	x^2	y^2	xy
1	4.1	80	16.81	6 400	328
2	6.3	72	39.69	5 184	453.6
3	5.4	71	29.16	5 041	383.4
4	7.6	58	57.76	3 364	440.8
5	3.2	86	10.24	7 396	275.2
6	8.5	50	72.25	2 500	425
7	9.7	42	94.09	1 764	407.4
8	6.8	63	46.24	3 969	428.4
9	2.1	91	4.41	8 281	191.1
合计	53.7	613	370.65	43 899	3 332.9

$$\begin{aligned} r&=\frac{n\sum xy-\sum x\sum y}{\sqrt{n\sum x^2-\left(\sum x\right)^2}\sqrt{n\sum y^2-\left(\sum y\right)^2}}\\ &=\frac{9\times 3\,332.9-53.7\times 613}{\sqrt{9\times 370.65-(53.7)^2}\sqrt{9\times 43\,899-(613)^2}}\\ &=-0.988\,6\end{aligned}$$

在已有平均值的情况下，还可以用式（6-4）计算：

$\bar{x}=5.97$，$\bar{y}=68.11$

$$r=\frac{\sum xy-n\bar{x}\cdot\bar{y}}{\sqrt{\sum x^2-n\bar{x}^2}\sqrt{\sum y^2-n\bar{y}^2}}$$

$$=\frac{3\,332.9-9\times53.7\times613}{\sqrt{370.65-9\times5.97^2}\sqrt{43\,899-9\times68.11^2}}$$

$$=-0.988\,6$$

注：协方差 σ_{xy}^2 正负的意义。

$$\sigma_{xy}^2=\frac{\sum(x-\bar{x})(y-\bar{y})}{n}$$

σ_{xy}^2 为正，则说明 $\sum(x-\bar{x})(y-\bar{y})>0$，或者（$x-\bar{x}$）和（$y-\bar{y}$）多数情况下符号相同，即 x 和 y 基本上同时大或同时小，两个变量之间为正相关；同理，σ_{xy}^2 为负，则说明两个变量之间为负相关。需要说明的是这些看似复杂的公式学生不需要记住，只要理解了其原理和计算过程即可，因为统计软件可以很容易地计算出结果，不需要人工计算。

3. 相关系数的密切程度

可以证明，相关系数 $|r|\leqslant1$。$r>0$，表明变量之间正相关；$r<0$，表明变量之间负相关。那么，相关关系的强弱如何通过 r 体现呢？

$|r|=1$，表明变量之间为完全的线性相关关系；$|r|=0$，表明变量之间没有线性关系，但要注意，有可能是曲线关系；当 $0<|r|<1$ 时，变量之间有不同程度的线性关系。由此可以确定一个对相关程度评价的标准。

$0<|r|\leqslant0.3$ 为弱相关；

$0.3<|r|\leqslant0.5$ 为低度相关；

$0.5<|r|\leqslant0.8$ 为显著相关；

$0.8<|r|\leqslant1$ 为高度相关。

4. 相关系数的显著性检验

测算两个变量的相关系数，是从二元总体中随机抽取一个样本，再用样本的相关系数去推断，因为推断误差的存在，不可能保证百分之百的可靠。也就是说，因为样本是随机抽取的，根据其计算出的相关系数虽然很大，但总体却可能并不具备相关性。那么总体到底有没有线性相关性，在得出结论前，就必须要作假设检验。

检验样本（相关系数为 r）是否会来自一个无线性关系的总体（总体的相关系数为 ρ），可以采用费希尔（R. A. Fisher）的 t 检验法。

（1）原假设 H_0：$\rho=0$；备择假设 H_1：$\rho\neq0$。

（2）检验统计量 $t=|r|\sqrt{\dfrac{n-2}{1-r^2}}$，其中 $n-2$ 为自由度。

（3）若显著性水平为 α，查 t 分布表的临界值得 $t_{\frac{\alpha}{2}}(n-2)$。

（4）若 $|t|\geqslant t_{\frac{\alpha}{2}}(n-2)$，则拒绝原假设，接受备择假设，即认为样本的相关系数显著，可以说明总体两个变量间存在线性相关，检验通过。若 $|t|<t_{\frac{\alpha}{2}}(n-2)$，则结论相反。

例 6-2

用上述方法，对例 6-1 中 9 家企业的月产量和单位成本的样本相关系数作显著性检验。

已知 $r=-0.9886$，$n=9$，提出如下假设：

$$H_0: \rho=0;\ H_1: \rho\neq0$$

$$t=|r|\sqrt{\frac{n-2}{1-r^2}}=0.9886\times\sqrt{\frac{9-2}{1-0.9886^2}}=17.37$$

设显著性水平 $\alpha=0.05$。查本书附录 t 分布表得 $t_{\frac{\alpha}{2}}(n-2)=t_{0.025}(7)=2.37$，$|t|>t_{\frac{\alpha}{2}}(n-2)$，表明总体相关系数 $\rho=0$ 的可能性小于 $\alpha=0.05$。所以拒绝原假设 H_0：$\rho=0$，认为样本的相关关系具有显著性，即不能否认总体（全部的同类企业）的两变量存在线性相关。

（和前面介绍的情况类似，上面介绍的复杂公式不一定要记住，但必须知道各种系数提出的思路、意义和作用，其计算我们可以用软件来解决。）

6.2 线性回归分析

通过相关分析可以说明变量之间相关关系的方向和程度，但是不能说明变量之间具体的数量因果关系。当自变量给出一个数值时，因变量可能取值是多少，这是相关分析不能解决的。这需要通过新的方法，即回归分析。

回归分析，就是建立一个数学方程来反映变量之间具体的相互依存关系，并最终通过给定的自变量数值来估计或预测因变量可能的数值，该数学方程被称为回归模型。

"回归"一词源于 19 世纪英国生物学家高尔顿（Francis Galton）对人体遗传学的研究，他发现子女有回归或回复到上一代原有特性的倾向。高尔顿的学生统计学家皮尔逊把这一概念和数理统计方法结合，最终形成了回归分析的理论体系。

6.2.1 回归方程的拟合

假设增加巡逻车的数量将降低汽车平均车速，那么，公路上巡逻车数和汽车平均车速之间就是因果关系。自变量通常以 X 表示，因变量通常以 Y 表示。常用的判断统计关系内在性质的方法就是回归（regression）。

例 6-3

交警队队长认为，高速公路路段上汽车的平均车速与在该路段上的巡逻车数有关。于是，他专门派人进行测试，试图证实这一假设。测试连续进行了 60 天。随机抽取了 5 天的测试结果列在表 6-2 中。

表 6 - 2　　高速公路某路段的巡逻车数与汽车平均车速

巡逻车数	汽车平均车速（公里/小时）
3	64
1	71
4	61
5	58
7	56

判断是否存在关系的第一步是将数据在图上表示出来。将数据绘在图 6 - 2 中。把数据用图表示出来后，分析人员便能直观地观察到车速和巡逻车之间是否存在关系。很显然，图上揭示出该路段上巡逻车数与汽车平均车速之间存在一种关系：巡逻车数越多，汽车平均车速就越低。当自变量值增大时，因变量的值（车速）反而降低，这种关系被称为负关系。

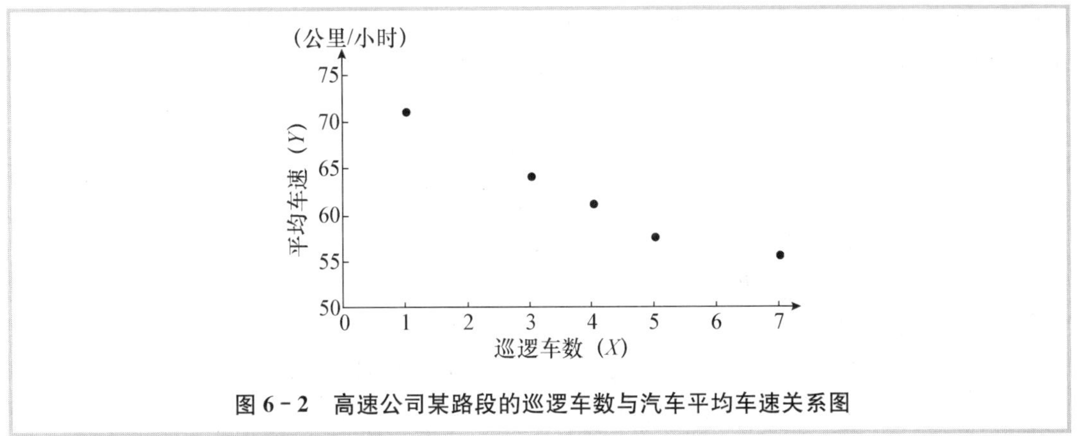

图 6 - 2　高速公司某路段的巡逻车数与汽车平均车速关系图

分析人员只需处理少量的数据资料，就可以直观地观察出两变量之间的关系。然而，当数据集合相当大时，目测出来的关系是很不准确的。此时，我们需要运用统计学来归纳两个变量之间的关系。一个变量可以通过平均值和标准差的组合来概括其特征，而两个变量之间的关系可以通过一条线来概括。

就公路上的巡逻车数和该路段上汽车平均车速的例子而言，我们能绘出一条描述这两个变量之间关系的直线（见图 6 - 3）。

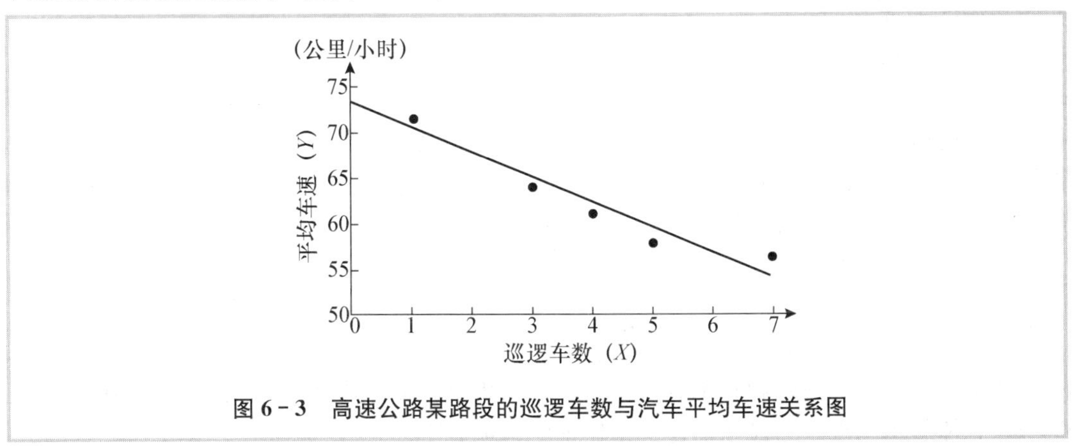

图 6 - 3　高速公路某路段的巡逻车数与汽车平均车速关系图

任意一条直线都能以斜率和截距完全确定，而这条直线能描绘出两个变量之间的关系为

$$Y=\alpha+\beta X$$

预测两个变量间关系的直线，可用下面的方程来表示：

$$\hat{Y}=\alpha+\beta X$$

$\hat{Y}$ 是 Y 的预测值（predicted value）的符号，对任意 X 值，$\hat{Y}$ 是截距（α）和斜率（β）的函数，$\hat{Y}$ 可能与 Y 的实际值相等，也可能不相等。α（intercept）决定直线的截距，斜率 β 被称为回归系数（regression coefficient），决定直线的斜率。

为说明这一点，让我们回到前述汽车平均车速与巡逻车数的例子中。图 6－3 描述了该例中两个变量之间的关系。如果我们仅有这条直线，当有 3 辆巡逻车在公路上的时候，我们预测的汽车平均车速可能为多少？$\hat{Y}$，其期望速度为 65 公里/小时。（为找到这个数值，我们从横坐标为 3 的点垂直向上到这一关系直线，再从与关系直线的交点作一平行于 X 轴的直线，该线应该与 Y 轴交于 65 处，这个值就是 $\hat{Y}$。）

注意在那天，当 3 辆巡逻车在路上时，Y 的实际值是 64 公里/小时。

这样我们就可得到下述公式：

Y 的预测值＝Y 的实际值＋误差，即 $\hat{Y}_i=Y_i+e_i$ 或 $e_i=\hat{Y}_i-Y_i$，也就是 Y 的预测值等于 Y 的实际值与误差之和。

仅靠绘一条直线去描述变量间关系不太可靠，因为有时候同样的散点图上可以配上多条斜率不同的直线，哪一条才是最优的呢？统计学家一致认为误差平方和最小的直线，即使所有的$(\hat{Y}_i-Y_i)^2$ 的和最小的那条直线是最优的。这种方法就被称为普通最小二乘法（ordinary least squares，OLS），也就是线性回归（linear regression）。

依据使误差平方和最小的原则，线性回归使我们找到一个 α 值和一个 β 值，从而得到一条唯一的回归直线 $\hat{Y}=\alpha+\beta X$。下面通过一个例子来介绍计算 α 和 β 值的方法。

在举例之前，我们要牢记一点：回归是从样本推及总体的常用方法。与由样本推及总体的其他统计推断情形相类似，表示样本回归和总体回归的符号也略有不同。对于总体回归，直线常表示为

$$Y=\alpha+\beta X+\varepsilon$$

总体的截距和斜率分别用 α 和 β 来表示。符号 ε 表示误差项，称为残差（residual），误差的大小反映了线性回归的拟合优度（goodness of fit），即数据点与回归直线的接近程度，误差越小，数据点就越接近回归直线，拟合度也就越好。

而样本回归直线用如下公式表示：

$$Y=a+bX+e$$

样本回归直线的截距和斜率分别用 a 和 b 来表示，误差项用 e 来表示。与均值估计相类似，总体斜率和截距的最佳估计就是样本斜率和截距。

通过以微积分为基础的大量数学推导，统计学家发现计算 b 的公式为

$$b=\frac{\sum(X_i-\overline{X})(Y_i-\overline{Y})}{\sum(X_i-\overline{X})^2}$$

b 是自变量 X 和因变量 Y 的共同变差（joint variation）或协变差（covariation）与自变量 X 的总变差的比。协变差是两个变量共同变化或协同变化的程度。

截距的计算较简单，统计学家已发现

$$a=\overline{Y}-b\overline{X}$$

计算巡逻车数与平均车速数据表中反映关系的截距 a 与斜率 b（见表 6-2）。

计算结果代入 $Y=a+bX+e$，可得描述公路上巡逻车数和在该路段上汽车平均车速的关系的回归方程

$$\hat{Y}=72.2-2.55X$$

所有的样本回归直线具有如下一般形式：

$$\hat{Y}=a+bX$$

也就是说，Y 的预测值 $\hat{Y}$ 等于 X 与常数 b 的乘积加上一个常数 a 的和。任意一个常数都有可能是负的。

回归方程提供了大量的信息。例如，交警想预测当 6 辆巡逻车在执勤时公路上汽车的平均车速。表述这个问题的另一种方式是，当 X（巡逻车数）为 6 时，$\hat{Y}$ 的值（预测的平均车速）为多少呢？利用方程

$$\hat{Y}=72.2-2.55X$$

用 6 代替 X，得

$$\hat{Y}=72.2-2.55\times6=72.2-15.3=56.9$$

那么最好的估计就是：当巡逻车数为 6 时，公路上汽车的平均车速为 56.9 公里/小时。

如果再增加一辆巡逻车，那么汽车的平均车速将下降多少呢？答案就是 2.55 公里/小时。回归系数就是 $\hat{Y}$ 的变化量与 X 的变化量的比率。当 X 的变化量是 1（如增加一辆巡逻车），$\hat{Y}$ 的变化量是 -2.55 公里/小时。这就是在实际管理工作中，斜率应如何解释的问题。也就是 X 变化（增加）1 单位时，$\hat{Y}$ 会变化多少。

当公路上一辆巡逻车都没有时，汽车的平均车速会为多少呢？将 0 代入回归方程中，我们有

$$\hat{Y}=72.2-2.55X=72.2-2.55\times0=72.2$$

当 X 的值为 0 时，$\hat{Y}$ 的值为 72.2，$\hat{Y}$ 的值就是截距。这样一来，截距被定义为 X 的值为 0 时 $\hat{Y}$ 的值。

6.2.2 拟合优度的测度

任意两个变量之间的关系都能够通过线性回归概括出来。然而，回归直线本身却不能说明直线对数据的拟合程度。例如，图 6－4 中（a）和（b）两组数据都可以得出同一条回归直线。但是，在（b）中，数据点聚集在直线附近，而（a）中的数据点离直线的距离较远，我们可以说（b）中直线比（a）直线对数据的拟合程度高。

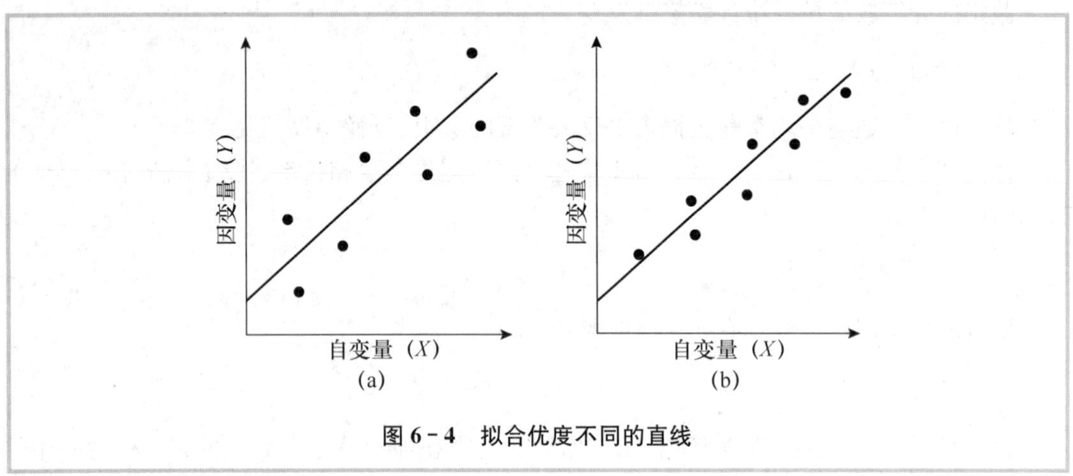

图 6－4 拟合优度不同的直线

数据点到回归直线的距离定义为误差（error）。注意回归直线给出的是 $\hat{Y}_i$ 的值，而数据点的值为 Y_i。在下面的部分，我们将探讨一些统计学家设计的用来测度回归直线的拟合程度的不同方法。通常，有三种拟合优度的测度方法。

1. 估计标准误差

第一种称为剩余离差（residual variation）或估计值的方差（variance of the estimate），等于残差平方和除以（$n-2$）。公式为

$$S_{y|x}^2=\frac{\sum(Y_i-\hat{Y}_i)^2}{n-2}$$

$S_{y|x}^2$为 X 一定时 Y 的剩余离差。

$S_{y|x}^2$的另一种表述是它表示回归估计值的均方误差。实际中不是用 $S_{y|x}^2$而是用其平方根 $S_{y|x}$来测度拟合优度。

$S_{y|x}$被称为估计的标准误差（又称为均方根差），是观测值 Y 和 $\hat{Y}$ 之间的离差的估计值。利用估计的标准误差可围绕回归方程的估计值进行置信区间估计。剩余离差越小，表示拟合程度越好。

估计的标准误差可解释为用 X 值预测 Y 值时可能带来的误差值。对任一点的置信区间的估计，估计标准误差常用的一个变形公式如下：

$$S_{y|x}\times\sqrt{1+\frac{1}{n}+\frac{(X_0-\overline{X})^2}{(n-1)\ s_x^2}}$$

式中，X_0为给定的 X 的值；$\overline{X}$ 为 X 的平均值；s_x为 X 的标准差；n 为样本容量。

通过该公式可建立任一 Y 值的置信区间：

$$\hat{Y} \pm t \times S_{y\cdot|x}\sqrt{1+\frac{1}{n}+\frac{(X_0-\overline{X})^2}{(n-1)\ s_x^2}}$$

式中，t 为你需要的置信水平下对应的 t 值。

假定交通警察想预测当 3 辆巡逻车在公路上时汽车的平均车速，利用回归方程，有

$$\hat{Y}=72.2-2.55\times 3=72.2-7.65=64.55$$

这个平均车速的估计值并不确切，它可能包含有一定的误差。为求出这个估计值（64.55）的 90%的置信区间，还要知道置信水平为 90%时对应的 t 值。回归的自由度是 n 减去待估计的参数的个数，因此，简单线性回归的自由度为 $n-2$，因此我们在本书附录 t 分布表中查找到自由度为 3，显著性水平为 0.05（0.05＋0.05＝0.10）时对应的 t 值是 2.35。既然我们已知 X 的值（3），剩下的工作只需要求出 X 的标准误差以进行区间估计。X 的标准差为 2.23。因而公式就简化为

$$64.55\pm(2.35\times 1.62)\times\sqrt{1.00+(1/5)+[(3-4)^2/(5-1)(2.23)^2]}$$

$$64.55\pm 3.81\times\sqrt{1.00+0.2+0.05}$$

$$64.55\pm 3.81\times\sqrt{1.25}$$

$$64.55\pm 3.81\times 1.12$$

$$64.55\pm 4.27$$

$$60.28\sim 68.82$$

我们有 90%的把握确定有 3 辆巡逻车在公路上时所有汽车的平均车速在 60.28 公里/小时和 68.82 公里/小时之间。

2. 判定系数

拟合优度的第二种测度方法是判定系数法（coefficient of determination），即回归方程可解释的离差与总离差的比率，可解释的离差是因变量的总离差与误差之差。统计学家定义了如下的可解释的离差与不可解释的离差的比率：

$$r^2=\frac{\sum(\hat{Y}_i-\overline{Y})^2}{\sum(Y_i-\overline{Y})^2}$$

这种测度称为判定系数法或 r^2式可决系数。判定系数的取值区间为 0（直线与数据完全不拟合）～1（直线完全拟合了数据）。

说明判定系数的最好方式如下：如果有人要你猜想下一个 Y 值，但却无任何信息，你对 Y 值的最佳估计值可能是 $\overline{Y}$（即平均值）。这个猜想的误差为（$Y_i-\overline{Y}$）。多次对 Y 猜想的误差平方和为 $\sum(Y_i-\overline{Y})^2$ 。如果你有了 X 的相应值和回归方程，再来对 Y 进行预测，你对 Y_i 最可能的估计值为 $\hat{Y}_i$。那么，具备回归直线后对 Y 值的预测，与简单地猜想为平均值相比，预测程度改善了多少，显然是（$\hat{Y}_i-\overline{Y}$）。多次猜想后，平方误差和总的改善

为 $\sum(\hat{Y}_i-\bar{Y})^2$ 。实际上，判定系数是利用回归直线进行预测时相对于简单地猜想为平均值的预测对误差的减少程度，同猜想为平均值时的总误差的比值。

判定系数的平方根称为相关系数（correlation coefficient），记为 r。r 的取值范围是从完全负相关的－1.0 至完全正相关的 1.0。虽然在许多实际应用中我们常用相关系数，但对相关系数很难提出合理的解释，因而没有什么内在价值。相对于相关系数，判定系数的作用更大。

3. 斜率的标准误差

拟合优度测度的第三个方法是斜率的标准误差。如果我们抽取两变量的多个样本并对每个样本计算直线的斜率，可以看到样本的斜率估计值会有差异。斜率估计值的标准误差称为斜率的标准误差（standard error of the slope）。计算斜率的标准误差的公式为

$$s_b=\frac{S_{y|x}}{\sqrt{\sum(X_i-\bar{X})^2}}$$

可以这样理解斜率的标准误差，利用不同的样本做出的回归直线斜率会有细小的差异，但差异不会很大，因为总体背后的规律是不变的。与其他标准误差一样，利用斜率的标准误差可围绕斜率估计值建立置信区间。

公路上巡逻车数与平均车速之间关系的例子中，经计算，数据的标准误差 $S_{y|x}$ 等于 1.62。$\sqrt{\sum(X_i-\bar{X})^2}=4.47$，则

$$s_b=\frac{1.62}{4.47}=0.36$$

我们可以用斜率估计值的标准误差建立斜率估计的 90%的置信区间。对样本斜率估计建立 90%的置信区间的过程是

$$b\pm t\times s_b(df=3)$$
$$-2.55\pm2.35\times0.36$$
$$-2.55\pm0.85$$
$$-3.40\sim-1.70$$

我们有 90%的把握认为总体斜率将落入－3.40～－1.70 的区间之中。

斜率的标准误差还可用来回答下述问题：总体的斜率为 0 时从总体中抽出一个斜率为 b 的样本的概率为多大？这就是斜率的显著性检验（testing the significance of the slope）。如果 $\beta=0$，那么总体中的两变量就不存在任何关系。如果样本恰好是从这样的总体中抽出，我们便不能拒绝两变量之间不存在关系的原假设。

在我们的实例中，为得出斜率为－2.55 的样本是从 $\beta=0$ 的总体中抽出的概率，我们设均值为 0 并运用斜率的标准误差，这样一来，将 b 转化为 t 值：

$$t=\frac{b-\beta}{s_b}=\frac{-2.55-0}{0.36}=-7.1$$

由于T分布为对称分布，自由度为3，t值为7.1时，对应的概率小于0.005（t=5.841）。也就是说，斜率为−2.55的样本从斜率为0的总体中抽出的概率小于0.005，拒绝$\beta=0$的原假设，可以认为这两个变量之间存在关系。

6.3　线性回归的假定

上述内容并没有讨论线性回归的假定和限制条件。许多分析人员经常忽视这些假定，这样做确实冒着一定的决策风险。只要任何一个假定被违背，上面的处理结果就会变得不可信。

让我们回想一下公路巡逻车的例子：

$$\hat{Y}=72.2-2.55X \qquad r^2=0.94$$

$\hat{Y}$为汽车的预测平均车速，X为巡逻车的数目。经过计算可以发现，$\hat{Y}_i$并不完全等于Y_i的实际值。按判定系数来说，用$\hat{Y}$来预测Y时，我们仅可以解释94%的离差。除了公路上的巡逻车数外，还有什么其他因素可以解释汽车平均车速的变化呢？

另外一些因素也影响车速。例如，某天的天气条件可能降低车速；公路上的突发事件和公路维修保养也有可能影响车速；公路上其他车辆的数目也限制路上任一辆车的速度；公路的弯曲度和斜坡也有可能影响车速。这些因素和其他可能因素可以解释$\hat{Y}_i$与Y_i之间的差异。用公式可以表示为

$$\hat{Y}=\alpha+\beta X+\beta_1(X_1, X_2, X_3, X_4, \cdots)$$

式中，X_1，X_2，X_3，X_4，…为其他可能的影响因素；β_1为权重。

为简单起见，我们一般将其他因素归结为误差，则

$$\hat{Y}=\alpha+\beta X+e$$

换而言之，$\hat{Y}$值等于常数β与X的乘积加上常数α与误差e的和。

我们引入误差e这个专门术语是因为线性回归的大多数假定都与误差项有关。下面将讨论线性回归的假定和限制条件。

1. 假定1：对所有的X值，Y的预测值的误差服从均值为0的标准正态分布

假定1要求每一个Y_i的估计值与真实值相减而形成的一列数（误差项）服从标准正态分布。

当误差服从标准正态分布时，统计学家发现样本斜率b的均值等于总体斜率β，样本斜率估计的误差服从标准误为S_b的t分布。当样本容量足够大（$N>30$）时，t分布近似于正态分布，这样，Z值可用作t值的估计。因为t分布比正态分布扁平，因此只要可能的话，都应当使用大样本。

2. 假定2：无论X为何值，误差项的方差都为常数

或者说，当X值变大时，误差并不随之增大。在图6-5（a）中，对所有的X值，误差有相同的方差；在图6-5（b）中，随着X值的增大，误差也随之增大。

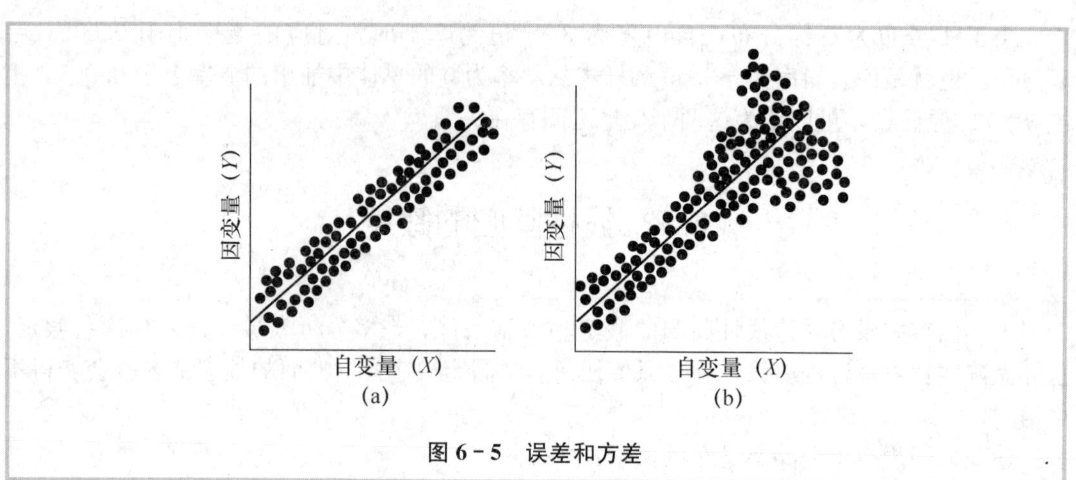

图 6-5　误差和方差

如果线性回归违背了这个统计学家称之为同方差（homoscedasticity）的假定，那么，尽管斜率系数的检验具有统计显著性，但事实上可能是非显著性的。

异方差（heteroscedasticity）是为了保证回归参数估计量具有良好的统计性质。线性回归模型的一个重要假定是：总体回归函数中的随机误差项满足同方差性，即它们都有相同的方差。如果这一假定不满足，则称线性回归模型存在异方差性。

异方差的检验有图示法及解析法，检验异方差的解析方法的共同思想是，由于不同的观察值随机误差项具有不同的方差，因此检验异方差的主要问题是判断随机误差项的方差与解释变量之间的相关性，如果相关，则有异方差，反之没有。

异方差的修正方法有加权最小二乘法和模型对数变换法等，其基本思路是变异方差为同方差，或者尽量缓解方差变异的程度。

3. 假定 3：误差相互独立

这个假定的另一种说法是，一个误差的大小不是任何从前误差的函数。如果残差相互之间是随机的，误差就是相互独立的。误差不独立就存在自相关问题，自相关不是指两个或两个以上的变量之间的相关关系，而是指一个变量前后期数值之间存在的相关关系。存在自相关的数据用以上回归方法得出的结论是不可靠的。

自相关发生在时间序列分析中。自相关性产生的原因有以下几种：第一，所建模型遗漏关键变量会产生序列的自相关性。第二，经济变量的滞后性会给序列带来自相关性。第三，采用错误的回归函数形式也可能引起自相关性。第四，蛛网现象可能带来序列的自相关性。第五，因对数据加工整理而导致误差项之间产生自相关性。自相关一般用图示检验法或 D-W 检验来检测。

当一个回归模型存在自相关性时，首先要查明自相关产生的原因。如果是回归模型选用不当，则应改用适当的回归模型；如果是缺少重要的自变量，则应增加自变量；如果以上两种方法都不能消除序列自相关性，则需要采用差分法、自回归法、移动平均法，或者综合这些方法进行处理。

4. 假定 4：自变量和因变量都必须是定距变量

定类和定序变量对回归分析来说是个问题，但并不是不可克服的。从技术上来讲，回归需要定距层次的数据。然而，通过将数字 1、2、3 等简单地分派给有顺序的分类，定序数据就常常在回归分析中使用。如果这样处理变量，标准化系数也许比非标准化系数更有意义，因为定序自变量一个单位的变化也许没有什么意义。对于定类变量，不能简单地分派数字给变量的类别，可以通过构造虚拟变量（dummy variable）将定类变量纳入回归中。

下面是用定类自变量进行回归分析的方法。

例 6－4

某企业的负责人想确定品牌 A 和品牌 B 的计算机生产线哪一种效率更高。他将每一品牌的三条生产线在同等条件的车间中进行了测试，测试结果见表 6－3。请利用这些数据检验两条生产线的效率。

表 6－3　　机器品牌与每小时产量

被测生产线	产量（台）
品牌 A1	52
品牌 A2	63
品牌 A3	71
品牌 B1	54
品牌 B2	46
品牌 B3	38

假设自变量（机器品牌）为 A 品牌时记为 1，为 B 品牌时记为 0，我们就有了定类变量（数值为 1 或 0 的定类变量常称为虚拟变量）（见表 6－4）。

表 6－4　　用虚拟变量表示的机器品牌及相应产量

X	Y
1	52
1	63
1	71
0	54
0	46
0	38
$\bar{X}=0.5$	$\bar{Y}=54$

根据本章上述知识，回归直线的斜率与截距的计算公式为

$$b=\frac{\sum(X_i-\bar{X})(Y_i-\bar{Y})}{\sum(X_i-\bar{X})^2}$$

$$a=\bar{Y}-b\bar{X}$$

用以上数据计算出的回归方程为

$$\hat{Y}=46+16X$$

既然 X 只能取 0 和 1 两个值，$\hat{Y}$ 就只能取 46 和 62 两个值。如果我们对回归直线的斜率进行显著性检验，就会发现品牌 A 的生产线比品牌 B 的生产线性能更优良。注意计算斜率标准误的公式为

$$s_b = \frac{S_{y|x}}{\sqrt{\sum (X_i - \overline{X})^2}} = \frac{S_{y|x}}{\sqrt{1.5}} = \frac{S_{y|x}}{1.22}$$

其中，$S_{y|x}$用下述公式计算：

$$S_{y|x}^2 = \frac{\sum (Y_i - \hat{Y}_i)^2}{n-2} = \frac{310}{4} = 77.5$$

$$S_{y|x} = 8.8$$

将这个值代入上面的公式中得

$$s_b = \frac{8.8}{1.22} = 7.2$$

将 $b=16.0$ 转化为 t，我们有

$$t = \frac{16.0-0}{7.2} = 2.22$$

当 t 值为 2.22 时，品牌 A 和品牌 B 一样的概率，大约为 0.05（t 检验，自由度 df=4）。定类因变量同样能用回归进行处理。

例 6-5

某单位的人事处对将被录用的 10 个求职者的打字速度进行了测试。1 年后，这些打字员中的 5 个被解雇。人事主管假设打字员被解雇是因打字速度太慢。工作境遇和打字速度列在表 6-5 中。根据这些数据检验人事主管的假设。

表 6-5　　某单位打字员的工作境遇和打字速度

工作境遇，Y（0=解雇　1=未解雇）	打字速度，X（字数/分钟）
1	85
0	48
1	63
0	57
1	94
0	56
1	65
0	58
0	72
1	82

将这些数据输入回归软件，分析人员得到下述的关系式：

$$\hat{Y}=-1.19+0.0248X \quad s_b=0.009 \quad S_{y|x}=0.4 \quad r^2=0.49$$

很显然，两者之间存在关系（$t=2.9$，df=8）。在解释这个回归方程时，我们将 Y 解释为打字员不被解雇的概率。例如，将第一个打字员的打字数代入回归方程中，我们有

$$\hat{Y}=-1.19+0.0248\times 85=-1.19+2.11=0.92$$

即第一个打字员不被解雇的概率为0.92。可以对所有的打字员进行类似的概率计算，同时，我们可以运用估计的标准误差建立概率的置信区间。

利用虚拟因变量进行回归处理确实存在某些缺陷。例如，我们将第5个打字员的打字速度代入回归方程中，就有

$$\hat{Y}=-1.19+0.0248\times 94=-1.19+2.33=1.14$$

即这个打字员不被解雇的概率为1.14，这是一个毫无意义的概率。用虚拟因变量进行回归经常会出现大于1或小于0的概率。实际管理中，我们将大于1的概率认为其等于0.99。相似地，小于0的概率可认为其等于0.01。在绝大多数管理情形中，这种调整将排除那些无法解释的预测值。

一些专门的分析方法如概率单位变换和逻辑斯蒂克回归分析（probit and logit analysis）能将概率限定在0和1之间。

5. 假定5：变量间关系是线性的

线性关系是指两变量之间的关系可以通过一条直线来概括。如果线性回归被用来概括非线性的关系，回归方程就会是错误的。要判断变量之间的关系是否为线性的，我们必须绘出数据的散点图。

图6-6中绘出的直线代表了数据之间的线性关系。

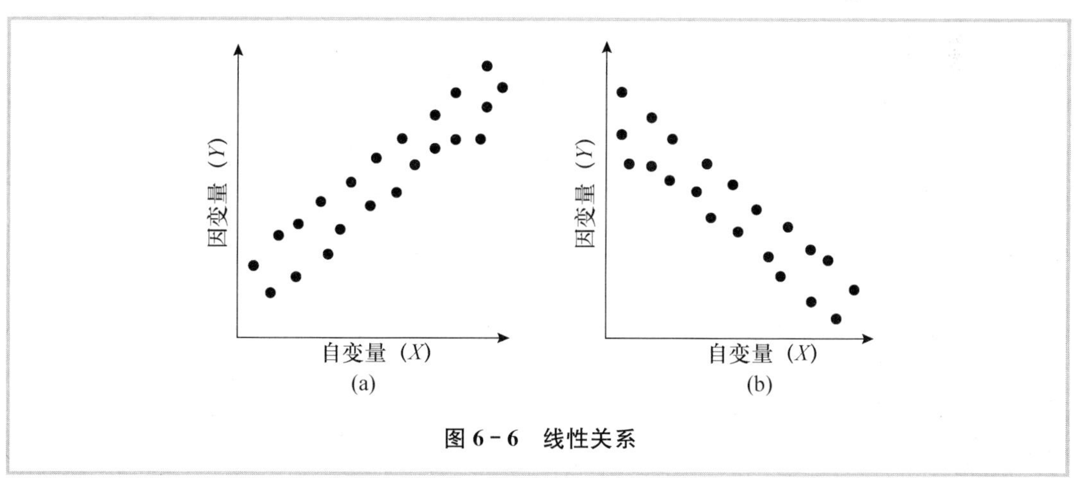

图6-6　线性关系

遗憾的是，许多管理人员所考虑的数据的关系并不是线性的。例如，市财政局想预测下一年该市的税收收入。城市税收收入增加的情形可能类似于图6-7。可以看出，税收增加快于用线性回归描述的预测值。这幅图代表的是一种对数关系（logarithmic relationship）。这种对数关系以及如何在线性回归方程中处理这种关系是下一章的内容。

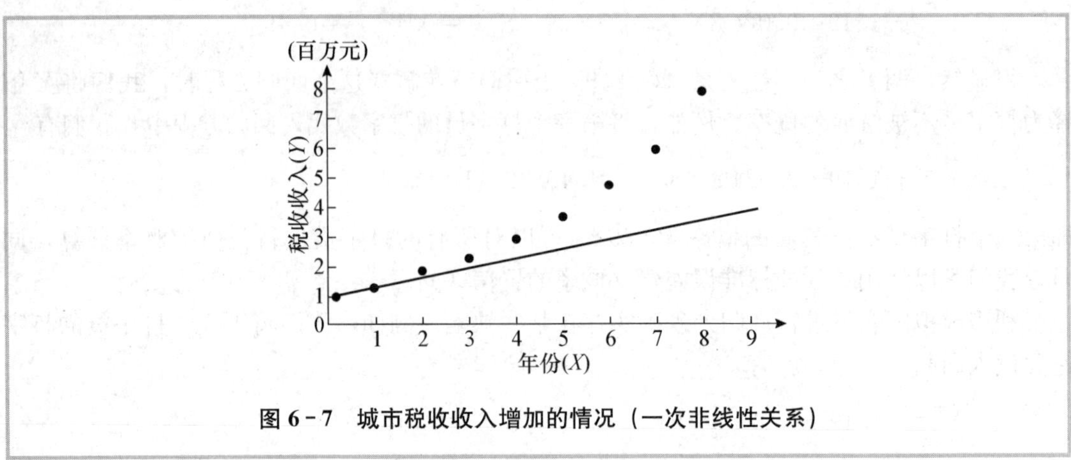

图 6－7　城市税收收入增加的情况（一次非线性关系）

在管理中，人们可能遇到二次曲线关系（quadratic relationship）。例如，在增加一名工人可能导致所有工人的生产率增加的情境中（因为工人能变得更专业化从而更有效率），工人数目和总的生产率之间的关系就可能是二次曲线关系。这些数据列在表 6－6 中。数据的关系见图 6－8。

表 6－6　工人数与每天生产的产品数

工人数（X）	每天生产的产品数（Y）
1	1
2	4
3	9
4	16
5	25

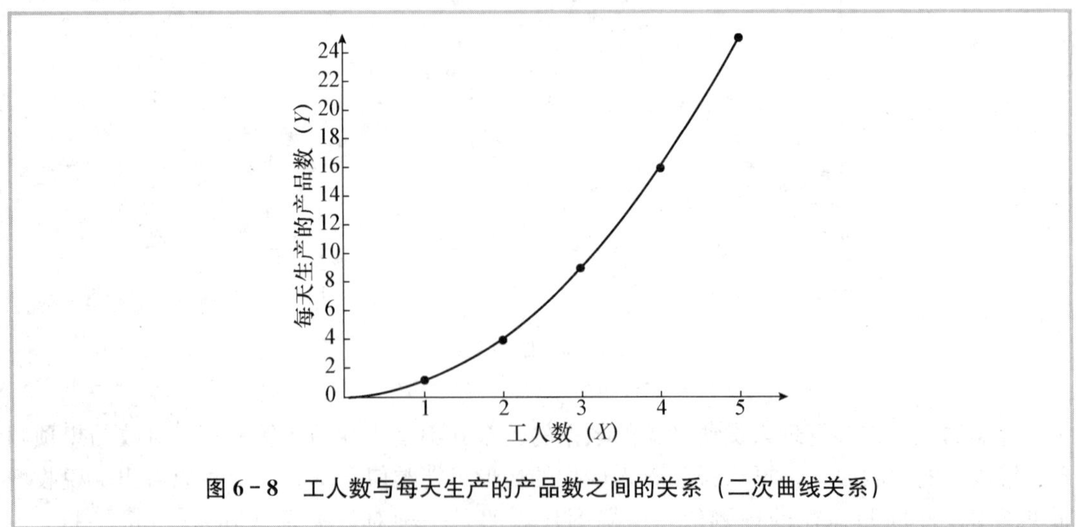

图 6－8　工人数与每天生产的产品数之间的关系（二次曲线关系）

另有一些关系可能是三次曲线关系（cubic relationship）。例如，某市反抢夺警察的总人数和因抢夺遭逮捕的人数之间的关系可能是三次曲线关系。开始，反抢夺警察逮捕的人数可能比较少，因为他们要管理的区域太大。增加反抢夺警察的人数将提高所有反抢夺警察的工作效率。当反抢夺警察的人数继续增加时，总逮捕人数可能趋于不变。可能因为所有的抢劫犯都已被捕，也有可能他们都已离开该地。这种关系如图 6－9 所示。

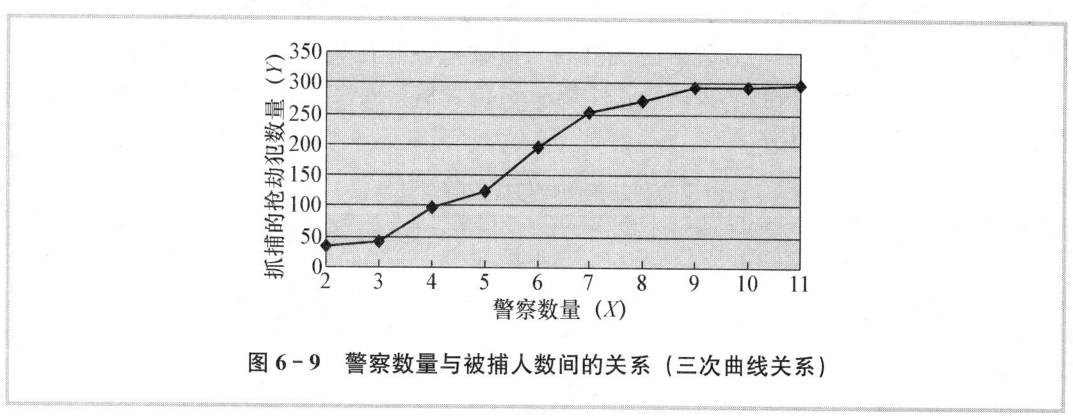

图 6－9　警察数量与被捕人数间的关系（三次曲线关系）

线性回归不是概括非线性关系的好方法。计算机不能分辨线性和非线性关系，管理人员的职责就是要辨清什么时候是非线性关系，然后通过一些数据变换的方法来处理非线性关系问题。

本章小结

变量间关系可以分为函数关系和相关关系。回归分析是处理相关关系的一种常用方法。本章介绍了变量间的几种关系、相关关系的类型、线性回归的基本假设，以及线性回归的基本方法。

关键术语

相关关系　相关系数　拟合优度　线性相关　非线性相关　估计的标准误差　判定系数

复习思考题

1. 南京市汽车维护的负责人认为高里程小车的维护费用比低里程车的要高得多，该负责人以 200 辆车为样本，以每辆车的年度维护费用为 Y 元，每辆车行驶的总公里数为 X，他发现

$$\hat{Y}=50+0.030X \quad S_{y|x}=150.00 \quad s_b=0.0005 \quad r^2=0.90 \quad \overline{X}=50\,000 \quad s_x=10\,000$$

（1）维护费用与行驶里程之间有关系吗？

（2）行驶里程为 50 000 公里的车的预期维护费用是多少？给出 95%的置信区间。

（3）负责人认为每年 1 000 元的维护费太多。按此标准，行驶多少公里会达到 1 000 元维护费？

2. 某公共事业组织负责人发现去年几个机构得到的拨款大幅增加是因为它们鼓励利益集团到国家相关部门进行游说。与该机构类似的 5 家机构的样本数据如表 6－7 所示，运用回归分析，计算出回归方程。游说行为与拨款数额存在关系吗？该组织能要求 15 个集团去游说，这会导致拨款多大的增长？以 90%的置信区间来进行估计。每增加一利益集团能导致拨款多大的增长？

表 6－7　　　　游说的利益集团数与拨款的增长情况

游说的利益集团数	拨款的增长（%）
25	22
14	17
7	8
18	19
10	12

3. 司法局局长认为市政府增加警务支出将显著降低犯罪率。为证明他的论断，局长进行了回归分析，以 Y 为犯罪率（每 100 000 人中的犯罪人数），X 为每一警察的警务支出（元），有

$$\hat{Y}=2\,475-5.1X \quad S_{y|x}=425 \quad s_b=1.3 \quad r^2=0.63 \quad n=50$$

他发现了什么？解释斜率、截距和 r^2。

4. 某县旅游局想通过延长雉鸡打猎期带来更多旅游收入。旅游局认为，绝大多数雉鸡在打猎期头两周就被捕杀了，所以，延长打猎期不会捕尽雉鸡，旅游局的数据分析员从过去所有的打猎期获取样本数据，将打猎期后存活的雉鸡数目对打猎期时间长短进行回归分析，他发现

$$\hat{Y}=547\,000-214X \quad s_b=415 \quad r^2=0.15 \quad S_{y|x}=15\,000 \quad n=35$$

数据分析员的假设是什么？他发现了什么？

5. 陆军中尉认为接受过硕士课程学习的军官的军官效能评级（OERs）较高。用 100 名军官作样本，中尉对 OERs 进行回归分析（以 OERs 为 Y，从 0～100 取值），以每个军官接受的学士水平以上课程的数目为 X，他发现

$$\hat{Y}=95+0.030X \quad S_{y|x}=1.4 \quad s_b=0.4 \quad r^2=0.4 \quad \overline{X}=5 \quad s_x=8$$

以这些结果为基础，中尉能得出什么结论？中尉接受过 10 门硕士课程学习，他的 OERs 的最佳估计是多少？以 90%的置信度进行估计。

6. “看管者”是一家非营利机构，享有一家举办国家体育赛事的公园的特许经营权，这样做的目的在于让“看管者”可以筹集资金来办好施舍所。“看管者”很关注特许销售的耗费，在每次比赛后，许多已做好的热狗都剩了下来。研究人员认为热狗的消费量（以

及其他的特许销售）能通过一次比赛预售出的票数来预测（观看者通常是预售票数的两倍）。他取 10 天的数据为样本，如表 6－8 所示。进行回归分析，判断他的假设是否正确。如果预售出1 000 张票的话，预测热狗的销售量。

表 6－8　　　公园预售的票数与热狗的销售量

预售的票数（张）	热狗的销售量（个）
247	503
317	691
1 247	2 638
784	1 347
247	602
1 106	2 493
1 749	3 502
875	2 100
963	1 947
415	927

7. 哈尔滨市某企业人事部门猜想职员在冬天很冷的日子里会待在家里，人事部门以缺勤数为 Y、前夜的温度为 X 进行回归分析。以 60 天为样本，结果有

$$\hat{Y}=485-5.1X \quad s_b=1.1 \quad S_{y|x}=12.0 \quad r^2=0.86 \quad \overline{X}=20 \quad s_x=35$$

解释截距、斜率和判定系数。关系显著吗？如果前夜温度低至－20℃，有多少人会缺勤？给出 90%的置信区间。

8. 北京市公交系统的乘客越来越多，该市的计划评估办公室认为，乘客的逐日增多是因为汽油价格的上升。使用过去 3 年的数据，评估办公室以每天乘客数为 Y，以当天汽油价格为 X（元）进行分析，结果得出

$$\hat{Y}=212+187X \quad s_b=17.4 \quad S_{y|x}=206 \quad r^2=0.91$$

写一份分析报告，对汽油价格上升 5 元的政策意义进行评论。

9. 环境保护局认为城市空气质量与患有严重呼吸道疾病的人数是直接相关的，该机构以每1 000 人中呼吸道疾病患者的数目为 Y，城市空气质量指数为 X（在 0～100 范围内取值，数字大表明污染程度高），抽取 150 个城市进行回归分析，有

$$\hat{Y}=15.7+0.7X \quad s_b=0.04 \quad S_{y|x}=5.1 \quad r^2=0.71$$

解释这些结果。还有其他什么因素影响这种关系？

10. 老年医学政策办公室（OGP）正在考虑对调查局的年龄歧视问题起诉，OGP 想以回归结果作起诉的基础，该回归以参加该市公务员考试的得分为 Y，申请到调查局工作的人的年龄为 X 进行分析。评估一下 OGP 案例。

$$\hat{Y}=92.4-0.3X \quad s_b=0.007 \quad S_{y|x}=5.2 \quad r^2=0.45 \quad n=500$$

11. 教育协会对校区人口数与学校筹集资金量之间的关系很感兴趣。取 300 个校区作样本，该协会使用简单回归来预测校区总支出 Y（元）与校区总人口数 X（居住在该区的

人口数）之间的关系。结果发现

$$\hat{Y}=4\,566-824X \quad s_b=135 \quad S_{y|x}=34\,788 \quad r^2=0.78 \quad t=6.10 \quad p<0.000\,1$$

简单表述一下下列问题的含义：

（1）截距；

（2）斜率；

（3）判定系数；

（4）t 值及其计算方法

12. 小王是长安大学的公共管理硕士（MPA）申请者，他很关注他在长安大学的定量分析方法课程的成绩。这门课程有 5 个小测验和一次期中测试。小王小测验做得很好（满分 50 分，小王 45 分），但期中测试成绩不好（满分 100 分，小王 75 分）。他想了解小测验成绩与期中测试成绩之间有无关系。他用老师的成绩册上面的数据进行了回归分析，Y 代表期中测试成绩，X 是小测试的总分数：

$$\hat{Y}=52.5+0.78X \quad S_{y|x}=8.46 \quad \overline{X}=40 \quad r^2=0.71 \quad s_b=0.004\,9 \quad n=40 \quad s_x=5$$

解释回归方程的斜率、截距和 r^2，检验斜率的显著性。用简明语言提出存在关系的原假设及备择假设。根据他的小测验成绩的得分，他的期中成绩的最佳估计应是多少？如果小测试成绩是 45 分，估计一下他期中成绩为 75 分的概率。

13. 国家心理健康中心正在作一项关于使用药物控制病人过激行为的研究，75 个病人的病情记录被用来作分析。对每个病人搜集两个变量：一个是过去 3 个月病人的过激行为次数，一个是每天给每个病人的安定剂的用量（毫克），回归分析的结果如下：

$$\hat{Y}=126.6-0.013\,8X \quad s_b=0.005\,3 \quad S_{y|x}=2.4 \quad r^2=0.46 \quad \overline{X}=500 \quad s_x=200$$

该部门的假设是什么？解释该回归方程。回归方程能支持假设吗？如果一个病人每天服 1 000 毫克安定剂，那么，估计一下他的过激行为的次数。给出 90%的置信区间。

14. 人事局需要预测下个月会有多少职员退休。以过去 35 个月的数据为样本，该局进行了回归分析。以年龄在 60 岁以上的职员人数为自变量，退休人数为因变量，他们有

$$\hat{Y}=0.21+0.04X \quad r^2=0.35 \quad S_{y|x}=4.5 \quad s_b=0.006 \quad \overline{X}=540 \quad s_x=90$$

解释回归系数、截距和判定系数，并对斜率的显著性进行检验。如果有 620 名职员的年龄在 60 岁以上，那么，估计一下下个月会有多少人退休。退休人数会高达 30 人吗？

15. 迪克和迈克对市议会中非裔美国人代表与选举人结构的关系很感兴趣，自变量是非裔美国人占人口的比例，因变量是旧金山市议会中非裔美国人控制的席位的比率。他们想比较单一人种选举系统和大的选举系统下的代表问题。他们得到以下结果：

大选举系统：

$$\hat{Y}=0.348+0.495X \quad r^2=0.34 \quad n=128 \quad s_b=0.061 \quad S_{y|x}=2.4 \quad \overline{X}=15$$
$$s_x=5.1$$

单一人种选举系统：

$\hat{Y}=-0.832+0.994X$　$r^2=0.816$　$n=36$　$s_b=0.075$　$S_{y|x}=2.1$　$\overline{X}=20$　$s_x=8$

对每一个方程，解释斜率、截距和判定系数。检验斜率是否为0。在每一选举区下，分别预测非裔美国人占人口数的25%时议会代表的人数。给出95%的置信区间。提出一个关于选举系统有关影响的假设，你能就每个系统中非裔美国人担任代表的问题得出什么结论？

16. 某公共事业组织管理者认为分配给当地政府的人均援助基金与当地的实际需要有关。他用一个市每人得到的货币数作为援助测度，用该市中处于贫困的人口百分比作为需要的测度。就1991年，他得出如下结果：

$\hat{Y}=27.81+339.10X$　$r^2=0.43$　$n=243$　$s_b=93.40$　$S_{y|x}=124.066$

解释该回归方程，提出原假设和备择假设，并且以回归方程为基础评价假设。

17. 总统候选人丽贝卡想了解明年是否值得去挑战执政党。如果决定参与竞选，她认为核心问题是通货膨胀，因此她对通货膨胀率（X，即消费物价指数增长的百分比）是否与执政党总统候选人得票率有关很感兴趣。根据以往12次选举的结果，她得出

$\hat{Y}=54.3-0.84X$　$s_b=0.24$　$r^2=0.34$　$S_{y|x}=1.9$　$\overline{X}=6.7$　$s_x=3$

解释该回归方程，提出原假设与备择假设并加以检验。如果通货膨胀率为8%，预测一下执政党的得票率（给出80%的置信区间）。

18. 深圳市的警局负责人想知道警车巡逻是否对犯罪率有影响。在市内10个警察辖区中，5个区域有定期巡逻，另5个区域从不派警车巡逻（这5个区域中有报警时警察也会出动）。在这个试验期末，警局负责人以每个辖区的犯罪率为Y，对Y进行回归，回归中以1代表巡逻，以0代表不巡逻，从以下的回归方程中，关于深圳市警车巡逻和犯罪率之间的关系你能发现些什么？

$\hat{Y}=247.5+24X$　$s_b=48$　$S_{y|x}=35.0$　$r^2=0.12$

19. 将表6-9中每组数据用图形描述出来，判断它们的关系是线性的还是非线性的，如果是非线性关系，判断一下属于什么类型的非线性关系。

表6-9　　四组数据

第一组		第二组		第三组		第四组	
X	Y	X	Y	X	Y	X	Y
2	1	2	1	1	5	1	15
5	3	5	3	4	8	2	11
7	6	8	5	7	11	4	6
9	10	11	9	10	14	6	4
14	15	14	14	13	17	9	3
17	16	—	—	16	20	15	2

20. 城市公园的负责人要了解公园内的洒水装置系统因受腐蚀而不能工作的情况。以上一年运行的100套洒水装置为例。公园管理部门以洒水器是否工作为Y（不工作以1代

表，正常工作以 0 代表）进行回归，X 为洒水装置工作的年限，从而得到以下回归方程：

$$\hat{Y}=0.06+0.016X \quad s_b=0.0006 \quad S_{y|x}=0.04 \quad r^2=0.56$$

（1）是否存在关系？

（2）某公园的洒水装置已使用了 52 年，那么洒水装置不能工作的概率是多少？

（3）中心公园的一套只用了 2 年的洒水装置现在不能工作了，那么这种情况发生的概率是多少？

（4）城东公园的一套已用了 65 年的洒水装置不能工作的概率是多少？

21. 美国军队技工不能通过年度技能测试的人数太多，陆军上校布朗认为，不合格率如此高是因为技工从实践中没学到任何东西，他的假设是在职业专门研究上花费的时间与考试中的表现无关。他对技工是否通过考试 Y（0 代表不合格，1 代表合格）进行了回归分析，以技工的工作年数为 X，抽取 400 名军队技工为样本，他发现

$$\hat{Y}=0.63+0.03X \quad S_{y|x}=0.41 \quad s_b=0.61 \quad r^2=0.09$$

通过解释该回归方程评价一下布朗的观点。

22. 参见题 21，中士德斯克认为不合格率与阅读能力有关，他以同样的 400 名军队技工是否通过考试（Y）为因变量，以他们的阅读测试得分为自变量（X，用学校登记的学分表示），建立回归方程。他发现

$$\hat{Y}=0.15+0.071X \quad S_{y|x}=0.06 \quad s_b=0.011 \quad r^2=0.80$$

解释一下德斯克的回归方程，比较他和布朗的观点，你能使两者达到统一吗？

23. 参见题 22，一名军队技工的阅读水平为 5 级，那么他通过技工测试的概率是多少？以 80%的置信水平估计。如果想让 75%的技工通过测试，那么阅读水平应提高到哪一层次？评论一下技工年度性考试的有效性。

24. 卫生部想比较一下拥有卫生保健委员会（HMO）的 4 个城市和没有 HMO 的 4 个城市的人均卫生保健支出的差别，使用表 6－10 的数据进行回归分析，为卫生部提供有关分析结果的简要评述。

表 6－10　有 HMO 的市和无 HMO 的市的人均卫生保健支出情况　单位：元

有 HMO 的市	无 HMO 的市
412	516
386	250
370	409
404	460

25. 市公交车公司很关注燃油的高耗费问题，公司认为燃油的高耗费是因为司机超速所致，一系列试验（$N=85$）表明，车速介于 35 公里/小时和 85 公里/时之间时，以车速为自变量（X），以每升燃油可供行驶的公里数为因变量（Y），有

$$\hat{Y}=12.4-0.11X \quad s_b=0.007 \quad S_{y|x}=0.41 \quad r^2=0.98 \quad \bar{X}=50 \quad s_x=15$$

该公司考虑在每辆车上安装调速器，以把车速限定在 55 公里/小时以内，以 55 公里/

小时的平均速度来计，每升燃油能供公交车行驶多少公里？以 95%的置信区间进行估计。

26. 参见题 25，公交车公司每周共运行 8 200 公里，现在每升燃油可供公交车行驶 5.1 公里，如果燃料价格为每升 2 元，估算一下一周内可节约多少钱（装有限速 55 公里/小时的调节器）？以 95%的置信区间进行估计。

27. 某学校想知道他们的头脑风暴计划有无效果。以所有相当于英语 4 级水平的学生的阅读测试得分为 Y，以学生是否参加头脑风暴计划为 X（参加以 1 表示，没参加以 0 表示），分析人员进行了回归分析，请解释该回归方程。

$$\hat{Y}=3.2+0.06X \quad s_b=0.1 \quad S_{y|x}=1.1 \quad r^2=0.16$$

28. 保险委员会想知道有汽车无过失险的城市是否有更低的保险费率，委员会调查了 20 个城市，以了解他们是否规定了无过失险条款（有用 1 代表，无用 0 代表），同时，测定一个 30 岁男司机拥有 1992 年驾驶执照并且每年行程为 15 000 公里的汽车保险成本（以元表示），其结果如下：

$$\hat{Y}=265.00+74.33X \quad s_b=29.4 \quad S_{y|x}=14.9 \quad r^2=0.34$$

提出备择假设和原假设，并对其进行评价。解释该回归方程，用简单的话归纳出结论。

29. 职业安全与保健研究中心开展了一项研究，研究的目的是了解工厂是否被检查的概率与工厂意外事故数的关系。分析人员以一家工厂是否受检查（以 1 表示被检查，以 0 表示未被检查）为 Y，以导致停工的事故数目为 X 进行回归。他发现

$$\hat{Y}=0.04+0.012X \quad s_b=0.0021 \quad S_{y|x}=0.19 \quad r^2=0.48 \quad \overline{X}=47 \quad s_x=22$$

解释该回归方程，如果某加工厂发生了 14 次停工事故，它会被检查吗？

第 7 章

时间序列分析

引例

某一城市从 2004 年到 2013 年中每年参加体育锻炼的人口数，排列起来形成 10 个数据，构成一个时间序列。人们希望用某个数学模型，根据这 10 个历史数据，来预测 2014 年或以后若干年中每年参加体育锻炼的人数是多少，以便于该城市制定一个有关体育健身的发展战略（数据见表 7-1）。不同的时间序列有不同的特征。例如一个人在一年中每天消耗的粮食基本上是相同的，把这 365 个数字排列起来，发现它所构成的时间序列总保持在一定水平，上下相差不太大，人们称它是“平稳”时间序列。而另外一些数据则呈现出一定的不平稳性，即数据总体无法表现出来某种趋势。一般来说，只有属于平稳过程的时间序列，才是可以被预测的。

表 7-1　某城市 2004—2013 年参加体育锻炼人数

年份	参加锻炼人数（万人）
2004	1 500
2005	1 850
2006	1 230
2007	1 639
2008	1 600
2009	1 993
2010	1 995
2011	2 030
2012	2 011
2013	2 050

对一些与管理有关的变量的未来状态进行估计被称为预测（forecasting）。依据数据进行预测的主要技术是时间序列分析（time series analysis）。本章将介绍几种时间序列分析技术。首先，介绍时间序列分析的一般原则；其次，介绍简单的时间序列线性回归模型；再次，介绍一种更为常见的对数回归模型；又次，介绍这些模型的预测能力；最后，讨论二元时间序列模型。

本章学习要点

- 时间序列的基本概念与用途
- 时间序列中的一些特殊问题
- 几种时间序列预测方法

7.1 时间序列简介

时间序列是指将某种现象某一个统计指标在不同时间上的各个数值，按时间先后顺序排列而形成的序列。

时间序列分析是一种动态数据处理的统计方法。时间序列分析是根据系统观测得到的时间序列数据，通过曲线拟合和参数估计来建立数学模型进行处理。时间序列分析法作为一种常用的预测手段被广泛应用。在二战中和战后，在军事科学、空间科学、气象预报和工业自动化等部门的应用更加广泛。当前，时间序列分析常用在国民经济宏观控制、区域综合发展规划、企业经营管理、市场潜力预测、气象预报、水文预报、地震前兆预报、农作物病虫灾害预报、环境污染控制、生态平衡、天文学和海洋学等方面。

时间序列是指某个变量（Y）的一系列发生时间间隔相同的观察值。

7.2 时间序列分析方法

时间序列分析有六个基本步骤：第一，绘制数据的散点图；第二，检验散点图并确定是否存在短期波动；第三，如果数据表明有短期波动，确定短期波动的长度并剔除这个趋势；第四，确定时间与分析变量之间是否存在某种关系；第五，利用线性回归来估计时间与分析变量之间的关系；第六，根据回归方程进行预测。

7.2.1 没有波动的预测

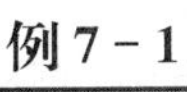
例 7-1

望山市人力资源与社会保障局需要预测今后 5 年每年大致的公务员人数。首席人力资源分析师王女士所掌握的唯一的信息是该市 2000 年以来的公务员人数。数据见表 7-2。

表 7-2　　望山市 2000—2013 年公务员人数

年份	公务员人数（千人）
2000	35.7
2001	38.8
2002	40.9
2003	43.4
2004	44.9
2005	47.2
2006	48.8
2007	50.8
2008	50.8
2009	50.7
2010	55.0
2011	55.3
2012	58.6
2013	59.9

王女士在假定未来几年的公务员人数变化趋势不变的情况下，对 2014 年、2015 年、2016 年、2017 年以及 2018 年的公务员人数进行预测。

步骤 1　时间序列分析的第一步是绘制数据的散点图。公务员人数应被视为因变量，年份应被视为自变量（见图 7-1）。

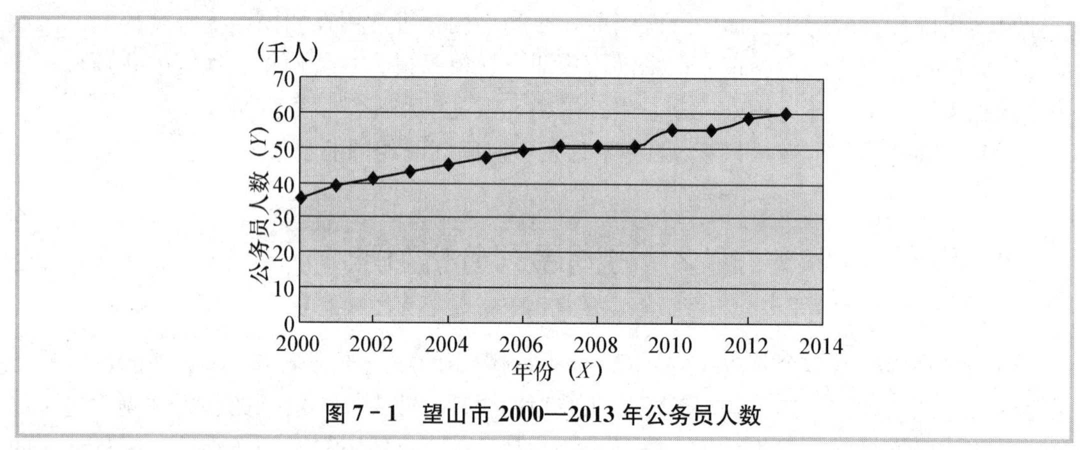

图 7-1　望山市 2000—2013 年公务员人数

步骤 2　检验数据散点图，确定是否存在短期波动。数据表明没有明显的短期波动，因此跳至步骤 4。波动指的是数据呈规律性上下变化。

步骤 3　如果数据表明存在周期趋势，就有必要确定短期趋势的长度。利用这个长度构造移动平均模型以抚平波动。

步骤 4　确定变量间是否有关。根据图 7-1，可以识别出时间与望山市公务员人数之间存在一个正的线性关系。

步骤 5　利用线性回归估计时间与分析变量之间的关系。为此，把第一年（2000 年）记为 1，第二年记为 2，依次类推。重新计数之后，得到数据集，如表 7-3 所示。

表7-3　　　　用虚拟变量表示的望山市2000—2013年公务员人数

X	Y（千人）
1	35.7
2	38.8
3	40.9
4	43.4
5	44.9
6	47.2
7	48.8
8	50.8
9	50.8
10	50.7
11	55.0
12	55.3
13	58.6
14	59.9

进行线性回归，因变量为Y（公务员人数）。由于求置信区间时需要X的均值与标准差，因此还要计算这些值。回归程序得到如下结果：

$$\hat{Y}=35.69+1.73X \quad s_b=0.07 \quad S_{y|x}=1.11 \quad r^2=0.98 \quad \overline{X}=7.5 \quad s_x=4.2$$

这些信息告诉我们时间与就业人数之间存在很强的相关关系。

步骤6　利用回归方程，对今后5年的公务员人数进行预测。由于2013年相当于X的值等于14，因此2014年，即预测的第一年，其X值等于15。把15代入回归方程，得到

$$\hat{Y}=35.69+1.73\times15=35.69+25.95=61.64$$

我们对望山市2014年公务员人数的最好估计是61 640人。根据估计的标准误差，到均值的距离的修正项，以及自由度为12、置信度为90%的t值，我们可以得到这个估计值的90%置信区间：

$$61.64\pm1.78\times S_{y|x}\times\sqrt{1+\frac{1}{n}+\frac{(X_0-\overline{X})^2}{(n-1)s_x^2}}$$

$$61.64\pm1.78\times1.11\times\sqrt{1+\frac{1}{14}+\frac{(15-7.5)^2}{(14-1)(4.2)^2}}$$

$$61.64\pm1.78\times1.11\times1.15$$

$$61.64\pm2.27$$

$$59.37\sim63.91$$

望山市公务员人数的90%置信区间为59 370～63 910人。

预测必须注意以下问题，为了预测，我们不得不超越我们可以得到的数据的范围，一般地，使用回归模型时要避免这种情况发生。只有当可以从逻辑上假定未来与过去极为相似时，才能以较高的置信度进行预测。事实上，只有当未来是过去的外推时，90%的置信

区间才成立。如果发生任何重大变化，置信区间就没有意义了。

对望山市 2015 年、2016 年、2017 年和 2018 年的公务员人数的预测如表 7－4 所示。

表 7－4　望山市 2015—2018 年公务员预测人数

年份	$X\times b$	$bX+a=\hat{Y}$
2015	16×1.73	27.68+35.69=63.37
2016	17×1.73	29.41+35.69=65.10
2017	18×1.73	31.14+35.69=66.83
2018	19×1.73	32.87+35.69=68.56

它们的 90%置信区间如下：

2015 年：61.04～65.70

2016 年：62.73～67.47

2017 年：64.37～69.29

2018 年：66.02～71.10

现在，王女士可以利用这些预测做一个计划，包括医疗保障的规模、为退休金准备的资金以及办公条件的改善，等等。

7.2.2　指数趋势的预测

例 7－2

望山市财政局的首席预算员李先生需要对本市下一年度的收入进行预测。他想测算未来 5 年的收入减去支出之后的盈余是否足够建设一个预算 100 万元的公共游乐场。望山市 2013 年的支出预算是 2 100 万元，估计今后 5 年每年的支出将以 7%的速度增长，在过去的收入趋势今后仍将继续的假定下，望山市今后 5 年能够积累起 100 万元的超额收入吗？（2013 年节余的收入不能作为 100 万元的一部分。）收入数据见表 7－5。

表 7－5　望山市 2000—2013 年财政收入

年份	收入（万元）
2000	678
2001	679
2002	743
2003	837
2004	949
2005	982
2006	1 081
2007	1 205
2008	1 317
2009	1 416
2010	1 479
2011	1 637
2012	1 968
2013	2 138

在对收入进行预测之前，李先生需要对支出进行预测。市长说可以假定支出年增长率为 7%。根据这个增长率得到的计划数字见表 7－6。

表 7－6　望山市 2014—2018 年计划支出

年份	支出（万元）
2013	2 100（实际数字）
2014	2 247
2015	2 404
2016	2 573
2017	2 753
2018	2 945

根据表 7－5 绘制散点图（见图 7－2）。

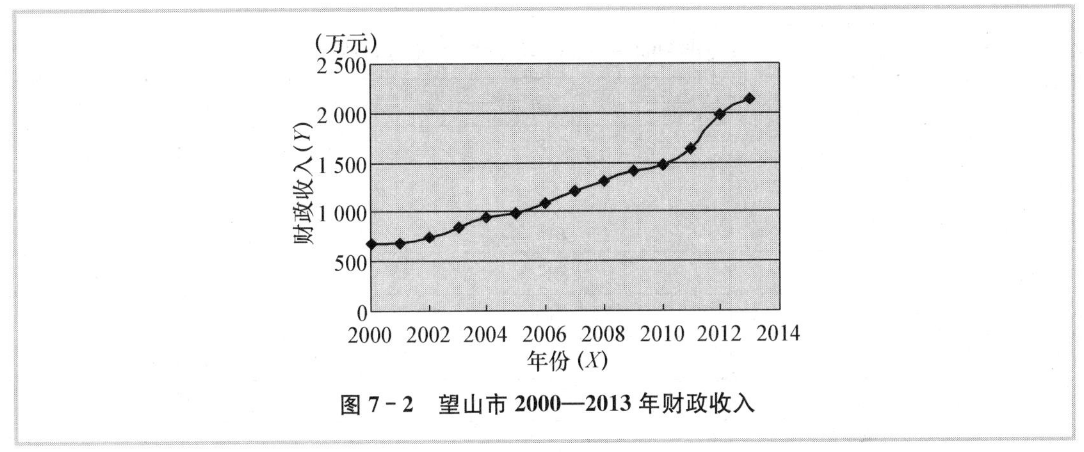

图 7－2　望山市 2000—2013 年财政收入

通过散点图可以发现，图中没有明显的短期波动，因此李先生假定不存在短期波动。利用线性回归，李先生给出了回归方程。为此，他把 2000 年转换为 1，其后的年份依次类推（2013 年为 14）。他估计了如下的回归线：

$$\hat{Y}=412+108.1X \quad s_b=7.29 \quad S_{y|x}=110 \quad r^2=0.95$$

利用回归方程，李先生预测了 2014—2018 年望山市的财政收入，如表 7－7 所示。

表 7－7　望山市 2014—2018 年财政预测收入

年份	$X\times b$	$bX+a=\hat{Y}$
2014	15×108.1	1 621.5+412=2 033.5
2015	16×108.1	1 729.6+412=2 141.6
2016	17×108.1	1 837.7+412=2 249.7
2017	18×108.1	1 945.8+412=2 357.8
2018	19×108.1	2 053.9+412=2 465.9

显然，预测出了问题。2014 年的收入比 2013 年的收入低了 104.5 万元。在时间序列的趋势不是线性的情况下，预测一般是低估的。之所以低估，原因在于线性回归没有把最

近几年收入的迅速增长考虑进来。把预测的收入与计划支出相比较，则发现该市未来财政存在危机（见表 7-8）。

表 7-8　　望山市财政预测收入与计划支出比较表

年份	预测收入（万元）	支出（万元）	赤字（万元）
2014	2 033.5	2 247	214
2015	2 141.6	2 404	262
2016	2 249.7	2 573	323
2017	2 357.8	2 753	395
2018	2 465.9	2 945	479

当时间序列以一个固定速率增长时，正确的做法应当是把时间序列变量转换为对数。这个转换见表 7-9。

表 7-9　　望山市 2000—2013 年财政收入及其对数

年份（X）	收入（万元）	收入对数（Y）
1	678	2.831
2	679	2.832
3	743	2.871
4	837	2.923
5	949	2.977
6	982	2.992
7	1 081	3.033
8	1 205	3.081
9	1 317	3.121
10	1 416	3.152
11	1 479	3.170
12	1 637	3.215
13	1 968	3.294
14	2 138	3.330

对表 7-9 中的 X 和 Y 进行回归。李先生得到如下结果：

$$\hat{Y}=2.767+0.0389X \quad s_b=0.0011 \quad S_{y|x}=0.0016 \quad r^2=0.99$$

可以看到，将 Y 转换为对数后再与时间进行回归，r^2 提高了。原因在于对数转换将直线向上弯曲，从而更好地拟合了数据。

怎么解释上面的回归线呢？如果我们把回归斜率转换为反对数（在本例中，0.038 9 的反对数为 1.094），再将反对数减去 1，结果就是 Y 每年增长的百分比，即

1.094－1.0＝0.094 或 9.4％

望山市财政收入年增长率为 9.4％。

要用对数回归模型预测望山市财政收入，先按照一般的程序求得收入的对数预测值，如表 7－10 所示。

表 7－10　望山 2014—2018 年财政收入的对数预测值

年份	$X\times b$	$bX+a=\hat{Y}$
2014	15×0.038 9	0.584+2.767=3.351
2015	16×0.038 9	0.622+2.767=3.389
2016	17×0.038 9	0.661+2.767=3.428
2017	18×0.038 9	0.700+2.767=3.467
2018	19×0.038 9	0.739+2.767=3.506

接下来求 Y 的预测值，需要把对数值转换为一般的数值。利用计算器的功能键可以完成这个转换。我们只要取 10 的 $\hat{Y}$ 次幂就可以完成转换（见表 7－11）。

表 7－11　转换后的时间序列数据

年份	$\hat{Y}$	预测收入（万元）
2014	3.351	2 241
2015	3.389	2 451
2016	3.428	2 681
2017	3.467	2 932
2018	3.506	3 207

将表 7－11 中的预测收入和表 7－6 中的支出计划进行比较，得到的结果见表 7－12。盈余数字表明望山市大约将在 2016 年年终积累够建设公共游乐场所需的 100 万元。如果没有新增计划，且不削减税收，则望山市到 2018 年将有 262 万元的预算盈余。这个信息对市长有什么价值？

表 7－12　新回归方程下的收入与支出对比表

年份	收入（万元）	支出（万元）	盈余（万元）
2014	2 241	2 247	－6
2015	2 451	2 404	47
2016	2 681	2 573	108
2017	2 932	2 753	179
2018	3 207	2 945	262

7.2.3　一种有短期波动的预测

到此为止，我们已经介绍了两种非常简单的趋势预测方法。这两个预测的数据都没有明显的短期波动。下面介绍当时间序列包含短期波动时如何进行预测。

例 7－3

某局机关的缺勤率一直比较高，而且呈一定的规律出现，为了降低缺勤率，该局提出了新的考勤办法。图 7－3 显示了新的考勤办法公布之后的 6 周内工作人员的缺勤数量。请根据数据分析该考勤办法有没有效果。

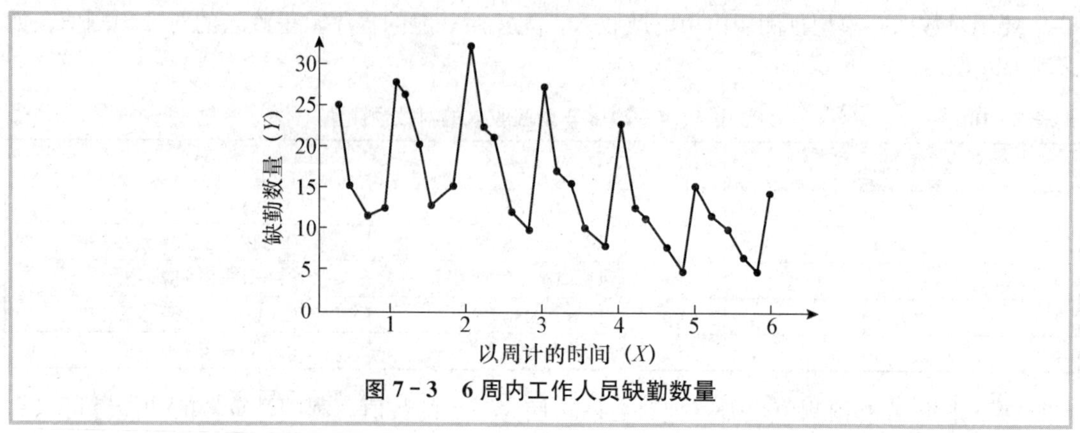

图 7-3　6 周内工作人员缺勤数量

缺勤图第一个明显的特点是显示出一种以一周为周期的周期性模式（cyclical pattern）。星期一的缺勤数量一致处于一周的第二高峰。星期二缺勤数量开始下降，星期三进一步下降。在星期四出现轻微的上升之后，星期五缺勤数量急剧上升到一周的最高点。周期性模式是分析人员提交的报告中最重要的方面。此图告诉分析人员，该局机关缺勤数量看起来是由于周末造成的。

负责人所面临的第二个问题是：引入新的考勤办法之后，缺勤率是否下降？这个问题很难从图 7-3 中得到答案，因为天天波动（短期变动）使长期趋势变得模糊了。但是，如果可以从数据中剔除短期波动，长期趋势就会清晰可见。

剔除短期波动的可行的办法是采用移动平均（moving average）。第一步是考虑短期循环有多长。本例中，短期趋势的长度非常明显，缺勤数量遵循一个 5 天模式，在星期一和星期五达到高峰。于是本例中需要进行一个 5 项移动平均。

要得到一个 5 项移动平均数，只需要取每天的缺勤数量，并把它与前两天和后两天的缺勤数量相加。用 5 除以这个和，得到的数就是 5 项移动平均数。计算过程见表 7-13。（注意：表中前两天和最后两天没有 5 项移动平均数。）这个 5 项移动平均数可以绘制成图，以确定缺勤率是否下降（见图 7-4）。

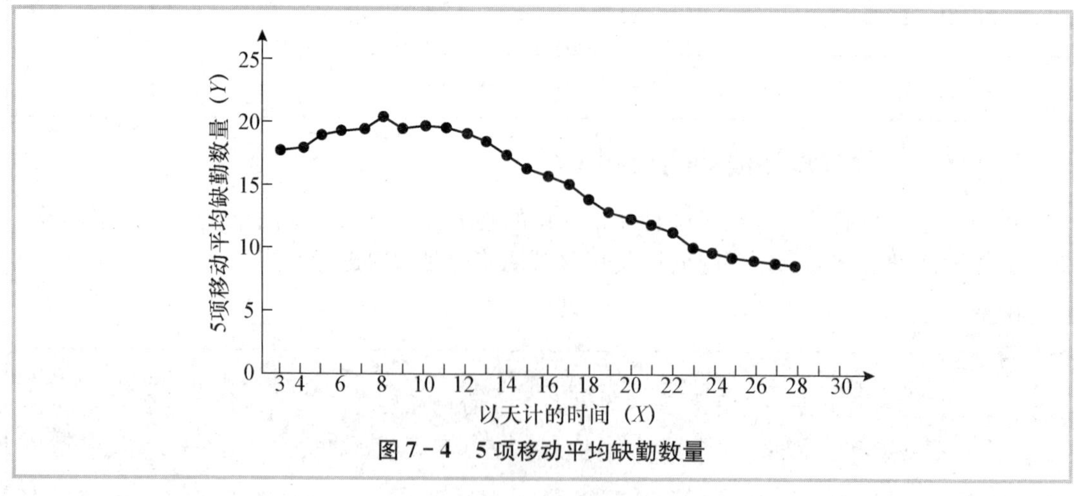

图 7-4　5 项移动平均缺勤数量

由图 7-4 可以清楚地看到缺勤率存在一个趋势。如果负责人对这个关系的具体内容感兴趣，他可以用回归分析方法对数据进行分析。结果将告诉他时间与缺勤率之间的关系有多强。

移动平均时距项数 N 为奇数时，只需一次移动平均，其平均值作为移动平均项数中间一期的数值；项数 N 为偶数时，一次移动平均值无法对正某一时期，则需再进行一次相邻两平均数的移动平均，才能使平均值对正某一时期，这称为移正平均。当数列包含季节变动时，移动平均时距项数 N 应该与周期变动的时距相吻合，或为它的整数倍，例如，对于受季节影响以一年为周期的季度水平资料，应该以 4 或 8 为移动平均时距项数。这样才能较好地消除周期波动。

只要短期波动的长度为奇数，移动平均数就很容易计算。在本例中，第 3 个观察值的移动平均数是第 1 个、第 2 个、第 3 个、第 4 个和第 5 个观察值的平均数。对于 3 项移动平均而言，第 3 个观察值的移动平均数是第 2 个、第 3 个和第 4 个观察值的平均数。如果短期波动的长度为偶数，我们就会遇到问题。利用前面的数据构造一个 4 项移动平均模型，我们发现第一个移动平均数为 15.8——但是它是第 $2\frac{1}{2}$ 个观察值的移动平均数。第 $2\frac{1}{2}$ 个观察值没有意义。在这种情况下，我们首先计算第 $3\frac{1}{2}$ 个观察值的 4 项移动平均数（16.5）。然后取第 $2\frac{1}{2}$ 和第 $3\frac{1}{2}$ 个观察值的平均数，并把这个值赋予第三个观察值[(15.8+16.5)÷2=16.2]。依次类推，演示如下：

观察值：	1	2	3	4	5	6	7
4 项移动平均数：	15.8	16.5	19.3	21.5	21.5		
调整后的平均数：		16.2	17.9	20.4	21.5		

表 7-13　　5 项移动平均数的计算

周	天	天数	缺勤数量（Y）	和	5 项移动平均数	波动
1	星期一	1	25			
	星期二	2	15			
	星期三	3	11	91	18.2	−7.2
	星期四	4	12	92	18.4	−6.4
	星期五	5	28	97	19.4	8.6
2	星期一	6	26	98	19.6	6.4
	星期二	7	20	99	19.8	−0.2
	星期三	8	12	103	20.6	−8.6
	星期四	9	13	99	19.8	−6.8
	星期五	10	32	100	20.0	12.0
3	星期一	11	22	100	20.0	2.0
	星期二	12	21	97	19.4	1.6
	星期三	13	12	93	18.6	−6.6
	星期四	14	10	88	17.6	−7.6
	星期五	15	28	82	16.4	11.6

续前表

周	天	天数	缺勤数量（Y）	和	5项移动平均数	波动
4	星期一	16	17	80	16.0	1.0
	星期二	17	15	78	15.6	−0.6
	星期三	18	10	73	14.6	−4.6
	星期四	19	8	68	13.6	−5.6
	星期五	20	23	64	12.8	10.2
5	星期一	21	12	61	12.2	−0.2
	星期二	22	11	58	11.6	−0.6
	星期三	23	7	50	10.0	−3.0
	星期四	24	5	49	9.8	−4.8
	星期五	25	15	48	9.6	5.4
6	星期一	26	11	47	9.4	1.6
	星期二	27	10	47	9.4	0.6
	星期三	28	6	46	9.2	−3.2
	星期四	29	5			
	星期五	30	14			

本例中缺勤在星期五达到高峰，星期一仍然较高，星期二和星期三下降，星期四略有上升。显然存在短期波动，短期波动的长度为5天。剔除这个短期波动，计算5项移动平均。结果见表7-13。对5项移动平均数绘图，该图可以显示当短期波动被剔除后，每天发生的缺勤数量。检验图7-4可以看到，时间与缺勤数量之间存在负相关。缺勤率有一个明显的下降趋势。利用线性回归，估计时间与5项移动平均之间的关系。本例中，X的值是从$X=3$到$X=28$。回归估计为

$$\hat{Y}=22.30-0.508X \quad s_b=0.039 \quad S_{y|x}=1.513 \quad r^2=0.875$$

式中，X为天数；Y为缺勤数量。

现在已经得到了缺勤数量移动平均的预测。此时，如果你想预测特定某天的缺勤率，还必须把短期波动加到模型中，这个过程比较复杂，本书不做介绍。

7.2.4 二元预测

在前面的例子中，自变量都是时间。其实，在一些预测中，自变量可以不是时间，这样的预测称为二元预测。

例7-4

未央区是位于西安市北部的一个区。张先生是未央污水处理厂的经理，他希望对今后5年中工厂每天需要处理的污水量进行预测。未央污水处理厂的处理能力为每天处理500吨污水。目前，厂里每天处理375吨污水。扩建工厂需要4年时间（筹措资金，政府授权，建造和测试）。为此，张先生需要预测未来对污水处理厂的需求量。如果今后5年中，每天需求超过500吨，张先生现在就必须着手扩建工厂。

因为未央区是一个没有工业且商业设施也很少的近郊区，因此污水量主要与未央区的住户有关。张先生发现通过把未央区现有房屋数量与颁发的新房建筑许可数量的 90%（之所以用 90%，是因为得到许可的新房中有 10%尚未建好）合并起来，就可以准确地预测下一年的污水处理需求量。张先生搜集的数据见表 7－14。

表 7－14　未央区污水排放及房屋数据

年份	每天的污水吨数	房屋数（万套）	新房建筑许可数（万套）	下一年预计房屋数（万套）
2000		1 100	300	1 370
2001	158	1 370	150	1 505
2002	188	1 500	570	2 013
2003	192	2 000	600	2 540
2004	230	2 510	511	2 970
2005	234	3 000	754	3 679
2006	252	3 700	310	3 979
2007	285	4 050	680	4 662
2008	293	4 620	318	4 906
2009	315	4 885	815	5 619
2010	335	5 500	510	5 959
2011	353	6 040	603	6 583
2012	358	6 580	590	7 111
2013	375	7 150	475	7 578

张先生想预测下一年每天的污水处理需求吨数。由于房屋的实际数量与污水量高度相关，因此张先生需要对下一年的房屋数量进行估计，从而预测下一年的污水处理需求。这个数值出现在“下一年预计房屋数”这一列中。2000 年的下一年预计房屋数（1 370）等于 2000 年的房屋数（1 100）加上新房建筑许可数的 90%（$300\times0.9+1\ 100=270+1\ 100=1\ 370$）。我们注意到，“预计房屋数”相当准确地预测了下一年的房屋总数。于是张先生把变量排成两列，从而使既定年份的污水处理量与前一年度的下一年预计房屋数相对应（表 7－15）。2013 年的预计房屋数从数据中去掉了。

张先生以预测房屋数为自变量对污水处理量（Y）进行了回归分析，结果如下：

$$\hat{Y}=125.2+0.036\ 7X \quad s_b=0.001\ 6 \quad S_{y|x}=10.5 \quad r^2=0.98 \quad \overline{X}=4\ 069$$
$$s_x=1\ 923$$

把 2014 年的预测房屋数（7 578）代入 X，张先生得到 2014 年的预测污水处理量如下：

$$\hat{Y}=125.2+0.036\ 7X=125.2+0.036\ 7\times7\ 578=403.3$$

根据估计的标准误差和到 X 均值距离的修正项，张先生得到该估计的 90%置信度下的置信区间（df=11）。

$$403.3\pm t\times S_{y|x}\times\sqrt{1+\frac{1}{n}+\frac{(X_0-\overline{X})^2}{(n-1)\ s_x^2}}$$

$$403.3 \pm 1.796 \times 10.5 \times \sqrt{1+\frac{1}{13}+\frac{(7\,578-4\,069)^2}{(13-1)(1\,923^2)}}$$

403.3±1.796×10.5×1.16

403.3±21.9

381.4～425.2

表 7-15　　每天污水处理量与预计房屋总数

每天的污水吨数（Y）	预计房屋数（X）（万套）
158	1 370
188	1 505
192	2 013
230	2 540
234	2 970
252	3 679
285	3 979
293	4 662
315	4 906
335	5 619
353	5 959
358	6 583
375	7 111

张先生该如何预测 2015—2018 年的污水处理需求量呢？张先生需要有未央区房屋数的估计。估计的房屋数为现房数加上颁发的新房建筑许可数的 90%。如果张先生能够估计出今后 5 年中新房建筑许可数，那么他就能对房屋数进行外推。张先生咨询了住房与建设局的工程师，工程师告诉他，他们预计今后 4 年中新房建筑许可数会减少，大约每年为 450 个。张先生得到了如表 7-16 所述房屋数的估计。

表 7-16

预计房屋数	=	上一年的预计数	+	0.9×新房建筑许可数		
2015 年预计房屋数	=	7 578	+	0.9×450	=	7 983
2016 年预计房屋数	=	7 983	+	0.9×450	=	8 388
2017 年预计房屋数	=	8 388	+	0.9×450	=	8 793
2018 年预计房屋数	=	8 793	+	0.9×450	=	9 198

然后，张先生用这些估计值来预测未来对污水处理的需求量，如表 7-17 所示。

表 7-17

年份	$X \times b$	$Xb+a=\hat{Y}$
2015	7 983×0.036 7	293.0+125.2=418.2
2016	8 388×0.036 7	307.8+125.2=433.0
2017	8 793×0.036 7	322.7+125.2=447.9
2018	9 198×0.036 7	337.6+125.2=462.8

预测结果表明今后 5 年中未央区污水处理厂每天的污水处理需求量不会超过它的处理

能力，即每天 500 吨。张先生将这些数据交给区长。区长问张先生有多大把握能断定 2018 年的需求量不会超过每天 500 吨。张先生根据估计的标准误差和对 X 值的修正项来确定 2018 年的估计值超过 500 的概率，即

$$10.5\times\sqrt{1+\frac{1}{13}+\frac{(9\,198-4\,069)^2}{(13-1)(1\,923^2)}}$$

$$10.5\times\sqrt{1+0.08+0.59}$$

$$10.5\times1.29$$

$$13.6$$

可以把这个值作为标准误差来计算 t 值，公式如下：

$$t=\frac{Y-\hat{Y}}{s.e.}=\frac{500-462.8}{13.6}=2.74$$

从 t 分布表（df=11）中查这个数值，张先生发现概率小于 0.01，他把这个结论报告给区长。

出于计划的需要，区长还想知道到哪一年需求量将超过 500 吨。张先生将 500 代入回归方程中的 Y：

$$500=125.2+0.036\,7X$$

$$374.8=0.036\,7X$$

$$10\,213=X$$

张先生发现当预计房屋数超过 10 213 时，污水处理需求量将超过每天 500 吨。什么时候预计房屋数会超过 10 213 呢？张先生咨询了住建局的工程师后得知，今后 10 年内新房建筑许可数都为 450 个。根据这个数字，张先生预测了如下房屋数：

2019 年：9 603

2020 年：10 008

2021 年：10 413

这些数字表明污水处理厂的处理能力直到 2021 年以前都足以满足需求。由于预测时期距离当前越远，预测的风险越大，因此工厂完成扩建的时间以 2020 年或 2019 年为宜。注意，应监测新房建筑许可的变动，一旦许可发生变动，就要进行新的预测。

7.3　联合时间序列

有一种非常特殊的时间序列，它不是源于某一个事件不同时间的数据，而是几个事件的不同时间的数据。例如，为了了解法令实施效应，你也许在法令实施后从每个地区收集了数据。下面是一个联合时间序列的例子。

美国交通安全专家们不同意州际公路 65 英里/小时的限速。1974 年联邦政府因为汽油短缺颁布法令，每小时最快速度不得超过 55 英里。1987 年联邦法令容许各州提高在乡间

州际公路的限速至 65 英里/小时（城区州际公路限速仍然保持 55 英里/小时），1995 年附加法案将车速控制权完全交给了州政府。

一些专家指出，降低速度就意味着减少交通事故，所以将车速从 55 英里/小时提高到 65 英里/小时的结果就是增加了交通事故。另有一些专家争辩说州际公路车速提高到 65 英里/小时，是通过鼓励在州际公路上更快地驾驶，同时使其他道路更加安全，来降低交通事故。

评估人员决定通过时间序列分析对不同的观点进行检验。因变量是各州每百万英里驾驶的交通事故数。关键的自变量为这个州是否已将乡间州际公路的限速提高到了 65 英里/小时。分析也包括对以下因素的控制：人口密度、是否实行安全带法、法定饮酒的最低年龄、警察和安全设施的支出、18～24 岁高风险年龄群在成年人口中的比例、人均酒精消费量、收入和平均气温。

调查者收集了包括 1981 年到 1995 年各州每一年的数据。这被称为联合时间序列，因为 50 个州各包含 15 个案例（每年为一个案例），放在一起，产生了总共 750 个案例。

酒精消费明显增加了交通事故，而安全带法则明显使其降低。65 英里/小时的限速产生了复杂的效果。相对于继续 55 英里/小时限速的州际公路来说，更高的限速增加了交通事故的比例。然而，州际公路 65 英里/小时限速的实施，显著减少了其他类型道路（非州际公路和城区州际公路）的交通事故，这表明那些习惯高速驾驶和喜欢冒险的司机都选择了乡间州际公路。最终结果是乡间州际公路采用 65 英里/小时的限速整体降低了交通事故的发生。

评估人员评论说，虽然这项政策产生了好的影响，但要通过进一步的研究来确定在所有州际公路或其他类型公路上提高速度限制——像有些州做的那样——是否将会消除这种正面影响。研究也未表明提高速度限制超过 65 英里/小时——像有些州做的那样——将会提高还是降低交通事故的发生。尽管如此，这项评估研究确实为改变一项传统的政策提供了强有力的证据。[①]

本章小结

依据数据进行预测的主要技术是时间序列分析。本章首先介绍了时间序列分析的一般原则，接着介绍了简单的时间序列线性回归模型，其后介绍了一种对数回归模型，并对这些模型的预测能力进行了分析，最后讨论了二元时间序列模型。

关键术语

时间序列　　线性趋势　　指数趋势　　二元预测　　联合时间序列

---

① David Houston, "Implications of the 65-MPH Speed Limit for Traffic Safety," *Evaluation Review* 23 (June 1990): 304-313.

复习思考题

1. 某监狱的李狱长认为本市 18～35 岁的人口数与分派到本监狱的囚犯数有关。李狱长委托统计分析师张女士搜集过去 50 年的数据。张女士以本市 18～35 岁的人口数为自变量，对该监狱的囚犯数进行了回归。结果如下：

$$\hat{Y}=-14+0.0005X \quad s_b=0.0000003 \quad S_{y|x}=12.6 \quad r^2=0.93$$

（1）估计下一年度 18～35 岁的人口数为 934 000。预计囚犯数会是多少呢？

（2）该监狱的容量为 500 人。监狱旧牢房的房间能容纳 100 人。李狱长想关闭这些旧牢房进行维修。该市 18～35 岁的人口数处于哪个规模以下时才能实施这项举措？

2. 某市农业局很关心被废耕的农田亩数。该局想建议国土资源部通过一项新的法令来制止废耕现象，但是需要向相关部门解释如果不颁布法令将会发生什么后果。该部门的统计师李先生以时间为自变量（1994＝第 1 年），对该市的耕地亩数进行了回归。结果如下：

$$\hat{Y}=2.743-0.027X \quad s_b=0.00037 \quad S_{y|x}=0.013 \quad r^2=0.89 \quad s_x=16 \quad \overline{X}=29 \quad n=56$$

（1）关系有多强？

（2）如果 $\hat{Y}$ 的单位是百万亩，如果不立法且过去的趋势继续下去，在未来的 10 年中将流失多少亩耕地？

（3）到 2022 年还有多少亩耕地可供使用？请给出该估计的 90％置信度下的置信区间。

3. 育才中学是中周市唯一的一所中学。该校校长雇你对学校未来的注册人数进行预测，以便学校能够提前作出安排。利用表 7－18 的数据，你能告诉校长些什么？

表 7－18　　育才中学 1999—2013 年注册人数

年份	注册人数
1999	810
2000	1 094
2001	1 402
2002	1 893
2003	2 205
2004	2 687
2005	3 115
2006	3 324
2007	3 496
2008	3 531
2009	3 412
2010	3 174
2011	2 963
2012	2 810
2013	2 794

4. 西平市警察局的预算大致以每年10%的速率增长。市里可以用线性回归对预算进行预测吗？今后10年预算增长的百分比将是多少？

5. 东吴市经济学家李博士利用前些年的货币供应量增长率（%）来预测该市的通货膨胀率（%）。利用35年的数据，李博士建立了如下回归模型（Y表示通货膨胀率，X表示货币供应量增长率）：

$$\hat{Y}=-5.4+2.1X \quad s_b=0.007 \quad S_{y|x}=2.0 \quad r^2=0.99 \quad \overline{X}=3.2 \quad s_x=3.0$$

解释这个回归方程。如果下一年的货币供应量增长8.2%，请预测下一年的通货膨胀率。给出该估计在90%置信度下的置信区间。通货膨胀率超过15%的概率有多大？

6. 土地资源厅想预测未来5年的人员费用。利用表7-19的数据对2014年、2015年、2016年、2017年和2018年的人员费用进行预测。给出这些估计在90%置信度下的置信区间。

表7-19　　土地资源厅1992—2013年的人员费用

年份	费用（千元）
1992	4 017
1993	4 657
1994	5 409
1995	6 411
1996	7 071
1997	7 648
1998	7 877
1999	7 982
2000	9 329
2001	10 321
2002	11 452
2003	12 069
2004	13 633
2005	14 992
2006	18 468
2007	21 163
2008	25 376
2009	28 625
2010	34 497
2011	40 845
2012	49 015
2013	51 576

7. 南明市精神病医院的病人数（Y）看起来与该市人口数（X）有关。

$$\hat{Y}=0.07+0.0031X \quad s_b=0.00013 \quad S_{y|x}=46 \quad r^2=0.99 \quad n=35$$

解释回归方程，如果该市人口数预计为876 451人，请预测病人数。如果人口数增加20 000人，病人将新增多少呢？

8. 根据表 7-20 关于某镇的人口数据，对 2014 年与 2015 年的该镇人口进行预测。给出这两个估计在 90%置信度下的置信区间。

表 7-20 某镇 2004—2013 年的人口数据

年份	人口数
2004	812
2005	831
2006	863
2007	901
2008	925
2009	963
2010	989
2011	1 016
2012	1 037
2013	1 062

9. 佩罗市警察局相信夏夜家庭争执数与当晚的气温高度相关（当晚温度越高，家庭争执越多）。如果能够预测争执数，警察部门就可以用预测结果来配置警力。分析师王先生以下午 4 点的华氏温度（X）为自变量，对家庭争执数（Y）进行了回归分析。请向佩罗市警察局解释回归结果。

$$\hat{Y}=216+3.1X \quad s_b=1.5 \quad S_{y|x}=18 \quad r^2=0.81 \quad n=150 \quad \overline{X}=70 \quad s_x=5$$

如果下午 4 点的华氏温度为 95°，请根据适当的置信度预测争执数。

10. 利用 1984 年（1984=第 1 年）以来的 30 年间的交通死亡人数，西部某市想对 2014 年、2015 年和 2016 年的交通事故死亡人数进行预测。请根据下面的回归方程进行预测，并给出这些预测在 90%置信度下的置信区间。

$$\hat{Y}=1\,246+36.4X \quad s_b=1.9 \quad S_{y|x}=24 \quad r^2=0.97 \quad \overline{X}=15.5 \quad s_x=8.8$$

11. 城市建筑许可办事处正在考虑未来的工作量。起初，办事处认为，仅把年份(1994=第 1 年)作为自变量，它就可以预测下一年将颁发的建筑许可数目。回归结果如下：

$$\hat{Y}=2\,256+234.6X \quad s_b=23.1 \quad S_{y|x}=154 \quad r^2=0.65$$

后来，办事处利用失业率（%）（而不是年份）作为自变量对建筑许可进行预测。回归结果如下：

$$\hat{Y}=13\,413-678X \quad s_b=21.4 \quad S_{y|x}=108 \quad r^2=0.78$$

解释这两个回归方程。对于每一个回归方程，如果 2012 年的失业率为 7.2%，请预测 2012 年将颁发的建筑许可数。从管理的角度来看，哪个方程更好一些呢?

12. 未央区想预测下一年的注册学生数。他们请速知教育咨询机构来完成预测工作。咨询机构假定过去的趋势今后仍将继续，根据 1995—2013 年的数据（1995=第 1 年），咨询机构利用时间序列回归预测了注册学生总数。回归结果如下：

$$\hat{Y}=781+28.8X \quad s_b=0.68 \quad S_{y|x}=6.2 \quad r^2=0.995\,5 \quad \overline{X}=10 \quad s_x=6 \quad n=19$$

解释斜率、截距和 r^2 的含义。时间与注册学生数有关吗？请预测 2014 年的学生数，并给出它在 80％置信度下的置信区间。下一年注册学生数达到 1 400 人的概率有多大？

13. 卫生部需要预测未来的医疗救助支出。预算办公室的分析师李博士接受了这一任务。医疗救助支出是以百万元表示的，利用 1987 年（第 1 年）到 2013 年的数据进行回归分析，结果如下：

$$\hat{Y}=-669.9+306X \quad s_b=10.77 \quad S_{y|x}=320 \quad r^2=0.98 \quad n=37$$

请解释这个回归方程。你认为对 2014 年医疗救助支出的最好的估计是多少？2015 年呢？

14. 有人指责在工人报酬计划中医疗费的提高是由于计划扩张而导致的，人力资源和社会保障部认为这个指控是不公平的。人保部相信计划中医疗费的提高是由于医疗费普遍提高了。利用工人报酬计划中医疗福利所支出的总钱数（Y，单位为百万元），劳工部以医疗项目的消费者价格指数为自变量（1997 年的指数＝100）进行了回归分析。结果如下：

$$\hat{Y}=-927.60+17.71X \quad s_b=0.22 \quad S_{y|x}=106.2 \quad r^2=0.9949 \quad n=45$$

请解释这个回归方程，提出一个原假设、一个备择假设，并对假设进行判断。用浅显的语言陈述你的结论。

15. 以时间为自变量，对妇女、婴儿和儿童计划的支出（单位为百万元，1993 年的不变价）进行回归（1993＝第 1 年）：

$$\hat{Y}=40.19+45.46X \quad s_b=3.87 \quad S_{y|x}=20.5 \quad r^2=0.97 \quad \bar{X}=16 \quad s_x=9 \quad n=31$$

请解释这个回归方程。预测 2014 年的支出，并计算 90％置信度下的置信区间。

16. 用时间序列分析方法来分析本章引例中提出的问题，预测 2014—2018 年参加体育锻炼的人数。

第 8 章

多元回归

引例

在前面的例子中，所有的问题都是只有一个自变量的回归。然而，在许多管理问题中，因变量的发生不只有一个原因。在这种情况下，简单回归就不够了。用两个或两个以上的自变量对因变量进行回归的方法称为多元回归。事实上，一种现象常常是与多个因素相联系的，用多个自变量的最优组合共同来预测或估计因变量，比只用一个自变量进行预测或估计更有效、更符合实际，因此，多元线性回归比一元线性回归的实用意义更大。例如，全国房屋销售均价与房地产投资额、全国居民消费水平、全社会固定资产房屋竣工数量等均有关，如何建立模型，描述每一变量对房屋价格的影响，就要用到多元回归技术。

本章学习要点

- 多元回归的基本概念与用途
- 多元回归的方法
- 偏斜率
- 多元判定系数

8.1 多元回归方法

8.1.1 多元回归的基本思路与方法

例 8-1

石城县新成立了一个消防队，望天县消防队经验丰富的张警官出任队长。他把石城县划分为一些规模大致相当的防火区。张警官希望预测每个区每月发生多少起火灾，从而据此配置消防员和消防器材。

根据过去在望天县做消防工作的经验，张警官知道旧房子比新房子容易起火。望天县的情况和石城县非常类似，他决定根据望天县过去发生的火灾情况，以各区内房屋的平均年限为自变量，对石城县防火区每月的火灾数进行预测。张队长使用的数据见表8-1。

表8-1　石城县各防火区火灾数和房屋的平均年限

区	火灾数（Y）	房屋的平均年限（X）
1	44	23
2	94	35
3	38	4
4	65	49
5	95	48
6	57	12
7	20	14
8	52	33
9	64	25

将数据绘图后，张队长对数据进行了回归，结果如下：

$$\hat{Y}=28.6+1.12X \quad s_b=0.41 \quad S_{y|x}=18.4 \quad r^2=0.51 \quad \overline{X}=28.5 \quad s_x=15.5$$

根据这个信息对石城县的火灾数进行预测，石城县的房屋平均年限为42年，张队长得到

$$\hat{Y}=28.6+1.12\times 42=28.6+47.04=75.64$$

计算这个预测值在90%置信度限下的置信区间（df=7），张队长大吃一惊。

$$75.64\pm t\times S_{y|x}\times\sqrt{1+\frac{1}{n}+\frac{(X-\overline{X})^2}{(n-1)s_x^2}}$$

$$75.64\pm 1.895\times 18.4\times 1.11$$

$$75.64\pm 38.7$$

$$36.9\sim 114.3$$

该估计的置信区间如此之大，以至于它对于张队长来说没有多大用处。

当回归方程的r^2较低时，一种解释是认为Y的变动可由自变量以外的其他因素解释。我们可以利用经验、直觉、理论甚至试错的方法来识别这些因素。本例中，张队长了解到自有房屋比租用房屋发生的火灾少。张队长相信，如果他既知道防火区中房屋的平均年限，也知道自有房屋的比例，他就可以准确地预测火灾。简言之，张队长希望得到如下形式的回归方程：

$$\hat{Y}=\alpha+\beta_1X_1+\beta_2X_2$$

式中，$\hat{Y}$ 为火灾数；X_1 为房屋的平均年限；X_2 为自有房屋比例；β_1 和 β_2 为权数。

确定 β_1 和 β_2 的方法依然是前面学过的最小二乘法，也就是使$(\hat{Y}_i-Y_i)^2$ 最小的方法。

张队长对表 8－2 中的数据进行了多元回归。

表 8－2　　石城县各防火区包括自有房屋比例的火灾数据

区	火灾数（Y）	房屋	
		平均年限（X_1）	自有房屋比例（X_2）
1	44	23	70
2	94	35	3
3	38	4	10
4	65	49	96
5	95	48	40
6	57	12	4
7	20	14	80
8	52	33	78
9	64	25	15

统计软件提供了如下信息：

$$\hat{Y}=38.1+1.57X_1-0.49X_2 \quad s_{b_1}=0.087 \quad s_{b_2}=0.036 \quad S_{y|x}=3.55 \quad R^2=0.98$$

解释这个回归方程的关键在于对 β_1 和 β_2 的估计值的解释。它们是斜率值，正如简单回归中的 b 一样，只是现在斜率是三维的（因此很难绘图），而不是二维的。房屋平均年限的回归系数 b_1 的含义是：如果防火区中所有房屋的平均年限增加 1 年，并且自有房屋比例保持不变，火灾数增加的幅度。换句话说，b_1 是在自有房屋比例得到控制的条件下，由于房屋年限增加而导致的火灾数增加。本例中，如果自有房屋比例保持不变，则防火区中房屋的平均年限每增加 1 年，火灾数就会增加 1.57 起。

统计学家经常把这个斜率称为**偏斜率**（partial slope）。

自有房屋比例的回归系数 b_2 的含义与此相同。如果房屋的平均年限保持不变，则防火区中自有房屋比例每增加 1 个百分点，火灾数会减少 0.49 起。

尽管截距仍然是当房屋的平均年限和自有房屋比例都等于 0 时的 $\hat{Y}$ 值，但对于 X_1 和 X_2 的许多其他值，$\hat{Y}$ 也会取 38.1。例如，如果 X_1 等于 10，X_2 等于 32，$\hat{Y}$ 也等于 38.1。

解释一个多元回归时，还必须考虑许多其他因素。如果回归分析的所有假设都成立（5 个假定），回归斜率的样本估计量服从 t 分布，这意味着每个斜率都有它自身的标准误差。我们看到两个斜率估计量的标准误差已经给出。这些标准误差可用来确定样本数据来自斜率等于 0 的总体的概率。当一个偏斜率等于 0 时，意味着如果其他 X 值得到控制，则等式中的 X 值与 Y 无关。

对于 b_1，样本数据来自斜率等于 0 的总体的概率如下：

$$t=\frac{b_1-0}{s_{b_1}}=\frac{1.57-0}{0.087}=18.0$$

注意：多元回归的自由度等于个案数（本例中为 9）减去待估参数的个数（本例中为

3：一个截距，两个斜率）。对应于 6 个自由度，该 t 值的概率小于 0.000 5。

我们可以相当肯定地判断，本问题中的斜率不是 0。请自己计算对于 b_2 来自斜率等于 0 的总体的概率。

如果你计算的概率小于 0.000 5（$t=13.6$），祝贺你。

在上面列出的结果中，你可能已经注意到 $R^2=0.98$ 这一等式。R^2 是复判定系数（multiple coefficient of determination）的符号。R^2 是 Y 的方差中，可由 X_1 和 X_2 解释的比例。对它的另一种解释是：R^2 相当于 Y 与 $\hat{Y}$ 之间的 r^2。注意，R^2 大于火灾数与房屋平均年限的简单回归中的 r^2。这种关系通常是成立的。当利用更多的变量来解释或预测因变量时，判定系数就会提高。

最后，我们注意到，估计值的标准误差下降了（3.55）。如果石城县房屋的平均年限为 42 年，且自有房屋比例为 80%，则每月火灾数应按下式预测：

$$\hat{Y}=38.1+1.57X-0.49X_2$$

对于石城县，$X_1=42$，$X_2=80$，则

$$\hat{Y}=38.1+1.57\times42-0.49\times80=38.1+65.94-39.2=64.84$$

注意，这个估计值与由简单回归得到的估计值 75.64 不同。而且，计算多元回归估计值的置信区间的方法非常复杂。出于实际需要，管理者可以通过加减两倍的估计值的标准误差得到近似的置信区间。实际置信区间可能比这个近似的置信区间大一点，尤其是在 X 值远离它们的均值的情况下。一些计算机程序可以自动计算预测值的置信区间。如果可以获得这些置信区间，就应当使用它们。根据两倍准则，可以得到如下置信区间：

$$64.84\pm t\times S_{y|x}$$

$$64.84\pm2\times3.55$$

$$57.7\sim71.9$$

8.1.2 偏斜率的计算

如果我们想计算多元回归中的斜率值，把回归线的标准形式转换为下面的形式可以使计算得以简化：

$$\hat{X}_1=a+b_{12.3}X_2+b_{13.2}X_3$$

式中，$b_{12.3}$ 为控制 X_3 后 X_1 关于 X_2 的回归斜率；$b_{13.2}$ 为控制 X_2 后 X_1 关于 X_3 的回归斜率。根据最小二乘法，统计学家得到

$$b_{12.3}=\frac{b_{12}-(b_{13})(b_{32})}{1-(b_{23})(b_{32})}$$

如果对石城县火灾数据按照等式右边所示的变量进行多个简单回归，得到

$$b_{12}=1.12 \qquad b_{13}=-0.24$$

$$b_{23}=0.16 \qquad b_{32}=0.93$$

把这些值代入 $b_{12.3}$ 的计算公式，得到

$$b_{12.3}=\frac{1.12-(-0.24\times0.93)}{1-(0.16\times0.93)}=\frac{1.12+0.22}{1-0.15}=\frac{1.34}{0.85}=1.58$$

$b_{13.2}$的计算公式为

$$b_{13.2}=\frac{b_{13}-(b_{12})(b_{23})}{1-(b_{32})(b_{23})}=\frac{-0.24-(1.12\times0.16)}{1-(0.93\times0.16)}=\frac{-0.42}{0.85}=-0.49$$

截距的计算公式为

$$a=\bar{Y}-b_1\bar{X}_1-b_2\bar{X}_2=58.8-1.58\times27.0-(-0.49)\times44=58.8-42.7+21.6=37.7$$

$$\hat{Y}=37.7+1.58X_1-0.49X_2$$

实际上，分析人员很少用手工计算多元回归中的斜率和截距。一些软件会帮助我们计算出来，管理者只需要根据计算结果做出决策即可。

8.1.3　多个自变量的回归

多元回归对自变量的个数不加限制。自变量为三个或三个以上的回归不过是双变量回归的直接扩展。

例 8-2

非洲某国的治安情况非常糟糕，警察经常受到犯罪分子的袭击。警察局局长试图分析警察受袭的原因。局长委托数据分析师研究过去 10 年中警察受袭的情况，通过分析，识别警察受袭的主要原因。

分析师使用一个虚拟变量作为因变量，如果警察在一年中受袭，取 1，否则取 0。

分析师使用了三个自变量。第一，警察的身高——因为警察越高，越有威力，从而被袭击的可能性越小。分析师对身高这个变量进行量化时采用警察的身高高于 175 厘米的厘米数。第二，大家认为以小组为单位出警的警察受袭的可能性较小。这是一个虚拟变量，如果警察以小组为单位，取 1，否则取 0。第三，新警察更可能犯错误，而这会招致袭击。这个变量采用警察从警的年限来测度。

利用多元回归的计算机程序，分析师得到下面的结果：

$$\hat{Y}=0.11+0.05X_1+0.21X_2-0.03X_3 \quad s_{b1}=0.016 \quad s_{b2}=0.062 \quad s_{b3}=0.008$$

$$S_{y|x}=0.08 \quad R^2=0.73 \quad n=200$$

式中，X_1 为警察的身高；X_2 为小组变量；X_3 为从警年限。

回归方程的含义与双变量回归方程的含义相同。身高的回归系数 0.05 表明，如果小组和从警年限两个变量保持不变，则身高每超过 175 厘米 1 厘米受袭概率提高 0.05（Y 是一个虚拟变量；因此，这里 $\hat{Y}$ 变为一个概率）。这一结果使局长大为震惊，因为身高为 187 厘米的警察受袭的概率比身高为 175 厘米的警察受袭的概率高出 0.6。

第二个回归系数表明，如果身高和从警年限两个变量保持不变，被派到小组中出警的警察受袭概率提高的幅度（0.21）。局长再次感到意外，因为在小组中出警的警察受袭的可能性比单独出警的警察受袭的可能性要高。

最后，第三个回归系数表明，如果其他变量保持不变，警察从警的年限每增加 1 年，受袭概率降低 0.03。

截距（0.11）表明当 X_1，X_2 和 X_3 都为 0 时，警察受袭的概率。换言之，对于一个身高为 175 厘米的没有与其他警察一起出警的新警察（从警年限为 0 年），一年中在出警时受袭的概率为 0.11。

注意，三个回归系数都有标准误差。通过确定每个系数来自一个 $\beta=0$ 的总体的概率，可以估计相关强度。请读者自己完成这一估计。

上述回归方程的使用方法与其他回归方程相同。例如，我们可以预测一个身高为 183 厘米、从警 3 年且分派到小组中的警察受袭的概率。将 8（高于 175 厘米的厘米数），1 和 3 分别代入 X_1，X_2 和 X_3。

$$\begin{aligned}\hat{Y} &= 0.11+0.05\times 8+0.21\times 1-0.03\times 3\\ &= 0.11+0.40+0.21-0.09=0.63\end{aligned}$$

警察今年受袭的概率为 0.63。同样根据估计的标准误差（0.08），根据前述的两倍准则，可以估计出警察受袭击的概率区间。

$$0.63\pm t\times S_{y|x}$$
$$0.63\pm 2.0\times 0.08$$
$$0.63\pm 0.16$$
$$0.47\sim 0.79$$

由于以小组为单位出警使受袭概率提高了 0.21，局长准备取消小组巡逻。由于较高的警察更可能受到袭击，他准备降低对警察身高的要求。

8.2 多元回归的应用

多元回归可以用来剔除变量间的伪关系，也可以用来进行预测，一些变量经过恰当的处理后，可以以虚拟变量的形式出现在多元回归中，回归的结果可以用来帮助决策，还可以用来进行假设检验。

8.2.1 控制变量的处理

1. 伪关系

例 8-3

嘉陵江市警察局的首席数据分析师王先生有一个令人震惊的新发现。当以管区的家庭宠物数为自变量，对管区的青少年犯罪数量进行回归时，发现如下结果：

$$\hat{Y}=15.4-0.075X \quad s_b=0.009 \quad r^2=0.70$$

看上去管区的宠物数量是青少年犯罪的一个很好的预测量。正当王先生起草一份文件，倡议人们自由喂养宠物以防止犯罪时，一名新来的研究助理张女士建议以宠物数量（X_1）和管区的平均收入（X_2）为自变量进行多元回归来预测青少年犯罪（Y）。多元回归结果如下：

$$\hat{Y}=16.5-0.003X_1-0.32X_2 \quad s_{b_1}=0.047 \quad s_{b_2}=0.006 \quad S_{y|x}=3.55 \quad R^2=0.85$$

注意，管区内宠物数量的回归斜率降至 0（$t=0.06$），而平均收入与青少年犯罪密切相关（$t=53.3$）。只要两个变量之间的关系是虚假的，如果把影响其他两个变量的变量（本例中，高收入影响宠物拥有量和较低的犯罪率）引入回归分析，则伪相关的两个变量之间的回归斜率就会降至 0，或者通不过显著性检验。

2. 隐含关系的发现：无关变有关

如果两个变量表面上看起来无关，但引入第三个变量之后变得有关了，则这两个变量之间的关系是一种被隐藏的关系。

例如，当北关邮局以邮递员的年龄（X）为自变量对缺勤率（Y）进行回归时，发现二者无关：

$$\hat{Y}=8.6+0.03X \quad s_b=0.58 \quad r^2=0.01$$

然而，当一个分析师对路程长度进行控制并把它引入回归方程时，却出现了下面的模式：

$$\hat{Y}=0.47+0.18X_1+2.1X_2 \quad s_{b_1}=0.021 \quad s_{b_2}=1.1 \quad R^2=0.50$$

当路程长度（单位为公里）被控制以后，缺勤率与年龄有关。显然，当路程较远时，邮递员的年龄越大，缺勤率越高。在所有可能的情况中，最好的一种情况是，北关邮局的局长应重新安排线路，使得年龄较大的邮递员跑的路程较短。这种安排将降低缺勤率，从而提高效率。

8.2.2　虚拟变量的处理

当自变量的类别在两个以上时，回归可以采用定类变量作为自变量吗？回答是肯定的，但前提是建立回归方程时分析人员必须谨慎。

例 8-4

假定一个警察局局长希望了解管区犯罪率是否与城市的不同区位有关。局长特别关心市中心、商业区和中产阶级住宅区的犯罪率。请建立模型并检验之。

检验城市区位是否影响管区犯罪率的一种方法是，在城市的每个地区内对管区犯罪数量进行回归。为此，建立一个虚拟变量 X_1，当管区位于市中心时取 1，否则取 0。再建立另一个虚拟变量 X_2，当管区位于商业区时取 1，否则取 0。

不要对中产阶级住宅区建立第三个虚拟变量。对管区的三种类型考虑两个虚拟变量，结果如下：

如果 $X_1=1$ 且 $X_2=0$，则管区位于市中心。

如果 $X_1=0$ 且 $X_2=1$，则管区位于商业区。

如果 $X_1=0$ 且 $X_2=0$，则管区位于中产阶级住宅区。

以 X_1 和 X_2 为自变量对管区犯罪数量进行回归，结果如下：

$$\hat{Y}=5\,463+2\,471X_1-1\,362X_2 \quad s_{b_1}=236 \quad s_{b_2}=147$$

这个回归方程的含义如下：截距 5 463 是所有位于中产阶级住宅区的管区的平均犯罪数量（$X_1=0$ 且 $X_2=0$）。所有位于市中心的管区的平均犯罪数量为 $\alpha+\beta_1$，或 7 934。所有位于商业区的管区的平均犯罪数量为 $\alpha+\beta_2$，或 4 101。回归斜率的标准误差表明市中心和商业区的犯罪数量与中产阶级住宅区的犯罪率显著不同。这些结果与方差分析的结果相吻合，也更容易解释。

8.2.3 利用多元回归进行假设检验

例 8-5

一些人认为由代表大会选出代表的方法对居住在乡村的人存在歧视。原因是来自乡村的人当选代表的概率很低。熟悉代表选举制度的李先生提出，居住在乡村的人当选代表概率低的原因在于他们的受教育程度较低，工作经验较少，而且在校分数较低。而有人认为，即使考虑了这些因素，代表选举中仍然对居住在乡村的人存在歧视。如何解决这些争议？

我们对李先生观点作出如下假设：

H_0：如果控制了教育、工作经验和学分等变量，居住地与是否当选代表无关。可以用回归来检验这个假设。对于每个候选人，都必须搜集如下信息：

Y=是否当选代表（当选取 1，未当选取 0）

X_1=接受正式教育的年数

X_2=从事相关工作的年数

X_3=在中学中的平均分数

X_4=居住区域状态（1=乡村，0=非乡村）

利用这些信息估计如下的回归线：

$$\hat{Y}=\alpha+\beta_1 X_1+\beta_2 X_2+\beta_3 X_3+\beta_4 X_4$$

李先生的假设可以重新表述如下：

$$H_0:\ \beta_4=0$$

β_4 是当教育、经验与学习成绩得到控制之后，如果 $\beta_4=0$，那么，居住地与是否当选无关。通过计算 t 值并在本书附录的 t 分布表中查找这个 t 值的概率，我们就可以检验 β_4 是否等于 0。

8.3　非线性关系的回归

线性回归只有当变量是线性关系时才适用。第 7 章介绍了对数的非线性回归。还有两种其他形式的非线性回归，即二次关系和三次关系。

1. 二次关系

例 8-6

开地市是西部一个迅速成长的城镇，当人口急剧增长时，它也经历了犯罪率上升的问题。表 8-3 的数据显示了这种上升。

表 8-3　　开地市 2006—2013 年的犯罪数量

年份	犯罪数量
2006	1
2007	3
2008	10
2009	31
2010	69
2011	124
2012	183
2013	234

市公安局李局长想预测开地市的犯罪数量，以便决定安排多少警察。

散点图见图 8-1。

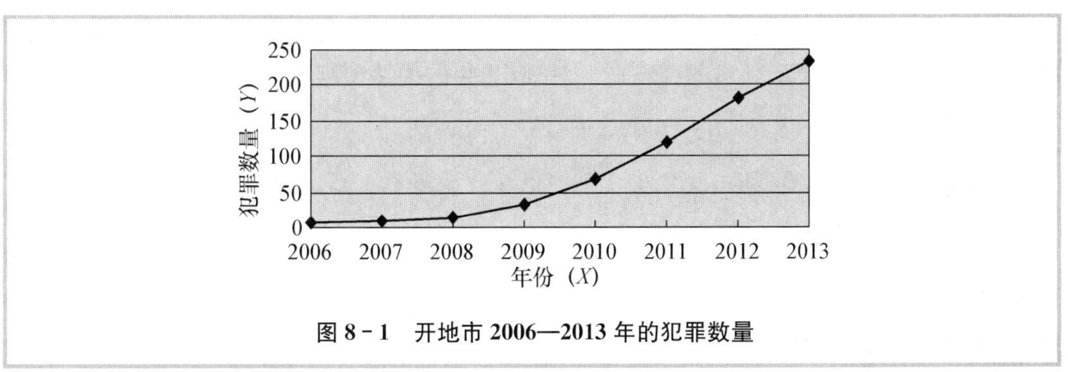

图 8-1　开地市 2006—2013 年的犯罪数量

当李局长审视数据图时，看到变量并非线性趋势，犯罪数量以一个固定速率增长。这就是二次关系的一般形式。为了对这些数据拟合一条曲线，李局长必须把年份转换为新变量 X，X 的取值为常用数。这些 X 的值必须被平方（见表 8-4）。

表 8-4 开地市数据的计算

年份	X	X^2	Y
2006	1	1	1
2007	2	4	3
2008	3	9	10
2009	4	16	31
2010	5	25	69
2011	6	36	124
2012	7	49	183
2013	8	64	234

要计算一个能准确描述数据的回归方程，李局长必须估计如下的回归方程：

$$\hat{Y}=\alpha+\beta_1 X+\beta_2 X^2$$

注意：X 和 X^2 都包括在等式中。

对数据进行回归得到

$$\hat{Y}=8.9-1.51X+5.5X^2 \quad s_{b_1}=5.0 \quad s_{b_2}=0.54 \quad S_{y|x}=7.04 \quad R^2=0.996$$

根据这些信息，李局长可以决定变量的趋势是否真的是二次的。如果 X^2 的斜率不等于 0，那么回归就呈现二次曲线的形状（$t=5.5\div 0.54=10.2$）。本例中，系数是显著的，因此趋势是二次的。初学者不明白单个斜率系数的含义，不过不必担心，因为我们的目标仅仅是预测，我们并不需要解释这些系数。

李局长对开地市 2014 年的犯罪数量进行预测，他把 9 代入 X，因此 $X^2=81$。

$$\hat{Y}=8.9-1.51\times 9+5.5\times 81=8.9-13.59+445.5=440.81$$

在给定的数据模式下，李局长的预测值，即 440.81 起犯罪看起来是合理的。根据该估计值的标准误差，还可以得到大约的置信区间。

为了解释二次预测的作用，李局长决定对开地市的犯罪进行一个直线预测。

$$\hat{Y}=-74.1+34.7X \quad s_b=4.6 \quad S_{y|x}=30.0 \quad r^2=0.90$$

注意，在线性回归中得到的 r^2 较小，且估计值的标准误差较大。用这个模型进行预测，精度会比用二次模型预测的精度低。对 2014 年的线性预测如下：

$$Y=-74.1+34.7\times 9=-74.1+312.3=238.2$$

对 2014 年的线性预测值仅比 2013 年的犯罪数量多了 4 起。显然，如果过去的趋势持续下去，则这个预测不够准确。

2. 三次关系

例 8-7

深明市对打击抢劫专项小组警察数量与抓捕到的抢劫者的人数之间的关系进行了分析。市里搜集了过去 11 个月中因抢劫入狱者及警察的数量信息（见表 8-5）。根据这些信息分析警察数量和抓捕到的抢劫者人数之间的关系。

表 8-5　　深明市抢劫者被捕数与警察数量

警察数量	抢劫者被捕数
1	25
2	34
3	43
4	98
5	123
6	194
7	253
8	271
9	294
10	292
11	298

目前，市政府希望公安部门通过把打击抢劫专项小组警察数量加倍来彻底清除抢劫者。警察局局长却认为增加警察数量并不影响抢劫者被捕数量。

警察局局长的分析从对数据绘图开始（见图 8-2）。

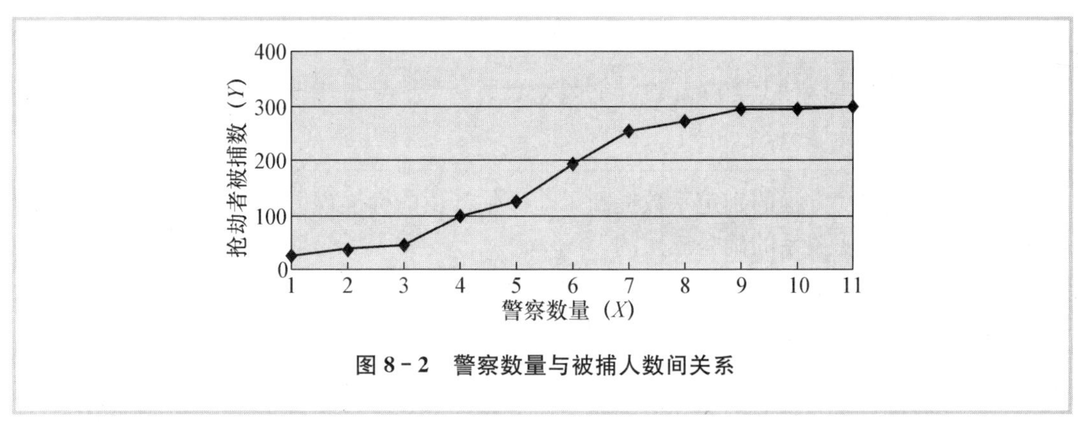

图 8-2　警察数量与被捕人数间关系

局长识别出图形呈现三次关系，于是他决定进行三个回归：一个是自变量为 X 的线性回归，一个是二次回归，一个是三次回归。结果如下：

线性回归：$\hat{Y}=\alpha+\beta X$

二次回归：$\hat{Y}=\alpha+\beta_1 X+\beta_2 X^2$

三次回归：$\hat{Y}=\alpha+\beta_1 X+\beta_2 X^2+\beta_3 X^3$

为此，警察局局长对 X 求平方和三次方（见表 8-6）。回归结果如下：

表 8-6 经过处理后的深明市相关数据

Y	X	X^2	X^3
25	1	1	1
34	2	4	8
43	3	9	27
98	4	16	64
123	5	25	125
194	6	36	216
253	7	49	343
271	8	64	512
294	9	81	729
292	10	100	1 000
298	11	121	1 331

线性回归：

$$\hat{Y}=-23.4+32.8X \quad s_b=2.5 \quad S_{y|x}=26.3 \quad r^2=0.95$$

二次回归：

$$\hat{Y}=-51.1+45.6X-1.1X^2 \quad s_{b_1}=10.8 \quad s_{b_2}=0.9 \quad S_{y|x}=26.3 \quad R^2=0.96$$

三次回归：

$$\hat{Y}=42.8-32.0X+14.4X^2-0.86X^3 \quad s_{b_1}=12.1 \quad s_{b_2}=2.3 \quad s_{b_3}=0.13$$
$$S_{y|x}=9.9 \quad R^2=0.995$$

可以看到，三次方程的判定系数提高了，而估计值的标准误差减小了。这些结果以及斜率的标准误差表明关系的确是三次的。

三次回归的真正优点在于预测。如果警察局局长利用线性回归和三次回归对由 11 个警察逮捕的抢劫者人数进行预测，结果如下：

线性回归：

$$\hat{Y}=-23.4+32.8\times 11=337.4$$

三次回归：

$$\begin{aligned}\hat{Y}&=42.8-32.0\times 11+14.4\times 121-0.86\times 1\,331\\&=42.8-352+1\,742-1\,145=288\end{aligned}$$

可以看到，三次回归预测得更为准确，而线性回归的预测值过高。这个结果对决策非常重要，因为根据线性预测，22 个警察将使抢劫者被捕人数大幅提高，而三次回归的预测结果则不然。

其他类型曲线回归问题请参考何晓群的《现代统计分析方法与应用》（83～90 页，北京，中国人民大学出版社，1988)。

8.4　多元回归的特殊问题

8.4.1　标准化的回归系数

标准回归系数［standard regression coefficient（beta)］是消除了因变量 Y 和自变量 X_1，X_2，…，X_n 所取单位的影响之后的回归系数，其绝对值的大小直接反映了 X_i 对 Y 的影响程度。

例如，在提高教学质量上，是硬件（投资金额）重要还是师资（拥有博士学位者所占比例）更重要？如果是师资更重要，那么同样的物力投在师资上就可以更快地提高教学质量。但是这里要比较的两者必须有同样的测量单位，如投资金额（元）。如果变量的单位不同，我们不能绝对地说哪个变量对因变量——教学质量的影响更重要。不同单位对象无法比较。要想进行绝对的比较，就需要两个东西有共同的测度单位。假如关于教学质量的回归方程如下：

$$\hat{Y}=15.6+18.6X_1(\text{硬件投入金额})+12X_2(\text{博士学位拥有者所占比例})$$

由于单位不同，无法说明哪个自变量影响更大一些。标准化后的回归方程如下，可以看出师资力量的影响要大于硬件条件。

$$\hat{Y}=15.6+0.3X_1(\text{硬件投入金额})+0.9X_2(\text{博士学位拥有者所占比例})$$

计算数据的标准化回归系数，是将原始数据减去相应变量的均数后再除以该变量的标准差，再进行回归得到的回归方程称为标准化回归方程，相应的回归系数为标准化回归系数。

8.4.2　*F* 比值

F 比值（*F* ratio）是基于可解释的变差与不可解释的变差的比较，来评价整个回归的显著性。可解释的变差 $\sum(\hat{Y}_i-\overline{Y})^2$，又称作回归平方和；不可解释的变差 $\sum(Y_i-\hat{Y})^2$，又称作误差平方和；分别将两个量除以各自的近似自由度——前者为变量数减 1，后者为样本数减变量数，产生回归平方和的均值和误差平方和的均值。

$$F=\frac{\text{回归平方和的均值}}{\text{误差平方和的均值}}$$

与 t 一样，零假设，即回归方程等于零（即 $b_1=b_2=\cdots=b_k=0$），在 0.05 概率水平上被拒绝。标准的统计软件都可以给出 t 和 F。

表 8－7 概括了分析青年人犯罪原因的标准多元回归分析相关的统计量。表 8－8 是 SPSS 产生的多元回归输出。第 1 个表框是变量说明，包括回归分析中使用者给每个变量的标签。输出也确认随后对变量进行回归分析的程序。模型 1 是指基于一组特定的命令产

生的第 1 个回归方程。

表 8-7　多元回归的统计量

统计量	解释
1. 截距（a）	自变量为零时因变量的值
2. 偏回归系数（b）	控制回归方程中其他变量，指自变量变化一个单位因变量产生的变化。自变量的测量单位和因变量的单位应该相同。当测量缺少有意义的度量标准时，b 就不容易解释了
3. 多元 R	因变量和回归方程中所有自变量间的相关。只有一个自变量时，多元 R 等于皮尔逊相关系数 r 和标准化回归系数
4. 多元 R^2	因变量的方差中，可以由回归方程的所有自变量解释方差的比例
5. 标准误差估计	关于因变量预测值和实际值差异的测量。标准误差越大，回归方程预测因变量值的准确性越小
6. 标准偏回归系数（beta）	当因变量和自变量以标准差为单位测量时，自变量变化一个单位产生的因变量的变化。即使自变量的测量单位不同，同一方程中的 beta 也可用来评价自变量的相对影响
7. b 的标准误差	b 值的标准差源于数学上的理论分布，是统计检验及估计必需的。回归系数必须是标准误差的两倍，才能在 0.05 水平上拒绝零假设（$b=0$）
8. 偏相关	在控制一个或更多变量条件下，两个变量间的相关。它的平方等于控制其他变量后被解释变差的比例
9. t 检验	零假设 $b=0$ 的统计检验
10. F 检验	假设 $b_1=b_2=\cdots=b_k=0$，或回归方程对因变量值的预测优于均值的预测时的回归方程的统计检验

“进入”（enter）方式表明同时将所有的变量加入方程，而不是以某种次序加入，如逐步（step-wise）（此程序以特殊顺序加入每个变量，允许每个变量在进入下一个变量前，依次解释它能解释的因变量的变差）。顾名思义，逐步回归能有效地在控制其他变量后，观察可由某个变量解释的变差总量。例如，如果某人想评价职业训练对收入的重要性，反映个人特征和就业历史的变量应该首先加入方程。接下来加入职业训练来解释剩余变差。这种策略提供了职业训练对收入影响的保守估计，这反映在 R^2 的增长中。“去除变量”表明无论单一或组群，变量都能被循序地加入，同时也能按次序地去除。

第 2 个表框又确认了模型 1 的 R、R^2、调整的 R^2 以及标准误差估计。0.628 的 R^2 值表示三个变量很好地解释了因变量。当数据是某些总体的样本时，调整的 R^2 是有用的；它在报告样本回归对总体回归估计的拟合度时，提供了更准确的测量。如果在模型中增加一个解释变量，可决系数 R^2 往往增大，这是因为残差平方和往往随着解释变量个数的增加而减少，至少不会增加，但是由于增加解释变量个数引起的可决系数 R^2 的增大与拟合好坏无关，因此在多元回归模型之间比较拟合优度，可决系数就不是一个合适的指标，必须加以调整。因此，调整的 R^2 可以消除自变量增加造成的假象。

表 8-8　多元回归样本的输出

变量进入/去除[b]

模型	变量进入	变量去除	方法
1	失业 单亲 人口[a]		进入

a. 所有要求进入的变量。
b. 因变量：被捕者人数。

模型	R	R^2	调整 R^2	标准误差估计
1	0.286[a]	0.628	0.523	122.017 4

a. 因素（常数）：失业、单亲、人口。

方差[b]

模型	平方和	自由度	均平方	F	显著性
1 回归	191 591.48	3	6 363.828	4.286	0.061
残差	89 408.515	6	14 901.419		
合计	281 000.00	9			

a. 预测因素（常数）：失业、单亲、人口。
b. 因变量：被捕者人数。

系数[a]

非标准化系数		标准化系数			
模型	b	标准误差	beta	t	显著性
（常数）	15.634	254.103	0.776	0.062	0.953
失业	25.624	7.846	0.352	3.266	0.017
单亲家庭	6.275	17.848	−0.126	0.352	0.737
人口	−6.48E−06	0.000		−0.541	0.608

a. 因变量：被捕者人数。

第 3 个表框是方差分析表，这是 F 检验和评价回归方程的显著性必需的。显著性表示回归方程在 0.061 概率水平上是显著的。

最后的表框输出回归系数。此输出中将自变量和标为“常数”的 Y 截距列在一起。回归系数与它的标准误差已确定。如前所述，beta 或标准化回归系数表明青年失业很明显是三个自变量中最重要的。t 值证实了这个结论，它表明失业在 0.05 水平上是显著的。其他变量的显著性要差一些，实际上，精确的概率计算表明失业在 0.017 水平上具有显著性。

8.4.3　交互作用

交互作用（interaction）会引起多元回归中的问题。回归假设自变量和因变量之间的关系模式，在不同的控制水平或其他的自变量上是不发生变化的。换句话说，它假设变量彼此之间不发生交互作用。例如，被捕青年和失业青年之间的关系可能因国家的区域不同而不同。假设的关系在东部城市也许是强的正相关，而在西部城市和中部城市则是适度的正相关，在南部城市则是轻微负相关。这些模式如图 8-3 显示的那样。对于所有城市，被捕者数对青年失业作回归，将得出适度的正回归系数。但它会掩饰掉南部城市的负相关和东部城市强的正相关。

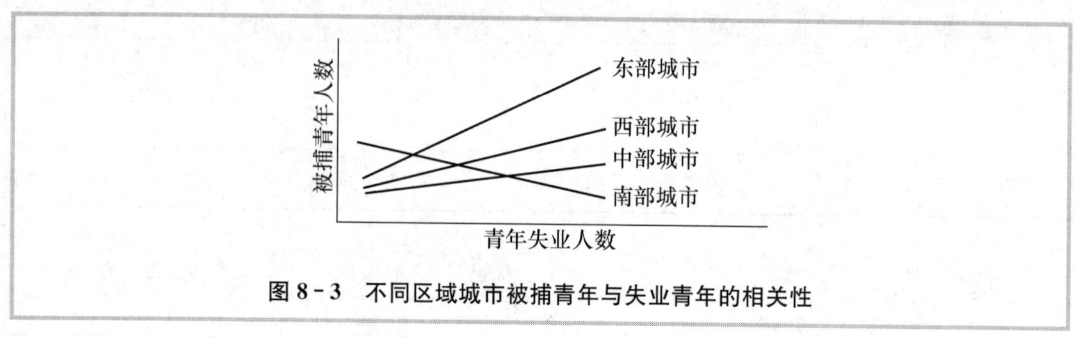

图 8-3 不同区域城市被捕青年与失业青年的相关性

处理交互作用的一个方法是运行四个单独的回归，一个回归针对一个区域。但在每个回归中减少城市的数量可能会是个问题。因为每个回归中较小的案例数量，使获得统计显著性结果更加困难，但如果感兴趣的仅是获得研究中有关城市的结论，这也就不是问题了。另一个处理交互作用的方法是构造一组变量反映交互作用。例如，可以用区域虚拟变量乘以每个城市的失业百分比。这样连同区域虚拟变量和失业，方程将还包含每个变量的交互作用项。

交互作用回归系数是由它们对 R^2 的影响来估计的，当然也是进行 t 检验。同样，当交互作用显著时，需要进行简单效应检验以分析各类情况下的因果关系。如果交互作用不显著，就可返回到没有交互作用变量的回归。

本章小结

一种现象常常是与多个因素相联系的，用两个或两个以上的自变量对因变量进行回归的方法称为多元回归。本章在介绍了多元回归的基本概念与用途、多元回归的方法、偏斜率、多元判定系数等基本问题之后，进一步介绍了标准化的回归系数、交互作用等比较复杂的问题。

关键术语

偏斜率　　多元判定系数　　虚拟变量　　交互作用

复习思考题

1. 市政局办公室主任认为，公园使用率（Y）（用游人数量测量）是居住在公园附近200公里内的人数（X_1）、可提供的露宿营地数量（X_2）和公园内每年的平均温度（X_3）的函数。办公室主任抽取了一个包括200个公园的样本，得到如下的回归方程（Y 是游人数）：

$$\hat{Y}=147+0.0212X_1+15.4X_2+186X_3 \quad s_{b_1}=0.0157 \quad s_{b_2}=12.4 \quad s_{b_3}=10.4$$
$$R^2=0.50$$

根据这个回归方程，办公室主任能得出什么结论？

2. 如果人力资源部部长能够预测未来 6 个月内的离职人数，她就可以计划新招职员以替代离职人员。部长认为离职人数由下述变量来决定：未获提升的职员数（X_1）、年龄在 64 岁或 64 岁以上的职员数（X_2）以及政府部门工资与私人部门工资的比率（X_3）。据此，部长得到如下回归方程：

$$\hat{Y}=27.4+0.35X_1+0.54X_2-271X_3 \quad s_{b_1}=0.0031 \quad s_{b_2}=0.0136 \quad s_{b_3}=263$$
$$S_{y|x}=54 \quad R^2=0.89 \quad n=214$$

请解释这个结果，如果 418 人未获提升，327 人年龄为 64 岁或 64 岁以上，政府部门工资等于私人部门工资，请预测离职人数。

3. 林业局认为，如果能从历史记录中得到前一个月的降水量（X_1）和当月每天的平均温度（X_2），就可以预测一个森林中每月的森林火灾数。回归方程如下：

$$\hat{Y}=2.0-1.1X_1+0.14X_2 \quad s_{b_1}=0.021 \quad s_{b_2}=0.003 \quad S_{y|x}=1.4 \quad R^2=0.96$$
$$n=136$$

（1）请对回归结果进行分析并解释斜率、截距和 R^2。

（2）太平国家森林公园上月降水量为 4 毫米，根据历史资料推测本月的平均气温为 24 摄氏度。对太平国家森林公园本月火灾数的最好的估计应为多少？

4. 消防队想知道卡车水泵失效的可能性有多大。消防队长认为水泵失效是年限（X_1）、水质的硬度（X_2，测度的尺度为 1～10）的函数。数据分析师对 217 个水泵进行了回归分析，因变量是一个虚拟变量（失效取 1，否则取 0）。结果如下：

$$\hat{Y}=0.14+0.01X_1+0.05X_2 \quad s_{b_1}=0.0002 \quad s_{b_2}=0.025 \quad S_{y|x}=0.04$$
$$R^2=0.93$$

请写一份分析报告来解释回归方程的含义。如果水质的平均硬度为 3，且水泵失效的概率为 0.80 或更高，队长就准备把它们换掉，那么年限为多长的水泵应被换掉呢？

5. 维里夫中校在关于欧洲的所有 240 个军事基地的安全问题上受到指控。维里夫相信犯罪率与下面几个因素正相关：基地的规模、没有高中学历士兵所占比重和基地中女性的数量。维里夫的统计师发现

$$\hat{Y}=47.3+0.031X_1+2.4X_2-0.065X_3 \quad s_{b_1}=0.0021 \quad s_{b_2}=3.0 \quad s_{b_3}=0.0027$$
$$S_{y|x}=17.1 \quad R^2=0.80$$

式中，X_1 为基地中士兵的数量；X_2 为没有高中学历士兵所占比重；X_3 为基地中女性的数量；Y 为一个月内的严重犯罪次数。请解释所有的回归系数、R^2 和截距。哪一个自变量最重要？拉姆斯泰因空军基地有 15 000 个士兵，42%的士兵没有高中学历，基地里有 3 000 个女性。对这个基地每月犯罪数量的最好的估计是什么？

6. 参照题 5。拉森堡基地和卡斯尼基地的信息见表 8 - 9。

表 8-9　　拉森堡基地和卡斯尼基地的相关数据

统计量	拉森堡	卡斯尼
X_1（士兵数量）	12 000	14 000
X_2（没有高中学历士兵所占比重）	34%	28%
X_3（女性数量）	2 000	3 000
Y（犯罪次数）	517	290

计算每个基地的 $\hat{Y}$。深入研究这两个基地有什么意义？

7. 某省教育厅雇用了一个计划评估小组，调查为什么不同的高中里最高年级学生阅读的平均成绩变化幅度为 9.4～13.1(n=326)。计划评估小组相信阅读成绩受学生—教师比率（X_1）和每个学生在学区内的教育支出（X_2）的影响。利用回归分析，小组得到如下方程：

$$\hat{Y}=10.6-0.091X_1+0.0031X_2 \quad s_{b_1}=0.017 \quad s_{b_2}=0.00061 \quad S_{y|x}=0.17$$
$$R^2=0.75$$

请为教育厅解释该方程。教育厅有足够的经费，或者用来把学生—教师比率降低 5，或者用来将每个学生的教育支出提高 50 元。它应采取哪个措施呢？

8. 有些地区官员认为 65 公里/小时的时速限制没有理由，因此拒绝付诸实施。交通部相信 65 公里的时速限制可以减少死亡人数。交通部为了解释它的论点，以人口数（X_1）、大雪封路的天数（X_2）和汽车的平均速度（X_3）为自变量，对上年各市交通事故死亡数量（Y）进行了回归。结果如下：

$$\hat{Y}=1.4+0.00029X_1+2.4X_2+10.3X_3 \quad s_{b_1}=0.00003 \quad s_{b_2}=0.62 \quad s_{b_3}=1.1$$
$$S_{y|x}=36.1 \quad R^2=0.78 \quad n=50$$

降低汽车的平均速度会产生影响吗？在所有其他因素相同的条件下，如果平均速度由 75 公里/小时降到 65 公里/小时，各市死亡人数可以减少多少？

9. 卫生部希望降低地区医院的医疗费用。研究人员以病人住院天数（X_1）、实验室测试数量（X_2）以及开出的处方药物数量（X_3）为自变量，对住院期间的平均费用（Y）进行了回归。请解释下面的回归方程，并提出相应的政策建议。

$$\hat{Y}=25.36+96.40X_1+24.90X_2+1.41X_3 \quad s_{b_1}=6.4 \quad s_{b_2}=3.2 \quad s_{b_3}=2.0$$
$$S_{y|x}=12.50 \quad R^2=0.96 \quad n=75$$

10. 某大学以每名教师发表的论文数量（X_1）和每名教师在系里工作的年数（X_2）为自变量，对所有教师的年薪（Y）进行了回归。请解释下面的回归方程：

$$\hat{Y}=15200+250X_1+750X_2 \quad s_{b_1}=180 \quad s_{b_2}=52 \quad S_{y|x}=524 \quad R^2=0.91$$
$$n=517$$

11. 某市正在分析公务员医疗费用提高的问题。10 年前，该市所有公务员加入了城镇职工基本医疗保险。现在，想评估医疗保险对市里每个公务员医疗费用产生的影响。在覆盖了 1950—2005 年的时间序列分析中，因变量为平均医疗费用。自变量有三个：X_1

（一个趋势变量，以 1950 年为 1 开始计数，每年增加 1），X_2（加入城镇职工基本医疗保险值前取 0，之后取 1）和 X_3（加入城镇职工基本医疗保险值前取 0，加入之后为计数，如 1，2，3，4，…）。费用的单位为元。请解释下面的回归方程，并提交一份简要的分析，解释城镇职工基本医疗保险对医疗费用产生的影响。

$$\hat{Y}=45.00+51.45X_1-123.69X_2-7.25X_3 \quad s_{b_1}=5.43 \quad s_{b_2}=49.67 \quad s_{b_3}=1.14$$
$$S_{y|x}=93.50 \quad R^2=0.99$$

12. 印度在过去的 5 年中实施了一个城市企业区计划。地方政府可以自由建立三种类型的企业区来吸引新产业：A 区（企业在 10 年内免税）、B 区（企业在 10 年内免税，而且它们可以使用免税的产业发展债券）和 C 区（地方政府向企业提供资本投资）。地方政府可以建立一个而且只能建立一个城市企业区。马林市领导想了解企业区对当地失业率（Y）的影响。为此，建立了一个虚拟变量 X_1（如果企业区是 B 型区，取 1，否则取 0），另一个虚拟变量 X_2（如果企业区是 C 型区，取 1，否则取 0）。它想控制下述变量：X_3，有企业区的城市周边县的失业率；X_4，城区的教育水平中位数（年）；X_5，城区服务业的就业人口。Y 以失业人口的百分比来测度。对 136 个城市的回归结果如下：

$$\hat{Y}=5.4+1.32X_1-0.64X_2+0.82X_3-0.07X_4-0.13X_5 \quad s_{b_1}=0.31$$
$$s_{b_2}=0.32 \quad s_{b_3}=0.03 \quad s_{b_4}=0.13 \quad s_{b_5}=0.031 \quad S_{y|x}=0.62 \quad R^2=0.53$$

请解释所有的斜率、截距和 R^2。分析斜率，包括显著性检验，并用文字清晰地表述回归方程所揭示的内容。孟买有一个 C 型企业区，周边县的失业率为 8.9%，教育水平的中位数为 10.8 年，有 31%的人在服务业就业。对孟买失业率的最好的估计是多少？

13. 战略空军司令部（SAC）关心导弹发射失败的概率。利用监测数据，他们以 X_1（发射时的温度，以华氏为单位）、X_2（上次彻底检查发射设施以来的月份数）和 X_3（坐落在 800 米以内的 ICBMs 数量）为自变量进行了回归。他们对发射结果 Y（一个虚拟变量，如果发射失败，取 1）得到如下结果：

$$\hat{Y}=0.06-0.012X_1+0.006X_2-0.094X_3 \quad s_{b_1}=0.0021 \quad s_{b_2}=0.0015$$
$$s_{b_3}=0.087 \quad S_{y|x}=0.034 \quad R^2=0.69 \quad n=214$$

请解释斜率、截距和 R^2，并检验斜率的显著性水平。SAC 希望发射失败的概率小于 20%。如果发射在华氏-10°的条件下进行，且 800 米以内没有其他导弹，检测发射失败的频率应为多高？

14. 东吴大学正在进行一项关于工资的性别歧视的研究。分析师以工作年限（X_1）、出版物数量（X_2）和教师性别（X_3，一个虚拟变量，男性取 1）为自变量对每个教师的年薪进行回归。她得到下面的结果：

$$\hat{Y}=18\,563+2\,235X_1+65X_2+1\,150X_3 \quad s_{b_1}=386 \quad s_{b_2}=39 \quad s_{b_3}=316 \quad S_{y|x}=2\,690$$
$$R^2=0.68$$

请解释斜率、截距和 R^2。请估计一位工作了 7 年且发表了 3 部著作的男教授的年薪。

15. 卫生部一个研究小组提交了一份关于婴儿死亡率的报告。小组使用了一个回归方程，其中婴儿死亡率（每1 000个活产婴儿中死亡的婴儿数）是年份（X_1，1972=1），医疗救助支出（X_2，单位为百万元）和对妇女、婴儿与儿童补充食品计划的支出（X_3，单位也是百万元）的函数。请解释下面的回归方程。然后对2014年的婴儿死亡率进行预测，假定医疗救助支出为453 600万元，对补充食品计划的支出为77 400万元。哪个变量是最好的预测量？如果卫生部有100万元要用在婴儿健康方面，最有效的花钱方式是什么？

$$\hat{Y}=28.32-0.239X_1-0.001\,476X_2-0.003\,266X_3 \quad s_{b_1}=0.029 \quad s_{b_2}=0.000\,143$$
$$s_{b_3}=0.001\,37 \quad S_{y|x}=0.32 \quad R^2=0.99$$

16. 税务局正在评估由各县销售税筹集的资金。利用各县的数据，税务局工作人员以人均收入（X_1）和一个虚拟变量（X_2，如果对杂货店销售额征税，取1）为自变量，对由销售税筹集的人均资金进行回归。结果如下：

$$\hat{Y}=0.03+0.0218X_1+147.18X_2 \quad s_{b_1}=0.004\,3 \quad s_{b_2}=36.3 \quad S_{y|x}=31.40$$
$$R^2=0.86$$

请解释这个回归方程。提出一个对杂货店销售额征税的假设，并评价这个假设。如果某县人均收入为11 947元，且对杂货店销售额征税，它由销售税筹集的人均资金为多少？

17. 人力资源部希望了解工作人员的薪金是否受工作任务难度、教育或资历的影响。研究人员以工作任务的难度［X_1，取值范围0（没有难度）～1 500（机构领导）］、在机构中服务的年限（X_2）以及受正式教育的年数（X_3）为自变量，对雇员目前的年薪（Y）进行回归后发现

$$\hat{Y}=4\,195+26.08X_1+149X_2+226X_3 \quad s_{b_1}=1.19 \quad s_{b_2}=20.9 \quad s_{b_3}=58.0$$
$$S_{y|x}=2\,755 \quad R^2=0.70 \quad n=458$$

请解释斜率、截距和R^2。通过检验判断每个偏斜率是否显著。如果一个新近雇用1年的行政助理（工作任务的难度是270）受过两年MPA教育，管理三个下属，你对他的年薪最好的估计是多少？

18. 安东市经贸局想对1993年开始实施的经济发展计划进行评估。计划成功的测度采用安东市的就业总人数。自变量为X_1，一个趋势变量，以数据的第一年1979为1；X_2，国家层次上的失业率；X_3，一个虚拟变量，从实施经济发展计划以来开始计数。回归方程结果如下：

$$\hat{Y}=215\,400-2\,400X_1-4\,235X_2+1\,421X_3 \quad s_{b_1}=746 \quad s_{b_2}=625 \quad s_{b_3}=419$$
$$S_{y|x}=4\,300 \quad R^2=0.99$$

请解释这个回归方程。如果2012年失业率为5.1%，请预测安东市的就业人数。

19. 美国最高法院雇用你调查在死刑判决上是否存在种族歧视。你得到的数据为南方6个州被控谋杀的194人。因变量是一个虚拟变量，如果罪犯被判处死刑，取1，否则取0。自变量为X_1，被罪犯杀害的人数（取值范围为1～8）；X_2，一个虚拟变量，如果罪犯能请得起自己的律师（而不是由法庭指定公共辩护人），取1；X_3，罪犯受正式教育的年数；X_4，种族变量，如果罪犯是白人，取1，否则取0。回归分析结果如下：

$$\hat{Y}=0.54+0.05X_1-0.23X_2-0.02X_3-0.31X_4 \quad s_{b_1}=0.042 \quad s_{b_2}=0.083$$
$$s_{b_3}=0.006 \quad s_{b_4}=0.012 \quad S_{y|x}=0.14 \quad R^2=0.52$$

(1) 请解释这个回归方程，包括斜率、截距和 R^2。斜率是显著的吗？对于所研究的问题，该回归方程能说明些什么？

(2) 对于一个有大学学历，能请得起自己的律师，且杀害了两个人的白人，他被判处死刑的可能性有多大？

(3) 对于一个受过 8 年级教育，有一个公共辩护人，且杀害了一个人的黑人，他被判处死刑的可能性有多大？

(4) 你将如何把这项研究转变为关于受害人的种族是否重要的研究？

20. 美国税收专家鲍勃对州政府对“罪过税”——对酒、烟草和赌博所征收的税——的依赖程度很感兴趣。因变量是罪过税在州税收中所占比重。鲍勃的分析中有三个研究假设。第一，鲍勃相信天主教徒通常是“乐天派”，即他们经常喝酒、抽烟和赌博；X_1 是州人口中天主教徒的占比。第二，鲍勃注意到共和党人似乎比民主党人更少关心罪过税税率可能是递减的这一事实；X_2 是州立法委员会中共和党人所占比重。第三，鲍勃怀疑罪过税可用来降低财产税水平；X_3 是人均财产税，单位为万元。回归程序给出如下结果：

$$\hat{Y}=5.4+0.23X_1+0.11X_2-1.41X_3 \quad s_{b_1}=0.04 \quad s_{b_2}=0.087 \quad s_{b_3}=0.15$$
$$S_{y|x}=0.74 \quad R^2=0.74$$

(1) 请解释斜率、截距和 R^2。

(2) 本例的研究假设是什么？请评价这些假设。

(3) 密歇根州有 20%的天主教徒，州立法委员中共和党人所占比重为 47%，人均财产税为 2 500 元。你对密歇根州罪过税税率的最好的估计是多少？

(4) 密歇根州实际的罪过税税率为 16.1%。由此你能得到什么结论？

第 9 章

非平稳时间序列

引例

在很多情况下，管理者通过制定政策来改变人们的行为模式。例如，2012 年，江苏省政府印发《江苏省新能源汽车推广应用指导意见》，对在省内发展和推广新能源汽车作出了全面说明。意见规定：“2014 年底前，南京、苏州、南通等新能源汽车应用试点城市要确保分别推广应用新能源汽车 1 000 辆以上。”这个文件是否提高了新能源汽车的推广速度？又如，1998 年中国房改刚刚开始时，任务的核心是“建立和完善以经济适用住房为主的住房供应体系”。2003 年 8 月 12 日，由建设部起草的《关于促进房地产市场持续健康发展的通知》出台。在这份文件里，经济适用房由“住房供应主体”被改为“具有保障性质的政策性商品住房”。经济适用房性质的改变，引发了全国持续近 10 年的房价上涨狂潮。实际上，政府从 2004 年就开始对房地产价格进行调控。2004 年颁布的《关于深入开展土地市场治理　严格整顿土地管理的紧急通知》，要求二套房首付比例不得低于 40%。以后的几年中，陆续出台各种政策遏制房地产价格暴涨，2012 年 3 月，国务院批转的国家发改委《关于 2012 年深化经济体制改革重点工作的意见》明确要适时扩大房产税试点范围，形成向存量房征税的基本政策。这些政策的实施效果，也可以采用本章介绍的非平稳时间序列分析的技术进行评估。

本章学习要点

- 非平稳时间序列的基本概念与用途
- 用多元回归分析来估计政策或计划的影响
- 滞后效应
- 自相关

9.1　非平稳时间序列分析方法

9.1.1　短期效应

应用非平稳时间序列分析首先需要识别一些基本的模式，然后还要知道如何应用多元回归对结果进行统计检验。一种常见的模式是短期效应，如图 9-1 所示。短期效应是指产出变量有一个瞬时变动（下降或上升），但是数据的基本趋势保持不变。反映短期效应的其他模式见图 9-2。

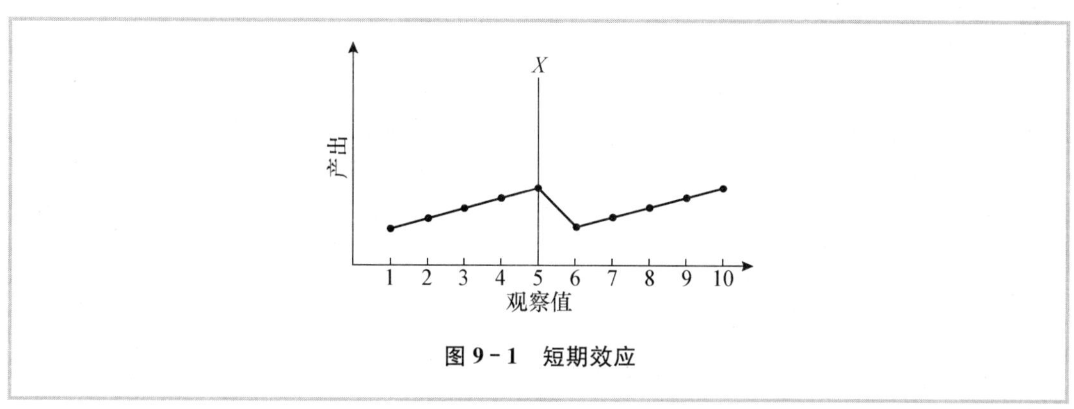

图 9-1　短期效应

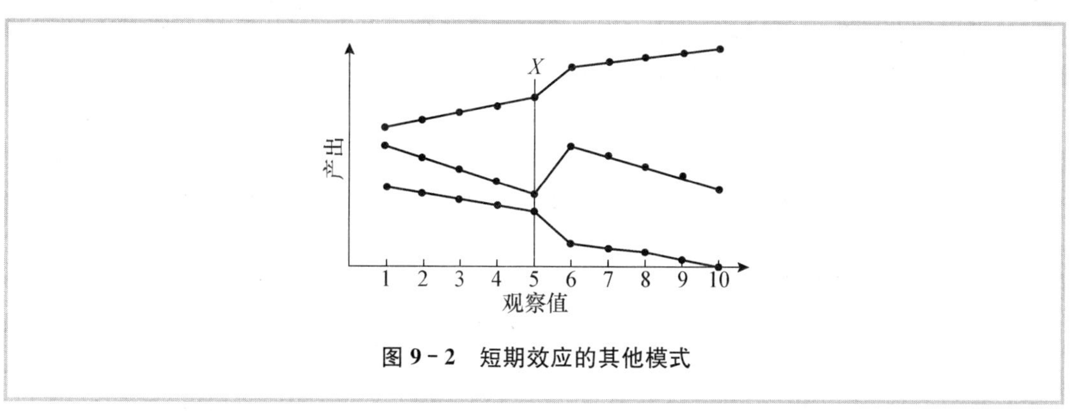

图 9-2　短期效应的其他模式

尽管用图来判断政策影响非常容易，但当图变得复杂时，这种方法往往会误导我们。实践中，大多数分析人员利用多元回归对非平稳时间序列设计进行分析。我们将通过一个例子来介绍这种方法。2011 年 2 月 25 日，《中华人民共和国刑法修正案（八）》正式通过，并于 2011 年 5 月 1 日起正式施行。这也意味着，今后凡是在道路上醉酒驾驶机动车的，一旦被查获，将面临最高半年拘役的处罚。其性质也由过去的行政违法行为变为刑事犯罪行为。分析人员李先生把 2011 年前后交通事故死亡人数的数据列在表 9-1 中。

表 9-1 交通事故死亡人数

年份	死亡人数（Y）	时间（X_1）	计划（X_2）
2005	412	1	0
2006	437	2	0
2007	428	3	0
2008	453	4	0
2009	449	5	0
2010	463	6	0
2011	384	7	1
2012	395	8	1
2013	414	9	1
2014	406	10	1

为了确定《刑法修正案（八）》是否产生了短期效应，建立了两个新的变量。第一个变量是时间变量，该变量（X_1）把研究期间的第 1 年记为 1，以后每年增加 1。第二个变量（X_2）被称为计划变量，它是一个虚拟变量，《刑法修正案（八）》生效（2011 年以后），取 1，否则取 0。把死亡人数作为因变量，时间变量与计划变量作为自变量，分析人员进行了回归分析，结果如下：

$$\hat{Y}=409+8.9X_1-85.1X_2 \quad s_{b_1}=1.67 \quad s_{b_2}=9.82 \quad S_{y|x}=7.94 \quad R^2=0.93$$

对方程进行检验。第一个回归系数说明交通事故死亡人数每年上升 8.9 人。请读者检验其统计显著性。

第二个回归系数揭示了在《刑法修正案（八）》生效之后，交通事故死亡人数下降 85.1 人。请读者检验其统计显著性。

通过在政策改革前后不同时间点收集因变量的信息，可以评估改革的影响。当然，为了消除各种对内部效度的威胁，我们需要控制除政策变化之外的其他各种影响因变量的因素。

在时间序列中可以运用前面学过的普通多元回归程序。当然考察随时间推移的变化，可以运用一些特殊的技术。这些技术有时被视为非平稳时间序列分析。非平稳时间序列仅仅是因变量在时间趋势上发生的某些改变。

9.1.2 长期效应

短期效应通常来自重大事件。在大多数情况下，我们并不预期计划或政策会产生瞬时效应。相反，当实施一个新的管理计划时，预期变化常常是缓慢发生的，将在实施计划后的一段延展期内产生长期效应。例如，大学生就业时关注单位是否缴纳“五险一金”，其中的“五险”指的是五种保险，包括养老保险、医疗保险、失业保险、工伤保险和生育保险；“一金”指的是住房公积金。其中养老保险、医疗保险和失业保险，这三种险是由企业和个人共同缴纳保费；工伤保险和生育保险的保费完全是由企业承担的，个人不需要缴纳。这里要注意的是“五险”是法定的，而“一金”不是法定的。2009 年，某企业推出了强制性社会保障计划，要求员工必须参加“五险”，以降低企业因各种意外而支付的赔偿金。图 9-3 显示了全面实施“五险”计划之后的变化。

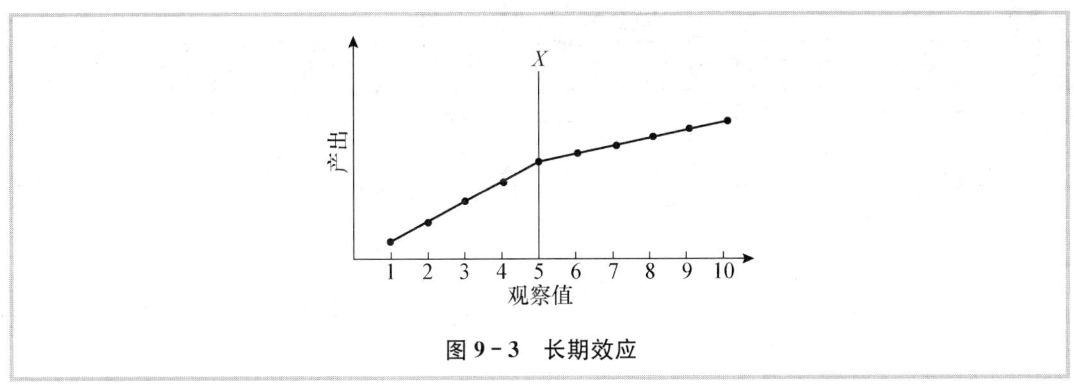

图 9－3　长期效应

该模式被称为长期效应（long-term impact），或斜率效应的改变，因为直线的斜率在计划实施之后发生了改变。与短期效应相似，长期效应也有多种形式。图 9－4 和图 9－5 展示了其中的一些形式。

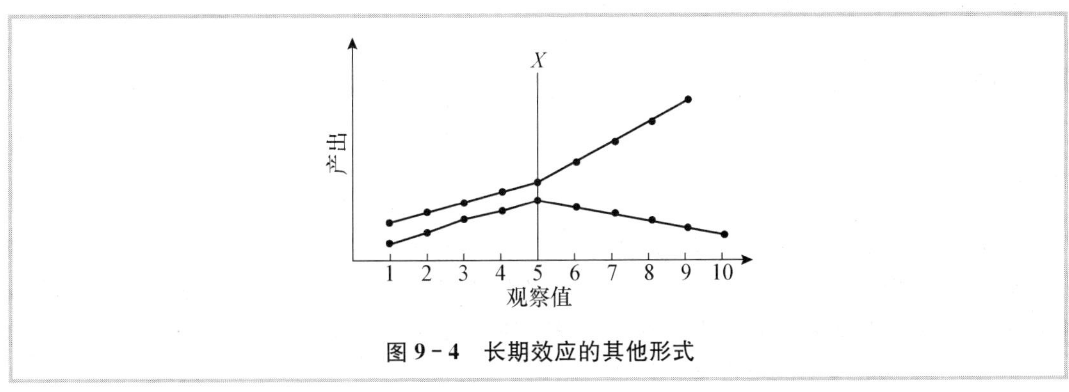

图 9－4　长期效应的其他形式

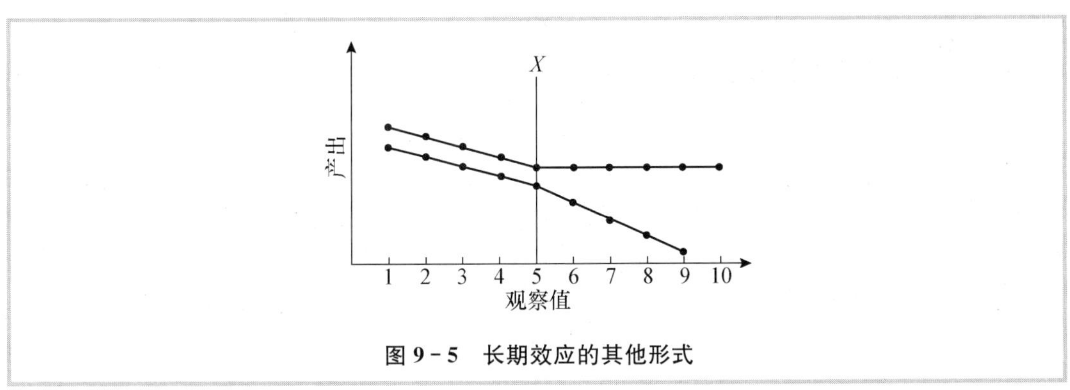

图 9－5　长期效应的其他形式

用非平稳时间序列来确定长期效应的方法与确定短期效应的方法相似，不过有些微小的差异。表 9－2 显示了在该强制保险制度推行前后的数据，根据这些数据来评估强制保险制度的效应。

该分析中的因变量是保险费用。第一个自变量是时间变量，它反映数据中的趋势，正如短期效应分析中的时间变量一样。第二个自变量用来评价趋势线斜率的长期变动。政策变化前，该变量取 0，变化后为一个计数变量（1，2，3，4，5，…）。

表 9-2　　该公司历年的赔偿费用　　单位：元

年份	赔偿费用（Y）	时间（X_1）	计划（X_2）
2004	423 700	1	0
2005	516 900	2	0
2006	593 200	3	0
2007	684 300	4	0
2008	751 200	5	0
2009	814 300	6	1
2010	867 200	7	2
2011	941 300	8	3
2012	995 800	9	4
2013	1 056 700	10	5

然后，利用这些数据进行回归分析，以此来判断对赔偿费用的长期效应。得到的结果如下：

$$\hat{Y}=348\,578+81\,381X_1-21\,329X_2 \quad s_{b_1}=1\,800 \quad s_{b_2}=2\,869 \quad S_{y|x}=6\,510$$
$$R^2=0.99$$

对两个斜率的检验让风险经理了解了保险计划变动带来的效应。第一个斜率说明，在强制保险制度推行之前，赔偿费用每年增长 81 381 元（$t=45.2$）。第二个斜率说明在推行之后，赔偿费用的趋势是逐年递减 21 329 元（$t=7.44$）。这并不意味着赔偿费用真的下降了，而是说它们的增长率低于计划实施以前的增长率。把这两个斜率加在一起［81 381＋(－21 329)］，就可以得到计划实施之后赔偿费用增长率（60 052 元）。这意味着计划实施之后赔偿费用以 60 052 元的速率增长。尽管该数值仍然表明赔偿费用在增长，但与强制保险制度推行前的趋势相比，它在统计上有显著的下降。

注意，短期效应不应当被解释为暂时效应。它是持久效应，但是它的影响是瞬时发生的（在短期内发生）。长期效应也是持久效应，但它的影响在较长时期内发生。

9.1.3　同时考虑短期效应和长期效应

在很多情况下，公共政策既产生长期效应，也产生短期效应。

图 9-6 展示了短期效应与长期效应的一种可能的组合。在这种情况下，产出的短期下降是瞬时发生的，此外，趋势线的长期斜率也下降了。短期效应与长期效应的组合的几种其他形式如图 9-7 与图 9-8 所示。

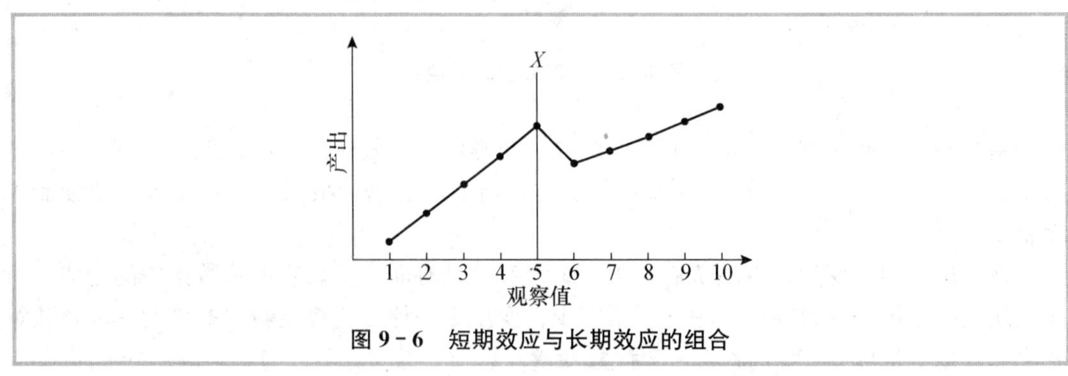

图 9-6　短期效应与长期效应的组合

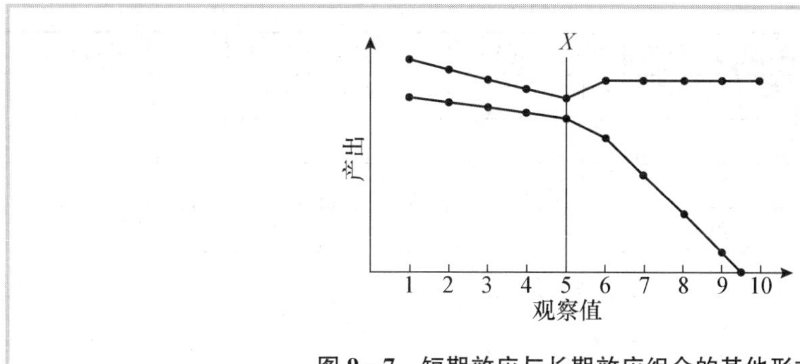

图 9-7　短期效应与长期效应组合的其他形式

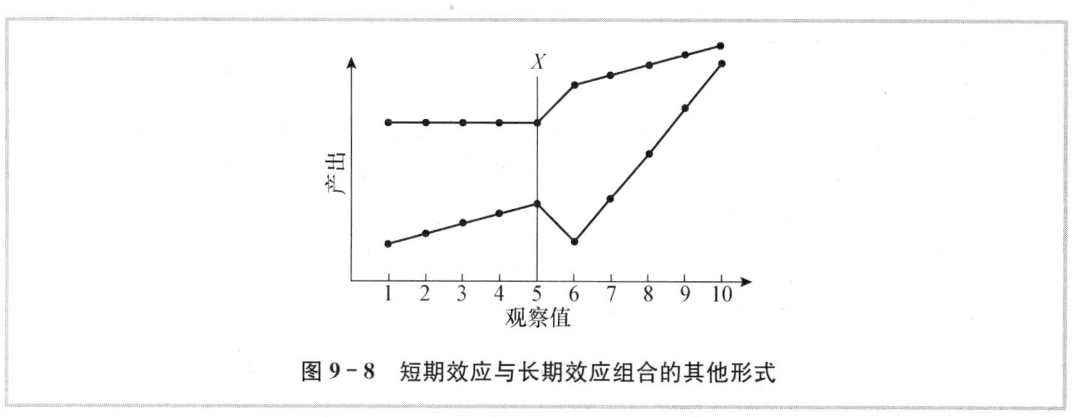

图 9-8　短期效应与长期效应组合的其他形式

下面通过一个案例介绍对短期效应和长期效应同时进行估计的技术。

例 9-1

西滨市警察局局长多次听到来自停车场收费员的反映，说人们非法停车却不购买停车月票。局长觉得应当解决这个问题。他决定专门抽调一批警察来处理那些非法停车的司机。局长认为，新的方案将对停车月票的售出数量产生瞬时效应，而且随着这批警察对工作的熟悉，新的小组还会产生长期效应。根据数据分析这些影响。

新方法实施后，局长等了 8 个星期让计划产生效应。然后他收集了新计划实施以前和实施以后的停车月票的数据（见表 9-3）。

表 9-3　　**西滨市停车月票的售出数量**

星期（X_1）	停车月票（Y）（万张）	短期效应（X_2）	长期效应（X_3）
1	46	0	0
2	39	0	0
3	39	0	0
4	52	0	0
5	55	0	0
6	48	0	0

续前表

星期（X_1）	停车月票（Y）（万张）	短期效应（X_2）	长期效应（X_3）
7	51	0	0
8	54	0	0
9	65	1	1
10	71	1	2
11	74	1	3
12	77	1	4
13	74	1	5
14	82	1	6
15	87	1	7
16	93	1	8

由于星期（周）已经使用数字表示，因此局长把这个变量作为时间趋势变量。然后他建立了两个新的变量，如表 9-3 所示：一个是短期效应变量（X_2），另一个是长期效应变量（X_3）。用这些数据来进行回归分析，结果如下：

$$\hat{Y}=40.18+1.74X_1+7.88X_2+1.80X_3 \quad s_{b_1}=0.63 \quad s_{b_2}=4.10 \quad s_{b_3}=0.88$$

$$S_{y|x}=4.05 \quad R^2=0.96$$

在这三个斜率的基础上，局长做出如下解释：在新计划实施以前，停车月票数量每星期增加 1.74 万张（$t=2.78$）。随着新计划的实施，发放的停车月票数量瞬时增加了 7.88 万张。此外，在新计划实施之后，停车票发放数量每星期增加 1.8 万张（$t=2.03$），因此在新计划实施之后，停车票每星期的总增长量为 3.54（1.80+1.74）。

9.1.4 脉冲效应

在某些情况下，政策对某些产出只产生短期的暂时效应。例如，惩罚酒后驾驶看起来会对 6 个月内的交通事故死亡率产生显著影响（降低 10%左右）。这种短期的暂时效应被称为脉冲效应（pulse effect）。脉冲效应如图 9-9 所示。

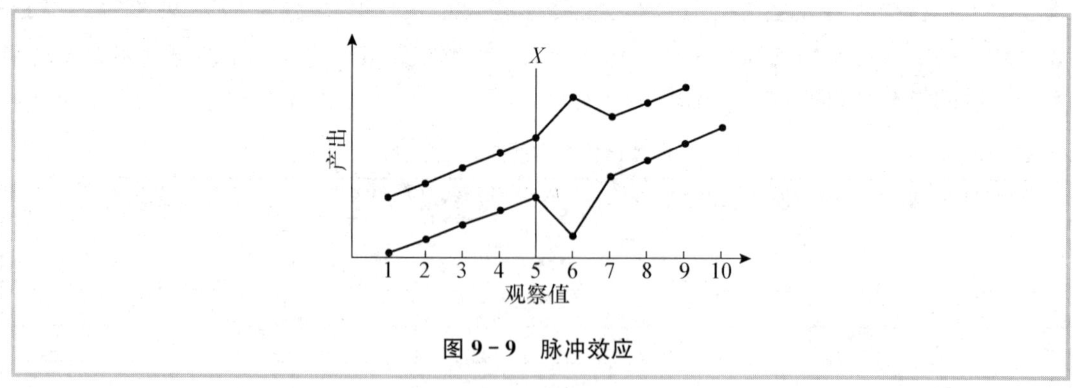

图 9-9 脉冲效应

例 9-2

校团委认为每年 3 月的"学雷锋"活动是好人好事数量剧增的原因。"学雷锋"活动从 3 月 1 日开始，持续到 3 月底结束。团委书记对这个假设很感兴趣，他从数据库中调取了全校每个月登记的好人好事件数。根据数据检验这个假设。数据见表 9-4。

表 9-4　某大学好人好事件数

月份	好人好事件数	趋势（X_1）	脉冲效应（X_2）
1	46	1	0
2	52	2	0
3	105	3	1
4	60	4	0
5	66	5	0
6	68	6	0
7	70	7	0
8	76	8	0
9	79	9	0
10	55	10	0
11	81	11	0
12	86	12	0

团委书记建立了两个自变量。第一个变量是趋势变量（X_1），该变量反映的是好人好事件数的长期增减。第二个变量（X_2）是一个虚拟变量，感兴趣的月份取 1，其他月份取 0。多元回归结果如下：

$$\hat{Y}=45.4+3.52X_1+24.4X_2 \quad s_{b_1}=0.19 \quad s_{b_2}=2.4 \quad S_{y|x}=2.2 \quad R^2=0.99$$

由于团委书记关心的是脉冲效应是否存在，因此他立即检验了第二个回归系数。他发现 3 月的好人好事比简单趋势所预测的多 24.4 件。这个增加是统计显著的（$t=10.2$）。

通常，当检验一项计划时，你应当根据理论决定是否寻找短期效应、长期效应或脉冲效应——如果它们存在的话。如果没有理论，你可以把数据绘图，从而猜测是否存在短期效应、长期效应或脉冲效应。如果没有把握，你可以对三种效应都进行估计（尽管我们通常只估计短期效应和长期效应）。按照这种方法，如果发现其中一种效应不显著，那么就应当剔除不显著的效应后重新进行回归分析。这个过程将使你对确实存在的效应进行更精确的估计。

9.2　非平稳时间序列的应用

9.2.1　利用数据来表示计划变动

到目前为止，在本章所用的非平稳时间序列分析模型中，自变量或者是趋势变量、虚拟变量，或者是某种计数变量。虚拟变量是反映政策或新计划的变动的非常粗略的指标。分析人员通常用更好的测度来反映政策变动。

例 9-3

我们假定政府想了解医疗救助计划对婴儿死亡率是否产生影响。根据下面的数据分析这一问题。

婴儿死亡率（每 1 000 个活产婴儿中的婴儿死亡数）是因变量，分析覆盖的时期为1951—1988 年。在医疗救助计划实施（1965 年）之前，由于营养与医疗水平的普遍改善，婴儿死亡率一直在下降。为了反映改善的一般趋势，引入了一个趋势变量（X_1），1951 年取1，以后每年递增 1。传统的非平稳时间序列会建立两个新的自变量：一个是短期效应（X_2），医疗救助计划实施（1965 年）以后取 1，实施以前取 0；另一个是长期效应，医疗救助计划实施以前取 0，实施以后为一个计数变量（X_3）。这种非平稳时间序列回归的结果如下：

$$\hat{Y}=28.3-0.250X_1-0.871X_2-0.409X_3 \quad s_{b_1}=0.05 \quad s_{b_2}=0.50 \quad s_{b_3}=0.05$$
$$S_{y|x}=0.76 \quad R^2=0.96$$

根据这个回归方程，婴儿死亡率以每年 0.250 的速度下降（$t=4.98$），这个下降是统计显著的。引进医疗救助计划产生了瞬时短期效应，婴儿死亡率下降了 0.871（$t=1.75$），引进医疗救助计划后，长期效应为每年下降 0.409（$t=7.45$）。

检验医疗救助计划对婴儿死亡率的影响的另一种方法是使用医疗救助总支出（单位为不变价百万元）。这种非平稳时间序列分析结果如下：

$$\hat{Y}=28.5-0.250X_1-0.015\,9X_2 \quad s_{b_1}=0.028 \quad s_{b_2}=0.000\,13 \quad S_{y|x}=0.539$$
$$R^2=0.99$$

这个回归方程比前一个方程涵盖了更多的信息。第一个斜率仍然表示 1951 年以来婴儿死亡率每年下降 0.250（$t=8.85$）。但是第二个系数的含义就不同了。医疗救助支出每增加 100 万元，婴儿死亡率就会下降 0.015 9。这个回归使得分析人员对医疗救助计划与婴儿死亡率之间的关系认识得更准确，它表明是医疗救助总支出，而不仅仅是医疗救助计划，对婴儿死亡率有影响。另外，这个方程对婴儿死亡率的预测较前一个方程更为精确，因为该估计的标准误差更小。

9.2.2 控制其他变量

非平稳时间序列分析的一个优点是它允许分析人员对可能影响因变量的其他因素进行控制，方法是把这些因素作为附加的自变量引入分析。

例 9-4

政府非常关心医疗改革的效果，为此 2005 年专门成立了医疗费用监控中心，该中心的任务是降低医疗费用。他们按照工作目标，提出并实施了新的计划，根据数据分析这一计划的作用。

为了确定这一计划是否影响医疗费用，可以把单位为百万元的医疗费用作为因变量，自变量可以包括两个：一个是趋势变量（X_1），每年增加 1；另一个是关于医疗费用监控中心计划的短期效应变量（X_2）。这个估计的问题在于它没有考虑由通货膨胀导致的医疗费用的迅速上涨。只要把通货膨胀的测度引入回归方程，非平稳时间序列分析就可以处理这个问题。本例中，医疗价格的测度（医疗价格指数，以 1997 年为 100）作为第三个自变量（X_3）被引入回归分析。回归结果如下：

$$\hat{Y}=5\,200-122X_1-4\,117X_2+8\,936X_3 \quad s_{b_1}=23 \quad s_{b_2}=567 \quad s_{b_3}=299 \quad S_{y|x}=547$$
$$R^2=0.99$$

医疗价格较大的正系数表明，如果对年份和医疗费用监控中心计划是否生效这两个变量进行控制，则医疗价格指数每提高 1 个百分点，医疗救助费用就会提高 89.36 亿元（$t=29.9$）。第二个系数是人们最为关心的。这个系数表明，如果对年份和医疗价格指数进行控制，则实施医疗费用监控中心计划导致医疗救助费用降低 41.17 亿元（$t=7.25$）。

本例只包含了一个控制变量。如果分析人员认为还有其他因素影响医疗救助费用，则可把这些因素作为控制变量引入回归分析。

9.3　非平稳时间序列的特殊问题

9.3.1　滞后效应

虽然我们一般假设政策自其颁布之日起就发生效用，但是这个假设不是在任何情况下都是合理的。有时候法律在这年颁布，但在下一年实施。在进行时间序列分析时，需要考虑如何合理地假设你的政策被实施或被认为显示出显著影响的时间。如果时间是在年中，那就可以把该年编码为 1。如果无法确定时间，可以试着选取两年或是更多年份作为政策实施年份，看看它们在模型中会产生什么样的影响。下面是一个例子。

1978 年美国最高法院决定禁止大学生在入学上有种族的限制（加利福尼亚大学董事会诉巴基案决议），但是在实践中，这一决议并未得到很好的执行。各所大学仍旧认可这一行为，这意味着种族与民族在入学时仍是被考虑的因素。分析人员决定去研究这一法案对非裔和拉丁裔美国人进入法学院和医学院的影响。他们采用非平稳时间序列方法估计决议长期和短期的影响，同时排除了少数族裔入学许可中，由于其他因素引起的随机变化的影响。

他们收集了法学院和医学院每年非裔和拉丁裔美国人的申请和第一年入学的数据，时间范围在该决议实施前的 5 年和实施后的 10 年。他们同时也收集了全体申请者的数据（假设少数族裔申请者会受到学生对法学院和商学院感兴趣的全国趋势的影响）和联邦助学金的数目（假设申请和入学人数会因为更易获得联邦助学金而增加）。使用虚拟变量表示决议实施前后是否申请和入学，一个对应变量从 1973 年开始，另一个对应变量从 1979 年——巴基案决议实施的第一年——算起，从而估计该决议对申请者或是入学者是否产生短期或长期的影响，或是没有产生任何影响。

一般而言，他们没发现什么影响，他们推测在巴基案决议实施之前少数族裔的入学模式就已经形成了。决议颁布前接受少数族裔入学的机构继续接纳少数族裔（这个观点在他们对入学机构的逐一分析中得以确认）。少数族裔入学人数在巴基案决议颁布之前和之后都有明显的增长。

在分析问题时，我们假设经济发展政策将立即产生效应。然而，有时政策产生的效应会滞后而不是立即出现。例如，1986 年美国大学体育总会（NCAA）提高了对新招募的运动员在教育程度上的要求，但是直到 1990 年，这项政策才对大学毕业的运动员的比率显示出影响（或在那些优秀运动员居多的学校，直到 1991 年或 1992 年才显示出影响）。如果是这样的话，那么对于政策实施后的对应变量，我们就不应把开始实施政策的 1986 年编码为 1，而是应把 1990 年编码为 1，1991 年为 2，等等。对于虚拟变量，也应将 1990 年前编码为 0，1990 年及其以后编码为 1。在对滞后效应处理时，需要考虑政策效应发生前多长时间是合理的，并据此建立起回归方程。

时间序列滞后性的另一项应用是估计自变量对 $t+1$ 时刻的因变量的影响。例如，如果某人要预测失业对低收入大学生入学的影响，他就可以滞后入学变量，从而让模型预测出第一年的失业状况对第二年入学情况的影响，第二年的失业状况对第三年入学情况的影响，等等。当然，变量的滞后可以在一年以上（或其他单位）。

滞后也可以被用于描述一个变量在某一年的影响，对该变量下一年取值的影响。例如，某一年的经济增长对下一年的经济增长有何影响?

9.3.2 自相关

第 6 章指出，回归分析的假设之一是误差项无关。相关的误差或自相关通常只是在时间序列分析中才出现。由自相关引起的问题是斜率的标准误差被低估。自相关会使事实上并不显著的回归系数变得显著，这种不一致的分析会导致第一类错误，并在零假设成立时否定它。也就是说，自相关可以导致斜率看起来是显著的，而事实上它们并不显著。这意味着管理者尽管可能作出一项计划产生了影响的判断，但事实并非如此。

自相关可以用德宾-沃森检验（D -W 检验），大多数回归程序都会输出 D -W 统计量。对于西滨市停车月票发放数量的回归（见表 9 - 3）而言，D -W 统计量为 1.85。如果没有自相关，D -W 统计量接近 2.0；如果有完全的正自相关，统计量为 0；如果有完全的负自相关，统计量为 4。本书附录给出了 D -W 统计量检验边界表，可以用来在 0.05 的显著性水平下检验自相关。在使用 D -W 统计量检验边界表时，需要知道自变量的个数（停车月票一例中为 3）和个案的个数（16）。在表中查找 $k=3$ 个自变量和 $n=16$ 个个案所对应的数值，我们查到两个数字，0.857 和 1.728。较大的数字 1.728，被称为上限（记为 d_U），较小的数字被称为下限（d_L）。如果 D -W 统计量大于 1.728，你在 0.05 的显著性水平下认为不存在自相关。如果 D -W 统计量小于 0.857，你应当在 0.05 的显著性水平下拒绝没有自相关的原假设。如果 D -W 统计量介于 0.857 和 1.728 之间，你不能肯定是否存在自相关。由于 D -W 统计量为 1.85，我们可以以相当的把握认为没有自相关。

记着，D -W 统计量的取值在 0～4 之间变化。D -W 检验的值越接近 2，说明自相关对最终结果的影响越小。通常统计值在 0 到 2 之间，因为趋近于零表明正的自相关（误差项一般是正相关）。对于一个新手而言，接近于 2 是个可以接受时间序列分析的参考值。

如果估计中发现了显著的自相关，就需要采取一些补救行为。这包括通过转换方程中采用的变量来重新评估方程。一些回归程序提供这种转换的选项。还有一系列包含比较全面的时间序列程序，包括 ARIMA、Box-Jenkins 或 Box-Tiao 模型等可以估计趋势自变量的自相关。

9.3.3　一个综合问题：多重共线性

1. 多重共线性的产生

多重共线性（multi-collinearity）是指线性回归模型中的解释变量之间由于存在相关关系而使模型估计失真或难以估计准确。一般来说，由于经济数据的限制使得模型设计不当，导致解释变量间存在普遍的相关关系。完全共线性的情况并不多见，一般出现的是一定程度上的共线性，即近似共线性。两种情况都会对模型进行最小二乘估计，都会产生严重后果。

多重共线性在经济现象中具有普遍性，其产生的原因很多，一般较常见的有以下几种情况：

（1）经济变量间具有相同方向的变化趋势。

在同一经济发展阶段，一些因素的变化往往同时影响若干经济变量向相同方向变化，从而引起多重共线性。如在经济上升时期，投资、收入、消费、储蓄等经济指标都趋向增长，这些经济变量在引入同一线性回归模型并作为解释变量时，往往存在较严重的多重共线性。

（2）经济变量间存在较密切关系。

由于组成经济系统的各要素之间是相互影响、相互制约的，因而在数量关系上也会存在一定联系。如耕地面积与施肥量都会对粮食总产量有一定影响，同时，二者本身存在密切关系。

（3）采用滞后变量作为解释变量较易产生多重共线性。

一般来说，滞后变量与当期变量在经济意义上关联度比较密切，往往会产生多重共线性。如在研究消费规律时，解释变量因素不但要考虑当期收入，还要考虑以往各期收入，而当期收入与滞后收入间存在多重共线性的可能性很大。

（4）数据收集范围过窄，有时会造成变量间存在多重共线性问题。

在运用最小二乘法进行多元线性回归时，不但要检验解释变量间是否存在多重共线性，还要检验多重共线性的严重程度。

2. 多重共线性的检验

检验多重共线性有不显著系数法、拟合优度法、相关矩阵法、Frisch 综合分析法四种方法。

（1）不显著系数法。

情况 1，R^2 很大，t 小。

不显著系数法是利用多元线性回归模型的拟合结果进行检验。如果拟合优度 R^2 的值很大（一般来说在 0.8 以上），然而模型中的全部或部分参数估计值经检验却不显著，那么解释变量间有可能存在较严重的多重共线性。

情况 2，理论性强，检验值弱。

如果从经济理论或常识来看某个解释变量对被解释变量有重要影响，但是从线性回归模型的拟合结果来看，该解释变量的参数估计值经检验却不显著，那么可能是解释变量间存在多重共线性所导致的。

情况 3，新引入变量后，方差增大。

在多元线性回归模型中新引入一个变量后，发现模型中原有参数估计值的方差明显增大，则说明解释变量间可能存在多重共线性。

（2）拟合优度法。

对多元线性回归模型中各个解释变量相互建立回归方程，分别求出各回归方程的拟合优度，如果其中最大的一个接近 1，F_i 显著大于临界值，该变量可以被其他变量线性解释，则其所对应的解释变量与其余解释变量间存在多重共线性。

如设某多元线性回归模型中原有 k 个解释变量 X_1，X_2，…，X_k，将每个解释变量对其他解释变量进行回归，得到 k 个回归方程：

$$\begin{aligned} X_1 &= f(X_2, X_3, \cdots, X_k) \\ X_2 &= f(X_1, X_3, \cdots, X_k) \\ &\vdots \\ X_k &= f(X_1, X_2, \cdots, X_{k-1}) \end{aligned}$$

分别求出上述各个方程的拟合优度 R_1^2，R_2^2，…，R_k^2，如果其中最大的一个 R_i^2 接近于 1，则它所对应的解释变量 X_i 与其余解释变量间存在多重共线性。

（3）相关矩阵法。

$$Y=\beta_0+\beta_1 X_1+\cdots+\beta_k X_k$$

其解释变量之间的相关系数矩阵为：

$$R=\begin{bmatrix} r_{11} & r_{12} & \cdots & r_{1k} \\ r_{21} & r_{22} & \cdots & r_{2k} \\ \vdots & \vdots & & \vdots \\ r_{k1} & r_{k2} & \cdots & r_{kk} \end{bmatrix}=\begin{bmatrix} 1 & r_{12} & \cdots & r_{1k} \\ r_{21} & 1 & \cdots & r_{2k} \\ \vdots & \vdots & & \vdots \\ r_{k1} & r_{k2} & \cdots & 1 \end{bmatrix}$$

因为 $r_{ij}=r_{ji}$，所以上面相关矩阵为对称阵，$r_{jj}=1$，只需考察主对角线元素上方（或下方）某个元素绝对值是否很大（一般在 0.8 以上），就可以判断两个解释变量间是否存在多重共线性。

另外需要特别注意的是，如果相关系数很大，则一定存在多重共线性，如果相关系数很小，不一定没有多重共线性。

（4）Frisch 综合分析法。

Frisch 综合分析法也叫逐步分析估计法，其基本思想是先将被解释变量对每个解释变量作简单回归方程，称为基本回归方程。再对每一个基本回归方程进行统计检验，并根据经济理论分析选出最优基本方程，然后再将其他解释变量逐一引入，建立一系列回归方程，根据每个新加的解释变量的标准差和复相关系数来考察其对每个回归系数的影响，一般根据如下标准进行分类判别：

如果新引进的解释变量使 R^2 得到提高，而其他参数回归系数在统计上和经济理论上仍然合理，则认为这个新引入的变量对回归模型是有利的，可以作为解释变量予以保留。

如果新引进的解释变量对 R^2 改进不明显，对其他回归系数也没有多大影响，则不必保留在回归模型中。

如果新引进的解释变量不仅改变了 R^2，而且对其他回归系数的数值或符号具有明显影响，则可认为引进新变量后，回归模型解释变量间存在严重多重共线性。这个新引进的变量如果从理论上分析是十分重要的，则不能简单舍弃，而是应研究改善模型的形式，寻找更符合实际的模型，重新进行估计。如果通过检验证明存在明显线性相关的两个解释变量中的一个可以被另一个解释，则可略去其中对被解释变量影响较小的那个变量，保留影响较大的那个变量。

3. 多重共线性的处理

多重共线性可用先验信息法、改变变量的定义形式、主成分法、岭回归估计法、逐步回归法等方法处理。

（1）先验信息法。

先验信息法是指根据理论或者其他已有研究成果事前确定回归模型参数间的某种关系，将这种约束条件与样本信息综合考虑，进行最小二乘估计。运用参数间的先验信息可以消除多重共线性。

如对 Cobb-Douglas 生产函数进行回归估计

$$Y=AL^{\alpha}K^{\beta}e^{u}$$

其中，Y、L、K 分别表示产出、劳动力和资本。

由先验信息可知劳动投入量 L 与资金投入量 K 之间通常是高度相关的，如果按照经济理论“生产规模报酬不变”的假定，则

$$\alpha+\beta=1$$

则

$$Y=AL^{\alpha}K^{\beta}e^{u}=AL^{1-\beta}K^{\beta}e^{u}=AL\left(\frac{K}{L}\right)^{\beta}e^{u}$$

$$\frac{Y}{L}=A\left(\frac{K}{L}\right)^{\beta}e^{u}$$

两边取对数

$$\ln\frac{Y}{K}=\ln A+\beta\ln\frac{L}{K}$$

此时，上式为一元线性回归模型，不存在多重共线性问题。

（2）改变变量的定义形式。

在进行回归模型共线性处理时，有时要根据所分析的具体问题及模型的形式对解释变量重新调整，一般有如下几种方法：

1）用相对数变量替代绝对数变量。

如设需求函数为

$$Y=\beta_0+\beta_1 X+\beta_2 P+\beta_3 P_1+u$$

其中，Y、X、P、P_1分别代表需求量、收入、商品价格与替代商品价格，由于商品价格与替代商品价格往往是同方向变动，该需求函数模型可能存在多重共线性。

考虑用两种商品价格之比作解释变量，代替原模型中商品价格与替代商品价格两个解释变量，则模型为如下形式：

$$Y=\beta_0+\beta_1 X+\beta_2\left(\frac{P}{P_1}\right)+u$$

原模型中两种商品价格变量之间的多重共线性得以避免。

2）删去模型中次要的或可替代的解释变量。

如果回归模型解释变量间存在较严重的多重共线性，根据经济理论、实践经验、相关系数检验、统计分析等方法鉴别变量是否重要及是否可替代，删去那些对被解释变量影响不大，或认为不太重要的变量，则可减轻多重共线性。

3）差分法。

对回归模型中所有变量作差分变换也是消除多重共线性的一种有效方法。

如设原回归模型为

$$Y_t=\beta_0+\beta_1 X_{1t}+\beta_2 X_{2t}+u_t$$

模型中解释变量X_{1t}与X_{2t}间存在多重共线性，X_{1t}与X_{2t}都是时间序列资料，对于$t-1$期

$$Y_{t-1}=\beta_0+\beta_1 X_{1,t-1}+\beta_2 X_{2,t-1}+u_{t-1}$$

$$Y_t-Y_{t-1}=\beta_1(X_{1t}-X_{1,t-1})+\beta_2(X_{2t}-X_{2,t-1})+u_t-u_{t-1}$$

得到原模型t期与$t-1$期的一阶差分形式，令一阶差分为

$$\begin{cases}\Delta Y_t=Y_t-Y_{t-1}\\ \Delta X_{1t}=X_{1t}-X_{1,t-1}\\ \Delta X_{2t}=X_{2t}-X_{2,t-1}\\ \Delta u_t=u_t-u_{t-1}\end{cases}$$

可以得到一阶差分模型

$$\Delta Y_t=\beta_1\Delta X_{1t}+\beta_2\Delta X_{2t}+\Delta u_t$$

这里的解释变量不再是原来的解释变量而是解释变量的一阶差分，即使原模型中存在严重的多重共线性，变换后的一阶差分模型一般也可以解决此类问题。

值得注意的是，差分变换法也有一定的负面作用。由于$\Delta u_t=u_t-u_{t-1}$，$\Delta u_{t-1}=u_{t-1}-$

u_{t-2}，…，而 Δu_t 与 Δu_{t-1}，Δu_{t-2} 等必然相关，因此差分变换法在减少多重共线性的同时，却带来了随机扰动项序列相关问题。

（3）主成分法。

1）含义。

主成分法是通过线性变换，将原来的多个指标组合成相互独立的少数几个能充分反映总体信息的指标，从而在不丢掉重要信息的前提下避开变量间共线性问题，便于进一步分析。在主成分分析中提取出的每个主成分都是原来多个指标的线性组合。比如有两个原始变量 X_1 和 X_2，则一共可提取出两个主成分：

$$\begin{cases} Z_1 = b_{11}X_1 + b_{21}X_2 \\ Z_2 = b_{12}X_1 + b_{22}X_2 \end{cases}$$

原则上如果有 n 个变量，则最多可以提取出 n 个主成分，但如果将它们全部提取出来就失去了该方法简化数据的意义。一般情况下提取出 2～3 个主成分（已包含了 90%以上的信息），其他的可以忽略不计。

2）基本原理。

主成分分析的基本原理是将解释变量转换成若干个主成分，这些主成分从不同侧面反映解释变量的综合影响，并且互不相关。因此，可以将被解释变量关于这些主成分进行回归，再根据主成分与解释变量之间的对应关系，求得原回归模型的估计方程。

（4）岭回归估计法。

1）含义。

岭回归分析实际上是一种改良的最小二乘法，是一种专门用于共线性数据分析的有偏估计回归方法。如果回归模型的假定得不到满足，则 β 的最小二乘估计的优良性质将遭到严重破坏；如果诸 X 之间有完全的共线性，则它们的回归系数是不确定的，并且它们的标准误没有定义；如果有高度共线性，回归系数有较大的标准误，系数的总体值不能准确地加以估计，将导致回归系数的方差扩大。霍雷尔（A. E. Horel）提出了岭回归估计方法，该方法放弃最小二乘的无偏性，损失部分信息，以放弃部分精确度为代价来寻求效果稍差但更符合实际的回归方程。故岭回归所得剩余标准差比最小二乘回归要大。

2）基本原理。

岭回归分析的基本思想是当自变量间存在共线性时，解释变量的相关矩阵行列式近似为零，$X'X$ 是奇异的，也就是说它的行列式的值也接近于零，此时最小二乘估计将失效。此时可采用岭回归估计。岭回归就是用（$X'X+kI$）代替正规方程中的 $X'X$，人为地把最小特征根由 $\min \lambda_i$ 提高到 $\min$（λ_i+k），希望这样有助于降低均方误差。这时 β 的岭估计定义为

$$b(k)=(X'X+kI)^{-1}X'Y$$

上式作为 β 的岭估计，当 $k=0$ 时即为通常所说的最小二乘估计。当 $k\to\infty$ 时，$b(k)\to 0$，一般情况下，k 取 0 到 1 之间的数值。

（$X'X+kI$）表示在 $X'X$ 的矩阵对角线上每个元素都加上一个正数，就像形成一个山脊一样，用式 $b(k)$ 来估计 β，这种估计参数的方法，称为岭回归估计法，k 为岭回归

系数。

在岭回归分析中关键问题是如何选择 k 值，迄今为止，已有十余种选择 k 值的方法，但没有一种方法被证明为显著地优于其他方法。

岭回归估计法是 20 世纪 70 年代以后发展起来的，在计量经济学中还是新方法，无论方法本身还是实际应用都还很不完善。

（5）逐步回归法。

1）含义。

逐步回归法是指利用被解释变量 Y 对每一个解释变量 X_i 作一个回归方程，构造统计量，进行统计检验，并根据相应的理论进行解释，从中选取最优的回归方程；然后逐步引入其他的解释变量，再作相应的回归方程，扩大模型的规模，同时对所有解释变量的回归系数进行检验。

2）具体要求。

引入新变量后，判断拟合优度 R^2 是否提高，如果 R^2 改进，但统计检验不显著，则可以剔除该变量，或者调整模型。

本章小结

在现实中，非平稳时间序列大量存在，本章首先介绍了非平稳时间序列的基本概念与用途，接着讲述了短期效应、长期效应、脉冲效应、滞后效应的分析方法，然后介绍了用多元回归分析来估计政策或计划的影响，最后分析了滞后效应、自相关、多重共线性等特殊问题的处理。

关键术语

短期效应　　长期效应　　脉冲效应　　滞后效应　　自相关　　多重共线性

复习思考题

1. 麦迪逊市需要从市民口袋中挤出更多的税收。市里决定，每呼叫一次救护车，就征收 200 元的税。它知道健康与汽车保险公司会为那些购买保险的个人支付这笔费用。一种担心是，当救护车到达之后，如果被告知要缴纳这笔费用，人们将不用救护车，这种情况被称为空跑。为了评价新的收费对空跑百分比的影响，收集了 80 个月的月度数据。自变量为：X_1，它是月度波动变量（夏季呼叫救护车最为频繁）；X_2，趋势变量，第一个月取 1，最后一个月取 80；X_3，长期效应变量，在征收 200 元之前取 0，征收之后为一个计数变量（如 1，2，3，4，…）。回归方程如下：

$$\hat{Y}=1.82+21.29X_1+0.026X_2+0.55X_3 \quad s_{b_1}=3.14 \quad s_{b_2}=0.0095 \quad s_{b_3}=0.15$$

$$S_{y|x}=1.74 \quad R^2=0.57$$

不考虑第一个自变量。请解释其他的斜率和 R^2。

2. 航空管理局的首席分析师想知道已取消的某航空规则是否对航线安全有影响。他使用每年的近误（near miss，指两架飞机飞到彼此相距一定英尺的范围内）数量作为航线安全的测度。利用1960—1992年的数据，分析师收集了如下自变量：X_1，一个计数变量，1960年为1，每年增加1；X_2，长期效应变量，管制取消（1978年）以前取0，取消之后每年增加1；X_3，一个对经济状况的控制变量，国民生产总值相对于上一年的百分数增长率（经济状况越好，人们乘飞机的次数越多）。回归结果如下：

$$\hat{Y}=137.1+15.9X_1+12.3X_2+26.1X_3 \quad s_{b_1}=1.2 \quad s_{b_2}=14.6 \quad s_{b_3}=3.2$$
$$S_{y|x}=20.1 \quad R^2=0.93 \quad n=33$$

解释斜率、截距和判定系数。对斜率进行显著性检验。关于该航空规则的取消你有什么看法？

3. 警察局局长想知道自1984年通过了一个关于持有毒品的强硬的法律以后，威德县因涉嫌毒品被捕的人数是否增长了。其因变量是因涉嫌毒品被捕的人数。自变量有3个：X_1，趋势变量，第1年为1，以后每年增加1；X_2，短期效应变量，1984年以前取0，以后取1；X_3，长期效应变量，1984年以前取0，随后每年增加1。回归结果如下：

$$\hat{Y}=546.5-5.1X_1+67.2X_2+4.3X_3 \quad s_{b_1}=0.92 \quad s_{b_2}=17.3 \quad s_{b_3}=1.3$$
$$S_{y|x}=34.1 \quad R^2=0.99 \quad n=32$$

解释斜率和判定系数。对斜率进行显著性检验，并解释这个方程关于毒品法的含义。

4. 依波市的环卫总工程师希望评价回收法对依波市垃圾收集的影响。法律禁止将庭院垃圾任意扔在垃圾桶内。如果这项法律有影响，那么收集的垃圾数量就会下降。已经得到了每周的垃圾收集数据。因变量是垃圾收集总吨数。自变量为：X_1，上一周的降水厘米数（如果下雨，草就会长得更快）；X_2，上一周的平均摄氏温度（天气越暖和，草长得越快）；X_3，短期效应变量，回收法生效以前取0，生效以后取1。回归结果如下：

$$\hat{Y}=12\,405+140X_1+7.4X_2-575X_3 \quad s_{b_1}=31 \quad s_{b_2}=2.0 \quad s_{b_3}=45 \quad S_{y|x}=327$$
$$R^2=0.63 \quad n=75$$

解释斜率、截距和判定系数。对斜率进行显著性检验，并解释这个方程关于回收法的含义。

5. 婴儿死亡率是衡量一个国家总体保健状况的很好的指标。下面的回归把1951—1989年美国的婴儿死亡率（每1 000个活产婴儿中死亡的婴儿数）作为因变量。自变量为 X_1，趋势变量，第1年为1，以后每年增加1；X_2，联邦医疗救助计划（一个保健计划）的支出总额，单位为百万元；X_3，妇女、婴儿与儿童的联邦附加计划（WIC，一个营养计划）的支出总额。

$$\hat{Y}=28.32-0.260\,17X_1-0.001\,38X_2+0.002\,11X_3 \quad s_{b_1}=0.003\,65 \quad s_{b_2}=0.000\,17$$
$$s_{b_3}=0.001\,13 \quad S_{y|x}=0.12 \quad R^2=0.99 \quad n=39$$

解释斜率、截距和判定系数。对斜率进行显著性检验，并解释这个方程关于医疗救助计划与 WIC 计划对婴儿死亡率的影响的含义。

6. 佛罗里达州通过了一项新的判决法，提高了对于与毒品有关的犯罪的处罚。州立法研究局希望知道法庭是否执行这项法律。研究局使用的因变量是如果初次触犯毒品法的疑犯被认定销售毒品，被判入狱的平均月数。自变量为：X_1，趋势变量，研究的第 1 个月为 1，以后每月增加 1；X_2，短期效应变量，新法律生效以前取 0，生效以后取 1；X_3，长期效应变量，新法律生效以前取 0，随后是一个计数变量（1，2，3，…）。回归结果如下：

$$\hat{Y}=24.52-0.13X_1+27.4X_2+2.15X_3 \quad s_{b_1}=3.15 \quad s_{b_2}=2.36 \quad s_{b_3}=4.53$$
$$S_{y|x}=5.4 \quad R^2=0.88 \quad n=75$$

解释斜率和判定系数。对斜率进行显著性检验，并解释这个方程关于新判决法的影响的含义。

7. 为确定安全带法对交通死亡事故的影响，你掌握了此法令实施前 20 年和实施后 10 年交通死亡事故的数据，所以你决定进行非平稳时间序列分析。

（1）列出此分析的基本方程。

（2）在解释安全带法对交通死亡事故状况的改变时，方程中的各项具有什么含义？

（3）需要采用哪些控制变量来减少对内部效度的不利影响？

8. 假设你进行了一个非平稳时间序列分析。政策在 1990 年实施。你的时间序列从 1982 年开始，到 1997 年结束。假设政策一经颁布就产生影响。那么政策实施前后的虚拟变量（x_d）的值，实施后对应变量（x_p）的值，时间推移的对应变量（x_t）的值，在如下的年份应该分别是多少？

（1）1982 年　　（2）1989 年　　（3）1990 年　　（4）1997 年

9. 假设你进行一个非平稳的时间序列的分析。政策于 1990 年实施。你的时间序列从 1980 年开始，到 2000 年结束。假设政策实施 2 年后产生影响。那么政策实施前后的虚拟变量（x_d）的值，实施后对应变量（x_p）的值，时间推移的对应变量（x_t）的值，在如下的年份应该分别是多少？

（1）1980 年　　（2）1990 年　　（3）1992 年　　（4）2000 年

10. 假设对美国某州 1985 年颁布的手枪控制法的情况进行分析，得出如下回归结果：

$$Y=10+5x_t-0.01x_d-5x_p+e$$

式中，　Y＝每 10 万人口中谋杀的数目；

x_t＝时间推移对应变量：1969＝1，1970＝2，…，2001＝33；

x_d＝虚拟变量：政策实施前为 0，政策实施后为 1；

x_p＝政策实施后对应变量：实施前为 0，实施后为 1，…，n。

（1）计算手枪控制法实施前每年谋杀率的变化值。

（2）计算手枪控制法实施后每年谋杀率的变化值。

（3）计算由于手枪控制法产生的谋杀率的短期变化值。

（4）依据此方程的测量，描述一下手枪控制法对谋杀率的影响。

（5）对于给定的某州，在检验手枪控制法对自杀率的影响时，还需要引入其他什么控制变量？

11. 假设你在进行如习题 8 所述的非平稳时间序列分析。因变量是每 10 万英里驾驶中的交通事故率。实施的政策是 1990 年通过的新法律：对被控酒后驾驶罪名成立的人强制监禁。

（1）用计算机程序设计一个多元回归，运用表 9－5 所示的交通事故数据，计算该项政策的长期和短期效应。

（2）描述一下新的酒后驾驶法产生的长期和短期效应。

表 9－5　　每行驶 100 000 英里的交通死亡率

年份	死亡率（%）	年份	死亡率（%）
1982	3.2	1990	6.2
1983	4.1	1991	6.7
1984	5.5	1992	6.9
1985	4.9	1993	6.5
1986	5.7	1994	7.0
1987	6.2	1995	6.3
1988	6.0	1996	6.8
1989	6.8	1997	6.7

第 10 章

其他多变量分析技术

引例

有些时候我们遇到中介变量的问题，即自变量对因变量的影响不是直接的，而是通过中介变量对因变量形成影响。例如，一般而言，货币政策主要有三个层次的变量：工具变量、中介变量、目标变量。在货币政策的传导过程中，中央银行通过直接控制工具变量来操纵中介变量，达到间接影响目标变量的目的。对这类问题需要进行因果分析。

如果多元回归的某些假定无法得到满足，因变量的取值只有 2～3 个类别就是这种情况。例如考试通过或没通过，对某个意见同意或不同意，随意迟到现象减少或没减少等等，需要用到 probit 分析技术。

logistic 回归在流行病学中应用较多，比较常用的情形是探索某疾病的危险因素，根据危险因素预测某疾病发生的概率，等等。例如，想探讨胃癌发生的危险因素，可以选择两组人群，一组是胃癌组，一组是非胃癌组，两组人群肯定有不同的体征和生活方式等。这里的因变量就是是否患胃癌，即“是”或“否”，为两分类变量，自变量就可以包括很多了，例如年龄、性别、饮食习惯、幽门螺杆菌感染等。自变量既可以是连续的，也可以是分类的。通过 logistic 回归分析，就可以大致了解到底哪些因素是胃癌的危险因素。

事件史分析是指近年来国际学术界发展最为迅速的小样本分析技术。分析人员有时除了检查事件是否发生，也需要检查事件何时发生。事件史分析是一种定量分析方法，它是运用离散状态、连续时间的随机模型分析纵贯性数据的一些统计分析方法的集合。简单的理解就是研究“事件发生的方式和相关因素”，也就是研究个人特征变量、环境变量或制度性变量在变化的时空中是如何影响一些事件的发生概率的。事件史分析是研究事件及其起因的最理想的方法，因为它既能处理“删截”问题，也能处理“时变变量”（time-varying explanatory variables，也称为“动态变量”）问题。传统的研究方法中出现的主要问题都是由这两个因素导致的。因此，事件史分析的优越性就体现在它突破了 OSL（普通最小二乘法）回归模型和生命表技术等传统分析方法所存在的一些缺陷。

本章学习要点

- 因果分析的思路与方法
- logistic 回归
- probit 回归
- 事件史分析

10.1 因果模型

10.1.1 因果分析的逻辑

例 10－1

假设你正在检验性别是否会影响议员对扩大妇女权利议案的投票。女性议员真的比男性议员更支持有关妇女权利的议题吗？

在这个研究中，需要引入某些性别以外肯定会影响投票行为的因素，如议员的党派身份，议员所在选区选民的特点（例如，他代表的是社区、城市还是农村，与此类似还有社区的种族、宗教、社会阶级构成等）。

开始时可以先形成一个有关妇女权利议题投票行为的量表，然后，利用上述自变量对它进行回归分析。因果关系如图 10－1 显示。假定所有变量都直接影响投票行为。在这些限制条件下，可以发现议员的性别对投票行为没有影响。这个结论能使我们满意吗？

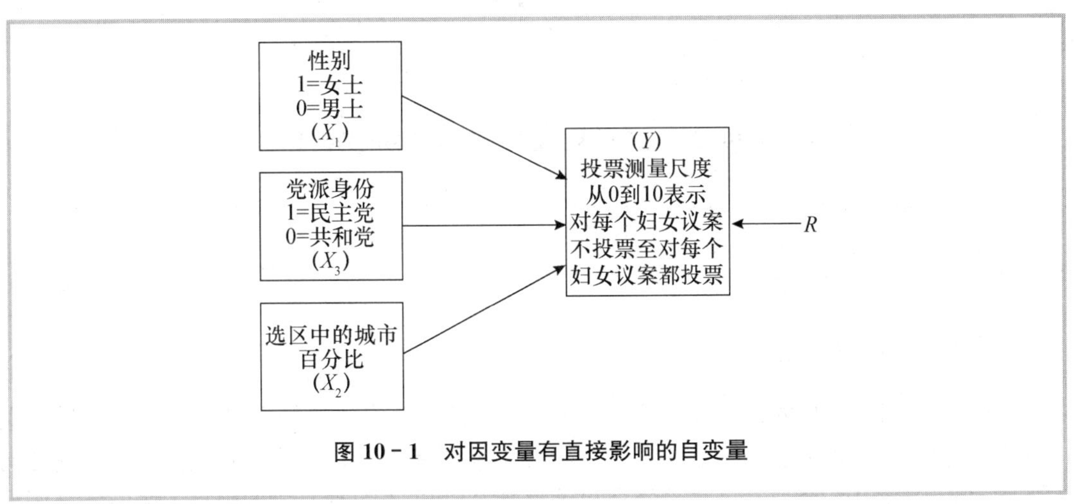

图 10－1 对因变量有直接影响的自变量

说明：这个图说明了回归方程：$Y=a+b_1X_1+b_2X_2+b_3X_3+e$

答案也许是否定的。这是因为自变量彼此之间也许有关联。特别是性别也许会通过党派身份影响投票行为。妇女也许比男人更愿意加入民主党。只有控制了党派身份变量，才能控制住性别差异的影响。如果性别影响党派身份，对这种影响的测量会湮没在党派身份的影响中。

类似这样的模型中某些自变量是另一些自变量的结果。这些作为其他自变量结果的自变量被视为**内生变量**（endogenous variables），而单纯作为原因出现的其他自变量则被称为**外生变量**（exogenous variables）。

让我们考虑一组假设关系来说明这些要点。例如，可以将图 10-1 的因果关系模式化。在图 10-2 中，我们假设性别对投票行为有**直接影响**（direct effect）（路径 a），但同时也假设性别通过党派身份对投票行为有一定**间接影响**（indirect effect）（路径 b 和 c）。那么在因果模型中直接影响是这样一种路径，它直接作用于两个变量之间（这个模型中其他的直接影响发生在这样的两两变量之间：性别与党派身份、城市百分比与党派身份、城市百分比与投票行为以及党派身份与投票行为等）。因果模型中的间接影响是通过一个或多个变量连接两个变量的路径。除了性别通过党派身份对投票行为的间接影响外，城市百分比也通过党派身份对投票行为有间接影响。

性别和城市百分比是外生变量，在模型中它们不受其他变量的影响。党派身份和投票行为由于被假设至少部分受模型中其他变量的影响，故是内生变量。

鉴于一个回归方程描述了图 10-1 中的关系，为了描述图 10-2 中的所有关系就需要两个方程。其中一个描述每一个变量对投票行为的直接影响，另一个描述性别和城市百分比对党派身份的影响。这些方程见图 10-2 的“说明”。

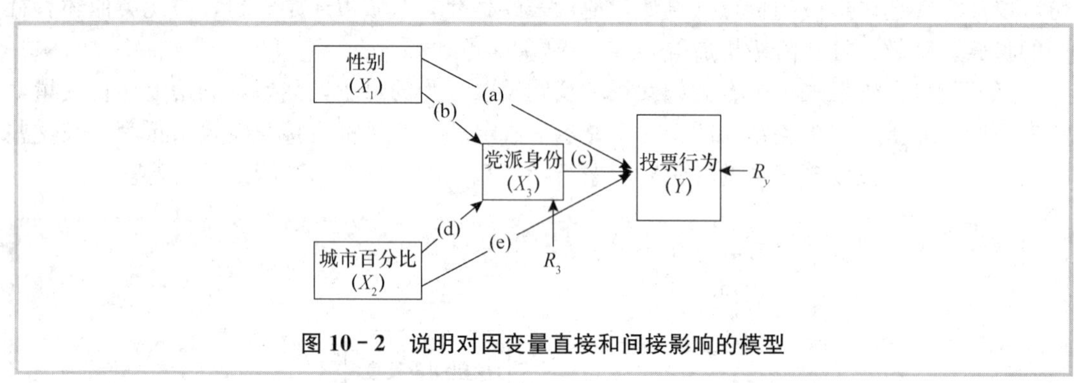

图 10-2　说明对因变量直接和间接影响的模型

说明：这个模型是对下列方程的图解：

$$Y=a+b_1X_1+b_2X_2+b_3X_3+e$$
$$X_3=a+b_1X_1+b_2X_2+e$$

10.1.2　构造因果模型

表述一个因果模型的结构并不困难，因变量一般位于右边。被假设对另一个变量产生影响的变量，用一条带箭头记号的直线连接，称作**路径**（path），箭头指向假设的作用方向（例如，图 10-2 中一条路径连接着性别和投票行为）。当不包括暗含的因果关系时，被假设为相关的变量用一条两头都有箭头的曲线相连。由于没有假设具有相关关系，因此，图 10-2 中性别和城市百分比没有被连接。然而，如果我们认为女性议员或多或少比男性议员更可能来自城市选区，那就可以用带箭头曲线连接这两个变量了。模型中由 R 指向每个内生变量的附加箭头表示没有被包括在模型中的其他变量的影响。R 代表残差或误差项。

因果模型依据的理论要比建立模型的具体方法更复杂。因果模型并不能证明因果性。因果性检验需要用到格兰杰因果检验等方法分析。只是由于你假设了性别影响党派身份，你就通过分析去发现它们之间的关联性，但你还是没有证明因果方向如你假设的那样。在这个案例中，由于党派身份不太可能影响性别，你或许有理由认为自己的假设是正确的(除非推进变性手术成为某个政党的政纲条款)。然而，在有些案例中，变量关联性的因果方向并不总是清晰的。

在运用因果模型前，你应该对正在检验的模型有信心。每一个连接都应仔细地考察并证明其合理性。

计算出来的路径系数在模型中如图 10－3 所示。尽管 R 值的表示并不总是如此，但一般 R 值应包括在模型中。

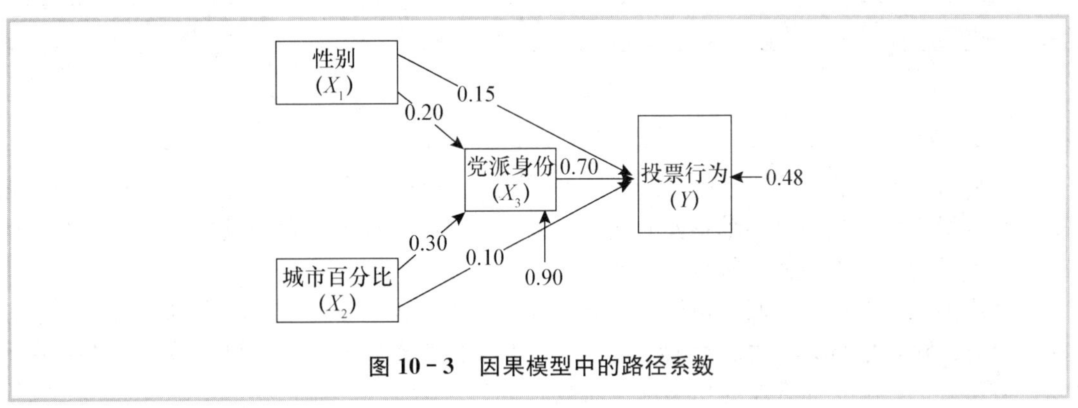

图 10－3　因果模型中的路径系数

10. 1. 3　因果模型的计算结果

假定已经证明了图 10－2 中假设的模型的合理性。这说明性别是党派身份具有因果意义的前因，同时选区中城市居民的比例影响代表的党派身份，即妇女和城市议员更可能是民主党员。为了估计直接和间接影响，我们计算图 10－2“说明”中的回归方程。换句话说，就是估计路径 a、c 和 e，即以性别、城市百分比和党派身份对投票行为的回归估算。同时估算路径 b 和 d，即以性别和城市百分比对党派身份的回归估算。每个关系的 β 系数如图 10－3 所示。

我们看到性别和城市百分比中等程度地与党派身份、较低程度地与投票行为相关联，换句话说，党派身份与投票行为关联性较强。在假设的案例中，民主党要比共和党更倾向于投票支持妇女权利议题。党派身份影响的 β 系数较大（0.70），其他因素（如性别和城市百分比）对投票行为的影响较小。

如果仅局限于这一回归模型——利用性别、城市百分比和党派身份做的回归，那么就可以得出结论说性别和城市百分比对投票行为只有有限的影响。将性别对党派身份（0.20）与党派身份对投票行为（0.70）的路径系数相乘，可以得出间接影响的数值为 0.14。于是我们可以说性别通过党派身份对投票行为的间接影响为 0.14，另外，性别对投票行为的直接影响为 0.15。同样，可以计算出城市百分比通过党派身份对投票行为的间接影响为 0.21（0.30×

0.70），直接影响为 0.10。那么对于性别和城市百分比而言，它们的间接影响大于直接影响。

随后我们可以计算这三个变量中的每一个对于投票行为的总影响（total effects）。每个变量总的影响是直接影响和间接影响之和。有时制作一个类似表 10－1 的一览表是有用的。作为对模型的检验，任意两个变量间的相关应是连接它们的直接和间接路径之和。表 10－2 包含了每个变量与投票行为的双变量相关，并表明模型具有相当好的拟合优度。

表 10－1　对有关妇女议题投票行为的直接、间接和总的影响

	影响		
	直接	间接	总和
性别	0.15	0.14	0.29
城市百分比	0.10	0.21	0.31
党派身份	0.70		0.70
$R^2=0.52$			

表 10－2　因果模型拟合优度检验

	模型预测的影响	观察到的相关性
性别	0.29	0.31
城市百分比	0.31	0.33
党派身份	0.70	0.71

如果模型预测的直接影响与观察到的相关性有很大的差异，则意味着模型是不正确的。而这很有可能是因为某个重要的变量，或几个变量没有被包含在模型中。需要将这些变量计入模型，并重新估计所有的路径。

使用因果模型使得我们在探讨有关妇女权利议题的投票行为时，可以校正有关性别和城市百分比对投票行为产生影响的结论。它们并非仅有次要的影响，可以看到它们对党派身份有重要的影响，而党派身份又影响着投票行为。

10.1.4　因果模型的其他问题

估计路径系数时，究竟是采用标准化还是非标准化回归系数，分析人员存在不同的看法。我们在这里使用的是 beta（标准化回归系数）值，但有些分析人员认为非标准化系数更合适。然而，由于更经常使用的是 beta 值，故采用 beta 值是比较保险的。

在一些模型中，从一个变量到另一个变量的因果流向不是直线型的（一个方向），变量之间存在相互的因果流向，我们称这种模型为非递归的（norecursive）。因果流向都朝一个方向的模型（如我们的例子）称为递归的（recursive）。非递归模型如图 10－4 所示。

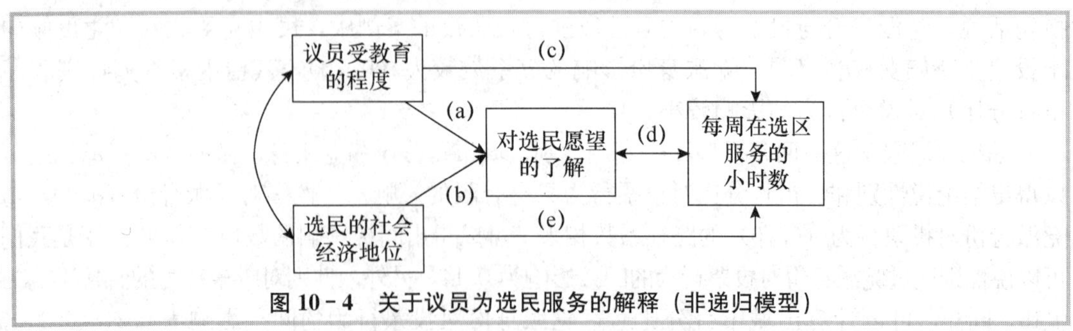

图 10－4　关于议员为选民服务的解释（非递归模型）

双向关联（两个方向）是通过双向箭头表示的，即路径 d。这里非递归模型说明了议员每周用来为选民服务的时间，与他对选民希望得到多少服务时间的了解是相关的。可以假设当议员意识到他的选民希望得到服务时间是多少时，他会调整自己的行为。如果选民们需要更多的个人服务，议员就会提供更多的服务以提高他们再次获选的机会。当然你也会设想议员花费在选民服务上的时间会影响他对选民意愿的理解。某一议员很愿意为选民服务，并且花费了很多时间去做，他就会形成这样一种意识，他所提供的服务是选民们需要的。而另一个议员，喜欢制定政策胜过喜欢为选民服务，他就会花较少的时间在选民服务上，并且形成选民们不需要增加服务的意识。

因果模型中的双向关系使我们的评估过程更为复杂。估计双向关系的技术，例如两段最小平方法（two-stage least squares）不在本书的论述之中，但是你需要知道并非所有的因果模型都是纯粹单向的模型。

因果模型中的间接影响比我们刚刚提供的那个例子要复杂得多。例如在因果链中会有三个甚至更多的自变量，并且每个自变量都会产生一个以上的间接关联，如图 10－5 所示。

这里性别对投票行为产生的间接影响可以单独通过意识形态，也可以通过意识形态和党派身份，也可以单独通过党派身份。相同的模式也存在于城市百分比对于投票行为的间接影响中。在这些情况中，性别总的间接影响是性别经过意识形态和政党到投票行为的不同路径的总和。总的影响等于总的间接影响加上直接影响。不难看出，随着模型中变量的增多，因果模型会立刻变得复杂起来。

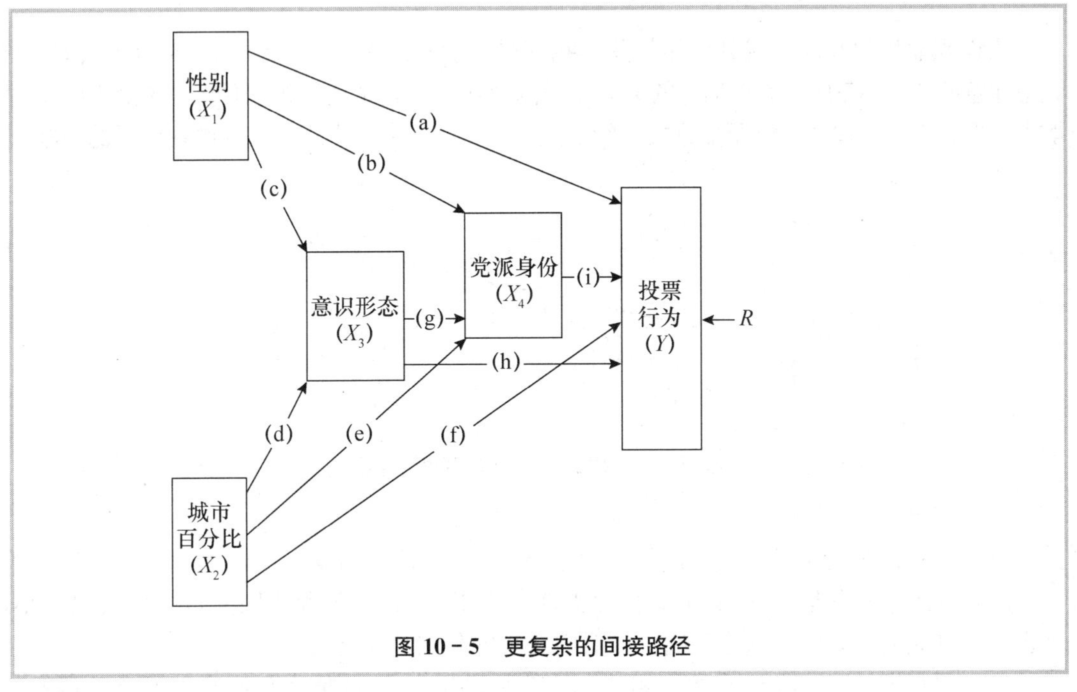

图 10－5 更复杂的间接路径

说明：这个模型是对下列方程的图解：

$Y=a+b_1X_1+b_2X_2+b_3X_3+b_4X_4+e$

$X_3=a+b_1X_1+b_2X_2+e$

$X_4=a+b_1X_1+b_2X_2+b_3X_3+e$

简单模型特别容易计算和解释。然而，越复杂的模型对于你理解一组关系越能产生好的效果。

通常分析人员会因为一些路径不显著而将其从最终的模型中剔除。在大多数案例中我们用此来简化模型。当然如果你将一些与因变量直接关联的变量剔除了，那么通过这个变量与因变量间接关联的路径也会消失。不过事实不像听起来那么严重。如果自变量与因变量之间的路径弱到已无显著性，那么通过这个路径所产生的任何间接影响就更弱了。纯化论者不太敢剔除路径，因为这样模型就不会被完全报告了。一些人称此举为“理论修剪”，他们主张如果你的理论认为这种联系是存在的，那么这些联系就应该被报告。尽管如此，这种删减了的模型在文献中还是经常出现。为了避免忽略某些联系，模型至少应再计算一下。大家达成的共识是，即使在图表中会剔除掉一些变量，但你应该报告初始模型中的全部变量。

10.2 probit 分析

Probit 适用于因变量是分类较少的定序变量情况下的一种分析技术，主要是为了处理小样本情况下的二分因变量而开发的。它也可以被用于处理因变量是三个或更多定序分类的情况。但如果因变量有五个或更多的定序类别，就应采用普通的回归技术了。

10.2.1 多元回归使用二分因变量的问题

假设职业培训与能否找到工作相关。我们很可能画出一个类似图 10－6 的散点图。首先应注意的是 x（完成职业培训）的值只能预测因变量的两个值，被雇用或未被雇用。这个散点图看起来并不像两个定距变量之间的散点图。在计算回归直线时，会出现以下的问题：

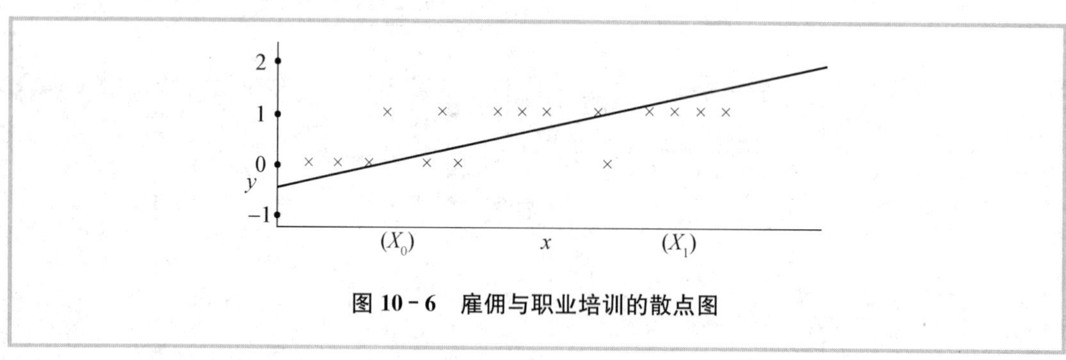

图 10－6 雇佣与职业培训的散点图

（1）有些预测是无意义的。例如，大于 X_1 的 x 值预测因变量的值会比 1 大。这是不可能的，因为 y 只能取 0～1 的值。与此类似，小于 X_0 的 x 值预测因变量的值会比 0 小，这也是不可能的。因此，这个回归模型对因变量的预测是无意义的。

（2）预测中的误差都与 x 的值相关。这就是说超过 X_1 的值在预测中的所有的误差都是负的。这意味着 x 变量的预测结果高于实际发生的情况。低于 X_0 的值在预测中的误差都是正的。因此当实际值等于 0 时，x 变量预测的值都小于 0。x 的值与误差的相关性违背了回归假设：误差是随机分布在自变量每个取值周围的。

(3) 在已获得雇佣的成功案例中加入一些 x 值更高的案例，却导致直线变得更为平缓，这意味着本应该更强的相关性减弱了。

10.2.2　probit 的计算与分析

这些变量间关系如果用图 10－7 所示的 S 形曲线来表示，要比用普通最小二乘回归中的直线表示好得多。因为，对于 S 曲线来说不管你如何延伸它，它都不会超过 1 或是小于 0。probit 就是以这种曲线来表示的技术。

probit 分析是用极大似然估计（maximum likelihood estimates，MLE）求出系数，它看起来有些像回归系数。用标准误差除以 MLE 得到的 t 值，可以利用 t 分布表检验系数的显著性水平。

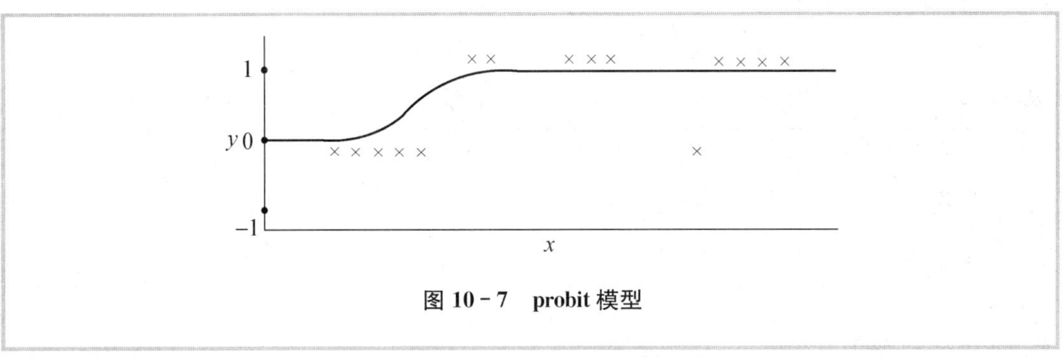

图 10－7　probit 模型

然而，对于 MLE 没有类似回归系数那样简单的解释。在一个回归方程 $y=0.4+0.05x$ 中，我们可以看到 x 每增加一个单位，y 的值就增加 0.05。但 probit 方程内同样的系数却有不同的解释。probit 的解释为每变化一个单位的 x，y 的 z 值就会有 0.05 的变化。如果要知道 z 值所对应的概率，需要查 z 分数表。

计算机软件也会计算出 probit 回归的 R^2，但 R^2 并不是用与回归同样的方法计算的，一般是用方程的卡方值与个案数的和除以卡方值得到 R^2。一般的计算机软件会提供 probit 的卡方值。

10.2.3　将 probit 系数转换成概率

由于 probit 系数表示的不是因变量自身的变化，而是因变量的 z 值的变化，所以因变量的实际变化取决于 z 值的实际变化。这可以通过检验 z 值表加以说明。表 10－3 是三个 z 值发生 0.10 变化的结果：

表 10－3　z 值与概率的转换

初始的 z 值	加上 0.10 的 z 值	概率的变化	计算*
0.00	0.10	0.039 8	0.039 9～0.000 1
1.00	1.10	0.023 0	0.364 3～0.341 3
2.50	2.60	0.001 6	0.495 3～0.493 7

* 在本书附录的正态分布表中，z 值为 0.1，对应的概率是 0.039 9，z 为 0 的概率是 0。

在第一个结果中，z 值从 0 提高到 0.1，这 0.1 的变化代表了约 0.04 的概率；第二个结果从 1.0 增加到 1.1，概率值约等于 0.02；第三个结果从 2.5 增加到 2.6，概率几乎为 0。因此，仅仅知道 z 值是无法了解自变量给因变量所带来的数量变化的，我们需要知道 z 值的变化。

例 10 - 2

假设我们想要研究受教育年限、上次工作时间长度以及是否完成职业培训对再就业的影响，收集数据并分析。

这个问题的因变量是再次找到工作的概率，自变量是受教育年限、上次工作时间长度以及是否完成职业培训。

假设我们从 probit 运算中得到了表 10 - 4 的统计量。

表 10 - 4　　一些 probit 统计量

	均值	MLE	MLE/*s. e.*
受教育年限	12.0	0.40	4.3
上次工作时间长度	8.0	0.20	2.5
是否完成职业培训	0.4	0.30	2.0
常数		−5.5	
获得工作机会的概率		84.2	

我们可以看到这三个自变量对于样本中的成员找工作都有非常显著的影响。完成职业培训是显著性最弱的变量。那么职业培训到底有什么确切的影响呢？通过如下步骤，可以将这些系数转换为完成职业培训的人获得工作机会的概率：

(1) 将每个自变量的样本均值与它的 MLE 相乘后求和，再加上常数。在这个例子中，结果是 1.02，即 (12.0×0.40)＋(8.0×0.20)＋(0.4×0.30)－5.5＝4.8＋1.6＋0.12—5.5＝1.02。这是所有自变量都取均值时，因变量的 z 值。

(2) 除去职业培训这个自变量，将每一个自变量样本的均值与它的 MLE 相乘后求和。为了计算职业培训这一项，我们把职业培训完成时的变量值 1 乘以它的 MLE (0.30×1＝0.30)，加上其他自变量的和，再加上常数，这个结果是 1.2 (4.8＋1.6＋0.3－5.5＝1.2)。

(3) 重复第二步，但用没有完成职业培训时的变量值 0 来替换职业培训项与 MLE 相乘 (0.30×0＝0)。这时结果是 0.90 (4.8＋1.6＋0－5.5＝0.90)。注意完成职业培训 (1.2) 和没完成职业培训 (0.9) 之间的 z 值差等于 0.30，即职业培训变量的 MLE 值。

(4) 翻到本书附录正态分布表。查找未完成职业培训的值 (0.9) 与 0 之间的区域。查到的值是 0.315 9。查找完成职业培训的值 (1.2) 与 0 之间的区域。查到的值是 0.385 0。

(5) 根据上述计算结果，通过 z 分数值的概率转换，可以得出以下结论：对于样本中那些受教育年限和上次工作时间长度达到平均值的人，完成职业培训使他们被雇用的机会大概由 81.59%上升到 88.50%。

如果你想要研究其他自变量对因变量的影响，在控制了除研究的自变量之外的其他自变量之后，按照上述步骤重复做一遍即可。

10.3　Logistic 回归

Logistic 回归的主要用途：一是探寻某些现象的原因，例如寻找某一疾病的致病因素。二是预测，如果已经建立了 logistic 回归模型，则可以根据模型，预测在不同的自变量情况下，研究对象发生某种事件的概率有多大。三是判别，实际上跟预测有些类似，也是根据 logistic 模型，判断某人属于某种情况的概率有多大，也就是分析这个人有多大的可能性会发生某种事件。

Logistic 回归与 probit 类似。像 probit 一样它也用于因变量有两个或三个取值的时候，并假设自变量与因变量的关系是 S 形而不是线性分布。不同之处在于关系用对数概率比（log odd）而不用 z 值表示。在线性回归方程中，$y=a+4x$，其中 $b=4$，在这里自变量每发生 1 单位的变化，因变量就发生 4 单位的变化。如果这是在 logistic 回归中，自变量变化 1 个单位，因变量的对数概率比就会发生 4 单位的变化。概率比的对数被称为 logit，是 logistic 回归系数。与 probit 分析一样，logistic 回归系数也是利用极大似然估计求出来的。

Logistic 回归系数也可以通过优比（odds ratio）来表示。优比要比 logistic 回归系数更容易解释，与普通最小二乘回归中可以相互比较的偏标准系数一样，优比也可以相互比较。而且优比可以被转换成为概率。在一个自变量或一组自变量给定取值的情况下，可以估计某件事情发生的可能性。

例 10-3

研究某人投资房地产的原因。因变量是一个人是否做房地产投资，如果做地产投资就编码为 1，不投资则编码为 0，自变量是他们的朋友是否做房地产投资，投资就编码为 1，不投资则编码为 0。根据数据分析朋友行为是否对投资决策有影响。

假设搜集的数据如表 10-5 所示：

表 10-5　　为研究某人投资房地产的原因而搜集的数据

朋友房地产投资状况	个人房地产投资状况	
	是	否
是	72	157
否	48	185

表中的数字代表频数。为了理解优比，首先需要理解概率比。概率比是事件发生（通常编码为 1）的次数与未发生（通常编码为 0）的次数的比。例如，在朋友做房地产投资的情况下，个人进行房地产投资的概率比为 72/157 或 0.46；同样在朋友不做房地产投资

的情况下，个人进行房地产投资的概率比为 48/185 或 0.26。优比就是这两个概率比的比。因此，朋友投资房地产的人自己投资房地产的可能性，是朋友不投资房地产的人的 0.46/0.26=1.77 倍。相反，后者做房产投资的可能性是前者做房产投资可能性的 0.26/0.46=0.57 倍。优比小于 1 表明随着自变量取值的增加，因变量发生的概率比下降。优比大于 1，则说明随着自变量取值的增加，因变量发生的概率比增加。Logistic 回归可以用优比来表示：

$$Y=a\times b^{\text{朋友是否投资房产}}$$

或

$$Y=0.26\times 1.77^{\text{朋友是否投资房产}}$$

其中 a 是常数，这个常数是指那些朋友不投资房产的人自己却投资房产的概率比。1.77 是优比，朋友是否投资房产是优比的幂，用来对某人是否投资房产的概率做一估计。方程两边取自然对数转变为

$$\ln(Y)=-1.34+(0.57\times\text{朋友是否投资房产})$$

在方程中 0.57 是 logistic 回归系数。当方程是线性的时候，这个系数的单位就变得难以理解。是否可以说，由于自变量的对数概率比增加了一个单位，导致因变量对数概率比增加了 0.57 个单位？这个现象表明对数概率比是随着自变量的变化而变化的，但增加量仍有一些未知之谜。

在上面的例子中，朋友投资房产而某人自己也投资房产的概率比是

$$0.26\times 1.77^{1}=0.46$$

朋友不投资房产而某人自己投资房产的概率比是

$$0.26\times 1.77^{0}=0.26$$

朋友投资房产而某人自己也投资房产的概率就是

$$\frac{\text{朋友投资房产而某人自己也投资房产的概率比}}{1+\text{朋友投资房产而某人自己也投资房产的概率比}}$$

即

$$0.46/(1+0.46)=0.32$$

当朋友投资房产时一个人自己也投资房产的概率就为 0.32，当朋友不投资房产时一个人自己却投资房产的概率就为 0.21［后者的计算结果为 0.26/(1+0.26)］。

除了回归系数和优比之外，logistic 回归的软件一般会输出沃尔德（Wald）系数，Wald 系数是用来检验自变量统计显著性的工具。Wald 系数等于 logistic 回归系数除以标准误差，它的分布是标准正态分布，并使用 z 检验。有些时候 Wald 系数用 W^2 表示，它的分布是卡方分布。

10.4　事件史分析

事件史分析是研究社会现象动态过程的一类统计模式，主要关注社会现象变迁的过程。例如，研究一个人在劳动力市场上的就业过程（就业、换工作、再就业）的影响因素，一个人的职位何时提升？为什么得到提升？一个人出生、死亡、结婚、离婚等事件发生的时间和原因？一个组织类型的产生、扩展、衰落等的时间和原因？成人重新就学、入党、获得培训机会等的时间和原因？

例如，入党事件（是/否）的因变量是“入党与否”，解释变量是“年龄、性别、教育、工作单位、父亲地位”等，要分析这些解释变量的作用，就需要用到事件史方法。

假设我们感兴趣的是失业人员经过多长时间再次找到工作。我们可以使用标准的回归分析。对于每一个失业者，可以测量他重新找到工作的时间。作为自变量可以收集有关信息：他在失业前工作了多长时间，他所从事的职业类型，他的受教育程度和职业技能，等等。于是我们得到一般的回归方程：$Y=a+bX_i+e$，其中 Y 是重新找到工作前经过的时间，X_i是自变量，e 是误差项。

在这个例子中，标准回归分析的一个问题是对因变量的删截（censoring）。假设有 3 名失业者，郭靖在失业后第 1 个月找到工作，欧阳峰在失业后第 3 个月找到工作，洪七公在失业后 10 个月也没找到工作，即在我们所研究的这个时间中没有再就业。因此，对郭靖和欧阳峰而言，很容易给他们的 t 分别编码为 1 和 3，但该怎样给洪七公编码呢？应该给他编码为 10 吗？如果这样就意味着他在第 10 个月重新就业，但事实并非如此。换句话说，因变量被删截，因为一些个案并没有落在我们研究的时间段内。

我们可以将洪七公从研究中删除掉，但这不是个好办法。因为我们感兴趣的就在于为什么有的人失业后再也找不到工作，删除洪七公就破坏了研究的目的。

另一个问题是一些自变量会随时间变化。也许郭靖失业后去参加了短期职业培训，获得了职业资格证书。也许欧阳峰在失业后的第二个月中了头彩。所以教育程度和收入在这段时间内都在增加。除非我们采用的是这些年内郭靖教育状况和欧阳峰收入状况的平均值，否则标准回归分析是不允许自变量发生变化的。

事件史分析为解决此类问题提供了一种技术。有不同的事件史方法，但这里关注的是离散时间方法，我们将介绍这种相对简单的技术。

事件史分析中的一个核心概念是风险集（risk set）。它是指那些在特定的时间点面临事件发生（再就业、入党、提干）“风险”的案例（case）的集合。那些曾经发生过事件——再就业或入党——的案例就不再具有风险了。

事件史分析中另一个重要的概念是风险率（hazard rate）。它是指在特定时间某一特定的人发生某一事件的概率，前提是这个人属于风险集。在上面的例子中，这些特定的个人是指那些还没有再次就业的人。风险率是某一处于风险集中的案例在特定时间发生的概率，也就是失业者在某一特定的月份中再就业的概率。在三个人的例子中，三个人中的一个在第 1 个月再就业，所以风险率是 1/3 即 0.33。在第 2 个月内没有人再就业，所以风险率为 0。剩下的两人中的一个在第 3 个月再就业，所以风险率是 1/2 即 0.5。注意虽然在第 1 个月和第 3 个月再就业的人数相同（1），但是与第一月 0.33 的风险率相比，第三月的风险率增加了。其原因就在于风险集在第一月较大（是 3 而非 2）。

风险率是通过分析某段时间都处于风险中的每个人的案例估计出来的。所以在例子中，处于风险集中的每个人每一月都有一个案例。如果在某一个月中某人没有再就业，因变量编码为 0，再就业了编码为 1。

注意在这三人例子中有 14 个案例。第 1 个月因为三个人都面临风险，即处于风险集中，我们有三个案例。在第 2 个月和第 3 个月我们都有两个案例，因为只有原先三个人中的两个处于风险集中。在第 4 个月到第 10 个月这段时间内，我们都只有一个案例，因为只有洪七公还处于风险集中。

注意有时因为环境的变化，自变量的值在不同的月份之间也会发生变化，收入的变化、参加了培训、遇到了阔亲戚的大笔赠予等等。一些自变量将保持常数，例如失业者以前的工作类型和工作时间长短。

我们也可以采用普通最小二乘法的统计技术，但如果是二分因变量，logistic 回归会更好些。可以采用标准的 logistic 程序，但是有些特殊的程序是为事件史分析设计的。

如果我们经常希望了解风险率是如何变化的，我们就应在数据集中包含一个关于时间的虚拟变量。换句话说，在表 10－6 中，我们需要创建测量时间的 10 个新变量。第 1 个变量将月份 1 编码为 1，其他月份编码为 0。第 2 个变量将月份 2 编码为 1，其他月份编码为 0，依此类推。如前所述，在方程中我们只需列出 9 个虚拟变量，因为第 10 个完全可以由其他 9 个变量预测出来（这种分析对于只有很少案例的情况效果不好，我们的例子就是这种情况）。

表 10－6　　　　事件史数据集的例子

时间	个人	因变量	自变量
第 1 个月	郭靖	1	第 1 个月的收入、教育等
第 1 个月	欧阳峰	0	……
第 1 个月	洪七公	0	……
第 2 个月	欧阳峰	0	第 2 个月的收入、教育等
第 2 个月	洪七公	0	……
第 3 个月	欧阳峰	1	第 3 个月的收入、教育等
第 3 个月	洪七公	0	……
第 4 个月	洪七公	0	第 4 个月的收入、教育等
第 5 个月	洪七公	0	第 5 个月的收入、教育等
第 6 个月	洪七公	0	第 6 个月的收入、教育等
第 7 个月	洪七公	0	第 7 个月的收入、教育等
第 8 个月	洪七公	0	第 8 个月的收入、教育等
第 9 个月	洪七公	0	第 9 个月的收入、教育等
第 10 个月	洪七公	0	第 10 个月的收入、教育等

每一个虚拟变量的系数告诉我们该月的风险率。这些系数使得我们能了解风险随时间的变化。在我们假设的例子中，我们也许希望再就业的风险率随着时间的推移而提高。

在事件史分析中，被检验的时间单位并不都是月。任何合适的单位都可以使用。单位越小，需要分析的案例也越多。在上面的简单例子中，如果我们感兴趣的不是一个月，而是以天为单位的再就业发生案例，我们的案例将是原来案例的 30 倍，即 3 个人 420 个案例。

本章小结

除了一般的统计方法之外，还有一些处理复杂问题的特殊方法。本章介绍了因果分析、probit、logistic、事件史分析等多种分析方法。因果分析又称路径分析，是处理复杂间接因果关系的一种方法。Probit 是处理因变量是分类较少的定序变量情况下的一种分析技术，主要是为了处理小样本情况下的二分因变量而开发的。Logistic 回归的主要用途一是探寻某些现象的原因，例如寻找某一疾病的致病因素；二是利用建立的模型进行预测。事件史分析是研究社会现象动态过程的一类统计模式，主要关注社会现象变迁的过程。

关键术语

因果分析　内生变量　外生变量　probit　logistic　优比　概率比　事件史分析　风险集　风险率

复习思考题

1. 建立一个因果模型预测市民对国家出资建设保障性住房政策的态度。假设因变量是定距变量。用于预测态度的变量包括：

x_1＝家庭收入水平　　x_2＝当前城市物业管理费的水平

x_3＝当前是否购买了商品房　　x_4＝受教育水平

（1）用一组方程来表示你的因果模型。

（2）画出路径图来阐释你的模型。

（3）在模型中的每一条路径上标明一个字母（a，b，c，d，…）。哪一条路径表示自变量对因变量的直接影响？利用这些字母标记，表示模型中每个间接影响的计算。

（4）利用这些字母标记，表示每个自变量对因变量的总影响的计算。

2. 根据从 100 个城市中收集的数据，分析人员利用下列一组变量估计每年填埋到垃圾填埋场中的垃圾量。

y＝当年平均填埋的垃圾量

x_1＝去年平均填埋的垃圾量

x_2＝垃圾填埋场服务的社区人口数

x_3＝不是被填埋而是被循环再利用的垃圾的占比

x_4＝去年填埋垃圾的价格

x_5＝当年填埋垃圾的价格

假设前些年填埋垃圾的总量是填埋垃圾的价格、社区人口数和循环再利用百分比的函数。同时假设所有的变量都对填埋量产生直接的影响。

（1）用一组方程来表示你的因果模型。

（2）画出路径图来阐释你的模型。

（3）在模型中的每一条路径上标明一个字母（a，b，c，d，…）。

（4）哪一条路径表示自变量对因变量的直接影响？利用这些字母标记，表示模型中每个间接影响的计算。

（5）利用这些字母标记，表示每个自变量对因变量的总影响的计算。

3. 回归分析显示出图 10－8 中各个路径的标准化回归权数。

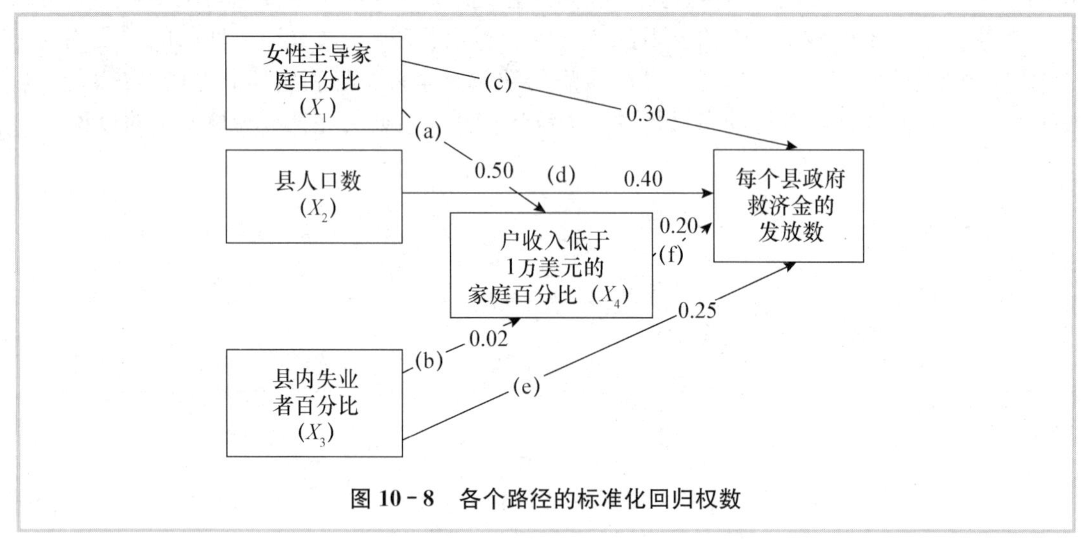

图 10－8　各个路径的标准化回归权数

（1）哪一条路径表明了自变量与因变量的直接关系？

（2）计算女性主导家庭百分比和失业者百分比对国家公共救济金的间接影响。

（3）计算每个自变量对因变量的总影响，并用具有明确标记的表格来表示这些影响。

4. 评估在下列因变量中使用 probit 的适当性（肯定能使用、也许能使用、肯定不能使用）。假设你正在评估 5 个自变量的影响：

（1）通过智商分数衡量的智力。

（2）个人是否因重罪被捕过。样本中大约有 5％曾被捕过。

（3）李克特量表的五种选择（非常同意、同意、中立、不同意、非常不同意）。

（4）个人是否曾收听过调查市民评议政策的市民评论广播。样本中大约有 40％收听过。

（5）妇女初次生育时的年龄，样本中的年龄范围是 13～43 岁。

（6）个人是否第一次驾驶执照考试就通过了。样本的 85％通过了。

5. 解释表 10－7 中的 probit 结果。假设对于曾在 2012 年酒后驾驶被捕的司机，你正在检验几个变量对他们在 2014 年 1 月 1 日前是否再次被捕的影响。因变量为 1 代表再次被捕，为 0 代表没有再次被捕。

表 10-7 一些 probit 统计量

变量	均值	MLE	MLE/*s. e.*
入狱经历			
(1=是，0=否)	0.15	−0.40	−6.50
35 岁左右			
(1=是，0=否)	0.30	−0.20	−2.25
第一次违规缴的罚款数	500	0.08	0.62
受正规教育的年限	11.9	0.10	1.53
因酒后驾驶参加学习	0.10	−0.25	−2.44
常数		−40.5	
R^2 估计值		0.45	

6. 用例 10-2 中的 probit 结果说明职业培训的影响，估计以前的雇佣经历对完成职业培训的人求职的影响。对无雇佣经历和曾被雇用过 8 个月的人进行比较。

7. 使用表 10-7 中的 probit 统计量，将有过入狱经历的人与从未入狱的人相比，估计他再次入狱的概率。说明你对其他变量的假设。

8. 假设你想分析 3 种不同药物的疗法（其中一些随时间变化），在以年为单位的一段时间内——从出现 AIDS 症状到死——的效应。你有一个 2006 年出现症状的个体样本，你将在 2012 年进行分析。根据表 10-8 中的 7 个人的数据，建立事件史分析的数据集。

表 10-8 AIDS 死亡事件史数据

年份	个人	死亡	药物疗法	患病年龄（岁）
2007	1	否	类型 1	25
	2	否	类型 1	32
	3	是	类型 1	35
	4	否	类型 2	22
	5	否	类型 2	28
	6	否	类型 3	22
	7	否	类型 3	29
2008	1	否	类型 1	25
	2	是	类型 2	32
	4	否	类型 2	22
	5	否	类型 2	28
	6	否	类型 2	22
	7	是	类型 3	29
2009	1	是	类型 1	25
	4	否	类型 2	22
	5	否	类型 2	28
	6	否	类型 2	22

续前表

年份	个人	死亡	药物疗法	患病年龄（岁）
2010	4	否	类型 2	22
	5	否	类型 2	28
	6	否	类型 2	22
2011	4	是	类型 2	22
	5	是	类型 2	28
	6	否	类型 3	22
2012	6	否	类型 3	22

第 3 篇

统计软件及应用

第 11 章

统计分析软件 SPSS 简介

引例

传统奢侈品牌 PRADA 正在向大数据时代迈进。它在纽约及一些旗舰店里开始了大数据时代的行动。在纽约旗舰店里，每件衣服上都有 RFID 码，每当顾客拿起衣服进试衣间时，这件衣服上的 RFID 会被自动识别，试衣间里的屏幕会自动播放模特穿着这件衣服走台步的视频。试衣者一看到模特，就会下意识地认为自己穿上衣服也会是那样，不由自主地会认可手中所拿的衣服。而在这些顾客试穿的同时，这些数据会传至 PRADA 总部，包括：每一件衣服在哪个城市、哪个旗舰店、什么时间被拿进试衣间、停留了多长时间等，数据被储存起来加以分析。如果有一件衣服销量很低，以往的做法是直接废弃掉。但如果 RFID 传回的数据显示这件衣服虽然销量低，但进试衣间的次数多，那就说明存在一些问题，衣服或许还有改进的余地。对大数据的分析使得 PRADA 可以实时掌握市场动态并迅速做出应对，帮助提升了 30%以上的销售量。传统的奢侈品牌在大数据时代采用的行动，体现了其对大数据运用的视角，也是公司对大数据时代的积极回应。

在大数据时代，每个人身边都存在着海量、丰富、可深入挖掘的数据，人人生产数据，时时产生数据。大数据一般分为结构化数据、半结构化数据和非结构化数据，包括各种格式的办公文本、图片、报表、音频、视频等。面对如此数量繁多、结构复杂的数据，如果通过手工运算统计的话，将要耗费极大的人力、物力和时间，效率极低，难以满足分析研究的需要。同时在分析过程中如果想进一步对数据之间的关系进行深入分析（例如销售情况与地域、季节之间的关系，新产品上市速度与销售收入之间的关系等），往往要借助于非参数检验、因子分析、聚类分析等统计分析方法。而这些工作很难通过手工计算来实现，这样统计分析软件的学习与运用就显得十分必要，目前在众多的统计分析软件中，

SPSS是实践中应用较为广泛的软件之一。

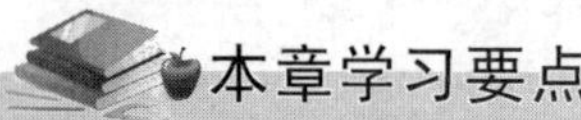
本章学习要点

- SPSS的发展历史
- SPSS的安装、退出
- SPSS数据库的建立
- SPSS数据文件的管理

11.1 认识SPSS

11.1.1 SPSS简介

SPSS是一个基于Windows操作系统、统计功能极强、内容极其庞大的统计软件。SPSS原为Statistical Package for the Social Sciences，译为"社会科学统计软件包"。但是随着SPSS产品服务领域的扩大和服务深度的增加，SPSS公司已于2000年正式将英文全称更改为Statistical Product and Service Solutions，译为"统计产品与服务解决方案"。它是目前世界上最流行的三大统计分析软件（SPSS、SAS、BMDP）之一，除了适用于社会科学之外，还适用于自然科学各领域的统计分析。近几年来，SPSS为我国经济、工业、管理、医疗卫生、体育、心理、教育等领域的科研工作者所广泛使用。

SPSS for Windows是一个组合式软件包，集数据整理、分析功能于一身。用户可以根据实际需要和计算机的功能选择模块。它的基本功能包括数据管理、统计分析、图表分析、输出管理等。SPSS统计分析过程包括描述性统计、均值比较、一般线性模型、相关分析、回归分析、对数线性模型、聚类分析、数据简化、生存分析、时间序列分析、多重响应等几大类，每类又分好几个统计过程，而且每个过程中又允许用户选择不同的方法及参数。此外SPSS还有专门的绘图系统，可以根据数据绘制各种图形。

SPSS软件的设计较为成熟，突出了统计方法的实用易用性、界面易操作性及与文字处理软件等的交互性。SPSS for Windows的分析结果清晰、直观、易学易用，而且可以直接读取Excel及DBF数据文件，现已推广到各种操作系统的计算机上，和国际上几种统计分析软件比较，它的优越性更加突出。

11.1.2 SPSS的发展

SPSS统计分析软件最早出现在20世纪60年代末，由美国斯坦福大学的三位研究生研制开发，他们在研发出软件的同时成立了SPSS公司，并于1975年在芝加哥组建了SPSS总部。

SPSS原是为大型计算机开发的。20世纪80年代以前，SPSS统计软件主要应用于企事业单位。80年代初，微机开始普及以后，它率先推出了微机版本，占领了微机市场，大大地扩大了自己的用户量，确立了个人用户市场第一的地位。80年代末，Microsoft推出Windows后，SPSS迅速向Windows移植。至1993年6月，正式推出SPSS for Windows 6.0 版本。之后，SPSS 不断推出功能日益完善的新版本。IBM 公司于 2009 年收购 SPSS 后，SPSS 更名为 IBM SPSS，如今已出至版本 24.0。

SPSS 共包括四个部分：

PASW Statistics (formerly SPSS Statistics)：统计分析；

PASW Modeler (formerly Clementine)：数据挖掘；

Data Collection Family (formerly Dimensions)：数据收集；

PASW Collaboration and Deployment Services (formerly Predictive Enterprise Services)：企业应用服务。

SPSS 公司推行本土化策略，目前已推出多个语种版本。世界上许多有影响的报刊纷纷就 SPSS 的自动统计绘图、数据的深入分析、使用方便、功能齐全等方面给予了高度的评价与称赞。

11.2　SPSS 的安装、启动与退出

11.2.1　安装

SPSS 的安装与 Windows 操作系统下一般应用软件的安装方法完全相同。其主要包括下列步骤：

(1) 启动 Windows 后，将 SPSS 安装光盘放入光盘驱动器。

(2) 双击桌面上“我的电脑”图标，然后双击光盘驱动器名。

(3) 打开 SPSS 文件夹，找到 Setup.exe 安装程序，双击后进入 SPSS 的安装向导。

(4) 根据安装向导的操作提示逐步进行。在出现 SPSS 的欢迎安装界面，选择 [Next] 按钮进入下一步，如图 11-1 所示。

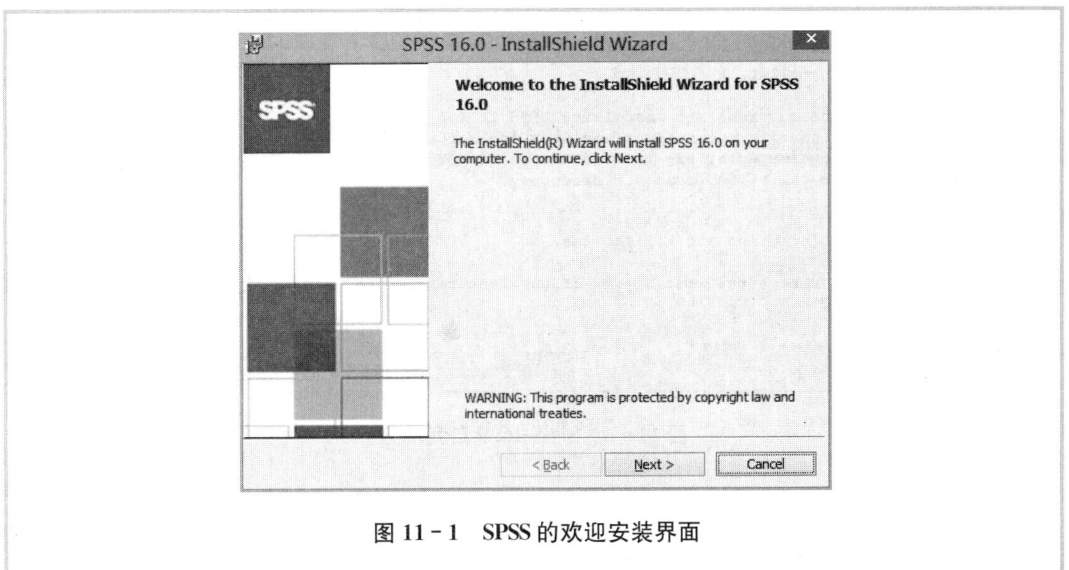

图 11-1　SPSS 的欢迎安装界面

（5）安装程序显示［License Agreement］对话框时，选择接受显示的协议条款，进入下一步，如图 11－2 所示。

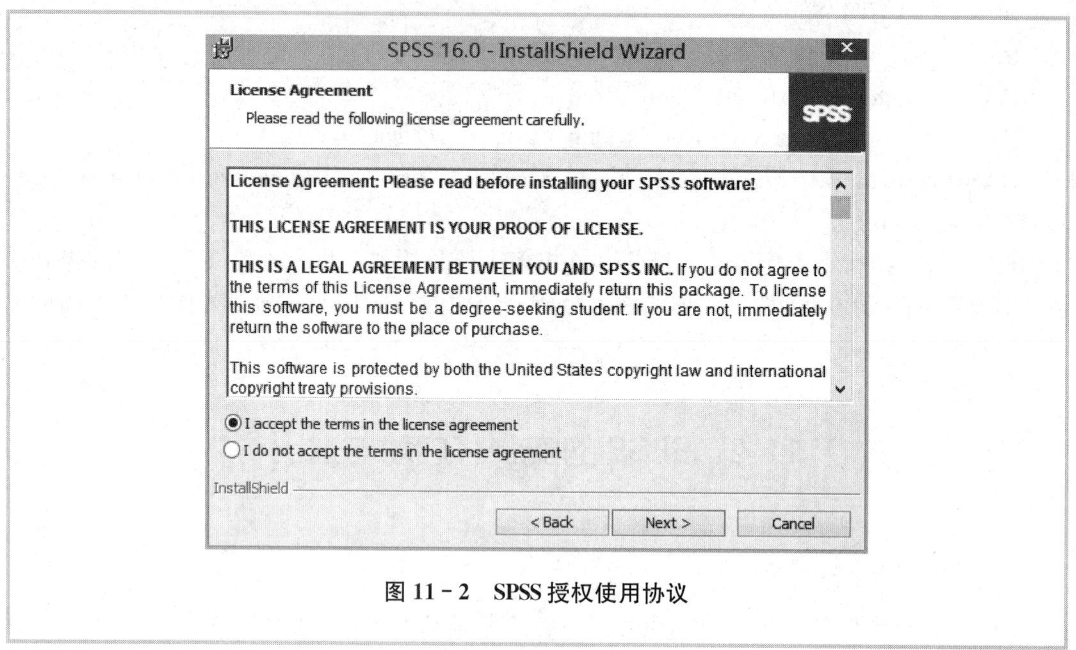

图 11－2　SPSS 授权使用协议

（6）安装程序显示 SPSS 16.0 自我简介内容［ReadMe Information］，如图 11－3 所示。

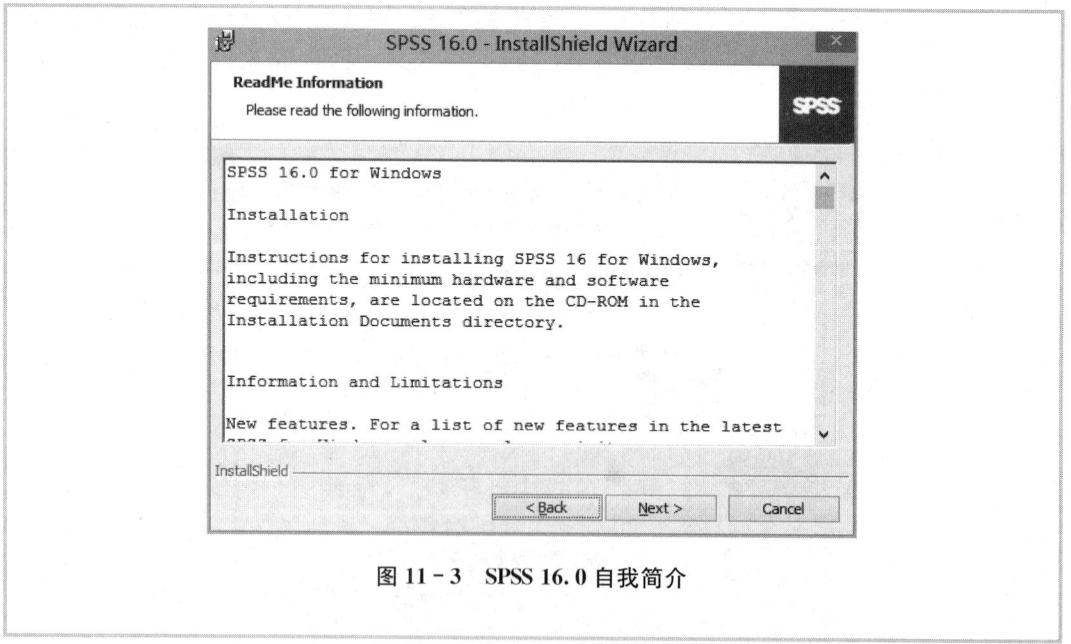

图 11－3　SPSS 16.0 自我简介

（7）根据安装向导的提示，填写用户基本信息。在［Customer Information］窗口中输入［User Name］（用户姓名）、［Organization］（组织单位），单击［Next］按钮，进入下一步，如图 11-4 所示。

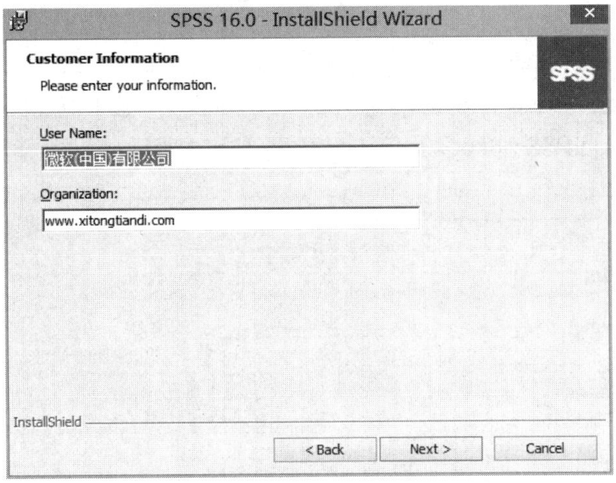

图 11-4　SPSS 16.0 用户信息

（8）选择 SPSS 的安装路径。系统默认安装在文件夹“C：\ Program Files（x86）\ SPSS Inc”下。如果要改变安装路径，单击［Change］按钮后，在弹出的对话框中输入指定路径后，单击［Ok］返回原对话框，然后单击［Next］按钮，进入下一步，如图 11-5 所示。

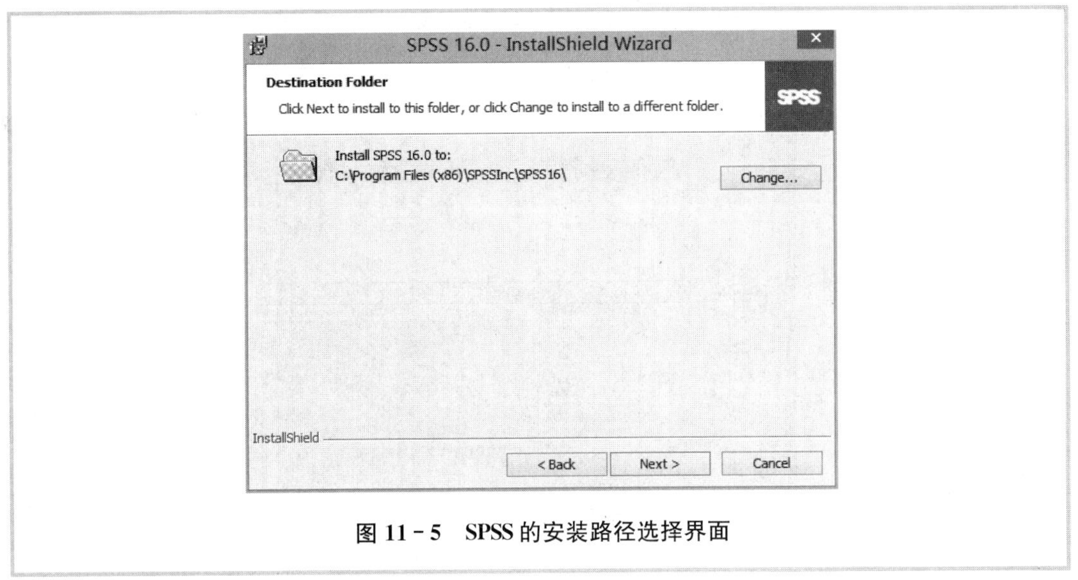

图 11-5　SPSS 的安装路径选择界面

（9）系统开始安装。安装完成后自动修改系统文件等，等待一段时间，直到出现［Setup Complete］对话框，单击［Finish］，安装完成。

11.2.2 启动界面和退出

1. 启动 SPSS

SPSS 启动有两种常用方式。

（1）利用“开始”菜单启动。单击 Windows 的［开始］按钮，在［程序］菜单项［SPSS Inc］中找到［SPSS 16.0］并单击，如图 11－6 所示。

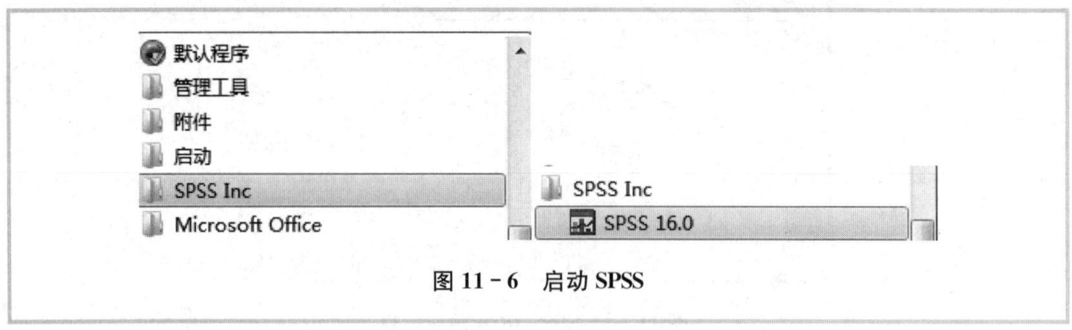

图 11－6 启动 SPSS

随后会自动弹出如图 11－7 所示的 Startup 对话框。可根据需要选择进入 SPSS 的方式。

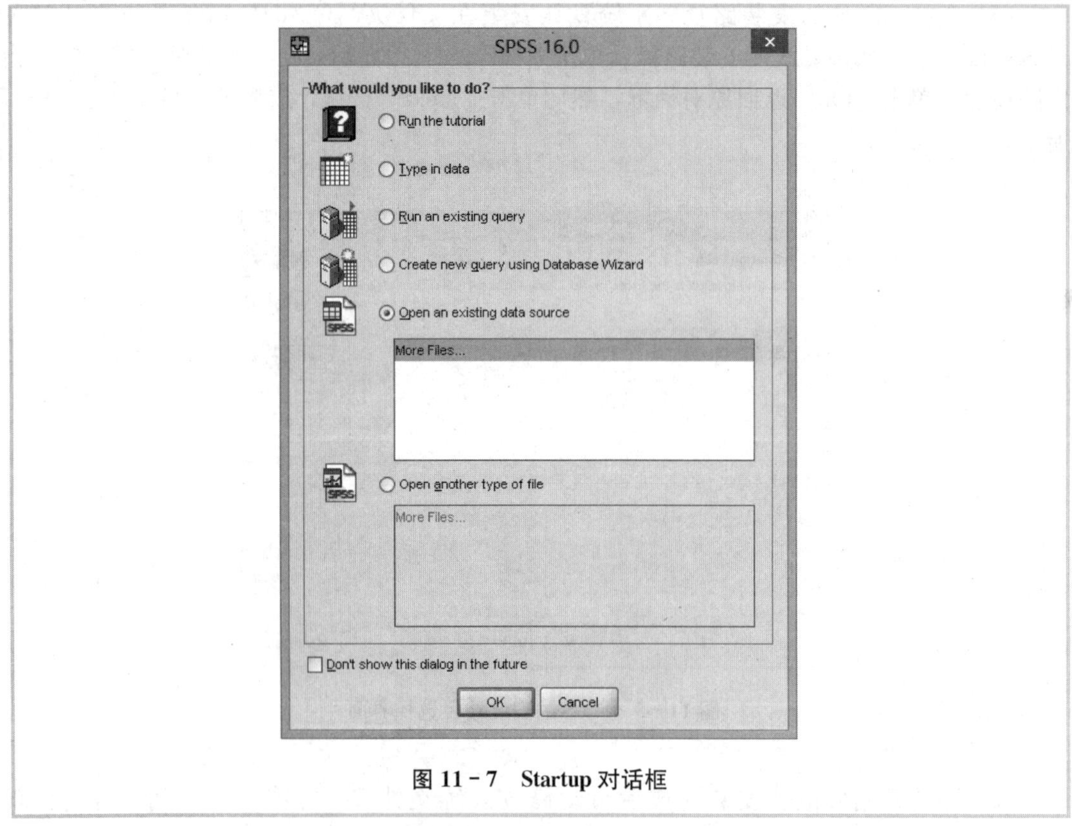

图 11－7 Startup 对话框

（2）利用快捷图标启动。建立 SPSS 16.0 for Windows 快捷图标，在桌面上双击该图标。

2. SPSS 的退出

用户可以选择以下任一种退出方法：

(1) 选择 SPSS Data Editor 窗口主菜单的“File” → “Exit” 命令；

(2) 单击 SPSS Data Editor 窗口最左上角的窗口图标，在弹出的菜单中选择“关闭”命令；

(3) 双击 SPSS Data Editor 窗口最左上角的窗口图标；

(4) 单击 SPSS Data Editor 窗口最右上角的关闭按钮；

(5) 按 Alt+F4 组合键。

11.3 SPSS 的基本特点

SPSS 主要有以下特点：

(1) 操作界面极为友好，易于学习、易于使用。除数据输入工作需要使用键盘完成外，大部分的统计分析过程是通过“菜单”“图标按钮”“对话框”来完成的。

(2) SPSS 的命令语句、子命令及选择项的选择绝大部分由“对话框”的操作完成。因此，用户无须花大量时间记忆大量的命令，也无须编写程序。

(3) 具有第四代语言的特点，只需通过菜单的选择、对话框的操作告诉系统要做什么，无须告之怎样做。只要粗通统计分析原理，无须通晓统计分析的各种算法，即可得到统计分析结果。

(4) 该软件系统的组合结构使用户有可能根据自己分析工作的需要，灵活方便地根据计算机设备的实际情况选择、装配模块。

(5) 与其他软件有数据转换接口，其他软件生成的数据文件，例如关系数据库生成的 DBF 文件，或用文本编辑软件生成的 ASCII 码数据文件以及 Excel 生成的电子表格等均可方便地转换成可供分析的 SPSS 数据文件。

(6) 分析方法丰富，提供了从简单描述统计分析到多因素分析的统计分析方法。有很强的图表生成、编辑功能，以及精心设计的图形操作界面和美观的结果输出。

(7) SPSS 软件具有强大的辅助教学功能。软件本身附带有丰富的数据资料实例和使用指南。可直接上网访问 SPSS 公司主页获取帮助。

这些特点也是 SPSS 之所以很快得到推广的原因。

11.4 SPSS 基本操作

11.4.1 熟悉 SPSS 的窗口、菜单、输出浏览器

在图 11-7 中选择［Type in data］后出现的界面是数据编辑器窗口（见图 11-8），它的底部有两个标签：［Data View］（数据视图）和［Variable View］（变量视图），用以产生和编辑 SPSS 数据文件。［Data View］用于查看、录入和修改数据，［Variable View］

用于定义和修改变量的定义。

图 11-8　SPSS 的数据编辑器窗口

单击［Variable View］后，出现如图 11-9 所示界面便可进行变量的定义。具体包括定义变量名、变量类型、变量长度（小数位数）、变量标签、变量值标签和变量的格式等。

图 11-9　SPSS 的变量定义

（1）Name：定义变量名。

变量名称必须以字母开头，其他字符可以是任何字母、数字或符号。变量名总长度不能超过 8 个字符（即 4 个汉字），若定义的变量名大于 8 个字符，系统会自动截去尾部作不完全显示。变量名不得使用 SPSS 的保留字。

（2）Type：定义变量类型。

SPSS 的主要变量类型有：Numeric（标准数值型）、Comma（带逗点的数值型）、Dot（逗点作小数点的数值型）、Scientific notation（科学记数法）、Date（日期型）、Dollar（带元符号的数值型）、Custom currency（自定义型）、String（字符型）。具体可以通过单击［Type］按钮后，显示如图 11－10 所示的对话框，来进行变量类型的定义。

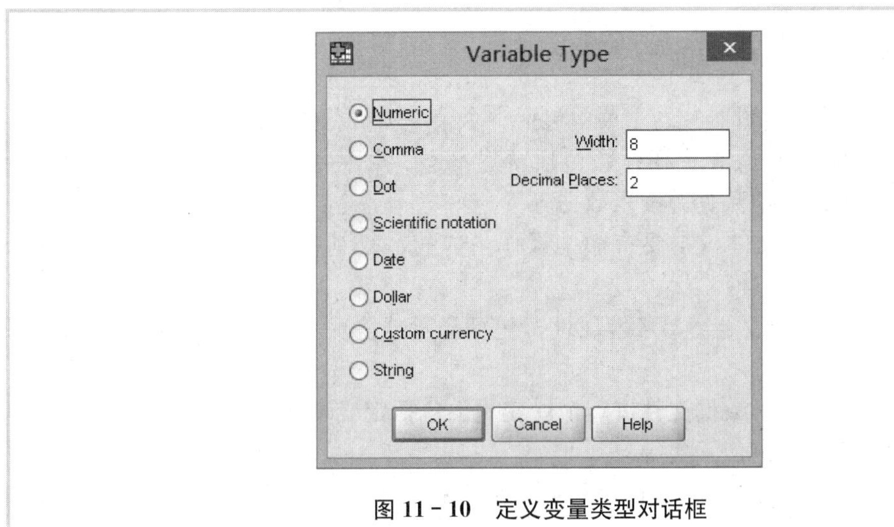

图 11－10　定义变量类型对话框

（3）Width：变量长度。

设置数值变量的长度，系统默认值为 8。

（4）Decimals：变量小数点位数。

设置数值变量的小数点位数，系统默认值为 2。

（5）Label：变量标签。

变量标签是对变量名的进一步描述，用于对变量名的含义的解释。变量标签可长达 120 个字符，显示时与输入值完全一样。

（6）Values：变量值标签。

值标签是对变量的每一个可能取值的进一步描述，尤其当变量是定类或定序变量时，非常有用。具体可通过单击［Values］，在随后出现的对话框中进行设置。

（7）Missing：缺失值的定义方式。

统计中把那些没有观测到，或没有记录到，或记录结果有明显错误的数值，称为缺失值。SPSS 将由于特殊原因造成的信息缺失值，加以标识，统计过程识别这种标识，带有缺失值的观测被特别处理。默认值为 None。具体可通过单击［Missing］，在随后出现的对话框中来改变缺失值定义方式。

（8）Columns：变量的显示宽度。

输入变量的显示宽度，系统默认值为 8。

（9）Align：变量显示的对齐方式。

选择变量值显示时的对齐方式：Left（左对齐）、Right（右对齐）、Center（居中对齐）。系统默认值为 Right。

（10）[Measure]：变量的测量尺度。

[Measure] 的下拉列表中包括 Scale（比例尺度）、Ordinal（顺序尺度）、Nominal（名义尺度）三项。系统默认值为 Scale。

定义了所有变量后，单击 [Data View] 即可在数据视图（见图 11－9）中输入数据。

11.4.2 SPSS 主菜单功能

SPSS 主界面（数据编辑器）的主菜单包括十个菜单项（见图 11－8）。

（1）File：主要用于档案相关操作。包括新建 SPSS 各种类型文件，打开一个已存在的文件，从文本文件或其他数据源读入数据等。

（2）Edit：用于编辑文件，主要有撤销操作、剪切、复制、粘贴、查找、改变 SPSS 默认设置等。

（3）View：主要用于设定窗口环境属性。包括显示或隐藏状态行、工具栏、网络线、值标签和改变字体等。

（4）Data：主要用于对数据文件进行全局变化。包括定义变量、合并文件、转置变量和记录，或产生分析的观测值子集等。

（5）Transform：主要用于在数据文件中对所选择的变量进行变换，并在已有变量值的基础上计算新的变量。

（6）Analyze：可进行各种统计分析。包括各种不同的统计程序，如回归分析、相关分析、因子分析等。

（7）Graphs：主要用于产生各种不同的统计图形。包括条形图、饼图、直方图、散点图和其他全颜色、高分辨率的图形，以及动态的交互式图形。

（8）Utilities：可以显示数据文件和变量的信息，定义子集，运行脚本程序，自定义 SPSS 菜单等。

（9）Window：主要用于调整窗口大小及切换活动窗口。

（10）Help：用于启动各种不同的辅助说明功能。

11.5 SPSS 数据文件管理

11.5.1 SPSS 数据文件的建立

（1）新建数据文件。

当进入 SPSS 系统时，系统就已经生成了一个空数据文件。只要在启动时选择 [Type

in data]，然后根据具体问题的需要来定义变量就可以了。

(2) 打开其他格式的数据文件后建立。

SPSS 16.0 的版本可以直接读入许多格式的数据文件。选择菜单[File]⇒[Open]⇒[Data]，就会弹出 [Open Date] 对话框。单击 "Files of type" 列表框（见图 11 - 11），输入文件名，SPSS 就会按要求打开你要使用的数据文件并自动转换为 SPSS 格式。

图 11 - 11 Open File 对话框

SPSS 可打开的文件类包括：SPSS〔*.sav〕、SPSS/PC+〔*.sys〕、Systat〔*.syd, *.sys〕、SPSS Portable〔*.por〕、Excel〔*.xls, *.xlsx, * xlsm〕、Lotus〔*.w*〕、Sylk〔*.slk〕、dBase〔*.dbf〕、SAS〔*.sas7bdat, *.sd7, *.sd2 , *.ssd01, *.xpt〕、Stata〔*.dta〕、Text〔*.txt, *.dat〕、All Files〔*.*〕；主要的文件类型如图 11 - 12 所示。

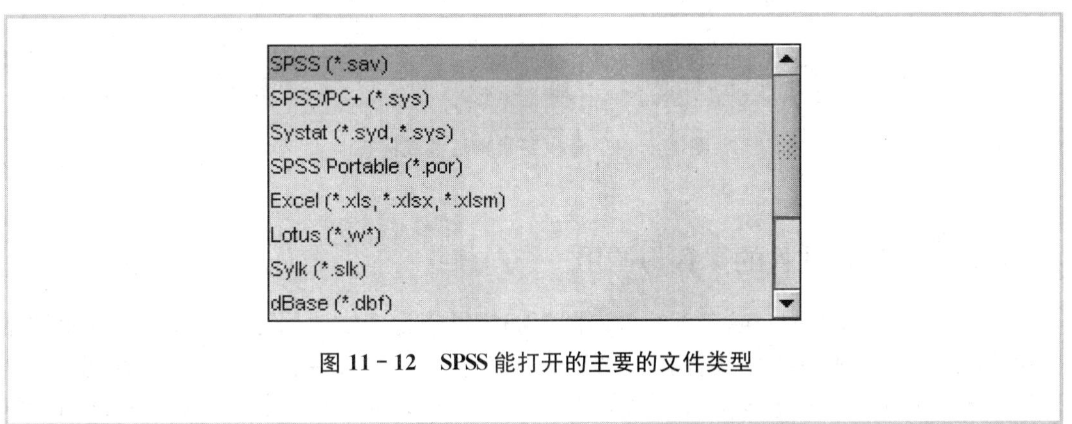

图 11 - 12 SPSS 能打开的主要的文件类型

11.5.2 数据的修改

由于各种原因，已经输入的数据往往会有修改。可用方向键或鼠标移动到要修改的单元，键入新值。如果数据文件较大且知道要修改的数据单元的行号，可通过选择[Edit]⇒[Go to Case]打开对话框（见图 11 - 13）。在对话框 [Case Number] 的右框输入行号来查找特定观测（行）。如果要查找某变量中的特定值或值标签，选择该变量，再选择[Edit]⇒[Find]打开对话框，在右框中输入要查找的数值或标签（见图 11 - 14）。

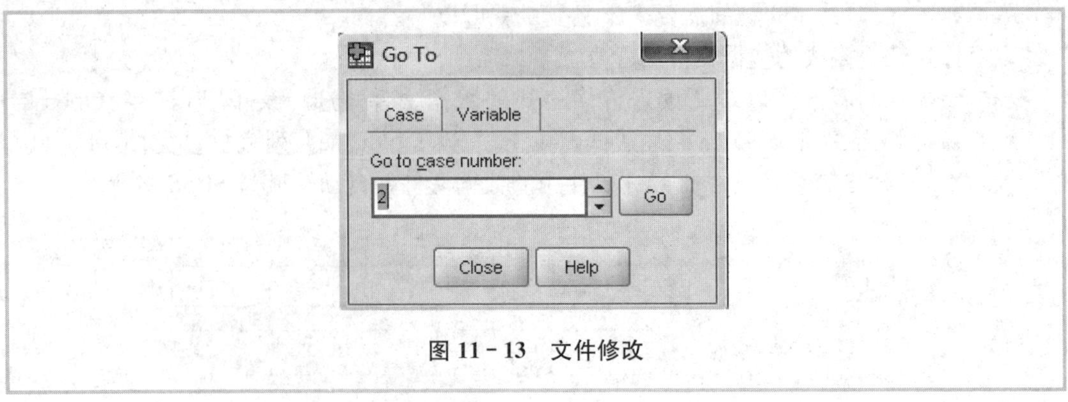

图 11-13　文件修改

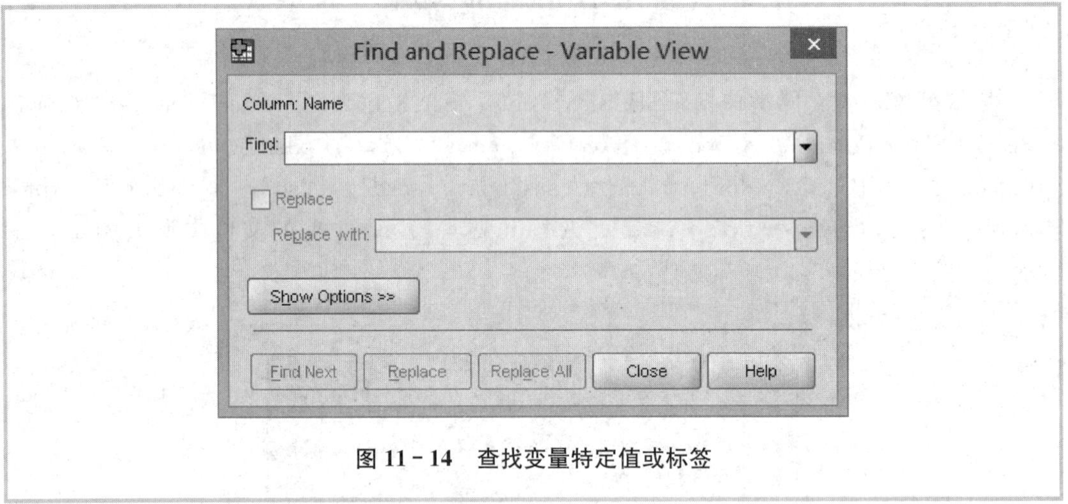

图 11-14　查找变量特定值或标签

11.5.3　数据文件的保存与调用

选择[File]⇒[Save]，或是直接单击图标便可较为方便地保存数据文件。如果数据文件曾经存储过，则系统会自动按原文件名保存数据。如果文件没有保存过，要把数据文件保存为一个新文件或将数据以不同格式保存，可选择[File]⇒[Save As]，打开对话框（见图 11-15）。可选择的保存格式如图 11-16 所示。

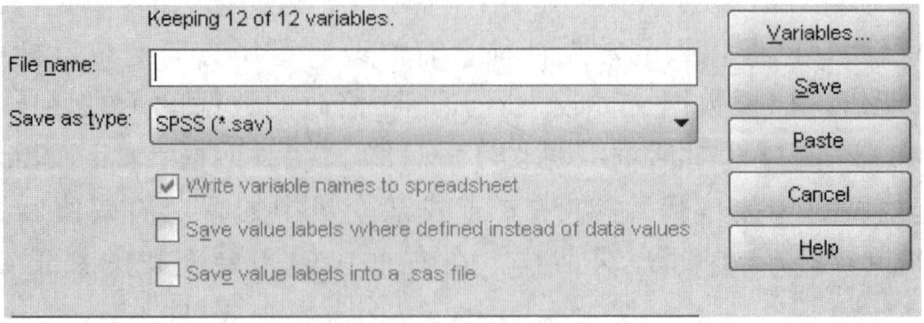

图 11-15　文件保存

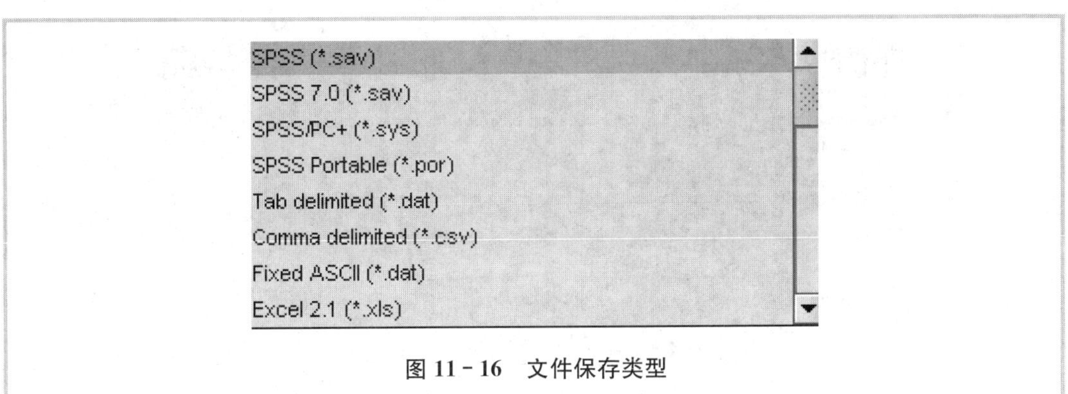

图 11－16　文件保存类型

已保存的数据文件的调用可以选择菜单[File]⇒[Open]⇒[Data]，在弹出的［Open File］对话框中输入文件名与文件类型来完成。

11.5.4　数据文件的合并与分割

可以将两个或更多个数据文件合并在一起，即可将外部数据文件的观测量或变量增加到当前工作文件中，将它们合并成一个文件。通过选择[Data]⇒［Merge Files]⇒[Add Cases]，打开对话框（见图 11－17），从第二个文件即外部 SPSS 数据文件向当前工作数据文件追加观测量，完成文件的纵向合并。选择[Data]⇒[Merge Files]⇒[Add Variables]，打开对话框（见图 11－18），将含有相同观测但不同变量的两个 SPSS 外部文件合并，即横向合并。

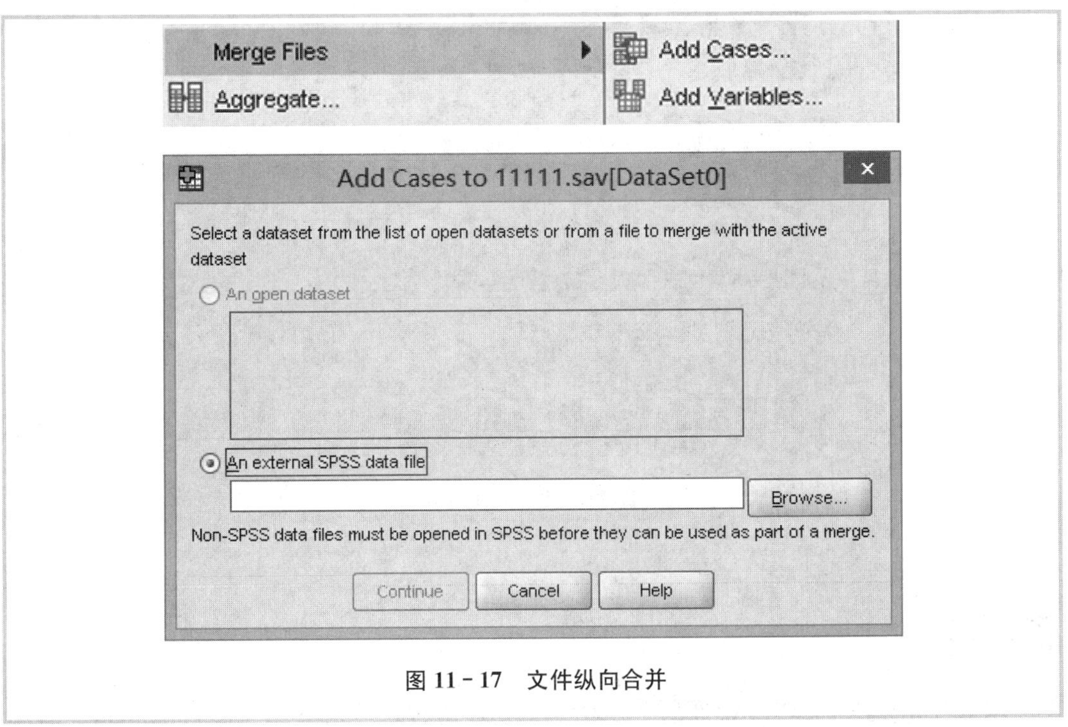

图 11－17　文件纵向合并

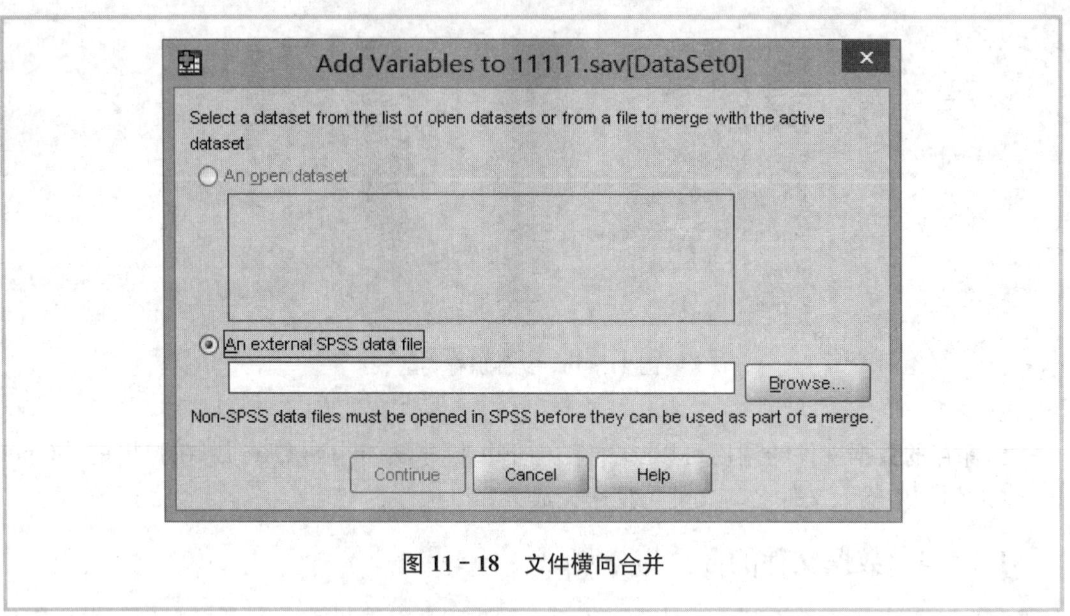

图 11-18　文件横向合并

数据文件的拆分并不是将一个文件分成几个文件，而是将数据按一个或几个分组变量分成一些供统计分析的分组。具体操作为：首先选择菜单[Data]⇒[Split File]，打开文件拆分对话框（见图 11-19），进行具体操作。

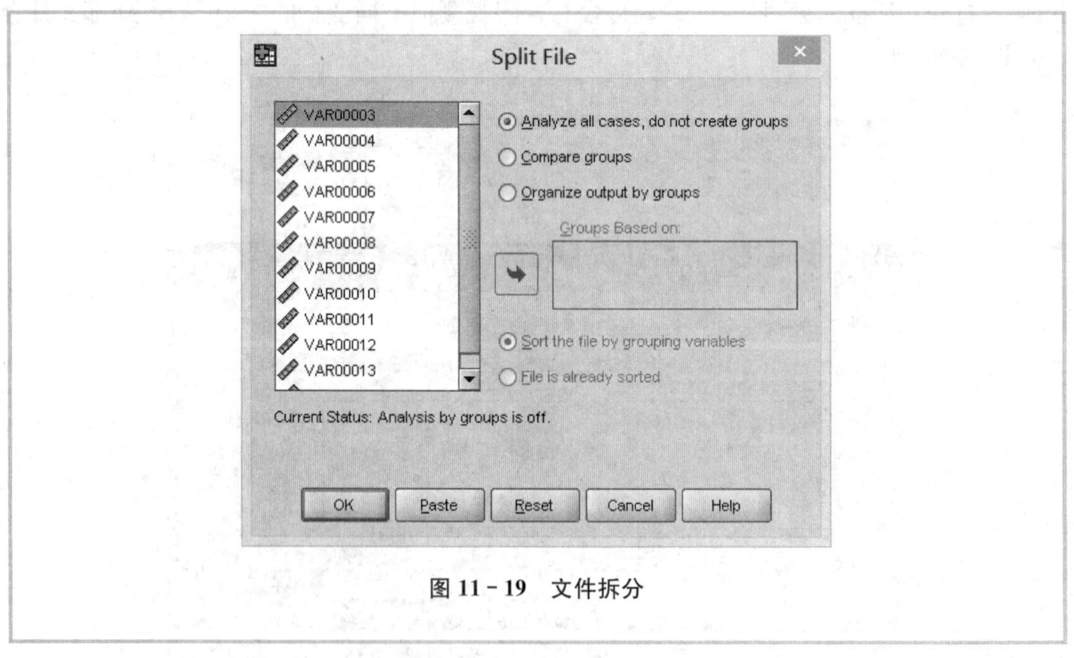

图 11-19　文件拆分

本章小结

本章首先介绍了 SPSS 软件的主要功能、发展历程，接着介绍了软件的安装、启动，然后介绍了数据库的建立、变量的定义、数据的录入等操作方法，最后介绍了文件的拆分、合并等方法。

关键术语

变量名　　变量类型　　变量长度　　变量标签

复习思考题

1. SPSS 的变量类型主要有哪些？

2. 什么是缺失值？SPSS 中对缺失值如何处理？

3. SPSS 主界面的主菜单功能都有哪些？

4. 为下列变量指定其类型、测度水平，并为适合定义值标签的变量定义相应的值标签。

（1）每天上网的小时数；（2）对待考研究生的态度；（3）某地日平均气温；（4）某人日均吸烟支数；（5）某系专业设置；（6）公交公司年载客量；（7）血液中白细胞含量；（8）学生成绩等级。

5. 表 11-1 是某企业 1995—1999 年各季度计划完成和实际完成产量，试建立一个 SPSS 数据文件保存表 11-1 中的数据。

表 11-1　　某企业 1995—1999 年各季度计划完成和实际完成产量　　单位：万吨

年份	第一季度		第二季度		第三季度		第四季度	
	计划数	实际数	计划数	实际数	计划数	实际数	计划数	实际数
1995	14	12.5	18	21.4	18	18.5	20	20.4
1996	17	17.2	18	19.8	17	19.2	20	22.5
1997	16	16.5	20	16.8	18	17.7	20	19.6
1998	18	18.4	20	19.2	20	20.5	22	20.8
1999	20	20.5	21	25.8	25	22.5	25	24.5

6. 根据表 11-2 建立一个 SPSS 数据文件。

表 11-2　　不同类型企业个数及其所占比重

企业类型	企业个数（万个）	所占比重（%）
国有及国有控股企业	6.13	0.77
集体企业	165.92	20.90
个体企业	612.68	77.17
其他经济类型	9.18	1.16
合计	793.91	100

7. 2005 年调查某公司市场部 20 名职工的性别、年龄、月收入、年终业务考核成绩，数据如表 11-3，请建一个名为“公司年终考核表”的 SPSS 数据文件。

表 11-3　　　　某公司市场部年终考核表

编号	性别	年龄（岁）	月收入（元）	年终业务考核成绩
A001	女	28	1 890.00	中
A002	男	33	2 450.00	良
A003	男	26	3 250.00	优
A004	女	45	1 550.00	中
A005	女	30	2 360.00	中
A006	男	42	4 450.00	优
A007	男	24	2 050.00	良
A008	女	27	2 250.00	良
A009	男	36	3 000.00	良
A010	女	40	5 550.00	优
A011	男	32	3 200.00	中
A012	女	25	1 750.00	中
A013	女	29	3 000.00	优
A014	男	40	3 350.00	良
A015	女	28	4 450.00	良
A016	男	27	2 050.00	中
A017	女	37	3 450.00	良
A018	男	35	4 450.00	良
A019	男	23	2 450.00	中
A020	男	33	2 450.00	中

第 12 章

回归分析

引例

中国从 1971 年开始全面实行计划生育政策，使中国总和生育率很快从 1970 年的 5.8 降到 1980 年的 2.24，接近世代更替水平。此后，人口自然增长率（人口的生育率）很大程度上与经济的发展等各方面的因素相联系，与经济生活息息相关，为了研究此后影响中国人口自然增长的主要原因，分析全国人口增长规律，猜测中国未来的增长趋势，需要建立计量经济学模型。

为了全面反映中国“人口自然增长率”的全貌，选择人口增长率作为被解释变量，以反映中国人口的增长；选择“国民总收入”及“人均 GDP”作为经济整体增长的代表；选择“居民消费价格指数增长率”作为居民消费水平的代表（见表 12-1）。

表 12-1　　中国人口增长率及相关数据

年份	人口自然增长率（%）	国民总收入（亿元）	居民消费价格指数增长率（%）	人均 GDP（元）
1996	10.42	70 142	8.3	5 898
1997	10.06	78 061	2.8	6 481
1998	9.14	83 024	−0.8	6 860
1999	8.18	88 479	−1.4	7 229
2000	7.58	98 000	0.4	7 942
2001	6.95	108 068	0.7	8 717
2002	6.45	116 096	−0.8	9 502
2003	6.01	135 174	1.2	10 666
2004	5.87	159 587	3.9	12 487
2005	5.89	184 089	1.8	14 368

续前表

年份	人口自然增长率（%）	国民总收入（亿元）	居民消费价格指数增长率（%）	人均 GDP（元）
2006	5.38	213 132	1.5	16 738
2007	5.17	270 844	4.8	20 505
2008	5.08	321 501	5.9	24 121
2009	4.87	348 499	−0.7	26 222
2010	4.79	411 265	3.3	30 876
2011	4.79	484 753	5.4	36 403
2012	4.95	539 117	2.6	40 007
2013	4.92	590 422	2.6	43 852
2014	5.21	644 791	2	47 203

分析人口自然增长率与国民总收入、居民消费价格指数增长率、人均 GDP 之间的关系，在掌握大量观察数据的基础上，利用数理统计方法建立因变量与自变量之间的回归关系函数表达式来预测事物未来的发展走势，这就是回归分析。

本章学习要点

- 掌握回归分析的基本概念
- 掌握多元线性回归的软件操作
- 掌握曲线回归的软件操作
- 掌握逻辑回归的软件操作

12.1 回归分析的基本概念

回归分析（regression）是用确定性的方法来研究既具有非确定性相关关系，又具有因果关系的现象的最重要的统计分析方法之一。非确定性关系是指变量在变化过程中表现出来的数量上具有一定的依存性，但并非像函数关系那样一一对应的关系。如果把其中的一个或几个变量作为自变量，把另一个随着自变量的变化而变化的变量作为因变量，通过建立线性或非线性关系的数学模型来研究它们之间的非确定性的关系的方法就是回归分析的方法。由于回归分析中表现的是自变量和因变量之间的关系，所以这种方法也多用于研究因果关系的数量表现。

回归分析研究的主要内容是通过试验和观测数据，寻找出这些相关关系变量之间的规律性，再从一个或 n 个变量所取得的值，去有效地预测与它们相关的另一个变量所取得的值。具体来说，回归分析主要解决以下几个方面的问题：首先从一组试测数据出发，确定这些变量之间的定量关系式，也叫作回归方程；其次对所求回归方程的可信程度进行统计检验；再次从影响着某一个变量的诸多变量中判断哪些变量影响是显著的，哪些是不显著的（一元线性回归分析不存在这个问题）；最后利用通过统计检验的回归方程，对某一过程、现象进行预测或估计。

回归分析研究模型分为线性回归模型和非线性回归模型（也称多项式回归模型）。其中，线性回归模型又分为一元线性回归模型和多元线性回归模型。因此，回归分析可以分为线性回归分析和非线性回归分析。在 SPSS 中的回归分析方法有七种，本章主要介绍多元线性回归、曲线回归和逻辑回归的相关概念和 SPSS 操作。回归分析在 Analyze 功能的下拉菜单中，如图 12－1 所示。

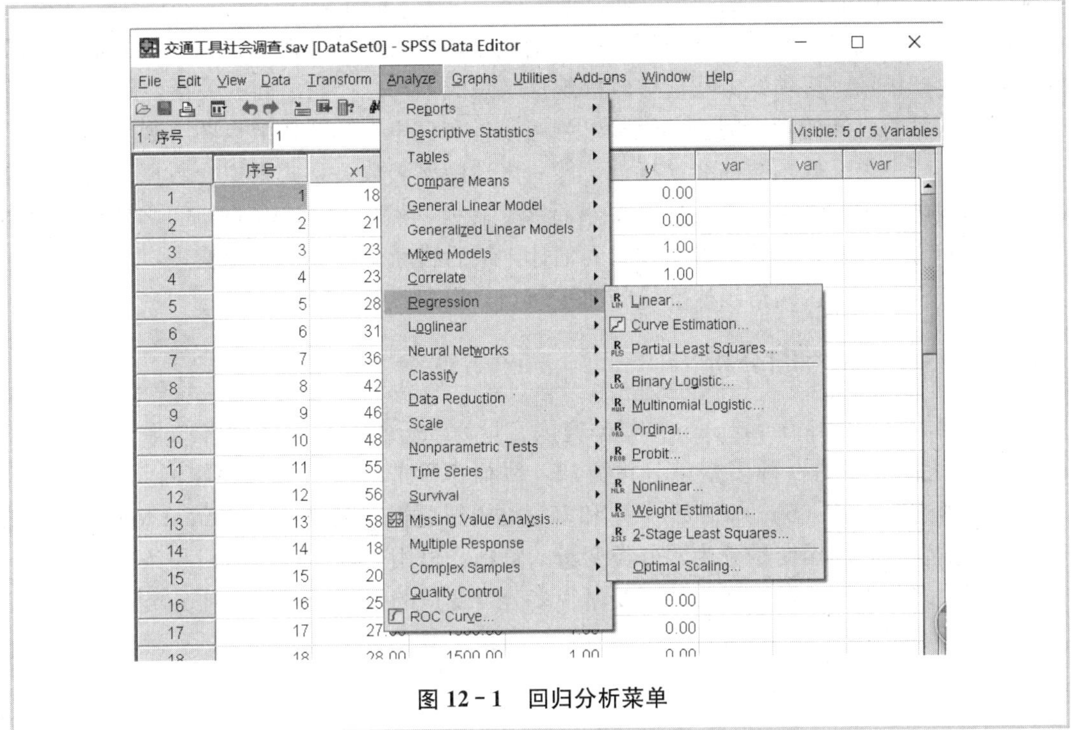

图 12－1　回归分析菜单

12.1.1　多元线性回归分析

多元线性回归分析是指在线性回归模型中的解释变量有多个，线性是指对各个参数而言是线性的。

一般的表现形式：

$$Y=\alpha+\beta_1X_1+\beta_2X_2+\cdots+\beta_kX_K+e$$

其中，α 为常数项，β_1，β_2，…，β_k 为回归系数，β_1 为 X_2，X_3，…，X_K 固定时，X_1 每增加一个单位对 Y 的效应，即 X_1 对 Y 的偏回归系数，等等。

多元线性回归模型假设：1）X_i 可以是任意确定的变量，也可以是有意选定的变量。它作为自变量来解释因变量 Y 变动的原因，因此也称为解释变量。尽管在实际观测中也可能产生观测误差，但其假设可忽略不计；2）对于每一个 i，e 都是正态独立分布，其均值 0，方差为方差为 σ^2；3）每个因变量之间是相互独立的；4）因变量和正变量之间的关系是线性的。

12.1.2　曲线回归分析

直线关系是两变量间最简单的一种关系。这种关系往往在变量一定的取值范围内成立，取值范围一扩大，散点图就明显偏离直线，此时两个变量间的关系不是直线而是曲线，可用来表示双变量间关系的曲线种类很多，但许多曲线类型都可以通过变量转换化成直线形式，先利用直线回归的方法配合直线回归方程，然后再还原成曲线回归方程。

曲线回归分析的基本任务是通过两个相关变量 x 与 y 的实际观测数据建立曲线回归方程，以揭示 x 与 y 间的曲线联系的形式。曲线回归分析最困难和首要的工作是确定因变量 y 与自变量 x 之间曲线关系的类型，通常通过两个途径来确定：

（1）利用有关专业知识，根据已知的理论规律和实践经验。例如，幂函数的形式能较好地表现生产函数，多项式方程能够较好地反映总成本与总产量之间的关系，等等。

（2）若没有已知的理论规律和经验可利用，可在直角坐标系作散点图，观察实测点的分布趋势与哪一类已知函数曲线最接近，然后再选用该函数关系式来拟合数据。对于可直线化的曲线函数类型，可以先将 x 或 y 进行变量转换，然后对新变量进行回归分析——建立直线回归方程并进行显著性检验和区间估计，最后将新变量还原为原变量，由新变量的直线回归方程和置信区间得出原变量的曲线回归方程和置信区间。

12.1.3 逻辑回归分析

逻辑回归（logistic regression）是研究因变量为二分类或多分类观察结果与影响因素（自变量）之间关系的一种多变量分析方法，属概率型非线性回归。逻辑回归分为两类：二分类资料逻辑回归（binary logistic）和多分类资料逻辑回归（multinomial logistic）。二分类资料逻辑回归的因变量分为两分类变量的资料，可用非条件逻辑回归和条件逻辑回归进行分析；多分类资料逻辑回归的因变量为多分类变量的资料，可用多项分类逻辑回归模型或有序分类逻辑回归模型进行分析，本章只涉及二分类资料逻辑回归。

12.2 多元线性回归的软件操作

例 12-1

财政收入是衡量一国政府财力的重要指标，政府在社会经济活动中提供公共物品和服务的范围和数量，在很大程度上取决于财政收入的充裕状况。为此，A 政府官员利用多元线性回归模型针对国内增值税、企业所得税、关税对财政收入做简单的计量经济分析，希望可以找出其中的经济规律（见表 12-2）。

表 12-2　　我国 1996—2009 年财政收入和相关税收收入数值表

年份	财政收入	国内增值税收入	企业所得税收入	关税收入
1996	7 407.99	2 962.81	968.48	301.84
1997	8 651.14	3 283.92	963.18	319.49
1998	9 875.95	3 628.46	925.54	313.04

续前表

年份	财政收入	国内增值税收入	企业所得税收入	关税收入
1999	11 444.08	3 881.87	811.41	562.23
2000	13 395.23	4 553.17	999.63	750.48
2001	16 386.04	5 357.13	2 630.87	840.52
2002	18 903.64	6 178.39	3 082.79	704.27
2003	21 715.25	7 236.54	2 919.51	923.13
2004	26 396.47	9 017.94	3 957.33	1 043.77
2005	31 649.29	10 792.11	5 343.92	1 066.17
2006	38 760.20	12 784.81	7 039.60	1 141.78
2007	51 321.78	15 470.23	8 779.25	1 432.57
2008	61 330.35	17 996.94	11 175.63	1 769.95
2009	68 518.30	18 481.22	11 536.84	1 483.81

（1）通过数据编辑窗口建立数据文件：财政收入和相关税收收入.sav。

（2）打开数据文件“财政收入多元回归分析”后，执行下述操作：[Analyze] ⇒ [Regression] ⇒ [Linear] 打开回归分析对话框（见图 12－2）。从左侧源变量窗口中选择“财政收入”作为因变量进入 Dependent（s）窗口。再选择“税收”“国民生产总值”“其它收入”“社会从业人数”作为自变量进入 Independent 窗口，在 Method 窗口中选择 Backward 选项。

图 12－2　回归分析对话框

[Selection Variable]：对样本进行删选。

[Case Labels]：个案标签，用于绘制图形。

[WLS Weight]：分析权重变量的影响。

在 Method 窗口中有五个选项：

[Enter]：强行进入法选项。即所有选择的自变量全部进入回归模型。这是系统默认的选项。用户可根据各个自变量的回归数 T 检验的值是否达到了显著性水平来确定哪些自变量应进入模型。

[Remove]：一次性删除法选项。一次性将本组自变量全部无条件地从回归过程中删除。

[Forward]：向前回归法选项。将一次选择本组自变量中最好的一个，逐个纳入回归过程，一次纳入一个变量，直至所有符合标准的变量全部进入回归。

[Backward]：向后剔除法选项。先将全部所选变量进入模型，每次剔除一个使方差分析的 F 值最小且 T 检验达不到显著性水平的变量，直到回归模型中不再含有达不到显著性水平的自变量为止。

[Stepwise]：逐步进入法选项。首先根据方差分析的结果选择对因变量贡献最大的自变量进入方程。每加入一个自变量进行一次方差分析，如果有自变量使 F 值最小且 T 检验达不到显著性水平，则予以剔除。这样重复进行，直到回归方程中所有的自变量均符合进入模型的要求，而模型外的变量均不符合进入模型的要求为止。

其中，[Enter]、[Backward] 和 [Stepwise] 是三个较常用的选项。

(3) 单击 [Statistics] 按钮，打开如图 12-3 所示的统计量输出对话框。选择 [Durbin-Watson] 选项，选择 [Casewise diagnostics] 选项。单击 [Continue] 按钮，返回回归分析对话框。

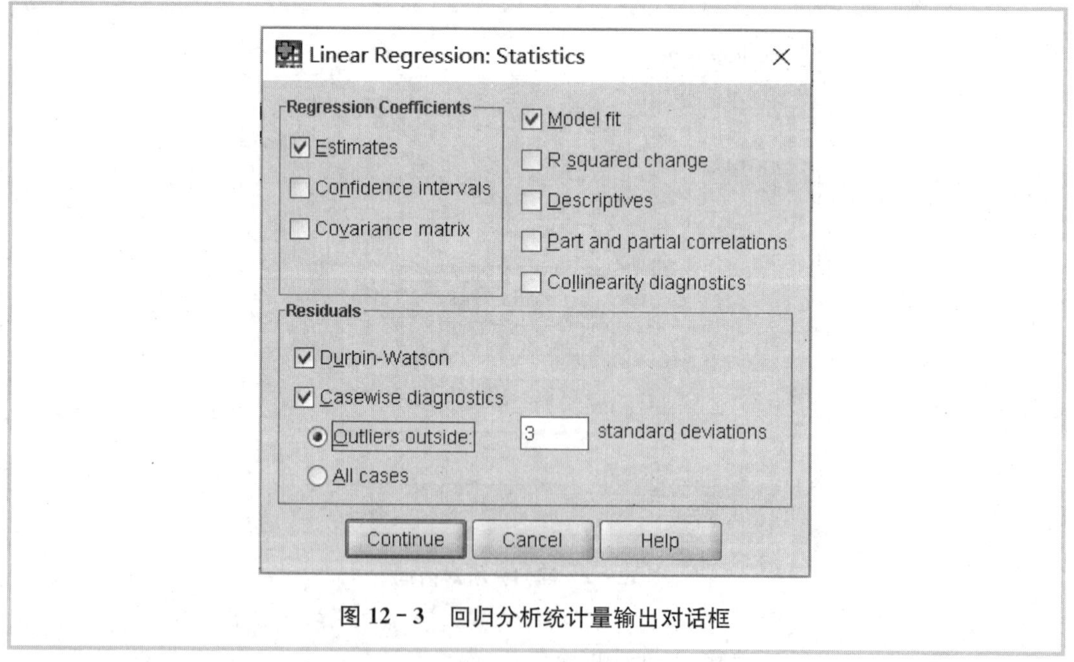

图 12-3 回归分析统计量输出对话框

(4) 单击 Plots 按钮，打开如图 12-4 所示的图形选择对话框。从左侧的源变量窗口中选择 [ZPRED]（标准化预测值）进入 X 窗口，选择 [ZRESID]（标准化残差）进入 Y

窗口。选择［Histogram］选项和［Normal probability plot］选项。单击［Continue］按钮，返回回归分析对话框。

图 12－4　图形选择对话框

系统默认状态是不输出图形的。但图形对检验残差的正态性、等方差性、奇异值等是非常有帮助的。作图过程为：

1）选择坐标轴变量。可以从左侧的源变量窗口中选择两个变量分别进入右侧的 X 窗口和 Y 窗口。做了这项选择以后，系统将输出以这两个变量为坐标的散点图。如果要输出多个散点图，可单击［Next］按钮，在 Y 和 X 窗口中再输入另外两个变量。原变量窗口中的七个变量分别为：

［DEPENDNT］：因变量；

［ZPRED］：标准化预测值；

［ZRESID］：标准化残差；

［DRESID］：剔除残差；

［ADJPRED］：调整的预测值；

［SRESID］：学生化残差；

［SDRESID］：学生化剔除残差。

2）确定图形类别。

［Standardized Residual Plots］：（标准化残差图）图形类别的选项栏；

［Histogram］：输出带有正态曲线的标准化残差的直方图；

［Normal probability plot］：输出残差的正态概率图。

（5）单击 Save 按钮，打开保存变量对话框（见图 12－5）。选择［Unstandardized］选项，单击［Continue］按钮，返回回归分析对话框。

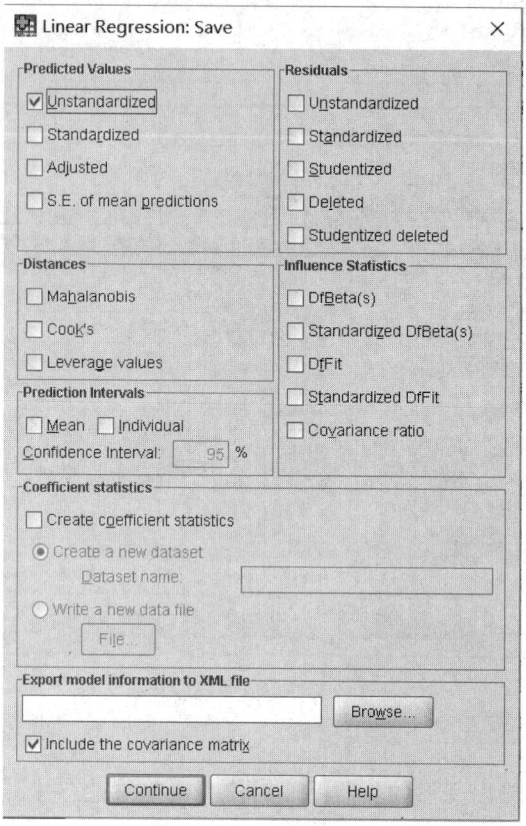

Linear Regression: Save

Predicted Values
☑ Unstandardized
☐ Standardized
☐ Adjusted
☐ S.E. of mean predictions

Residuals
☐ Unstandardized
☐ Standardized
☐ Studentized
☐ Deleted
☐ Studentized deleted

Distances
☐ Mahalanobis
☐ Cook's
☐ Leverage values

Influence Statistics
☐ DfBeta(s)
☐ Standardized DfBeta(s)
☐ DfFit
☐ Standardized DfFit
☐ Covariance ratio

Prediction Intervals
☐ Mean ☐ Individual
Confidence Interval: 95 %

Coefficient statistics
☐ Create coefficient statistics
◉ Create a new dataset
Dataset name:
○ Write a new data file
File...

Export model information to XML file
Browse...
☑ Include the covariance matrix

Continue Cancel Help

图 12-5 保存变量对话框

该对话框中有较多的选项，系统将把被选择的分析结果作为新变量保存到数据窗口中。

[Unstandardized]：保存非标准化预测值；

[Standardized]：保存标准化预测值；

（6）单击［OK］提交运行。用户可以在输出文件中看到多元回归分析的结果。

由于在回归模型的建立方法中选择了向后剔除法（backward）。表 12-3 的内容说明系统一共建立了两个模型，第一个模型中包括了全部选定的自变量。在第二个模型中剔除了“关税收入”这个变量。原因是这个变量 F 值的概率均大于 0.1。

表 12-3 变量的进入与剔除表

Variables Entered/Removedb			
Model	Variables Entered	Variables Removed	Method
1	关税收入，企业所得税收入，国内增值税收入 a	.	Enter
2	.	关税收入	Backward (criterion: Probability of F-to-remove>=.100).

a. All requested variables entered

b. Dependent Variable：财政收入

从表 12－4 中可以看出，包含了“关税收入”“企业所得税收入”“国内增值税收入”三个自变量的第一个模型的调整后的判定系数 Adjusted R Square 为 0.989。剔除了“关税收入”这个变量后，包含了“企业所得税收入”“国内增值税收入”两个自变量的第二个模型的调整后的判定系数 Adjusted R Square 为 0.990。由于剔除了“关税收入”以后，判定系数略微增加了，说明“关税收入”对因变量还多少有一点影响。但由于达不到显著性水平被从模型中剔除。

表 12－4　　多元回归模型的统计概要

Model Summaryc					
Model	R	R Square	Adjusted R Square	Std. Error of the Estimate	Durbin-Watson
1	.996a	.991	.989	2161.32158	
2	.996b	.991	.990	2066.71839	1.259

a. Predictors：(Constant)，关税收入，企业所得税收入，国内增值税收入
b. Predictors：(Constant)，企业所得税收入，国内增值税收入
c. Dependent Variable：财政收入

从表 12－5 中可以看出，两个模型都达到了 0.00 的显著性水平。说明配合回归模型是有意义的。但随着无效变量被逐步剔除，F 值愈来愈大。这说明只包含“企业所得税收入”“国内增值税收入”两个变量的模型的拟合优度是最好的。

表 12－5　　多元回归模型的方差分析表

ANOVA						
Model		Sum of Squares	df	Mean Square	F	Sig.
1	Regression	5.250E9	3	1.750E9	374.637	.000a
	Residual	4.671E7	10	4671310.953		
	Total	5.297E9	13			
2	Regression	5.250E9	2	2.625E9	614.548	.000b
	Residual	4.698E7	11	4271324.901		
	Total	5.297E9	13			

a. Predictors：(Constant)，关税收入，企业所得税收入，国内增值收入税收入
b. Predictors：(Constant)，企业所得税收入，国内增值税收入
c. Dependent Variable：财政收入

表 12－6 中根据两个包含自变量数不同的模型，分别给出了回归系数、回归系数的标准误、标准化回归系数、T 检验值、T 检验值的显著性水平、容限度和方差膨胀因子。从第一个包含了三个变量的模型的 T 检验值和显著性水平可以看出，“关税收入”变量 T 检验值均达不到 0.1 的水平。根据向后剔除法，先剔除了显著性水平最差的“关税收入”这个变量，剔除了“税收收入”后，其他两个变量的显著性有所增加。最后保留在模型中的两个有效变量是“企业所得税收入”“国内增值税收入”。

表 12-6　　多元回归模型的回归系数表

Coefficients

Model		Unstandardized Coefficients		Standardized Coefficients	t	Sig.
		B	Std. Error	Beta		
1	(Constant)	652.709	2486.645		.262	.798
	国内增值税收入	1.856	1.189	.508	1.561	.150
	企业所得税收入	2.700	1.460	.513	1.849	.094
	关税收入	−1.117	4.632	−.025	−.241	.814
2	(Constant)	606.065	2370.593		.256	.803
	国内增值税收入	1.683	.908	.461	1.854	.091
	企业所得税收入	2.823	1.308	.536	2.157	.054

a. Dependent Variable：财政收入

另外，从图 12-6、图 12-7、图 12-8 可以看出残差的分布基本呈现出正态分布，基本满足等方差性要求。

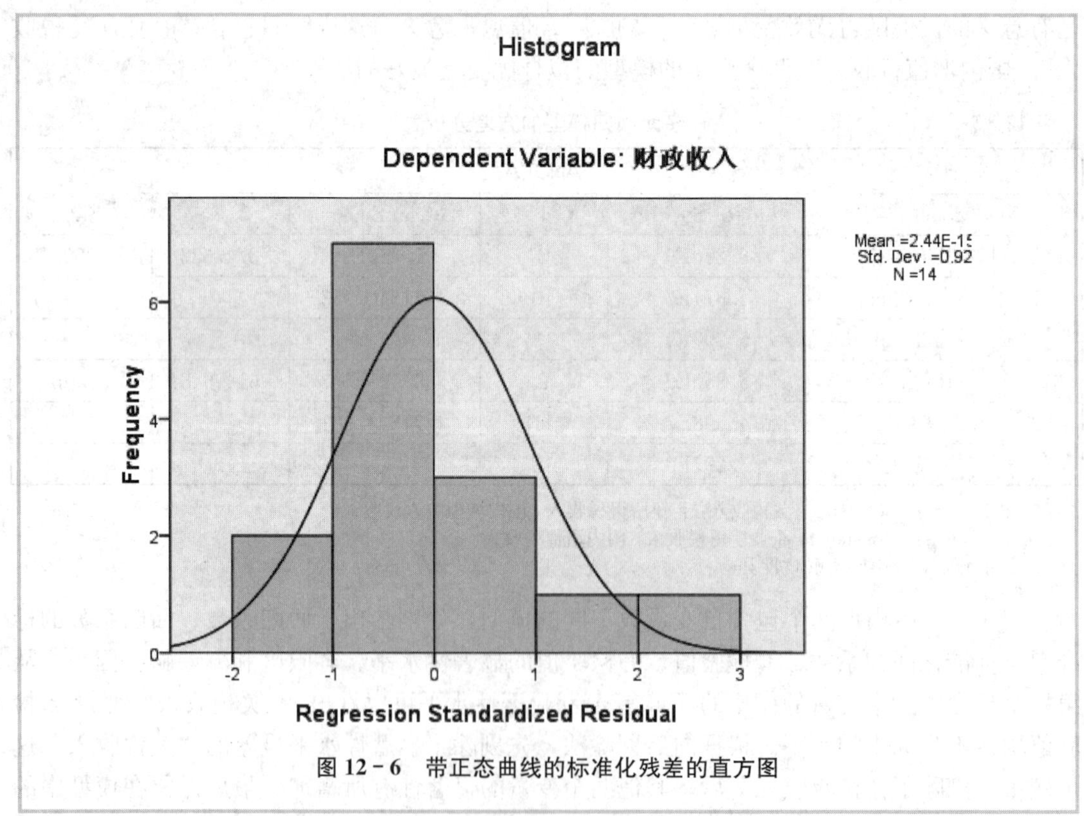

图 12-6　带正态曲线的标准化残差的直方图

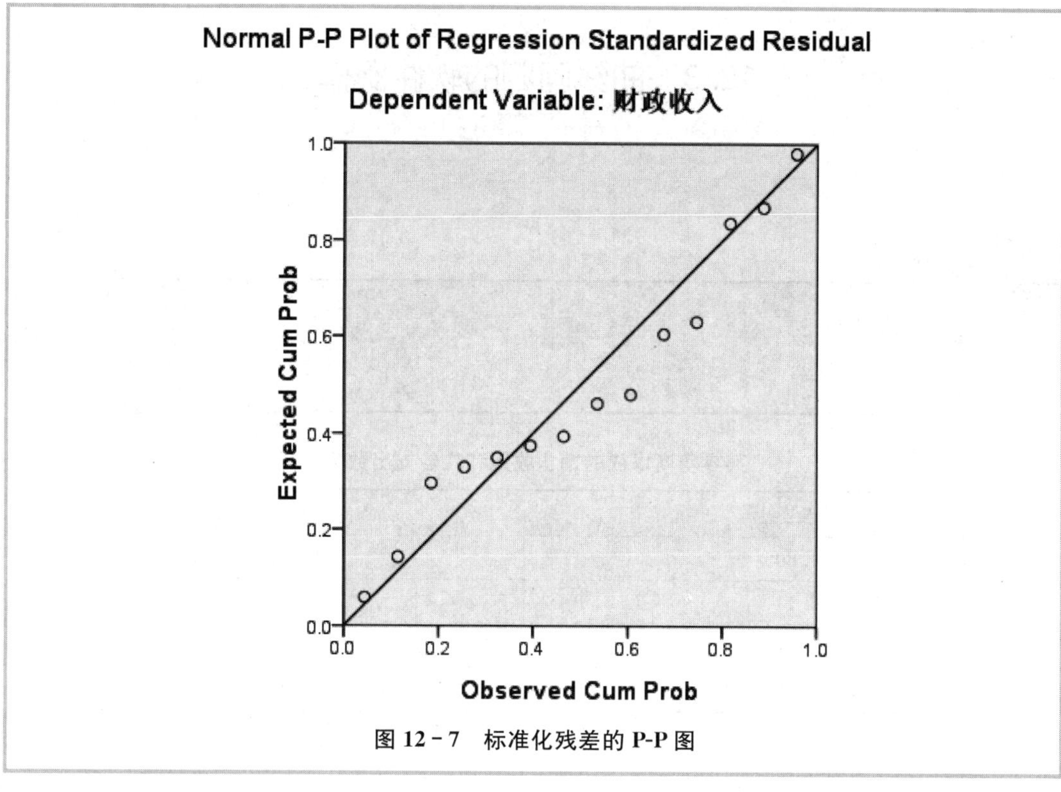

图 12－7　标准化残差的 P-P 图

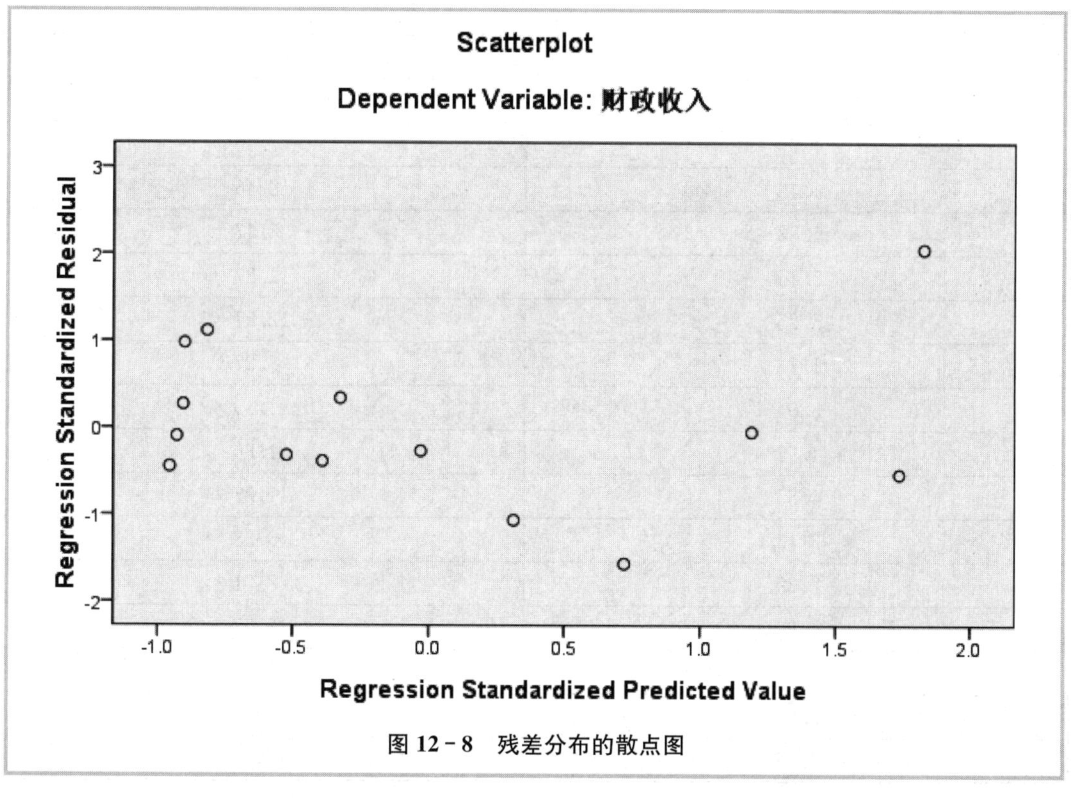

图 12－8　残差分布的散点图

12.3 曲线回归的软件操作

例 12－2

某零售商收集了以往的销售数据和相应的广告支出，通过曲线回归来分析零售商的广告费用支出和商品销售量之间的关系，具体数据如表 12－7 所示。

表 12－7 某零售商以往的销售收入和广告支出数据

广告支出	销售收入
4.69	12.23
6.41	11.84
5.47	12.25
3.43	11.10
4.39	10.97
2.15	8.75
1.54	7.75
2.67	10.50
1.24	6.71
1.77	7.60
4.46	12.46
1.83	8.47
5.15	12.27
5.25	12.57
1.72	8.87
3.04	11.15
4.92	11.86
4.85	11.07
3.13	10.38
2.29	8.71
4.90	12.07
5.75	12.74
3.61	9.82
4.62	11.51

(1) 通过数据编辑窗口建立数据文件：销售收入和广告支出 2. sav。

(2) 依次选择［Graphs］⇒［Legacy Dialogs］⇒［Scatter/Dot］(见图 12－9)，出现［Scatter/Dot］选择界面（见图 12－10)。

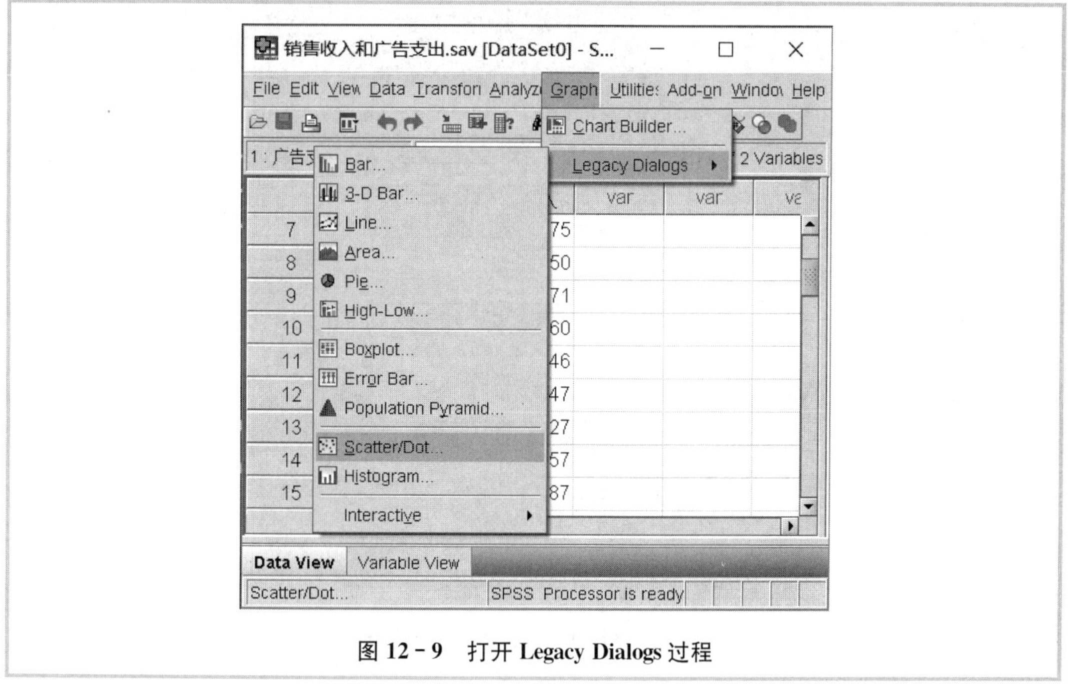

图 12－9　打开 Legacy Dialogs 过程

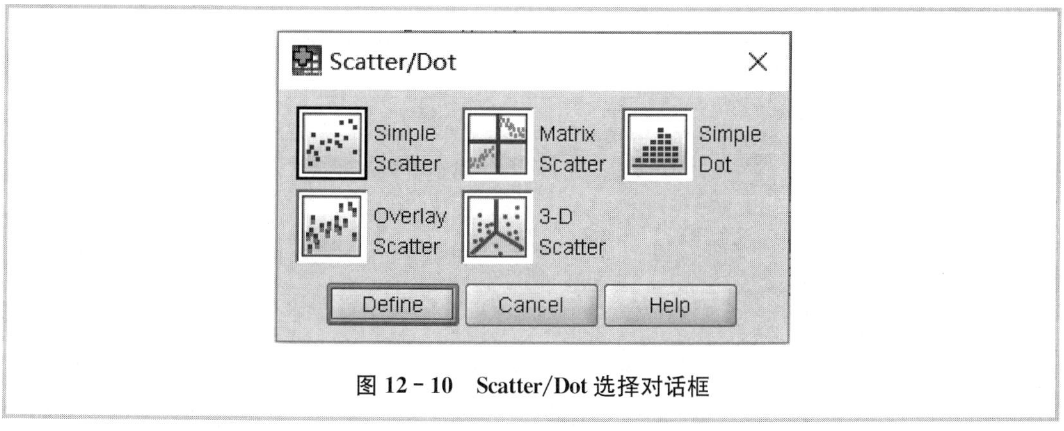

图 12－10　Scatter/Dot 选择对话框

［Simple Scatter］：简单散点图；

［Matrix Scatter］：矩阵散点图；

［Simple Dot］：简单点图；

［Overlap Scatter］：重叠散点图；

［3-D Scatter］：三维散点图。

(3) 选择［Simple Scatter］后，点击［Define］，在出现的［Simple Scatterplot］话框（见图 12－11)，单击按钮将选定的变量“广告支出”“销售收入”分别移入右侧分析变量框［X Axis］、［Y Axis］，点击［OK］便出现散点图（见图 12－12）。

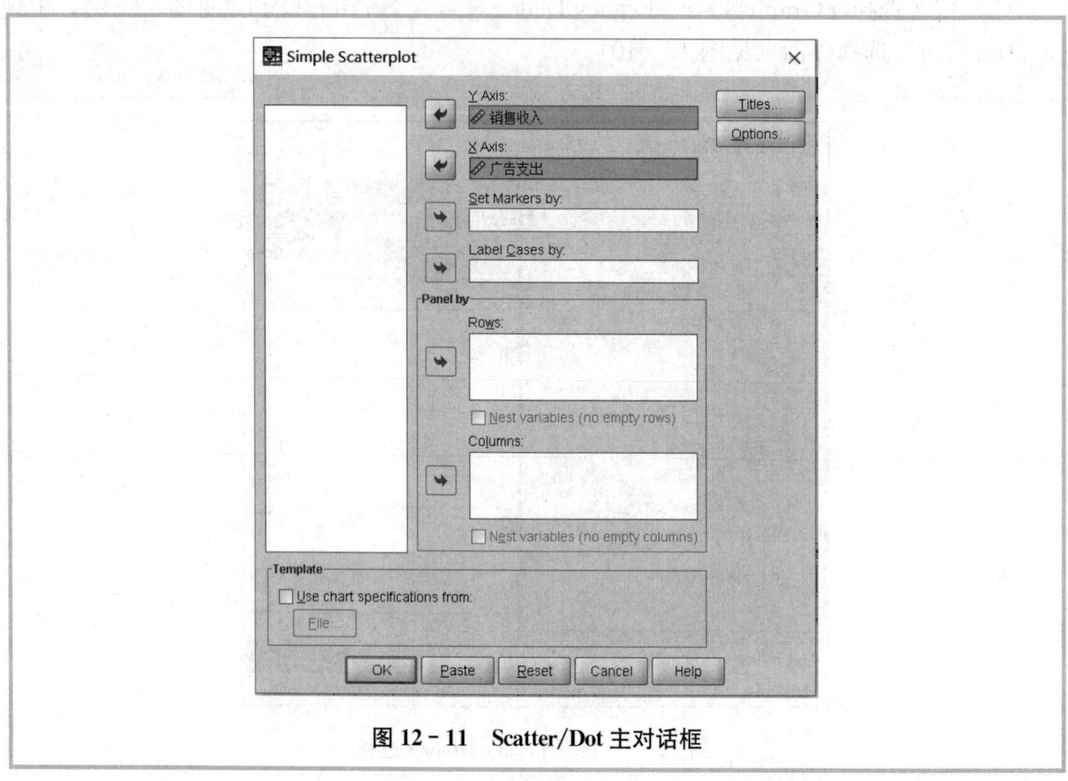

图 12－11　Scatter/Dot 主对话框

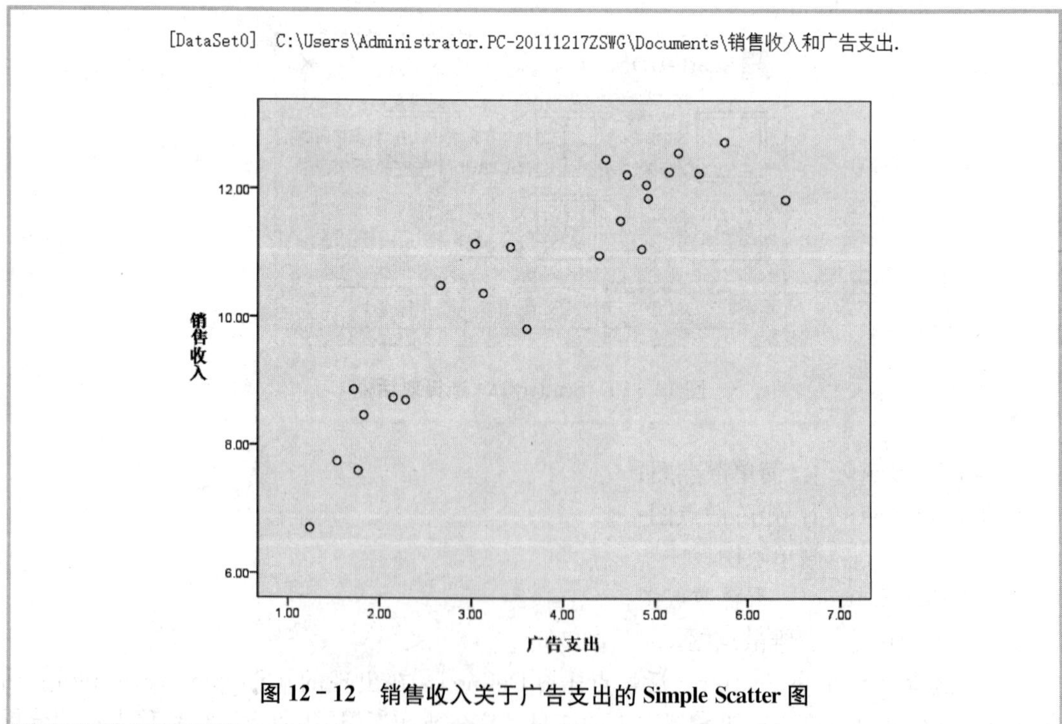

图 12－12　销售收入关于广告支出的 Simple Scatter 图

从图 12－12 可以看出，广告支出和销售收入关系满足线性关系或者二次关系。

(4) 按 [Analyze] ⇒ [Regression] ⇒ [Curve Estimation] 过程（见图 12－13），打开对话框（见图 12－14）。

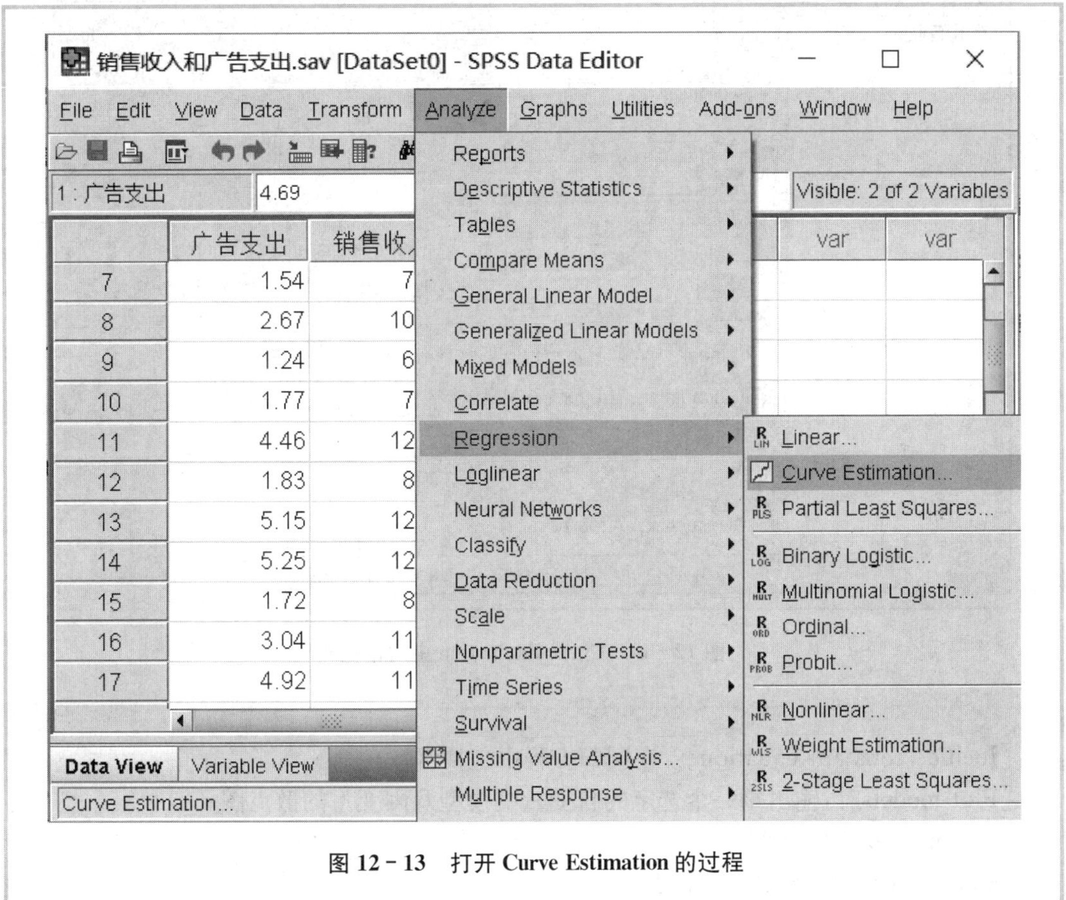

图 12－13　打开 Curve Estimation 的过程

[Linear…]：线性回归；

[Curve Estimation…]：曲线拟合；

[Partial Least Squares…]：偏最小二乘法回归；

[Binary Logistic…]：伯努利逻辑回归；

[Multinomial Logistic…]：多项选择逻辑回归；

[Ordinal…]：序数回归；

[Probit…] 概率单位回归；

[Nonlinear…]：非线性回归；

[Weight Estimation…]：加权估计回归；

[2-Stage Least Squares]：二段最小平方法回归。

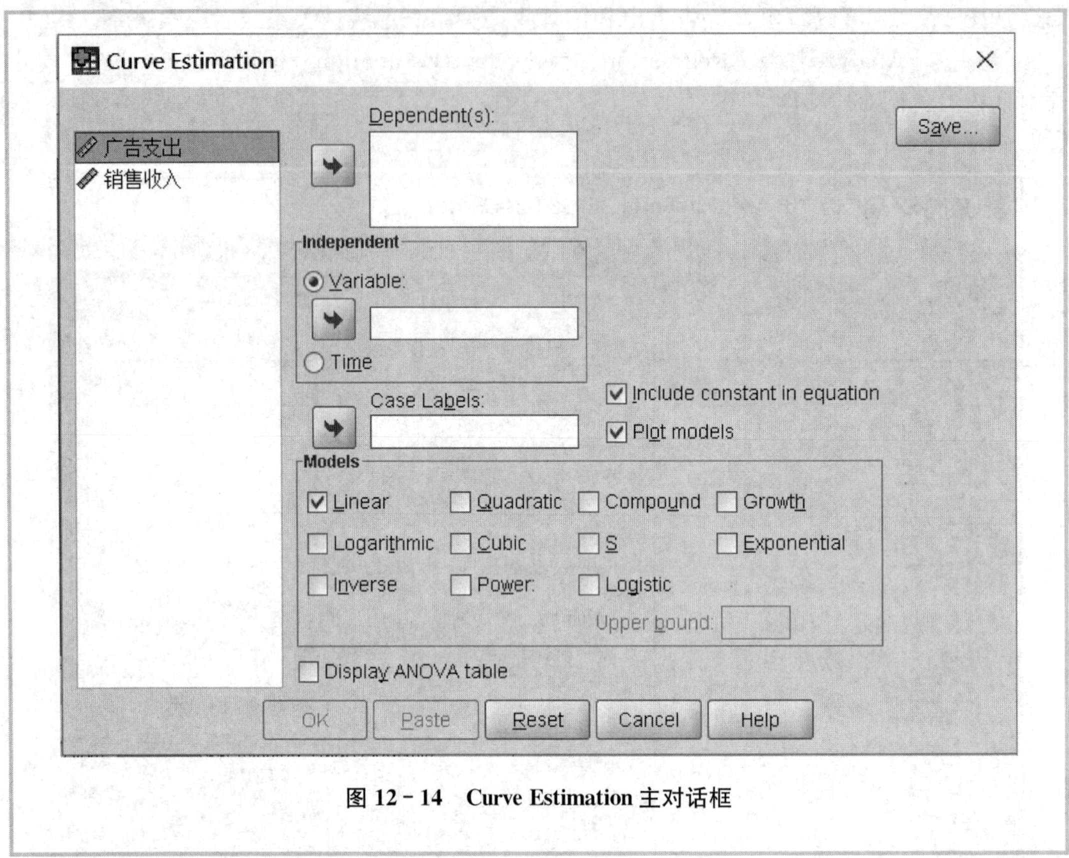

图 12-14　Curve Estimation 主对话框

[Include constant equation]：在回归方程中包括常数；

[Plot models]：输出每一个选定的自变量喝模型及因变量的散点图；

[Linear]：拟合线性模型；

[Quadratic]：拟合二次方程模型；

[Compound]：拟合复合曲线模型；

[Growth]：拟合等比级数曲线模型；

[Logarithmic]：拟合对数模型；

[Cubic]：拟合三次方程模型；

[S]：拟合 S 形曲线模型；

[Exponential]：拟合指数模型；

[Inverse]：拟合反函数模型；

[Power]：拟合乘幂曲线模型；

[Logistic]：拟合 Logistic 曲线模型。

(5) 将 Y 选入 [Dependent] 框中，将 X 选入 [Independent (s)] 框中（见图 12-15）。在 [Method] 对话框中选择 [Linear]、[Quadratic] 选项。选中 [Display ANOVA table]、[Include constant in equation]、[Plot models] 选项。

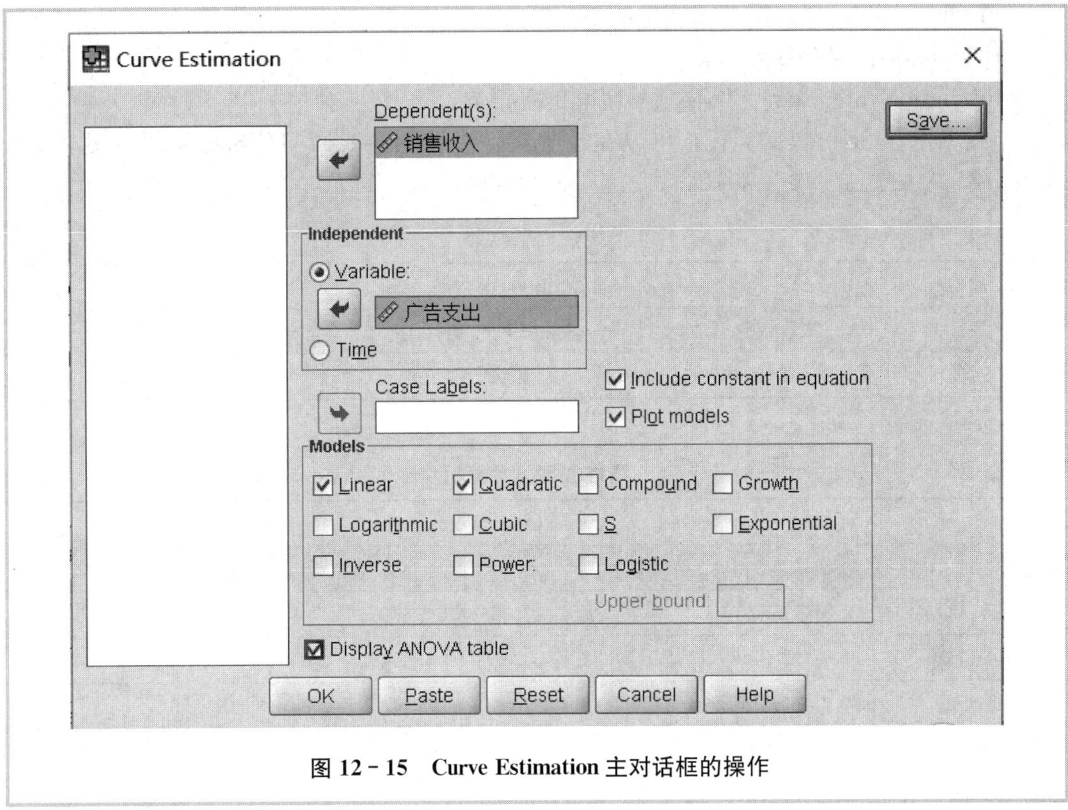

图 12－15　Curve Estimation 主对话框的操作

（6）打开 Save 对话框（见图 12－16），选择［Predicted value］、［Residuals］和［Prediction intervals］复选项，点击［Continue］返回［Curve Estimation］。

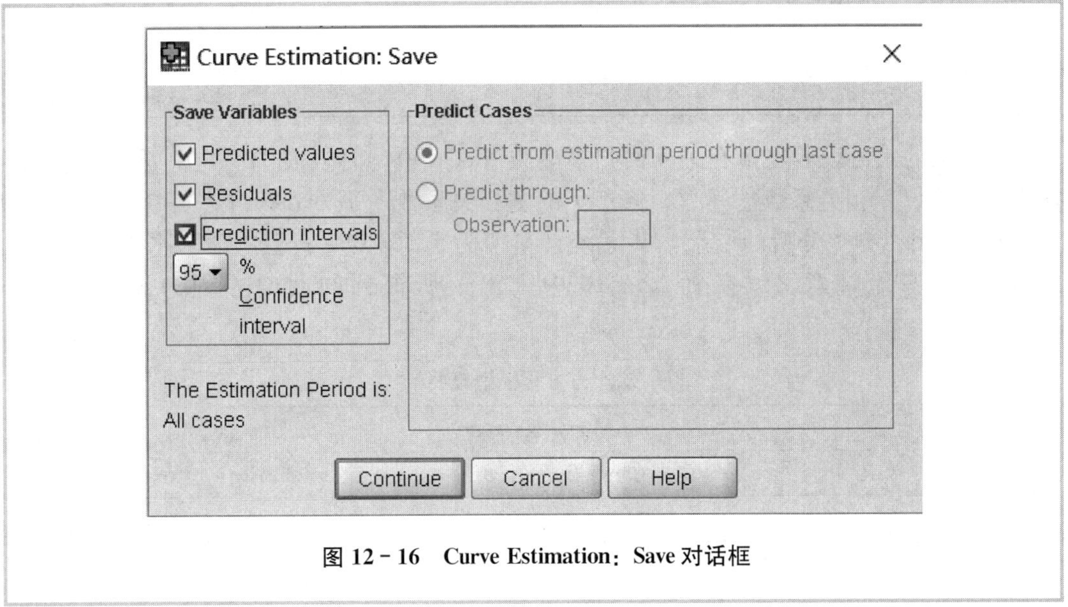

图 12－16　Curve Estimation：Save 对话框

[Predicted values]：保存因变量的预测值；

[Residuals]：保存残差值；

[Prediction intervals]：保存预测区间的上下界。

（7）单击［OK］提交运行，可以在输出文件中看到曲线回归分析的结果（见表12-8、表12-9、表12-10、表12-11、表12-12和表12-13）。

表12-8　　线性模型概要

Model Summary			
R	R Square	Adjusted R Square	Std. Error of the Estimate
.916	.840	.832	.737

The independent variable is 广告支出

表12-9　　线性模型方差分析

ANOVA					
	Sum of Squares	df	Mean Square	F	Sig.
Regression	62.576	1	62.576	115.114	.000
Residual	11.959	22	.544		
Total	74.535	23			

The independent variable is 广告支出

表12-10　　线性模型系数

Coefficients					
	Unstandardized Coefficients		Standardized Coefficients	t	Sig.
	B	Std. Error	Beta		
广告支出	1.072	.100	.916	10.729	.000
(Constant)	6.581	.401		16.413	.000

从上面的表可以看出，在采用回归模型为Linear模型时，表12-8中列出了常用的复相关系数、复相关系数的平方、修正了的复相关系数的平方和标准差等统计量值。表12-9中列出了方差分析的结果，其F统计量值为115.114，F值的显著水平为0.000，故回归方程有统计意义。在表12-10中列出了所得到的回归方程为$y=6.581+1.072x$。

表12-11　　二次方程模型概要

Model Summary			
R	R Square	Adjusted R Square	Std. Error of the Estimate
.953	.909	.900	.568

The independent variable is 广告支出

表 12-12　　二次方程模型方差分析

ANOVA					
	Sum of Squares	df	Mean Square	F	Sig.
Regression	67.755	2	33.878	104.932	.000
Residual	6.780	21	.323		
Total	74.535	23			

The independent variable is 广告支出

表 12-13　　二次方程模型系数

Coefficients					
	Unstandardized Coefficients		Standardized Coefficients	t	Sig.
	B	Std. Error	Beta		
广告支出	2.852	.451	2.438	6.323	.000
广告支出 ** 2	-.245	.061	-1.544	-4.005	.001
(Constant)	3.905	.736		5.304	.000

从上面的表可以看出，在采用的模型为 Quadratic 模型时，表 12-11 中列出了常用的复相关系数、复相关系数的平方、修正了的复相关系数的平方和标准差等统计量值。表 12-12 中列出了方差分析的结果，其 F 统计量值为 104.932，F 值的显著水平为 0.000，故回归方程有统计意义。表 12-13 中列出了所得到的回归方程为 $y=3.905+2.852x-0.245x^2$。图 12-17 为线性和二次方程拟合图像。

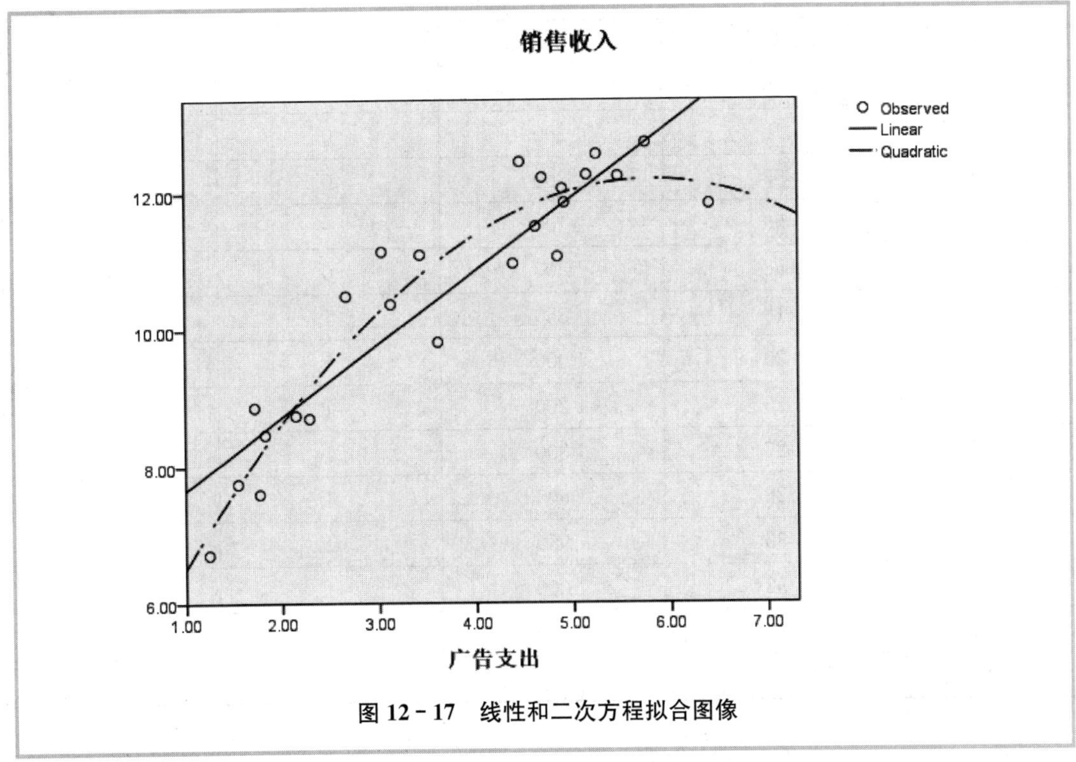

图 12-17　线性和二次方程拟合图像

12.4 逻辑回归的软件操作

例 12-3

在一次关于某城镇居民上下班使用交通工具的社会调查中，因变量 $y=1$ 表示居民主要乘坐公共汽车上下班，$y=0$ 表示主要骑自行车上下班，自变量 x_1 表示被调查者年龄，x_2 表示被调查者月收入；x_3 表示被调查者的性别（$x_3=1$ 为男性，$x_3=0$ 为女性），数据如表 12-14 所示。

表 12-14　　某城镇居民上下班使用交通工具社会调查数据

序号	x_1（年龄）	x_2（月收入：元）	x_3（性别）	y
1	18	850	0	0
2	21	1 200	0	0
3	23	850	0	1
4	23	950	0	1
5	28	1 200	0	1
6	31	850	0	0
7	36	1 500	0	1
8	42	1 000	0	1
9	46	950	0	1
10	48	1 200	0	0
11	55	1 800	0	1
12	56	2 100	0	1
13	58	1 800	0	1
14	18	850	1	0
15	20	1 000	1	0
16	25	1 200	1	0
17	27	1 300	1	0
18	28	1 500	1	0
19	30	950	1	1
20	32	1 000	1	0
21	33	1 800	1	0
22	33	1 000	1	0

续前表

序号	x_1（年龄）	x_2（月收入：元）	x_3（性别）	y
23	38	1 200	1	0
24	41	1 500	1	0
25	45	1 800	1	1
26	48	1 000	1	0
27	52	1 500	1	1
28	56	1 800	1	1

试建立 y 与自变量间的 Logistic 回归。

(1) 通过数据编辑窗口建立数据文件：交通工具社会调查.sav。

(2) 单击［Analyze］⇒［Regression］⇒［Binary logistic］（见图 12 - 18），在出现［logistic Regression］对话框如（见图 12 - 19），单击按钮将选定的变量“x1”“x2”“x3”依次移入右侧分析变量框［Covariates］中。

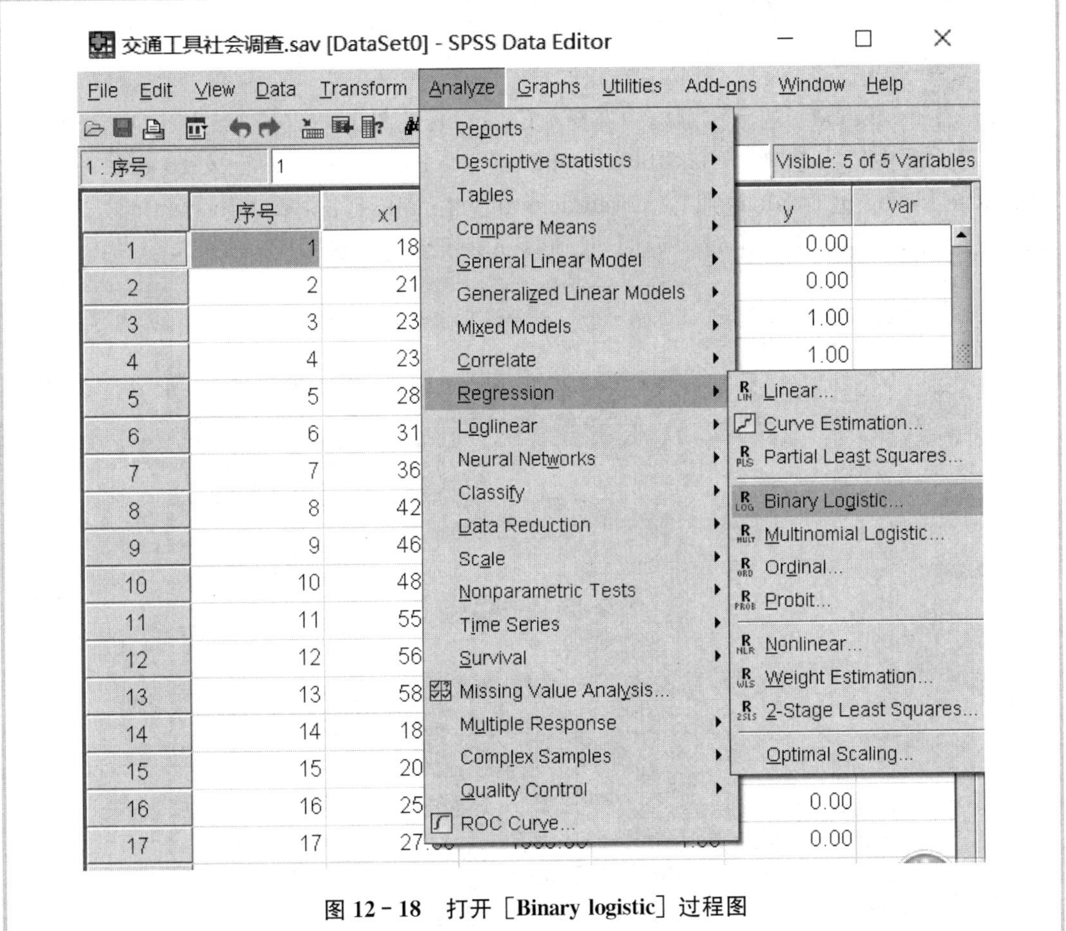

图 12 - 18 打开［Binary logistic］过程图

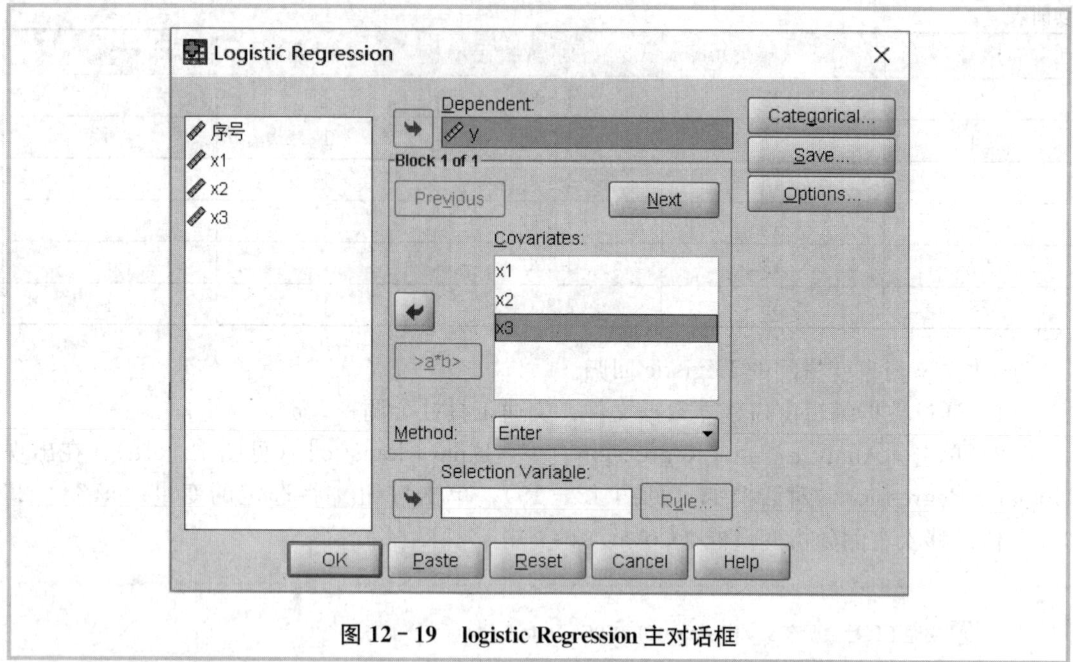

图 12 - 19　logistic Regression 主对话框

（3）在［Method］的下拉菜单中选择［Enter］（见图 12 - 20），点击［Options］，在打开的对话框中依次选择［Classification plots］、［Hosmer-Lemeshow goodness-of-fit］、［Casewise listing of residuals］、［Correlations of estimates］、［Iteration history］、［CI for exp（B）］后，点击［Continue］返回［Logistic Regress］（见图 12 - 21）。

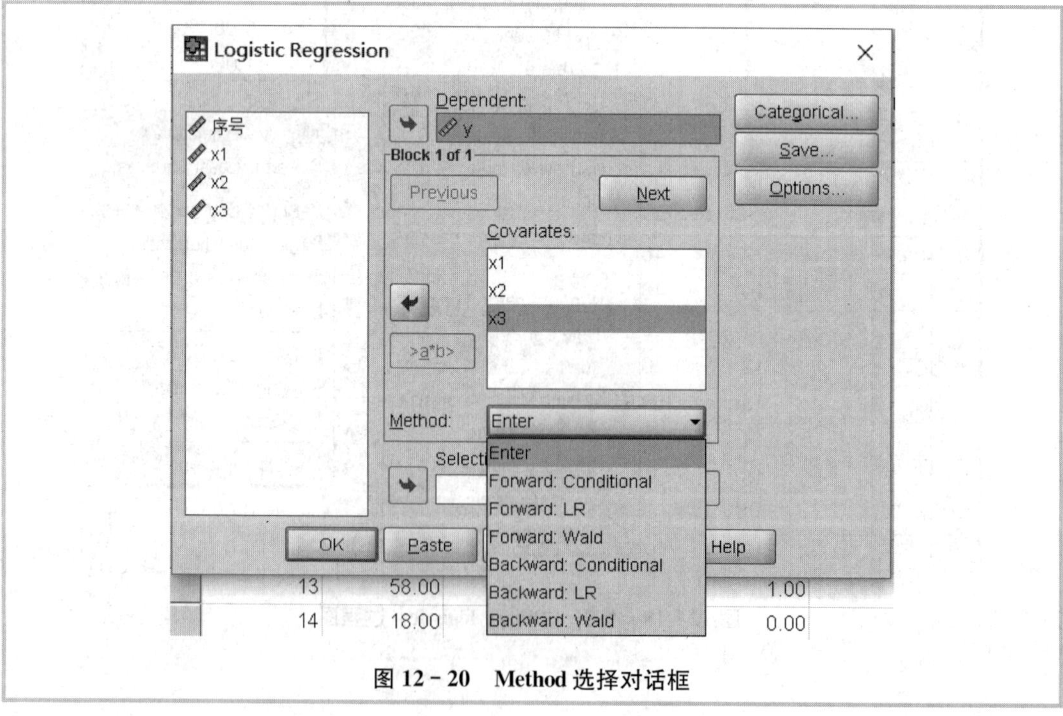

图 12 - 20　Method 选择对话框

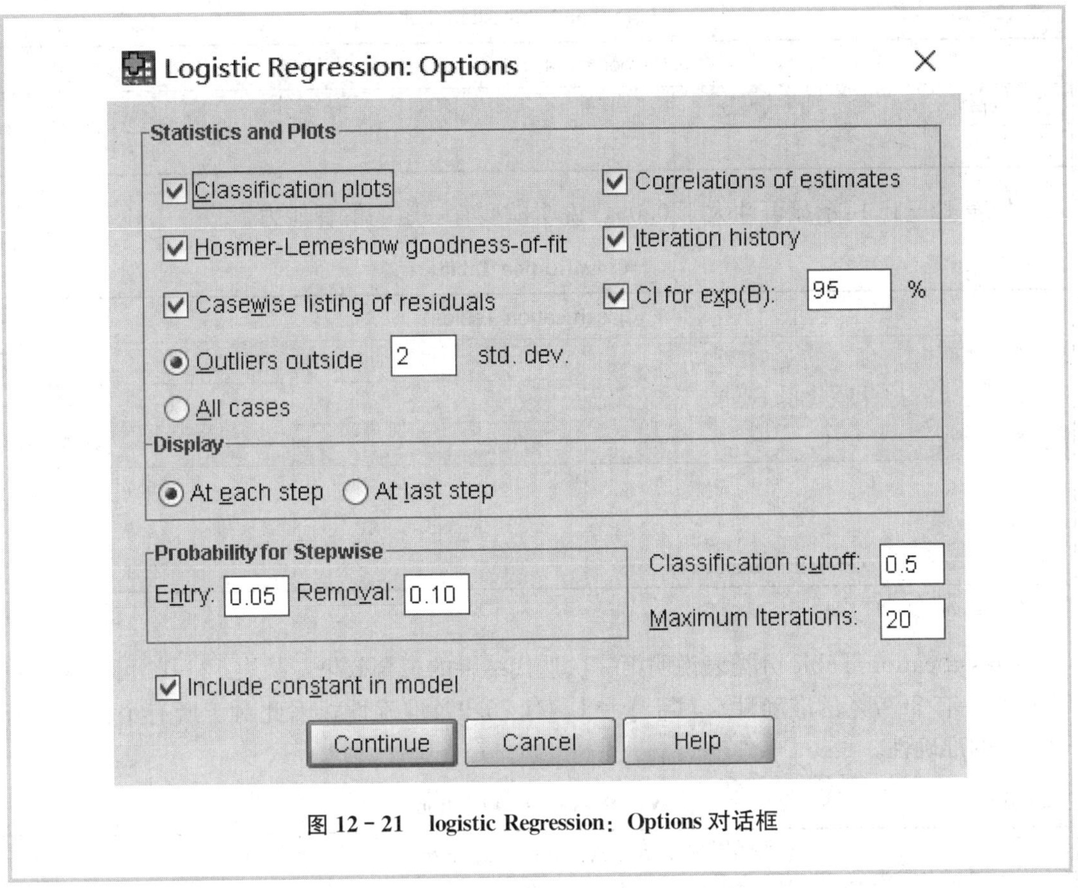

图 12-21　logistic Regression：Options 对话框

[Enter]：除检查容忍度外，无其他进入标准，所选变量全进入回归方程。

[Forward：Conditional]：让变量以步进的方式进入回归方程。其进入的标准是分值统计量的显著水平，从回归方程中删除变量的标准是条件参数估计的拟然比统计量。

[Forward：LR]：让变量以步进的方式进入回归方程。其进入的标准是分值统计量的显著水平，从回归方程中删除变量的标准是极大偏拟然估计的拟然比统计量概率。

[Forward Wald]：让变量以步进的方式进入回归方程。其进入的标准是分值统计量的显著水平，从回归方程中删除变量的标准是 Wald 统计量的概率。

[Backward：Conditional]：先让所有的变量都进入回归方程，然后再删除，删除的标准是条件参数估计的拟然比统计量概率。

[Backward：LR]：先让所有的变量都进入回归方程，然后再删除，删除的标准是极大偏拟然估计的拟然比统计量概率。

[Backward：Ward]：先让所有的变量都进入回归方程，然后再删除，删除的标准是 Wald 统计量的概率。

（4）点击［OK］进行运算，运算结果如表 12-15、表 12-16、表 12-17、表 12-18 所示（这里仅列举较为重要的表格进行展示）。

表 12 - 15　　Hosmer and Lemeshow Test

Hosmer and Lemeshow Test			
Step	Chi-square	df	Sig.
1	11.513	7	.118

如表 12 - 15 所示显著性大于 0.05，说明模型有一定的解释能力。

表 12 - 16　　Classification Table

Classification Tablea					
Observed			Predicted		
			y		Percentage Correct
			0	1	
Step 1	y	0	13	2	86.7
		1	3	10	76.9
	Overall Percentage				82.1

a. The cut value is. 500

Classification Table 分类表说明第一次迭代结果的拟合效果，从表 12 - 16 可以看出对于 $y=0$，有 86.7%的准确性；对于 $y=1$，有 76.9%准确性，因此对于所有个案总共有 82.1%的准确性。

表 12 - 17　　Variables in the Equation

Variables in the Equation									
		B	S. E.	Wald	df	Sig.	Exp(B)	95.0% C. I. for EXP(B)	
								Lower	Upper
Step 1a	x2	.002	.002	.661	1	.416	1.002	.998	1.005
	x1	.082	.052	2.486	1	.115	1.086	.980	1.202
	x3	−2.502	1.158	4.669	1	.031	.082	.008	.792
	Constant	−3.655	2.091	3.055	1	.081	.026		

a. Variable (s) entered on step 1：x2，x1，x3.

表 12 - 17 列出了 Step 1 中各个变量对应的系数，以及该变量对应的 Wald 统计值和它对应的相伴概率。从该表格中可以看出 x3 相伴概率最小，Wald 统计量最大，可见该变量在模型中很重要。

表 12 - 18　　相关系数矩阵

Correlation Matrix					
		Constant	x2	x1	x3
Step 1	Constant	1.000	−.644	−.372	.311
	x2	−.644	1.000	−.400	−.388
	x1	−.372	−.400	1.000	−.197
	x3	.311	−.388	−.197	1.000

表 12－18 列出了常数 Constant、系数之间的相关矩阵。常数与 x_2 之间的相关性最大，x_1 和 x_3 之间的相关性最小。

本章小结

回归分析是研究随机变量之间的相关关系的一种统计方法。其用意是研究一个被解释变量（又称因变量）与一个或者多个解释变量（又称自变量）之间的统计关系。回归分析分为线性回归分析和非线性回归分析，本章只涉及其中的多元线性回归分析、曲线回归分析和逻辑回归分析，重点介绍了三类回归的基本概念、软件分析以及在实践中的应用。首先，通过分析我国财政收入和关税收入、国内增值税收入、企业所得税收入之间的关系，讲述了 SPSS 关于多元线性回归的操作；其次，通过分析某零售商的销售收入和广告支出之间的关系，介绍了 SPSS 关于曲线回归的操作；最后，通过分析某城镇居民上下班乘车与月收入、年龄和性别之间的关系，介绍了 SPSS 关于逻辑回归的操作。

关键术语

回归分析　　多元线性回归分析　　曲线回归分析　　逻辑回归分析

复习思考题

1. 线性回归是研究变量之间的确定型的函数关系，还是不确定型的函数关系的？
2. 复相关系数的平方 R^2（Coefficient of determination）怎样反映出总体回归效果？
3. 逻辑回归可以分为几类？
4. 序列相关的概念是什么？它违背了什么基本假设？
5. 列出经济与管理中造成序列相关的原因。
6. 什么是 D-W 统计量？如何用它来判断是否存在序列相关？
7. 请选用本书中数据文件，用 SPSS 的回归分析模块做回归分析（Enter、Backward 和 Stepwise），并处理多重共线性、异方差、序列相关等问题。
8. 某学校 20 名一年级女大学生体重、胸围、肩宽及肺活量的实测数据如表 12－19 所示，试进行多元线性回归分析，并评价模型的拟合优度。

表 12－19　　20 名一年级女大学生体重、胸围、肩宽及肺活量的实测数据

编号	体重（kg）	胸围（cm）	肩宽（cm）	肺活量（L）
1	51.3	73.6	36.4	2.99
2	48.9	83.9	34.0	3.11
3	42.8	78.3	31.0	1.91
4	55.0	77.1	31.0	2.63
5	45.3	81.7	30.0	2.86

续前表

编号	体重（kg）	胸围（cm）	肩宽（cm）	肺活量（L）
6	45.3	74.8	32.0	1.91
7	51.4	73.7	36.5	2.98
8	53.8	79.4	37.0	3.28
9	49.0	72.6	30.1	2.52
10	53.9	79.5	37.1	3.27
11	48.8	83.8	33.9	3.10
12	52.6	88.4	38.0	3.28
13	42.7	78.2	30.9	1.91
14	52.5	88.3	38.1	3.27
15	55.1	77.2	31.1	2.64
16	45.2	81.6	30.2	2.85
17	51.4	78.3	36.5	3.16
18	48.7	72.5	30.0	2.51
19	51.3	78.2	36.4	3.15
20	45.2	74.7	32.1	1.92

9. 某工厂的生产车间经理想要了解废品率与生产件数之间的关系，表 12－20 是生产过程中测量的相关生产数据，试进行回归分析，并对模型进行检验。

表 12－20　　废品率及生产件数

生产件数 X	1 000	2 000	3 500	4 000	4 500	5 000
废品率 Y	5.2	6.5	8.1	10.2	10.3	13.0

10. 在一次关于公共交通的社会调查中，一个调查项目是“乘公交车上下班，还是骑自行车上下班”，因变量 $Y=1$ 表示乘车，$Y=0$ 表示骑车。自变量 X_1 表示年龄；X_2 表示表示月收入；X_3 表示性别，取 1 时为男性，取 0 时为女性。调查对象为工薪族群体。数据见表 12－21，试建立 Y 与自变量之间的 Logistic 回归。

表 12－21　　公共交通的社会调查数据

序号	性别	年龄	月收入	Y	序号	性别	年龄	月收入	Y
1	0	18	850	0	15	1	20	1 000	0
2	0	21	1 200	0	16	1	25	1 200	0
3	0	23	850	1	17	1	27	1 300	0
4	0	23	950	1	18	1	28	1 500	0
5	0	28	1 200	1	19	1	30	950	1
6	0	31	850	0	20	1	32	1 000	0
7	0	36	1 500	1	21	1	33	1 800	0
8	0	42	1 000	1	22	1	33	1 000	0

续前表

序号	性别	年龄	月收入	Y	序号	性别	年龄	月收入	Y
9	0	46	950	1	23	1	38	1 200	0
10	0	48	1 200	0	24	1	41	1 500	0
11	0	55	1 800	1	25	1	45	1 800	1
12	0	56	2 100	1	26	1	48	1 000	0
13	0	58	1 800	1	27	1	52	1 500	1
14	1	18	850	0	28	1	56	1 800	1

11. 表 12－22 列出了某地区家庭人均鸡肉年消费量 Y 与家庭月均收入 X，鸡肉价格 P_1（元/千克），猪肉价格 P_2（元/千克）与牛肉价格 P_3（元/千克）的相关数据。

表 12－22　　某地区家庭消费肉类情况表

年份	Y（千克）	X（元）	P_1	P_2	P_3
1980	2.78	397	4.22	5.07	7.83
1981	2.99	413	3.81	5.2	7.92
1982	2.98	439	4.03	5.4	7.92
1983	3.08	459	3.95	5.53	7.92
1984	3.12	492	3.73	5.47	7.74
1985	3.33	528	3.81	6.37	8.02
1986	3.56	560	3.93	6.98	8.04
1987	3.64	624	3.78	6.59	8.39
1988	3.67	666	3.84	6.45	8.55
1989	3.84	717	4.01	7	9.37
1990	4.04	768	3.86	7.32	10.61
1991	4.03	843	3.98	6.78	10.48
1992	4.18	911	3.97	7.91	11.4
1993	4.04	931	5.21	9.54	12.41
1994	4.07	1 021	4.89	9.42	12.76
1995	4.01	1 165	5.83	12.35	14.29
1996	4.27	1 349	5.79	12.99	14.36
1997	4.41	1 449	5.67	11.76	11.76
1998	4.67	1 575	6.37	13.09	13.09
1999	5.06	1 759	6.16	12.98	12.98
2000	5.01	1 994	5.89	12.8	12.8
2001	5.17	2 258	6.64	14.1	14.1
2002	5.29	2 478	7.04	16.82	16.82

（1）求出该地区关于家庭鸡肉消费需求的如下模型：

$$\ln Y = \beta_0 + \beta_1 \ln X + \beta_2 \ln P_1 + \beta_2 \ln P_2 + \beta_3 \ln P_3 + \mu$$

（2）请分析鸡肉的家庭消费需求是否受猪肉及牛肉价格的影响。

12. 混凝土的抗压强度随养护时间的延长而增加，现将一批混凝土做成 12 个试块，记录了养护日期 x（日）及抗压强度 y（kg/cm^2）的数据，如表 12－23 所示。

表 12－23　　养护日期及卡抗压强度数据

养护时间 x	2	3	4	5	7	9	12	14	17	21	28	56
抗压强度 y	35	42	47	53	59	65	68	73	76	82	86	99

试求 $\hat{y} = a + b\ln x$ 型回归方程。

第 13 章

多选变量分析

引例

在对某一个问题进行调查分析时，通常会要求被调查者根据事先设计好的问卷，给出自己的选项，多数情况下在所有的选项中会要求被调查者选择一个最能反映自己观点的选项。但有些时候却不是这样，有时被调查者同时会选择多个选项，甚至有时对于这多个选项，被调查者表现出不同的偏好倾向。

例如，网上购物，在家里“逛商店”已然成为现在人们生活中时髦的事和一大新的潮流。随着人们对网络购物接受度的提高以及物流支付等配套服务更加完善，网络购物渗透率也随之有了较大提升。据了解，2009 年，我国网络购物用户规模达 1.08 亿人。网络购物市场交易规模达到 2 500 亿元，较 2008 年翻番增长。网络购物依靠其产品量大、价格低廉、无地域等鲜明特点吸引了大批的消费者。大学生这一庞大群体日益成为这一消费群体的重要部分。对此我们将对校园内的大学生进行针对性调查，以便从大家的反馈中获知这一特殊受众对这样一种购物方式的认可度，以及一些意见和建议。在具体调查时，设计了“关于大学生网上购物社会调查问卷”，其中有这样几个题项：

- 您在网上选购过或者是有意愿选购哪些物品？（不限选项）________

A. 电器　B. 服饰　C. 体育用品　D. 书籍　E. 其他

- 您购物会选择哪个网站？（不限选项）________

A. 淘宝网　B. 凡客诚品　C. 当当网　D. 京东商城　E. 卓越亚马逊

F. 新蛋网上商城　G. 优悦生活网　H. 苏宁易购　I. 其他

- 您选择网上购物的原因？（请在选项后的括号内列出优先顺序）

A. 价格便宜（　）　B. 方便快捷（　）　C. 选择更多（　）

D. 服务人性化（　）　E. 随大溜儿，大家网购我也跟着网购（　）

F. 这种购物方式很时尚（　）　G. 网上商品齐全选择余地大（　）

又如，随着高等教育普及化，越来越多的学生开始关注“兼职活动”，学生纷纷加入兼职大军，甚至许多大一新生也不甘人后，颇有泛滥之势。对于这一现象有人认为：现代社会竞争激烈，需要综合型的人才。这种人才必须具有扎实的专业知识，同时又能广泛涉猎，具有多种实践能力。通过兼职可以学习一些社会常识，学到一些在社会中生存的技能，也可以结交一些社会人士，增添一些社会阅历，使得以后找工作时可以尽早适应社会生活。但也有一些人认为：学生的主要任务是学习，做兼职会占用学习时间，大部分在校生很难协调好这个时间关系会影响学习，同时现在很多做兼职的学生因为自我辨别力不够会被一些无良商家欺骗，做了事情拿不到报酬。

为了深入了解大学生对待兼职的态度和认识，进一步分析大学生参与“兼职活动”能够得到什么，对自己今后的职业生涯规划有哪些好处，同时可能带给同学们的影响，我们设计了“关于大学生兼职利弊的调查问卷”，其中有这样几个题项：

- 你兼职的主要目的是？（可多选）

A. 赚取收入，减轻家庭负担（　　）　B. 增长社会见识（　　）

C. 获得工作经验，为就业作准备（　　）

D. 培养个人能力，提升实践水平（　　）

- 你获得兼职工作的途径一般是？（可多选）

A. 校园海报或广告（　　）　B. 专门中介机构（　　）

C. 老师或同学介绍（　　）　D. 学校社团（　　）

- 你在获得兼职工作前，遇到的主要困难是？（可多选）

A. 兼职信息太少（　　）　B. 中介机构收费太高（　　）

C. 担心受骗（　　）　D. 时间有限（　　）

E. 用人单位要求过高（　　）

在对以上两个问题，以及类似情况问题的调查结果进行分析时，如何综合反映被调查者对于同一问题的多种选择？如何充分体现被调查者对于多个选项的不同心理偏好？我们希望知道不同选项在第一顺序、第二顺序或第三顺序分别被选择过多少次，还希望知道某些选项在多次选择中总共被选择了多少次。对于这样一些问题的统计分析无法通过我们已经学过的其他方法进行解决，所以必须学习本章的多选变量分析。

本章学习要点

- 掌握多选变量的概念及分类
- 了解多选变量分析的应用
- 熟悉多选变量频数分析的软件操作

13.1 多选变量的概念与分类

13.1.1 多选变量的概念

在市场研究或一些领域对某事物评价的研究中，经常会出现这样一种情况，对某些问题的回答允许或者要求被调查者必须作多项选择，同时对这些多选项的回答顺序也作了具体的要求。如当问到你喜欢什么颜色时，你可能喜欢红色，也喜欢蓝色和绿色。如果让你按喜欢程度排一下顺序，你的回答可能是：红色第一，蓝色第二，绿色第三。这就构成了对一个问题（变量）的多个选择，这种问题称作多项选择题。对于这样一种问题的分析就是多选变量的分析。

对于多选变量又分为限选和不限选：

- 限选：如在 7 种洗发用品中，选你最喜欢的，最多可选 4 种（Var1-Var4），求所有人最喜欢哪种（哪种被选的频率最高）？（4 个分类变量）
- 不限选：如在所列的 16 种上网动机中，你所具有的动机，不限选（Var1-Var16），求哪种动机最普遍？（16 个二分变量）

13.1.2　多选变量的分类与代码

解决多选项问题的通常思路是将问卷中的一道多选项问题分解成若干问题，对应设置若干变量，分别存放描述这些问题的几个可能被选择的答案。这样，对一个多选项问题的分析就可以转化成对多个问题的分析，也就是对多个变量的分析。多选变量的分类取决于对问题的设计和对数据的整理及其数据文件的建立。

通常来说，可以将多选变量分为：多选项二分法与多选项分类法。

（1）多选项二分法。

多选项二分法是将多选项问题中的每个答案设为一个变量，每个变量只有 0 或 1 两个取值，分别表示选择了该答案和不选择该答案。

例如，对下面问题有 9 个可能的答案，每个可选择的答案由一个变量表示，每个变量的值只能有表明“是”和“否”的两个代码。表 13－1 为向顾客发放的颜色调查，在选择服装时，您喜欢什么颜色作为主体颜色，在答案的“□”中打“√”（可多选）。

表 13－1　　服装颜色偏好调查表

编号	调查内容	选项	
1	您喜欢红色吗	□是	□否
2	您喜欢橙色吗	□是	□否
3	您喜欢黄色吗	□是	□否
4	您喜欢绿色吗	□是	□否
5	您喜欢青色吗	□是	□否
6	您喜欢蓝色吗	□是	□否
7	您喜欢紫色吗	□是	□否
8	您喜欢黑色吗	□是	□否
9	您喜欢白色吗	□是	□否

这是一组问题，每个问题均有两个答案，回答者只能选择其中一种。本组问题对应设置 9 个变量名，即 color1-color9。而答案的编码规则为：回答“是”变量值为 1，回答“否”变量值为 0，其他值为缺失值。

又如，某学校在进行“关于大学生就业的社会需求调查”时，所设计的调查问卷中有如表 13－2 所列的选题：“您认为高校应加强哪方面的教学改革？”并设计了 7 个可能的答案，向被调查者发放进行调查，每个可选择的答案由一个变量表示，每个变量的值只有

“是”和“否”两个代码，在答案的“□”中打“√”（可多选）。

表 13-2 高校教学改革重点调查表

编号	调查内容	选项	
1	加强就业指导	□是	□否
2	加强学生实践技能培训	□是	□否
3	提高大学生沟通能力	□是	□否
4	加强学校与企业之间的交流	□是	□否
5	加强学生实习环节	□是	□否
6	加强学生职业心理和职业态度的培训	□是	□否
7	加强学生实践技能培训	□是	□否

（2）多选项分类法。

多选项分类法是每个分类变量都有两个以上的值作为回答者的答案的代码。多选项分类法中，首先应估计多选项问题中最多可能出现的答案个数；然后为每个答案设置一个变量，变量取值为多选项中的可选答案。

如上面有关选择服装的主体颜色，您可以选择最喜欢的三种，在下面提供的十种答案前的□中填写喜欢的顺序号（最喜欢的为[1]，其次为[2]、[3]）。

□红　□橙　□黄　□绿　□青

□蓝　□紫　□黑　□白　□说不清

这种情况下每个问题可以有三个答案。因此在具体分析时，要建立三个变量 color1-color3，表示回答者按喜欢程度选择的三个颜色。而答案的编码规则为：按填写的顺序值编码，如 A 表示选择红色……I 表示选择白色，J 表示说不清。如选择结果为[1]黑、[2]红、[3]蓝，则变量 color1 的值为 H，变量 color2 的值为 A，变量 color3 的值为 F。当然也可以使用数字编码。

又如，上面“关于大学生就业的社会需求调查”工作中，所设计的调查问卷中有如表 13-3 所列的选题：如果请您给大学生送三句话，您会选择哪三句？在提供的 11 种选项后的□中按照重要程度填写相应的顺序号（最多选三项，最重要的为 1，其次为 2、3）。

表 13-3 送给大学生的三句话调查表

编号	调查内容	选项
1	A. 认真做每一件事，不要眼高手低	□
2	B. 踏实认真地工作	□
3	C. 放低姿态先就业，再寻找发展机遇	□
4	D. 尽量找自己感兴趣的行业，这样工作有积极性	□
5	E. 应提高专业技能	□
6	F. 学生应该降低就业标准	□
7	G. 要提高动手能力	□
8	H. 要提高应对挫折和困难的能力	□
9	I. 要提高沟通能力	□
10	J. 要忠于企业	□
11	K. 要有责任心	□

在选择多选项问题的分解方法时，应考虑到具体问题和具体分析目标。通常，对于所选答案具有一定顺序的多选项问题或有限制选项的多选项问题可采用多选项分类法分解，而没有顺序的问题可采用二分法分解。

13.2　多选变量分析的软件实现及应用

多选变量的分析可以借助于 SPSS 统计分析软件来实现，具体包括分析之前的多选变量的新变量的生成、多选变量的频数分析与交叉分析。

例 13－1

为调查人们上网情况，设计好调查问卷，随机选择 30 名男性与 30 名女性进行调查，其中的上网目的有 7 个选项（分别为 1 网页浏览、2 收发邮件、3 视频聊天、4 资料下载、5 网络游戏、6 看电影和 7 其他目的），要求被调查者在给出的 7 个答案中做 3 项选择，按从主要目的到次要目的的顺序对这三个选项进行回答（见表 13－4）。试对调查结果进行分析。

表 13－4　　多选变量分析的应用：上网目的调查

编号	性别	第一目的 X	第二目的 Y	第三目的 Z
1	男	1	2	3
2	男	2	5	1
3	男	3	1	2
4	男	4	5	3
5	男	5	3	1
6	男	2	5	1
7	男	5	2	1
8	男	5	1	2
9	男	2	5	1
10	男	5	1	2
11	男	5	1	2
12	男	1	2	3
13	男	5	3	2
14	男	2	3	1
15	男	5	3	1
16	男	1	3	5
17	男	1	3	5
18	男	1	3	5
19	男	1	5	2

续前表

编号	性别	第一目的 X	第二目的 Y	第三目的 Z
20	男	5	3	2
21	男	2	5	1
22	男	5	3	7
23	男	1	5	6
24	男	5	3	6
25	男	1	2	5
26	男	4	1	5
27	男	5	1	3
28	男	5	2	4
29	男	5	3	7
30	男	2	5	1
31	女	1	4	6
32	女	4	2	6
33	女	6	2	4
34	女	6	1	2
35	女	3	1	5
36	女	3	1	2
37	女	3	1	2
38	女	2	1	6
39	女	2	3	6
40	女	6	3	5
41	女	2	4	3
42	女	2	4	1
43	女	6	5	1
44	女	4	6	1
45	女	4	6	2
46	女	1	3	2
47	女	1	6	2
48	女	1	3	6
49	女	1	3	6
50	女	1	6	5
51	女	1	6	5
52	女	1	6	5
53	女	2	3	4
54	女	3	2	4
55	女	2	4	5

续前表

编号	性别	第一目的 X	第二目的 Y	第三目的 Z
56	女	2	5	3
57	女	1	6	2
58	女	2	7	1
59	女	2	1	3
60	女	2	1	3

13.2.1　多选变量生成新变量

在 SPSS 中将具体问题的变量定义完，将问题的数据输入后，多选变量生成新变量可按照下列步骤完成：

(1) 通过数据编辑窗口建立数据文件：上网目的 . sav。

(2) 依次选择 [Analyze] ⇒ [Multiple Response] ⇒ [Define Variable Sets]，打开定义多选变量对话框（见图 13－1），对话框左侧的变量为选定数据文件中的变量列表。

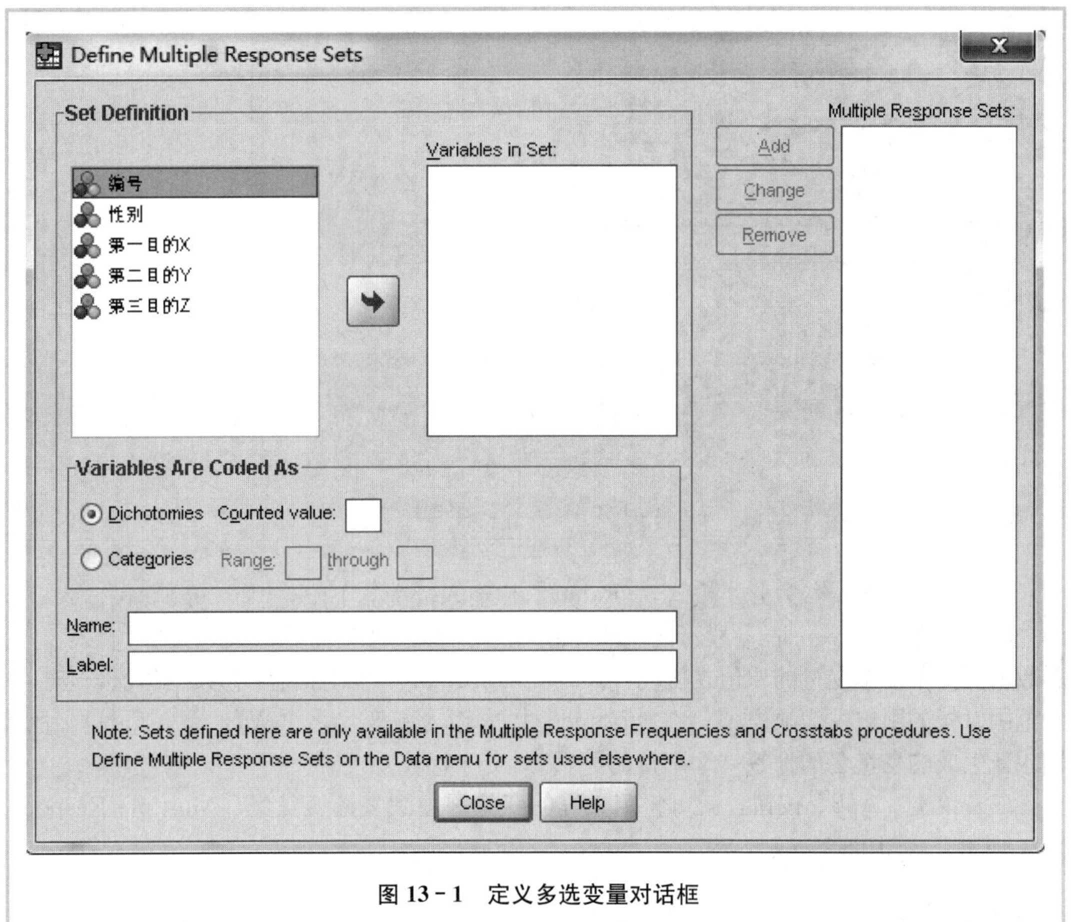

图 13－1　定义多选变量对话框

(3) 在多选变量对话框［Set Definition］栏中，单击 按钮选择变量“第一目的 X”“第二目的 Y”“第三目的 Z”使之分别移入［Variables in Set］栏中（见图 13-2）。

［Variables Are Coded As］单选栏可用于定义多选变量的值。

［Dichotomies］为二元模式，可在［Counted value］栏内输入具体值，数据文件中多选变量等于这一具体值时被计为 1，否则被计为 0。

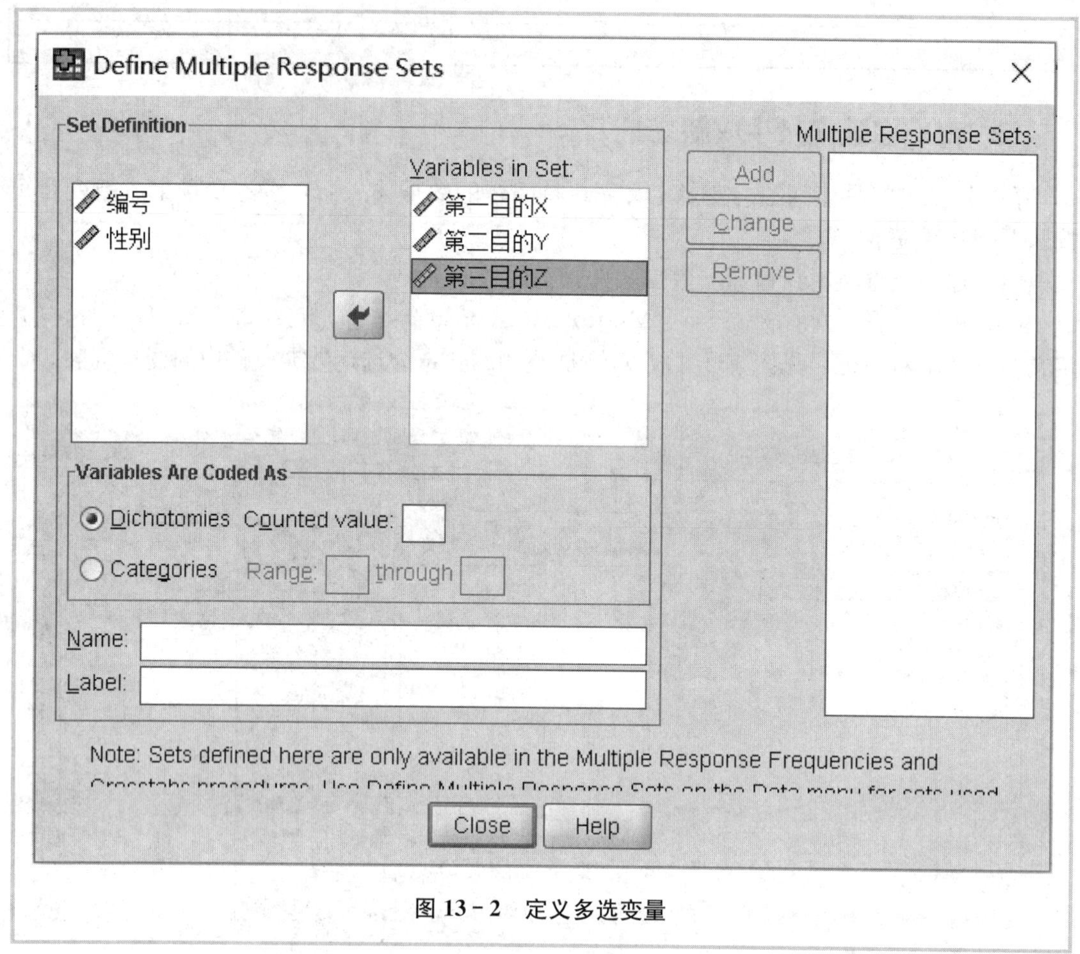

图 13-2　定义多选变量

(4)［Categories］为分类模式，［Range］栏输入范围的下限，［through］栏输入范围的上限，即在［Categories］栏下的［Range］栏内输入“1”，［through］栏内输入“7”。若数据文件中多选变量的取值在区间［Range，through］内则保持原有数据的值，若在这一范围以外的则被视为缺失值。在［Name］栏内输入新变量名“W”，在［Label］栏内输入新生成的变量名的标签“上网目的”（见图 13-3）。

(5) 单击［Add］按钮，就可将定义好的变量添加到多选变量集［Multiple Response Sets］栏内（见图 13-4）。

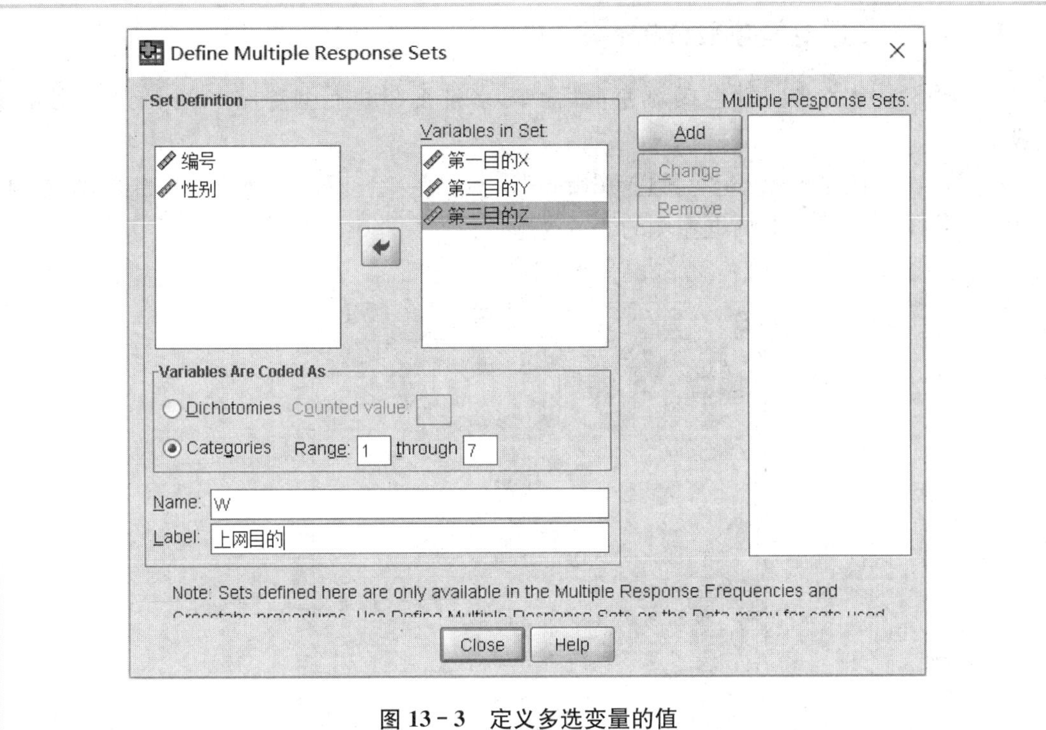

图 13－3　定义多选变量的值

图 13－4　将定义好的变量添加到多选变量集

13.2.2 多选变量频数分析

在SPSS中用多选变量生成新变量后，对多选变量进行频数分析可按照下列步骤完成：

（1）依次选择［Analyze］⇒［Multiple Response］⇒［Frequencies］，打开频数分析对话框（见图13-5），对话框左侧的变量为选定数据文件中的变量列表。

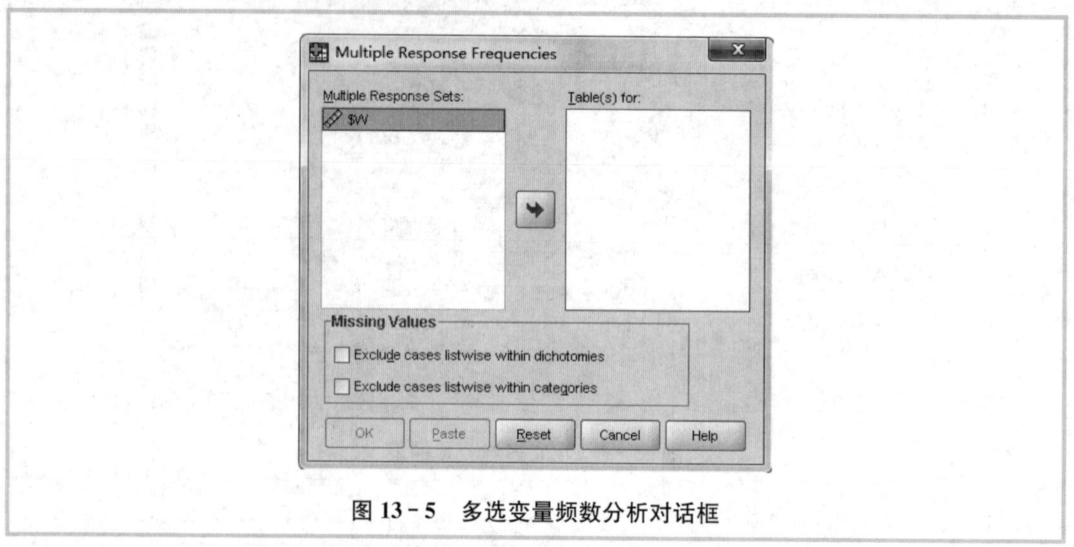

图13-5 多选变量频数分析对话框

（2）在频数分析对话框［Multiple Response Sets］栏中，单击➡按钮选择变量“$W”使之移入［Table（s）］栏内（见图13-6）。

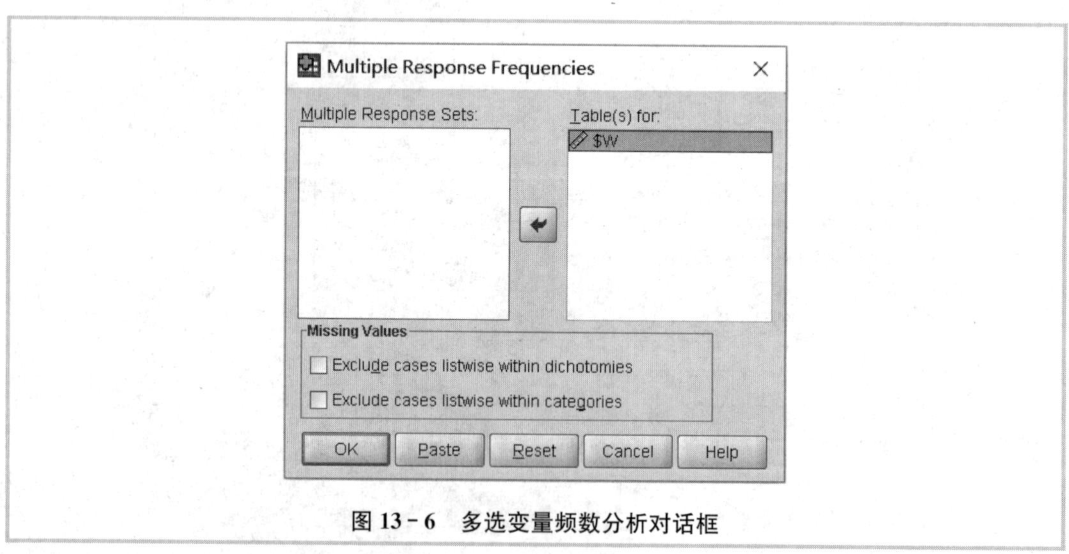

图13-6 多选变量频数分析对话框

［Missing Values］复选栏可用于对缺失值的处理。

［Exclude cases listwise within dichotomies］可用于排除二分变量中的缺失值。

[Exclude cases listwise within categories] 可用于排除分类变量中的缺失值。

13.2.3　多选变量交叉分析

在具体调查时，对一些多选项问题的回答，如果想分析不同属性的调查者在各选项上的分布情况差异，就要进行多选变量的交叉分析。

在 SPSS 中多选变量的交叉分析可按照下列步骤完成：

(1) 依次选择 [Analyze] ⇒ [Multiple Response] ⇒ [Crosstabs]，打开交叉分析对话框（见图 13－7），对话框左侧的变量为选定数据文件中的变量列表。

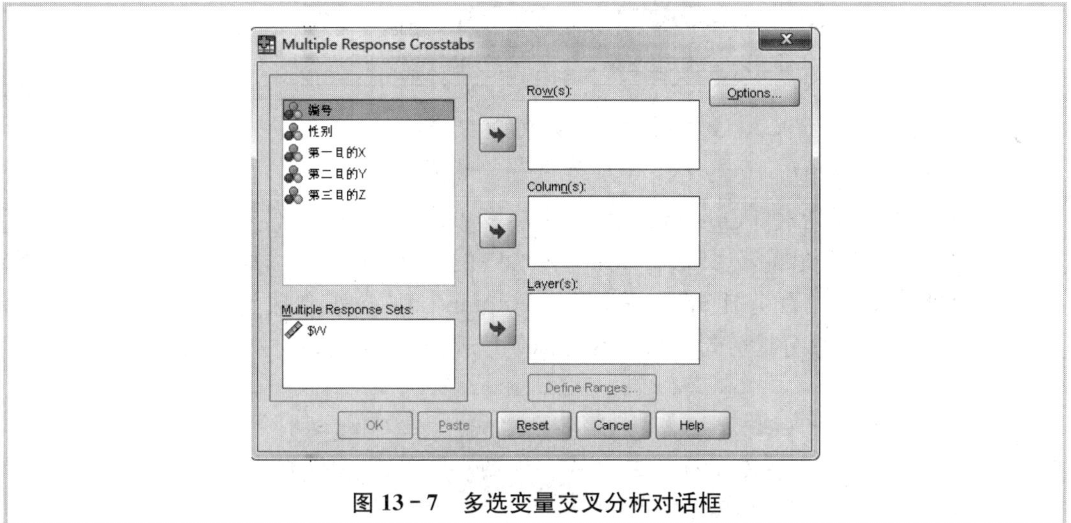

图 13－7　多选变量交叉分析对话框

(2) 在交叉分析对话框 [Crosstabs] 栏中，单击➡按钮选择变量“性别”使之移入 [Column (s)] 栏内，“上网目的 W” 移入 [Row (s)] 栏内（见图 13－8）。

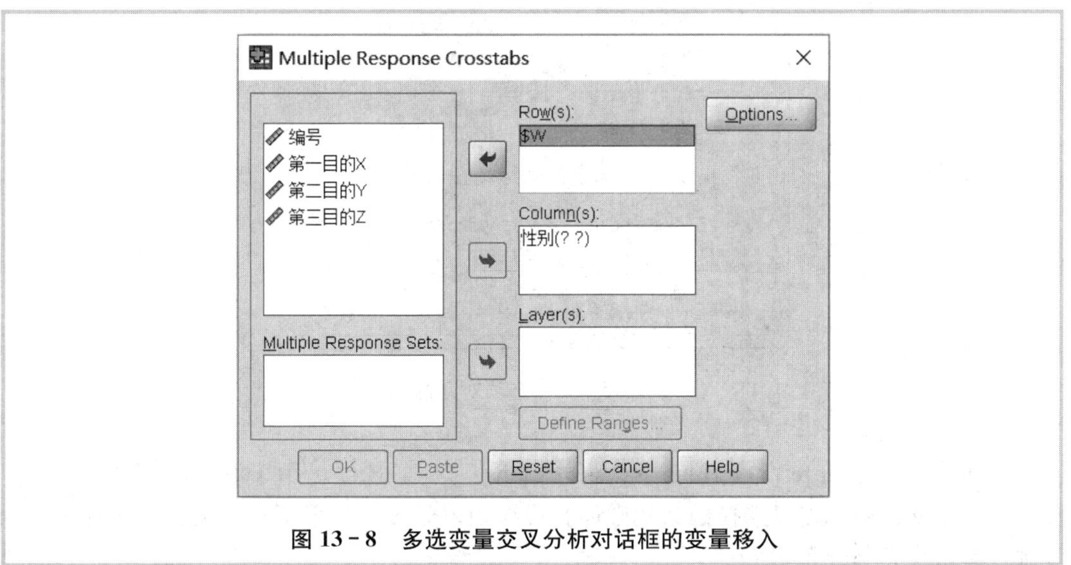

图 13－8　多选变量交叉分析对话框的变量移入

（3）单击［Define Ranges］打开定义取值范围框（见图 13-9），对与多选变量进行交叉分析的那个变量的取值范围进行定义。在［Minimum］栏内输入最小值，在［Maximum］栏内输入最大值。即在［Define Ranges］对话框，输入最小值为 1 和最大值为 2。

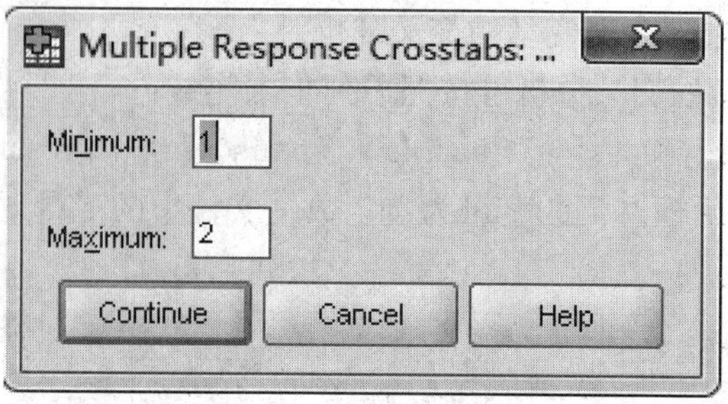

图 13-9 定义取值范围框

（4）打开选项对话框［Options］（见图 13-10）。对话框上部为［Cell Percentages］多选栏，用于设置输出的交叉表中每个单元格的输出百分比。共有三个选项，选择［Row］则以行总数为百分比分母，选择［Column］则以列总数为百分比分母，选择［Total］则以总数为百分比分母。该题在［Cell Percentages］选项栏中选择［Row］。

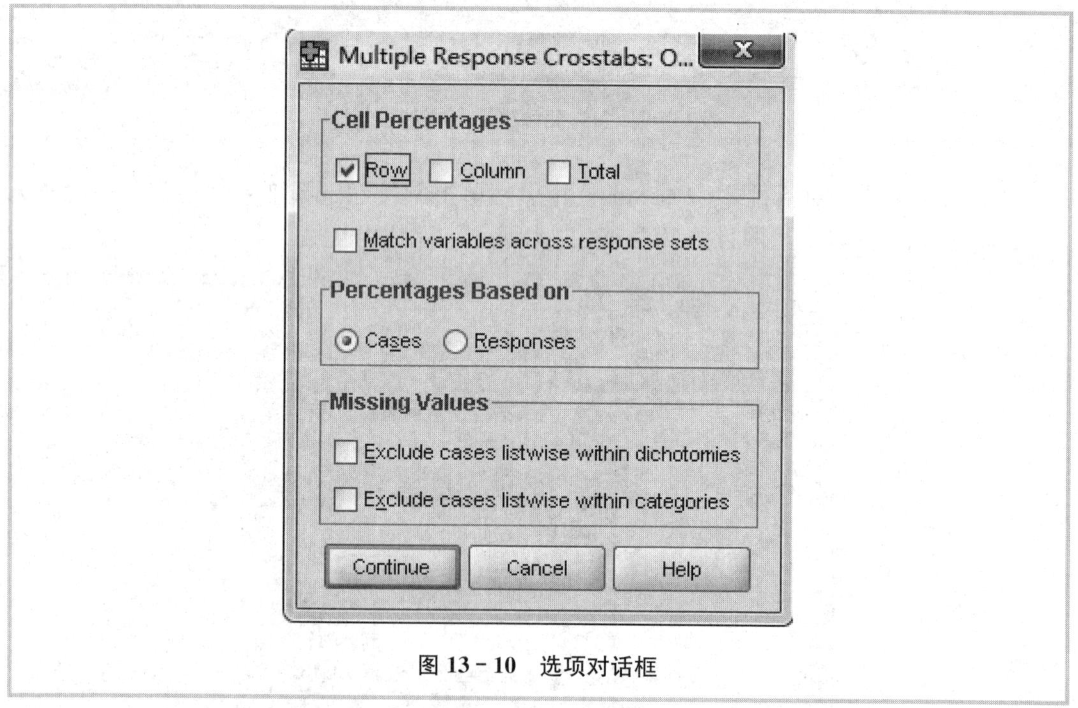

图 13-10 选项对话框

对话框中的［Match variables across response sets］选项，用于设置使用选择数还是样本数。选择此项，则以选择数为基础计算边缘频率分布。如果不选此项，则以样本数为基础计算边缘频率分布。

对话框中的［Percentages Based on］单选项，用于设置交叉表中的百分比计算是以样本数［Cases］还是以回答总数［Responses］为分母。

对话框中的［Missing Values］复选栏可用于对缺失值的处理。其中选项［Exclude cases listwise within dichotomies］可用于排除二分变量中的缺失值，选项［Exclude cases listwise within categories］可用于排除分类变量中的缺失值。

（5）单击［Ok］完成。

表 13－5 为样本总体情况统计。

表 13－5　　样本概况

Case Summary						
	Cases					
	Valid		Missing		Total	
	N	Percent	N	Percent	N	Percent
$W 性别	60	100.0%	0	0.0%	60	100.0%

表 13－6 为多选变量频数分布的结果，表中数据显示通过 60 个样本的分析可以看出，人们上网的主要目的是网页浏览，随后依次为收发邮件、视频聊天、资料下载、网络游戏、看电影、其他。

表 13－6　　多选变量频数分布的结果

$ w Frequencies				
		Responses		Percent of Cases
		N	Percent	
上网目的[a]	网页浏览	43	23.9%	71.7%
	收发邮件	38	21.1%	63.3%
	视频聊天	30	16.7%	50.0%
	资料下载	13	7.2%	21.7%
	网络游戏	34	18.9%	56.7%
	看电影	19	10.6%	31.7%
	其他	3	1.7%	5.0%
Total		180	100.0%	300.0%

a. Group.

为了检验男女在各个选项上的差异，在［Crosstabs］选择项中，选择［$w］进入［Rows］栏，性别进入［Column］栏，［Define Ranges］栏填入 1－2，运行程序。

表 13－7 为多选变量交叉分析结果，表中数据显示在上网目的中男性与女性在网页浏览、收发邮件和视频聊天选项上几乎不存在差异，而在其他选项上都存在差异。按照差异大小从大到小排序为：看电影、资料下载、网络游戏、其他。男性在资料下载这一目的上明显高于女性，而女性在看电影这一目的上明显高于男性。

表 13 - 7　　多选变量交叉分析结果

$ w* 性别 Crosstabulation					
			性别		Total
			男	女	
上网目的[a]	网页浏览	Count	23	20	43
		% within $ w	53.5%	46.5%	
	收发邮件	Count	18	20	38
		% within $ w	47.4%	52.6%	
	视频聊天	Count	16	14	30
		% within $ w	53.3%	46.7%	
	资料下载	Count	3	10	13
		% within $ w	23.1%	76.9%	
	网络游戏	Count	26	8	34
		% within $ w	76.5%	23.5%	
	看电影	Count	2	17	19
		% within $ w	10.5%	89.5%	
	其他	Count	2	1	3
		% within $ w	66.7%	33.3%	
Total		Count	30	30	60

Percentages and totals are based on respondents.
a. Group.

本章小结

在一些问卷设计中，被调查者可以同时选择多个选项，甚至有时对于这多个选项，被调查者表现出不同的偏好倾向，多选变量分析是综合反映被调查者对于同一问题的多种选择，体现被调查者对于多个选项的不同心理偏好的一种方法。本章首先介绍了多选变量的用途、基本原理，然后介绍了如何运用 SPSS 软件实现多选变量的处理与分析。

关键术语

多选变量　　二分法　　多选项分类法　　交叉分析

复习思考题

1. 某学校想对管理学院经贸专业与行管专业的学生就业意向进行调查。通过对 2007 年毕业的 70 名学生发放调查问卷，要求被调查者在给出的 7 个就业意向（A. 政府机关　B. 教育部门　C. 外商独资与合资企业　D. 国有企业　E. 民营企业　F. 乡镇企业　G. 自主创业）中选择 3 项并且按照从主要意向到次要意向的顺序进行选择，试对表 13 - 8

中的调查结果进行分析。

表 13-8　　2007 年毕业的 70 名学生的就业意向调查

编号	所属专业	第一意向	第二意向	第三意向
1	经贸	A	D	C
2	经贸	A	E	F
3	经贸	B	A	D
4	经贸	B	C	D
5	经贸	G	E	F
6	经贸	G	C	F
7	经贸	A	B	D
8	经贸	B	A	D
9	经贸	G	E	F
10	经贸	A	D	B
11	经贸	F	E	G
12	经贸	D	C	A
13	经贸	B	C	G
14	经贸	D	E	B
15	经贸	A	D	C
16	经贸	A	B	D
17	经贸	A	D	B
18	经贸	A	C	B
19	经贸	D	E	G
20	经贸	B	C	D
21	经贸	B	A	D
22	经贸	D	E	G
23	经贸	A	B	C
24	经贸	D	B	G
25	经贸	B	E	F
26	经贸	C	G	F
27	经贸	E	G	F
28	经贸	E	F	G
29	经贸	F	C	E
30	经贸	F	G	C
31	经贸	D	F	G
32	经贸	A	C	F
33	经贸	B	D	C
34	经贸	B	C	A
35	经贸	B	A	C
36	行管	D	A	B

续前表

编号	所属专业	第一意向	第二意向	第三意向
37	行管	D	C	E
38	行管	A	D	C
39	行管	A	B	F
40	行管	C	D	B
41	行管	C	B	F
42	行管	C	D	G
43	行管	D	E	F
44	行管	B	A	C
45	行管	C	F	G
46	行管	A	E	G
47	行管	A	F	D
48	行管	D	B	G
49	行管	B	A	C
50	行管	D	B	E
51	行管	D	E	G
52	行管	C	D	A
53	行管	B	D	A
54	行管	A	C	B
55	行管	A	D	B
56	行管	B	A	C
57	行管	D	A	B
58	行管	E	D	E
59	行管	F	B	A
60	行管	F	C	G
61	行管	G	C	F
62	行管	A	D	C
63	行管	D	G	F
64	行管	C	B	A
65	行管	G	B	E
66	行管	E	C	G
67	行管	F	B	G
68	行管	F	G	C
69	行管	B	C	G
70	行管	D	E	F

2. 某空调生产商想通过发放调查问卷了解顾客的购买需求，其中对于购买空调时主要考虑的因素设置了 7 个选项：(1) 价格；(2) 功率；(3) 品牌；(4) 节能；(5) 外观；(6) 售后服务；(7) 室内空气换气功能。并且要求按照因素从主要考虑到次要考虑的顺序

进行选择，随机发放了 60 份调查问卷，结果如表 13－9 所示，试对调查结果进行分析。

表 13－9　顾客购买空调时的考虑因素调查结果

编号	性别	第一因素	第二因素	第三因素	第四因素
1	女	1	7	6	5
2	男	3	2	1	7
3	女	5	7	6	2
4	女	6	7	5	1
5	男	3	5	2	4
6	男	3	5	1	4
7	女	5	1	3	2
8	女	6	7	5	1
9	女	7	5	6	2
10	男	1	7	6	5
11	男	1	3	2	5
12	男	1	5	7	6
13	男	1	5	3	2
14	女	3	7	2	5
15	女	2	4	5	6
16	女	4	1	2	3
17	男	6	5	4	2
18	女	2	1	3	5
19	男	2	1	4	6
20	男	1	2	3	6
21	男	7	5	2	3
22	男	7	6	3	2
23	女	5	4	3	2
24	女	3	5	4	2
25	男	2	7	1	5
26	女	4	1	5	6
27	男	2	4	5	6
28	女	1	3	5	6
29	男	3	2	5	6
30	男	2	4	1	3
31	女	5	1	2	3
32	男	7	6	4	2
33	男	6	1	3	4
34	男	4	2	3	5
35	女	4	7	1	2
36	女	3	6	2	5
37	男	2	4	3	1
38	男	5	1	4	3
39	男	4	5	3	7
40	女	6	7	5	4

续前表

编号	性别	第一因素	第二因素	第三因素	第四因素
41	男	5	6	4	2
42	男	3	1	2	5
43	女	4	7	2	6
44	女	2	5	7	3
45	女	1	3	4	2
46	男	1	7	5	6
47	男	7	1	5	2
48	男	5	4	2	1
49	男	6	1	2	3
50	男	5	7	1	3
51	女	7	5	6	2
52	女	4	1	3	7
53	男	5	6	4	3
54	男	7	2	1	3
55	女	3	4	5	7
56	男	3	7	5	1
57	男	2	3	4	7
58	男	3	7	6	5
59	女	2	4	5	7
60	女	4	7	5	3

3. 要求在“引例”的基础上，设计一份完整的“大学生网上购物社会调查问卷”，在学校发放回收后对数据进行处理与分析。

第 14 章

均值检验

引例

在统计分析中常常采取抽样研究的方法，即从总体中随机抽取一定数量的样本进行研究来推断总体的特性。因为总体的个体间存在差异，即使严格遵守随机抽样原则也会由于多抽到一些数值较大的个体或多抽到一些数值较小的个体，致使样本统计量与总体参数之间有所不同。实验者测量技术的差别或测量仪器精确程度的差别等也会造成一定的偏差，使样本统计量与总体参数之间存在差异。

例如，培训作为人力资源开发的主要手段，是企业能力提升的基础，是员工接受"再教育"的主要形式。但是，作为一种新形式的人力资本的投资，它的投资成果即培训效果很难通过直观手段检测出来，从而很容易在人们头脑中形成一种误解，使人们对培训后的效果产生怀疑，进而形成连锁反应，使企业更加不注重员工的培训。

某企业为了提高产品产量，决定对部分职工进行为期三个月的培训。为了了解培训效果，从经过培训的职工和未经过培训的职工群体中各随机抽取 10 名（假设这两组成员在培训前的个体差异很小，甚至没有。当然，如果该企业的前期工作做得比较细致的话，也可直接对比其记录的受试人培训前后的产品产量，这样就从实际上排除了个体差异），记录当月产量（见表 14－1）。又假定这两组职工的实际产量均近似地服从正态分布。

表 14－1　　某企业 10 名职工参加培训前后的产品产量

	1	2	3	4	5	6	7	8	9	10
培训前	500	510	498	501	495	512	504	478	495	489
培训后	508	510	509	506	504	512	505	490	498	500

试通过这些统计数据来判断培训对职工产量提高有无显著性影响，为企业管理人员的决策提供信息。

这类问题可以通过均值检验解决。

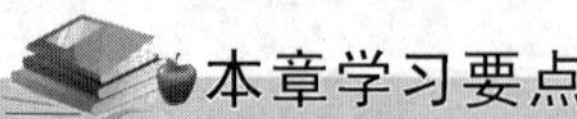

本章学习要点

- 了解均值分析与T检验的概念内涵
- 了解单样本的T检验、配对样本T检验以及独立样本的T检验的概念与分析前提
- 熟悉T检验的软件分析步骤
- 熟悉配对样本T检验的软件分析步骤
- 熟悉独立样本T检验的软件分析步骤
- 了解均值分析与T检验的具体应用

14.1 均值检验的基本概念

对于抽样调查获得数据进行分析时，如果两组样本某变量均值不同，其差异是否具有统计意义？能否说明总体差异？这是各种研究工作中经常提出的问题。这就要进行均值比较。具体包括一般的均值分析方法（Means）和T检验两部分。

一般的均值分析通常也称为平均数分析，是通过分析多个样本的均值差异的大小，来确定分类变量与分析变量是否独立的方法。把所有的个案按照一个定类变量分组以后，就可以使用平均数分析进行分组计算。并通过比较各组的均值的差异的大小来确定总体中这两个变量是否相关。

T检验是用小样本检验总体参数，特点是在均方差不知道的情况下，可以检验样本平均数的显著性。具体来说，又分为单个样本的T检验、配对样本的T检验以及独立样本的T检验。

（1）单个样本的T检验。

单个样本的T检验，即只对单一变量的均值加以检验，主要检验单个变量的均值是否与给定的常数之间存在差异、样本均数与总体均数之间的差异是否显著。如检验今年新生的统计学平均成绩是否和往年有显著性差异；推断某地区今年的人均收入与往年的人均收入是否有显著性差异；等等。

（2）配对样本的T检验。

配对样本（相关样本）：样本的数据之间有先期的关联，即样本的数据之间会相互影响。

配对样本的T检验（Paired Sample T Test），是指检验两个配对样本所代表的总体的平均数是否存在显著性差异。即先求出每对观测值的差，再对差值求平均值。通过检验配对变量均值之间的差异的大小，来检验两个总体的差异是否显著。

具体来说，配对样本T检验常用于对同一样本的某个变量进行前后两次测试所获得的两组数据，或是对两个完全相同的样本在不同条件下进行测试所获得的两组数据。

配对样本的T检验有两个重要前提：一个是，两样本的数据是成对数据；另一个是，两个样本都来自正态分布的总体。

（3）独立样本的 T 检验。

独立样本，即样本的数据之间没有任何先期的关联。独立样本的 T 检验，即用两个样本的均值差的大小来检验两个独立样本所代表的总体的平均数是否存在显著性差异。如分析两个地区居民的人均收入、人均消费等指标是否存在显著性差异；男生与女生的身高是否存在显著性差异。

独立样本的 T 检验也存在三个分析前提：

被比较的两组样本彼此独立，没有配对关系；

两个独立样本各自代表的两个总体的数据应服从正态分布；

均值是对于检验有意义的描述统计量。

14.2　均值检验的软件实现及应用

在统计学软件 SPSS 中有专门的均值比较分析软件。平均数分析就是用样本均值来推论总体均值。具体包括一般的均值分析方法和 T 检验两部分。

14.2.1　平均数分析

例 14-1

某单位员工职称分为三类：高工、工程师和助工，现要对总体员工工资平均数、不同职称员工工资平均数进行分析（见表 14-2）。在 SPSS 中将职工工资分析所涉及的变量定义完，将问题的数据输入形成“职工工资.sav”数据文件后可进行以下操作：

表 14-2　　某单位按照职工职称对职工工资平均数的分析

姓名	工龄（年）	工资（元）	职称
1	2	1 400.00	工程师
2	6	1 600.00	工程师
3	4	1 400.00	工程师
4	7	1 700.00	工程师
5	8	1 300.00	工程师
6	11	1 650.00	高工
7	4	1 450.00	助工
8	6	1 500.00	助工
9	9	1 900.00	高工
10	2	1 300.00	工程师
11	3	1 350.00	工程师
12	5	1 400.00	工程师

续前表

姓名	工龄（年）	工资（元）	职称
13	6	1 450.00	工程师
14	6	1 350.00	工程师
15	6	1 480.00	工程师
16	7	1 800.00	高工
17	7	1 850.00	高工
18	7	1 880.00	高工
19	8	1 800.00	高工
20	8	1 900.00	高工
21	8	1 780.00	高工
22	9	1 780.00	高工
23	9	1 900.00	高工
24	9	1 950.00	高工
25	12	2 200.00	高工
26	12	2 150.00	高工
27	12	2 150.00	高工
28	12	2 200.00	高工
29	15	2 300.00	高工
30	15	2 300.00	高工
31	15	2 340.00	高工
32	15	2 360.00	高工
33	18	2 350.00	高工
34	18	2 360.00	高工
35	18	2 372.00	高工
36	30	3 500.00	高工
37	30	3 800.00	高工
38	30	3 821.00	高工
39	30	3 690.00	高工
40	30	3 750.00	高工
41	3	1 800.00	助工
42	3	1 200.00	助工
43	3	1 190.00	助工
44	2	1 175.00	助工
45	2	1 180.00	助工
46	2	1 179.00	助工
47	1	1 150.00	助工
48	1	1 150.00	助工
49	1	1 160.00	助工
50	1		助工

（1）通过数据编辑窗口建立数据文件：职工工资．sav。

（2）依次选择 [Analyze] ⇒ [Compare Means] ⇒ [Means]，打开平均数分析对话框（见图 14－1），对话框左侧的变量为选定数据文件中的变量列表。

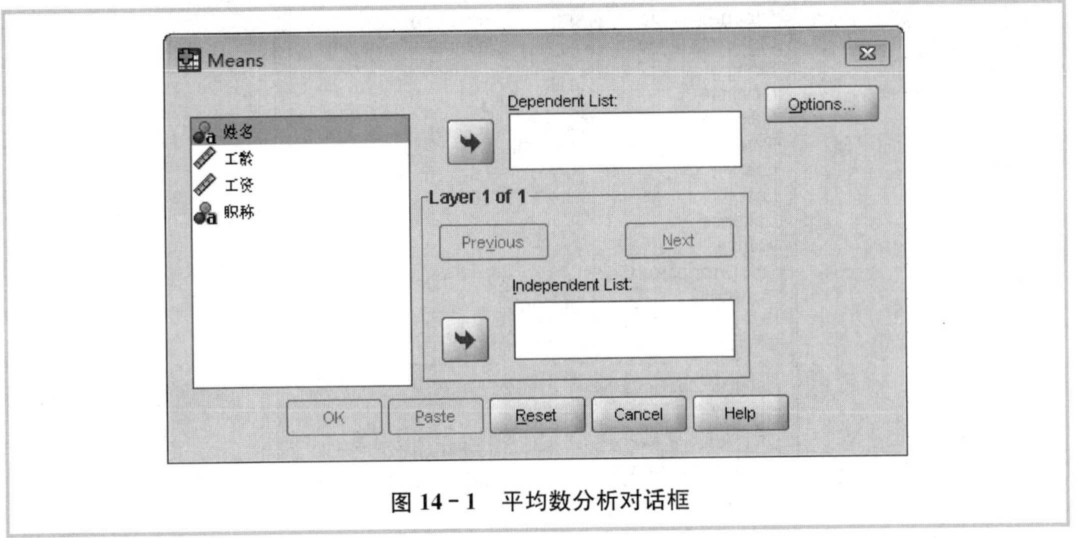

图 14－1　平均数分析对话框

（3）在平均数分析对话框 [Means] 中，单击按钮使变量“工资”和“职称”分别进入右侧分析变量窗口 [Dependent list] 和分组变量窗口 [Independent list]。即“工资”为分析变量，“职称”为分组变量（见图 14－2）。

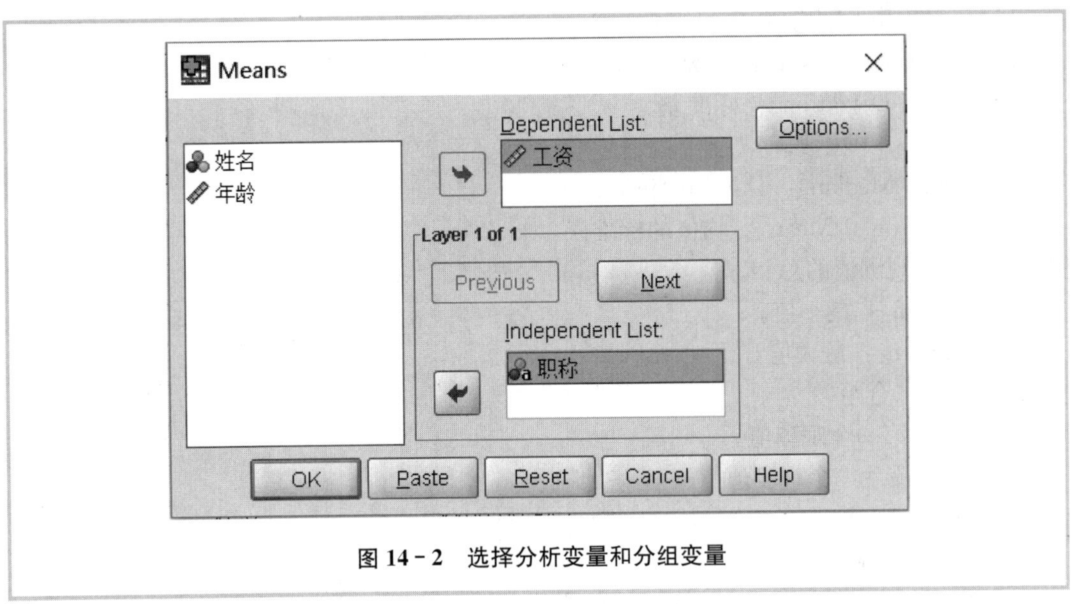

图 14－2　选择分析变量和分组变量

（4）在平均数分析对话框 [Means] 中，单击 [Options] 按钮，弹出选项对话框（见图 14－3），选择需要计算的统计量和统计分析。在对话框左侧的 [Statistics] 中选定需要的描述统计量，单击按钮后使其进入右侧 [Cell Statistics] 栏中。

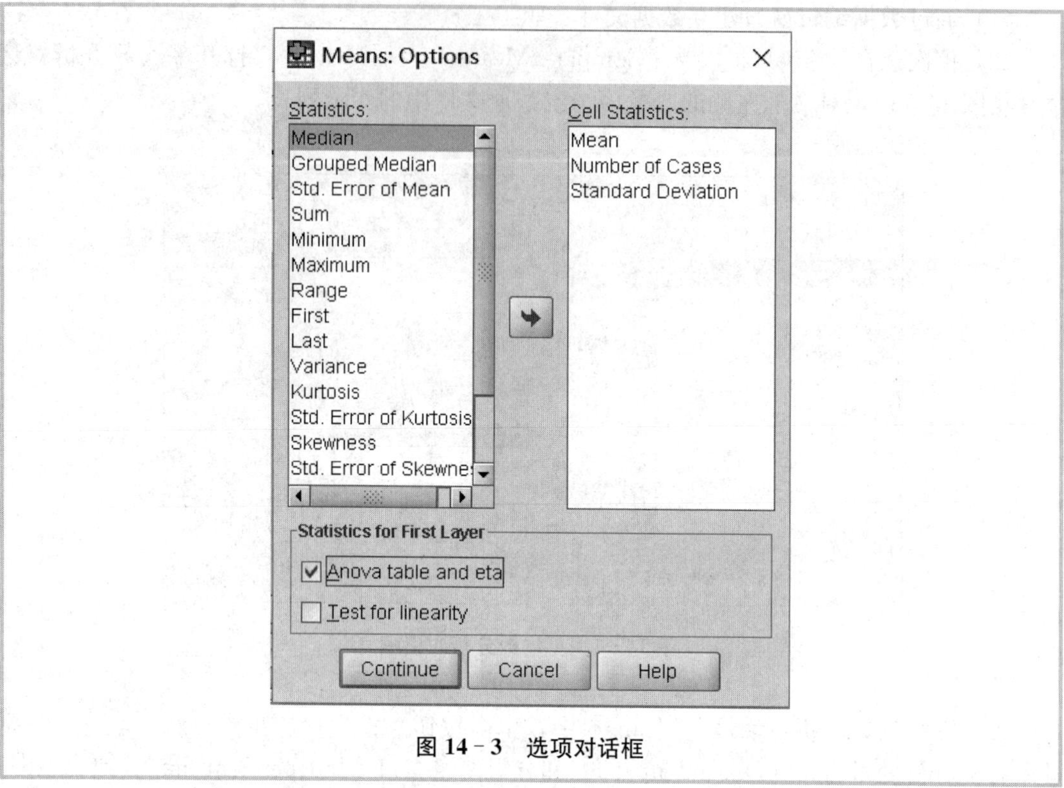

图 14-3　选项对话框

[Statistics] 栏中的各选项的意义分别为：

[Mean]：算术平均值。

[Number of Cases]：记录数。

[Standard Deviation]：标准差。

[Median]：中位数。

[Grouped Median]：分组的中位数。

[Std. Error of Mean]：均值的标准误。

[Sum]：观测值的总和。

[Minimum]：最小值。

[Maximum]：最大值。

[Range]：全距。

[First]：第一个观测值。

[Last]：最后一个观测值。

[Variance]：方差。

[Kurtosis]：峰度。

[Std. Error of Kurtosis]：峰度的标准误。

上述 15 个选项中 [Mean]、[Number of Cases]、[Standard Deviation] 是系统默认的选项。

[Skewness]：偏度。

[Std. Error of Skewness]：偏度的标准误。

[Harmonic Mean]：调和平均值。

[Options] 对话框的底部为 [Statistics for First Layer] 复选框组，列出了第一层分组的另外两个统计量。具体包括两个选项：

[Anova table and eta] 为对分组变量进行单因素方差分析并计算用于度量变量相关程度的 eta 值，这一选项主要用于分组变量为定类变量的情况。

[Test for linearity] 为检验线性相关性，这一选项主要用于分组变量为定序变量的情况。

(5) 单击 [Ok] 完成。

输出结果如表 14－3、表 14－4、表 14－5 所示。

表 14－3　　部门工资统计概要

Case Processing Summary						
	Cases					
	Included		Excluded		Total	
	N	Percent	N	Percent	N	Percent
工资 * 职称	49	98.0%	1	2.0%	50	100.0%

统计概要显示 50 个职工的数据有 49 个有效，有效率为 98.0%。表 14－4 按照高工、工程师、助工三个职称等级对工资的平均值、标准差以及每一职级工资的最大值与最小值进行了分析。

表 14－4　　工资按照职称的平均分析

Report						
工资						
职称	Mean	N	Std. Deviation	Std. Error of Mean	Minimum	Maximum
高工	2.364 2E3	27	692.070 25	133.188 98	1 650.00	3 821.00
工程师	1.430 0E3	11	124.096 74	37.416 57	1 300.00	1 700.00
助工	1.284 9E3	11	210.085 91	63.343 29	1 150.00	1 800.00
Total	1.912 2E3	49	728.158 60	104.022 66	1 150.00	3 821.00

表 14－5　　方差分析表

ANOVA Table							
			Sum of Squares	df	Mean Square	F	Sig.
工资 * 职称	Between Groups	(Combined)	1.240E7	2	6 200 982.182	21.861	.000
	Within Groups		1.305E7	46	283 659.847		
	Total		2.545E7	48			

14.2.2　单个样本的 T 检验

单个样本的 T 检验主要检验单个变量的均值是否与给定的常数之间存在差异，样本均数与总体均数之间的差异是否显著。

例 14-2

已知某地区 30 名周岁儿童的身高数据如下所示（单位：厘米）：

71 78 73 68 67 77 72 76 74 80 76 79 85 81 83

73 77 72 77 84 83 75 76 78 73 76 72 79 77 80

试根据数据分析这一地区儿童的身高是否符合周岁儿童身高标准 75 厘米。

（1）通过数据编辑窗口建立数据文件：儿童身高.sav。

（2）依次选择［Analyze］⇒［Compare Means］⇒［One Sample T Test］，打开 T 检验对话框（见图 14-4），对话框左侧的变量为选定数据文件中的变量列表。

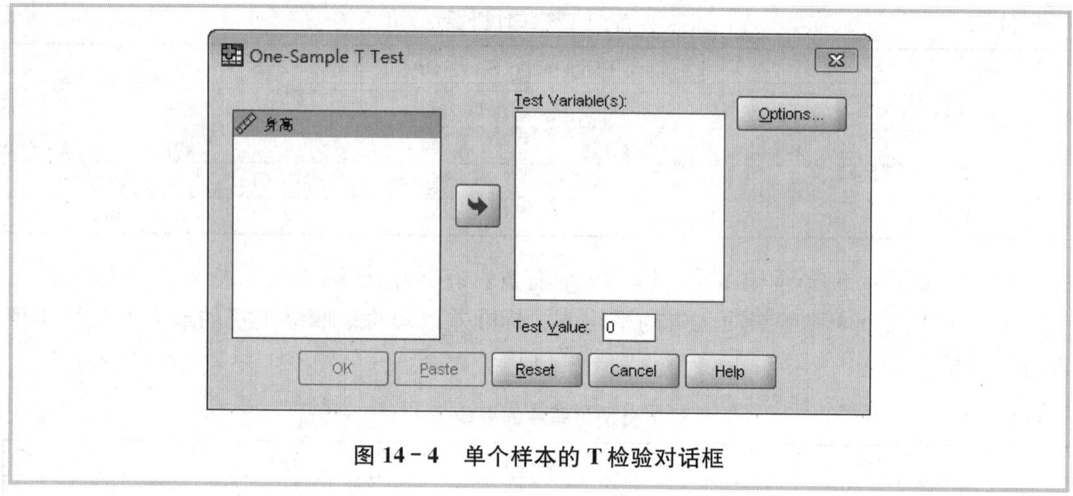

图 14-4 单个样本的 T 检验对话框

（3）在单个样本的 T 检验对话框［One Sample T Test］中，单击按钮➡使变量“身高”进入右侧分析变量窗口［Test Variable（s）］。在［Test Value］待检参数栏中输入待检的总体均值数据“75”（见图 14-5）。

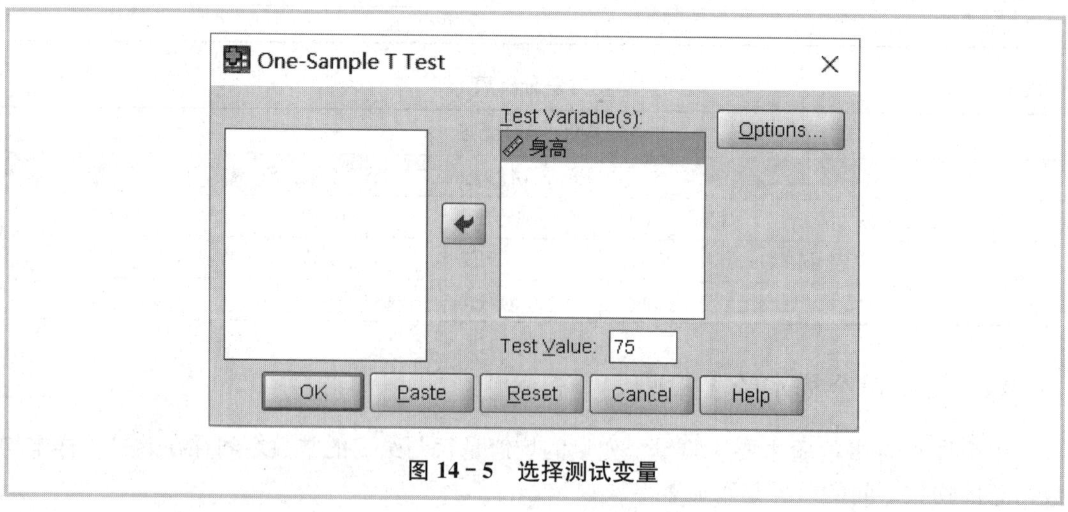

图 14-5 选择测试变量

(4) 在单个样本的 T 检验对话框 [One Sample T Test] 中，打开 Options 选项，在 [Options] 选项对话框中，不做改动采用系统默认值（见图 14－6），设置好后单击 [Continue] 按钮便返回至图 14－5 所示界面。

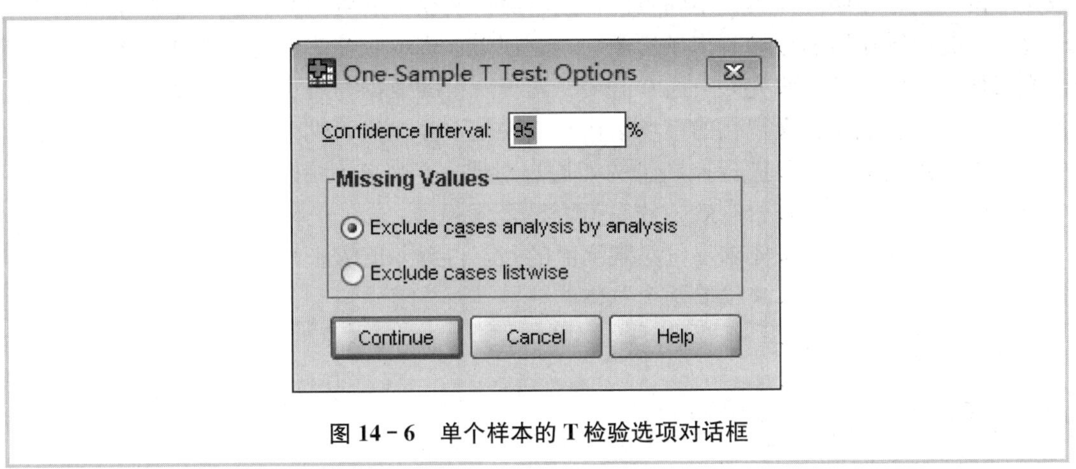

图 14－6 单个样本的 T 检验选项对话框

选项对话框中的 [Confidence Interval] 窗口用于设置检验的置信度，系统默认值为 95%。[Missing Values] 单选项用于设置缺失值的处理方法。[Exclude cases analysis by analysis] 是只剔除分析变量为缺失值的个案，这一选项为系统默认状态。[Exclude cases listwise] 是剔除任何含有缺失值的个案。

(5) 单击 [Ok] 完成。

输出结果如表 14－6 所示，表中数据为 30 个样本 T 检验的总体情况，平均值为 76.40，标准差为 4.454，均值的标准误差为 0.813。

表 14－6 单个样本的 T 检验统计描述

One-Sample Statistics				
	N	Mean	Std. Deviation	Std. Error Mean
身高	30	76.400 0	4.453 59	0.813 11

T 检验的结果如表 14－7 所示，即在假设总体周岁儿童身高为 75 厘米的情况下，计算的 T 统计量的值为 1.722，自由度为 29，双尾检验的显著性水平为 0.096>0.025，故接受原假设。样本均值与原假设的差为 1.4，样本均值与周岁儿童标准 75 厘米的差的 95%的置信区间为 [−0.263 0，3.063]。可以认为该地区周岁儿童的身高符合 75 厘米的标准。

表 14－7 单个样本的 T 检验结果

One-Sample						
	Test Value=75					
	t	df	Sig. (2-tailed)	Mean Difference	95% Confidence Interval of the Difference	
					Lower	Upper
身高	1.722	29	0.096	1.400 00	−0.263 0	3.063 0

14.2.3 配对样本的T检验

配对样本的T检验用于对同一样本的某个变量进行前后两次测试所获得的两组数据，或是对两个完全相同的样本在不同条件下进行测试所获得的两组数据。在企业市场结构的研究中，起关键作用的指标有市场份额、企业规模、资本收益率、总收益增长率等。为了研究市场结构的变动，研究人员通常需要将调查所得的数据与历史数据进行比较。通过均值比较检验，就能比较出现在的市场结构与过去是否存在显著性差异。在临床上，医生需要对病人治疗前后的状况进行控制。例如通过对比一组病人使用某种药物后的身体指标，可以判断该药物对病人是否有效，效果是否显著。

对于这类问题，应该先求出每对观测值的差，再对差值求平均值。通过检验配对变量均值之间的差异的大小，来检验两个总体的差异是否显著。

例 14-3

已知某公共管理机构的30名公务员原来处理某个业务的时间分别为：

32 33 40 38 38 42 30 28 30 34 32 30 37 35 39

32 42 31 30 30 39 32 30 37 35 39 32 32 31 30

为提高办事效率对30名员工进行一周的业务培训，培训完后30名公务员处理相同业务的时间分别为：

30 32 35 30 36 40 30 30 27 32 33 29 33 35 35

33 38 33 31 28 33 31 35 33 38 33 31 33 31 28

要求比较改革前后公务员完成这一工序的时间均值是否有显著性差异。

（1）通过数据编辑窗口建立数据文件：职工完工工时.sav。

（2）依次选择［Analyze］⇒［Compare Means］⇒［Paired-Samples T Test］，打开配对样本的T检验对话框［Paired-Samples T Test］（见图14-7），对话框左侧的变量为选定数据文件中的变量列表。

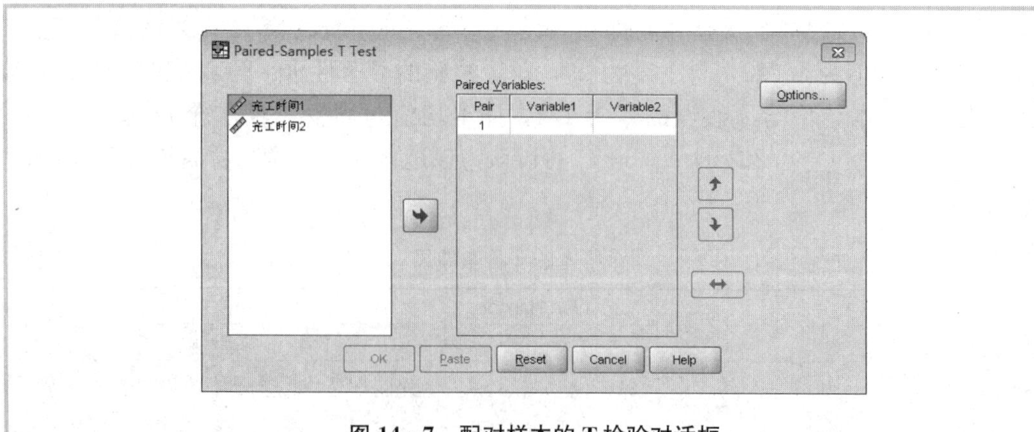

图 14-7 配对样本的T检验对话框

(3) 在配对样本的 T 检验对话框［Paired-Samples T Test］中，单击按钮使变量“完工时间 1”“完工时间 2”进入右侧配对的变量窗口［Paired Variables］。两个变量配对成一组，显示在同一行（见图 14-8）。

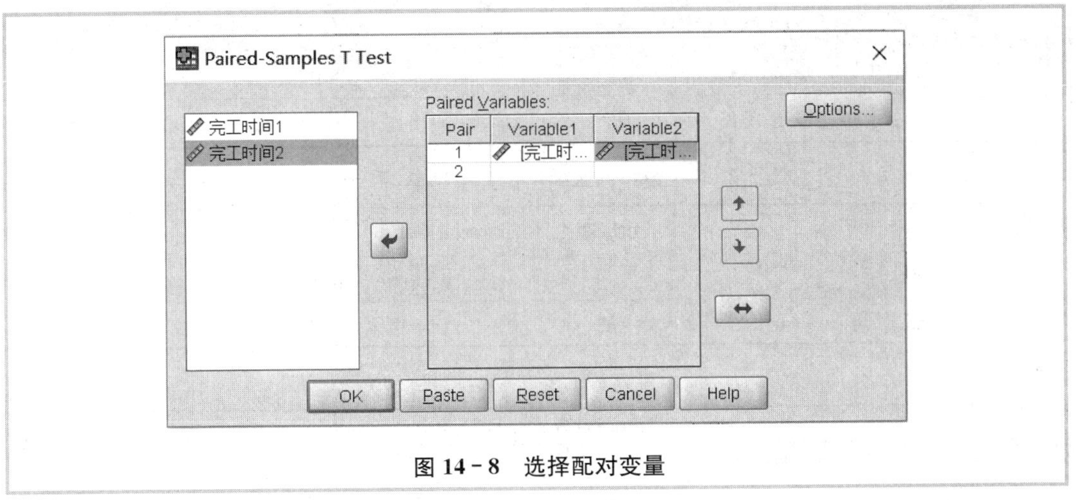

图 14-8　选择配对变量

(4) 在配对样本的 T 检验对话框［Paired-Samples T Test］中，选择［Options］选项，在［Options］选项对话框中，不作改动采用系统默认值（见图 14-9）。

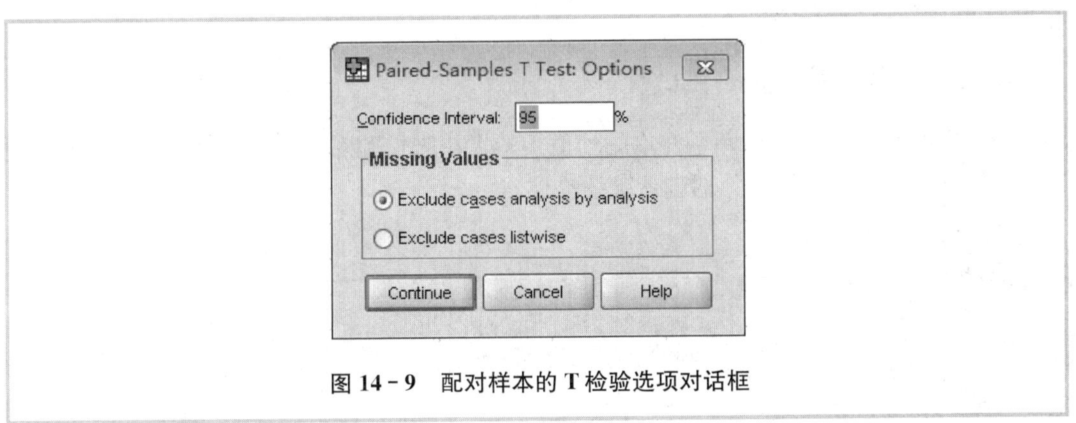

图 14-9　配对样本的 T 检验选项对话框

选项对话框中的各项内容及其含义与单个样本的 T 检验完全相同，这里不再细述。如果采用系统默认选项，该对话框可以不做任何设置。

(5) 单击［Ok］完成。

表 14-8 为配对样本的分组描述统计。表 14-9 为配对样本的相关分析结果。结果显示培训前的完工时间 1 与培训后的完工时间 2 的相关系数为 0.705，显著性水平为 0.00。由于 0.00<0.05，所以总体相关。

表 14-10 是配对样本的 T 检验结果。结果显示样本两个变量差的均值为 1.467，标准差为 2.897，差值的标准误差为 0.529，差值的 95%的置信区间为［0.385，2.549］，T 统计量的计算结果为 2.772，自由度为 29，双尾检验的显著性水平为 0.01<0.05。结果显示

培训前后，职工完成同一工序所需工时有显著性差异。

表 14-8　　配对样本的分组描述统计

Paired Samples Statistics					
		Mean	N	Std. Deviation	Std. Error Mean
Pair 1	完工时间 1	34.00	30	4.077	0.744
	完工时间 2	32.53	30	3.071	0.561

表 14-9　　配对样本的相关分析结果

Paired Samples Correlations				
		N	Correlation	Sig.
Pair 1	完工时间 1 & 完工时间 2	30	0.705	0.000

表 14-10　　配对样本的 T 检验结果

Paired Samples Test									
		Paired Differences					t	df	Sig. (2-tailed)
		Mean	Std. Deviation	Std. Error Mean	95% Confidence Interval of the Difference				
					Lower	Upper			
Pair 1	完工时间 1—完工时间 2	1.467	2.897	0.529	0.385	2.549	2.772	29	0.010

14.2.4　独立样本的 T 检验

独立样本的 T 检验是用两个样本的均值差的大小来检验对应的两个独立总体的均值是否相等的方法。对两个样本分别进行统计描述。

例 14-4

已知某专业 2004 级 3 个本科班的一门专业课，男生与女生的总评成绩分别为：

男生：63　60　79　69　78　71　76　81　77　71　71　76
78　60　76　77　43　60　73　73　65　65　77　41
74　71　81　71　60　77　75　61　71　75　81　77
78　84　71　70　60　76　75　81　77　68　52　77
48　60　73　62　69　67　82　60　73　62

女生：86　90　84　83　85　86　82　86　81　86　81　83
87　79　84　81　79　66　69　72　79　78　82　86
75　78　58　87　75　77　72　77　81　81　86　74
93　81　90　68　78　77　75　72　68　71　71　64

试分析这门专业课男生与女生的成绩是否存在显著性差异。

（1）通过数据编辑窗口建立数据文件：学生专业课成绩.sav。

（2）依次选择［Analyze］⇒［Compare Means］⇒［Independent-Samples T Test］，打开独立样本的 T 检验对话框［Independent-Samples T Test］（见图 14－10），对话框左侧的变量为选定数据文件中的变量列表。

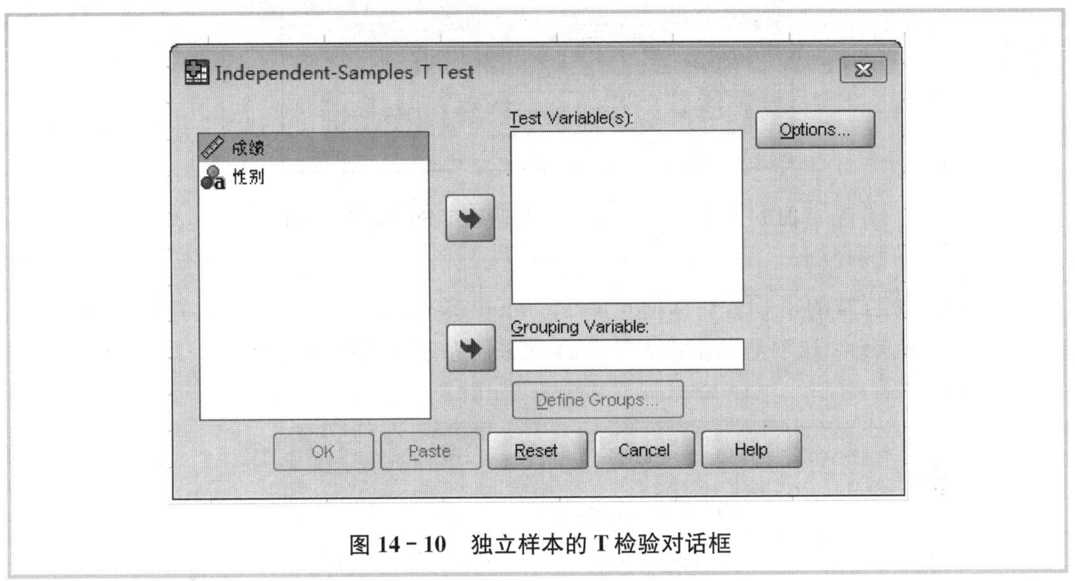

图 14－10　独立样本的 T 检验对话框

（3）在独立样本的 T 检验对话框［Independent-Samples T Test］中，单击按钮使变量“成绩”“性别”分别进入右侧的分析变量窗口［Test variable（s）］和分组变量的窗口［Grouping variable］，即“成绩”为分析变量，“性别”为分组变量（见图 14－11）。

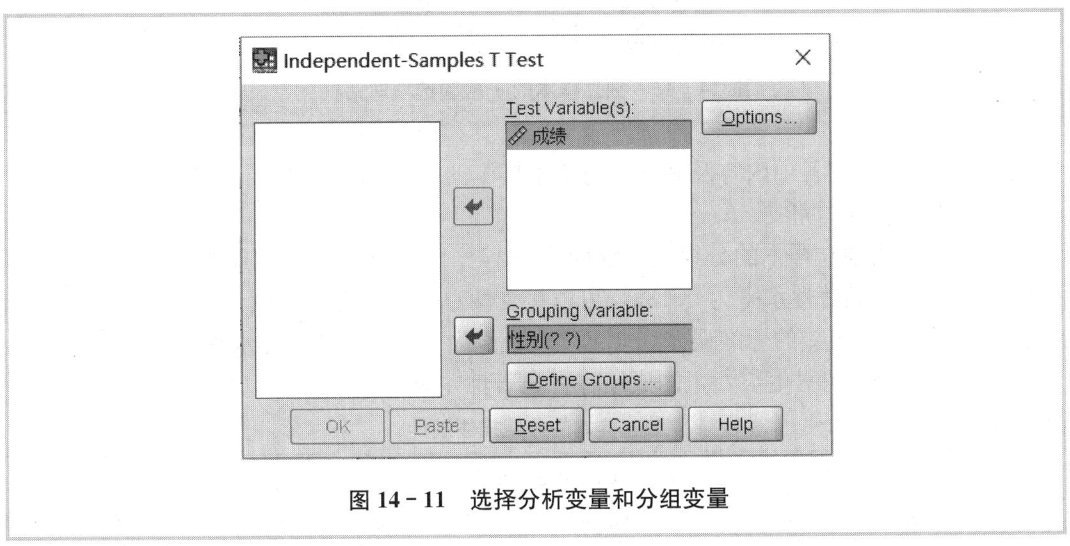

图 14－11　选择分析变量和分组变量

（4）在独立样本的 T 检验对话框［Independent-Samples T Test］中，打开确定分组变量对话框［Define Groups］（见图 14－12），以确定分组变量的取值。系统以已确定好的取值为依据，将所有的样本分为两部分，并对分析变量分别进行统计，该题中输入

Group1 的取值“女”和 Group2 的取值“男”。

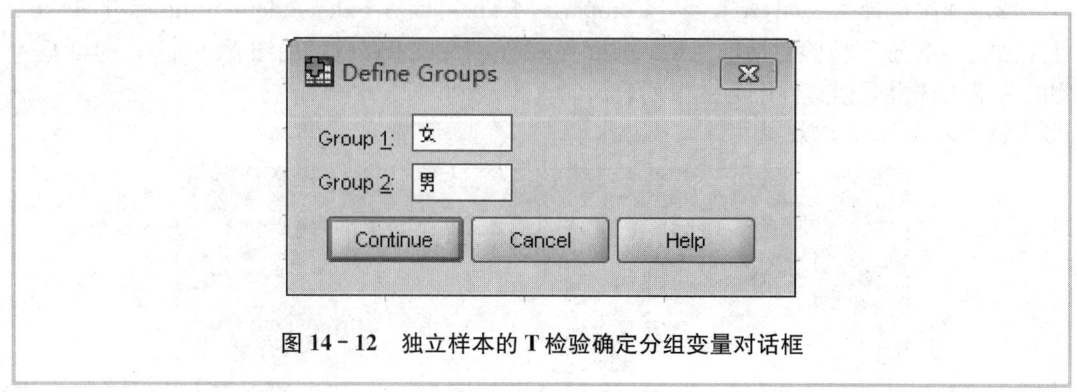

图 14-12 独立样本的 T 检验确定分组变量对话框

（5）在独立样本的 T 检验对话框［Independent-Samples T Test］中，打开［Options］选项，在［Options］选项对话框中，不作改动采用系统默认值（见图 14-13）。

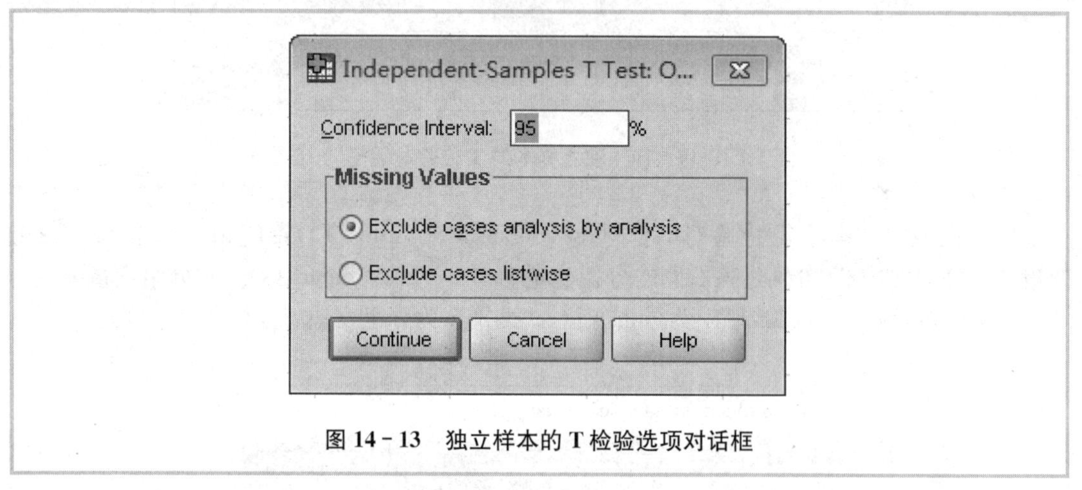

图 14-13 独立样本的 T 检验选项对话框

选项对话框中的各项内容及其含义与单个样本的 T 检验完全相同，这里不再细述。

（6）单击［Ok］完成。

表 14-11 为独立样本的分组描述统计。表 14-12 为独立样本的 T 检验结果。结果显示 F 值为 2.29，显著性水平为 0.133，可以接受两总体为等方差的假设。两个总体的均值差为 8.850 57，均值差的标准误差为 1.677。T 值为 5.279，显著性水平为 0.00，远远小于 0.05。这门专业课男生与女生的成绩存在显著性差异。

表 14-11 独立样本的分组描述统计

Group Statistics					
	性别	N	Mean	Std. Deviation	Std. Error Mean
成绩	女	48	78.833 3	7.378 33	1.064 97
	男	58	69.982 8	9.476 64	1.244 34

表 14－12　　独立样本的 T 检验结果

Independent Samples Test										
		Levene's Test for Equality of Variances		t-test for Equality of Means						
		F	Sig.	t	df	Sig. (2-tailed)	Mean Difference	Std. Error Difference	95% Confidence Interval of the Difference	
									Lower	Upper
成绩	Equal variances assumed	2.290	0.133	5.279	104	0.000	8.850 57	1.676 55	5.525 92	12.175 23
	Equal variances not assumed			5.404	103.645	0.000	8.850 57	1.637 85	5.602 53	12.098 62

本章小结

在统计分析中常常采取抽样研究的方法，而均值检验就是用来通过从总体中随机抽取一定数量的样本的特性分析，进而推断总体的特性的一种分析方法。具体来说又可以分为均值分析方法和 T 检验两部分。本章对这种检验分析方法的概念、软件实现以及具体应用进行了详细的介绍。首先，通过对员工培训前后生产产品产量变化情况的分析来判断企业培训是否有效的实际问题，引出了本章的分析重点。其次，介绍了均值分析与 T 检验的基本概念以及不同 T 检验的分析前提。再次，将 T 检验细分为单个样本的 T 检验、配对样本的 T 检验以及独立样本的 T 检验三个部分，分析了平均数分析与 T 检验的软件分析步骤。最后，通过对企业职工的工资平均数的分析、一地区儿童总体身高的判断、企业技能培训效果的比较以及不同性别学生某门专业课成绩差异性的分析等具体实例，介绍了均值检验方法在实践中的应用。

关键术语

平均数分析　　单个样本的 T 检验　　配对样本的 T 检验　　独立样本的 T 检验

复习思考题

1. 均值比较问题的意义是什么？

2. 试组织编辑一个你们班级期末各门功课考试成绩的数据文件，调用 Means 过程，按性别和学习小组分析考试成绩之间的差异。

3. 甲乙两台测时仪同时测量两靶间子弹飞行的时间，测量结果（单位：秒）如下：

仪器甲　12.56　13.62　13.25　11.88　12.35　13.40

仪器乙　13.61　13.24　14.01　12.78　13.50　12.35　12.69

假定两台仪器测量结果服从正态分布，设显著性水平为 0.05，问两台仪器的测量结果有无显著性差异?

4. 某班的教学中采用了新的教学方法，进行前测和后测试验，随机抽取 8 名学生作样本，分析两次测试学生在单位时间内记忆单词的个数，具体数据如表 14－13 所示。试根据实验所得数据分析实验前后学生学习效果是否有差异，从而判断这种新的教学方法是否有效。

表 14－13　　学生学习成绩前测及后测结果

编号	前测	后测	编号	前测	后测
1	12	13	5	10	12
2	11	16	6	12	11
3	14	12	7	13	14
4	10	14	8	13	15

5. 对下列试验进行检验，指出哪个试验应该使用独立样本检验，哪个应该使用配对样本检验?

（1）让一组测试者一一报出自己的体重，然后测量他们的体重，得出两组数据。检验自报体重与实际体重的差异。

（2）对人造纤维在 60℃和 80℃的水中分别做试验，检验温度对人造纤维缩水率的影响。

（3）从一批产品中抽取部分产品，交由两名检验人员分别测量产品的某项性能指标。检验两人的测量结果是否存在差异。

（4）某商场分别询问了素不相识的 20 位男性顾客和 20 位女性顾客，了解他们对想要购买的电冰箱容量的要求，检验男性和女性顾客对电冰箱容量要求的差异。

6. 按照“引例”所提供的条件，对该单位培训效果的有效性问题进行分析。

第 15 章

方差分析

引例

在绩效考核过程中，有时管理者会对下属进行评价，下属也会对管理者进行评价。这里我们假定某单位某个上司与其管理的 27 个下属进行互评，27 个下属对上司的评价分为“优”“良”“中”“差”四个等级，上司对下属的评价是按百分制打分的。上司对下属的评价和下属对上司的评价是分开进行的，在他们给对方进行评价时都不知道对方给自己的评价情况如何。具体得到表 15－1。

表 15－1　某单位上司与下属的互评结果

优	良	中	差
88	84	80	72
79	81	76	82
88	87	62	71
84	90	89	80
93	74	82	81
90	72	79	
76	80		
81			
80			

面对这样一个评价结果，就会产生一个人们普遍担心的问题：下属对管理者的评价是否会因为管理者对下属的评价而出现一些非客观的结果？即上司对下属的评价与下属对上司的评价之间存在相关性，例如，管理者对员工绩效评价差，而这些员工对管理者的评价

也不好。如果计算出各组员工的绩效得分之间没有显著性差异，则表明员工对上司的评价与上司对员工的评价之间没有必然的联系。这样就可以认为评价结果是客观可信的，可以作为对实际绩效的评价依据。反之，如果计算出各组员工的绩效得分之间有显著性差异，则表明员工对上司的评价与上司对员工的评价之间存在某种联系。这样就可以认为评价结果可能包含较多主观因素，评价结果是不太可信的，一般不能作为对实际绩效的评价依据。

又如，某集团公司下属 5 个销售公司，销售同一款式的新型手表，5 个分公司各自采取了不同的销售方式。为了考察不同销售方式对销售量有无显著影响，公司管理部门记下了连续 4 天各分公司的销售情况（见表 15－2），试根据所给出的销售数据对此问题进行分析。

表 15－2　　5 个销售公司连续 4 天的销售情况

销售方式 / 第几天	A1	A2	A3	A4	A5
1	23	24	20	22	24
2	19	25	18	25	23
3	21	28	19	26	26
4	13	27	15	23	27

为解决以上两个问题，需要引入方差分析。

本章学习要点

- 了解方差分析的基本概念
- 理解一元方差分析的基本原理
- 理解双因素方差分析的基本原理
- 熟悉一元方差分析与双因素方差分析的软件操作
- 掌握方差分析的具体应用

15.1　方差分析的基本原理

15.1.1　方差分析的相关概念

方差分析（analysis of variance，ANOVA），又称变数分析或 F 检验。这一分析方法是由英国统计学家费希尔于 20 世纪 20 年代提出，可用于分析某变量受多种不同因素的不同程度的影响，或者分析哪些因素对变量有显著影响等问题。

下面我们首先来了解几个方差分析中常用的概念：

因变量（dependent）：某试验结果。

因素（factor）：影响试验结果的（自）变量。

水平：因素划分类别，即自变量取值类别。例如，5 个班级、4 种工艺、不同年龄段。

可控因素：因素的不同水平会导致不同试验结果。

不可控因素：因素的水平与试验结果的关系是随机的，即不确定因素。

从数据差异方面来看存在以下关系：

观测变量的数据差异＝控制因素造成＋随机因素造成

方差分析正是要分析观测变量的变动主要是由控制因素造成还是由随机因素造成的，以及控制变量的各个水平是如何对观测变量造成影响的。“引例”中所涉及的影响某种商品销售额（不同的推销策略、价格、包装方式、推销人员的形象等）的问题，不同组的员工对上司的评价结果，医学界不同药物对某种疾病的疗效，不同的产业政策对企业投资额的影响，不同产业利税对科技发展水平的影响，农业研究中土壤、肥料、日照时间等因素对某种农作物产量的影响等涉及不同因素对结果变量产生影响的问题，都可以使用方差分析方法去解决。

15.1.2　方差分析的类型及条件

方差分析包括一元方差分析与多因素方差分析。

如果方差分析研究的是一个因素对于试验结果的影响和作用，就称为一元方差分析。例如，经过一次考试，统计四个班级的学生的考试成绩，当研究四个班级考试成绩的差异的时候，因变量为“成绩”，因素（自变量）为“班级”，因素的不同水平对应不同自变量值。

如果研究多个变量对试验结果的影响和作用，就称为多因素方差分析。关于多因素方差分析，我们仅介绍其中的双因素方差分析。例如，经过一次考试，统计四个班级的不同性别的学生考试成绩，当研究四个班级的学生考试成绩差异的时候，“成绩”是因变量，“班级”是区分不同样本的一个因素，称为“因素 1”或“自变量 1”。对于研究不同性别的学生考试成绩差异的时候，“性别”是区分不同样本的因素，称为“因素 2”或“自变量 2”。两种因素的不同水平对应不同的自变量值和因变量值。

进行方差分析的样本数据必须满足以下两个条件：

（1）样本数据必须分别服从正态分布；

（2）样本数据总体方差相等，即方差齐性（homogeneity of variance），可用 Bartlett 方差齐性检验。

15.2　方差检验的软件实现及其应用

15.2.1　一元方差分析实例

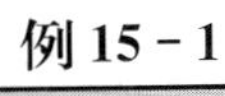

例 15－1

某电池厂设计了 4 种不同的生产工艺 A、B、C、D，生产了 4 批电池，在每批电池中随机抽取 12 个为样本，经试验得到其寿命如表 15－3 所示。

表 15-3　不同工艺生产的电池寿命情况　单位：小时

生产工艺 \ 电池寿命	1	2	3	4	5	6	7	8	9	10	11	12
A	60	65	70	80	72	61	63	68	72	74	69	67
B	58	64	67	69	70	71	75	74	68	69	65	66
C	55	49	59	62	60	64	58	56	72	67	49	66
D	51	53	52	56	53	58	55	54	56	57	60	67

问这 4 种生产工艺生产的电池使用寿命有无显著性差异。

(1) 通过数据编辑窗口建立数据文件：电池．sav。

(2) 依次选择［Analyze］⇒［Compare Means］⇒［One-Way ANOVA…］，打开一元方差分析主对话框（见图 15-1），对话框左侧的变量为选定数据文件中的变量列表。

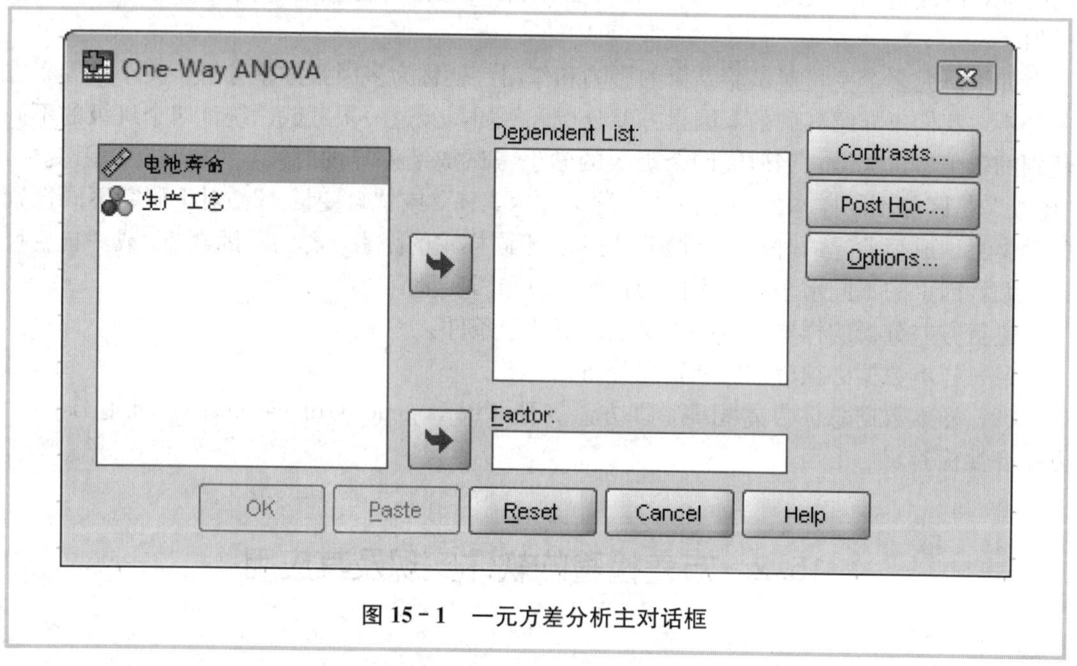

图 15-1　一元方差分析主对话框

主对话框的右侧有三个按钮分别是［Contrasts］、［Post Hoc］和［Options］。单击［Contrasts］，弹出比较对话框（见图 15-2），用来设置均值的多项式比较。一元方差分析的过程允许进行高达 5 次的均值多项式比较。在具体分析时，可以结合问题的特征和研究的需要自行设定多项式的系数。单击［Polynomial］复选框，在［Degree］选项组中可以根据需要选择 Linear（线性）、Quadratic（二次）、Cubic（三次）、4th（四次）、5th（五次）多项式。在［Coefficients］框中为多项式指定各组均值的系数。

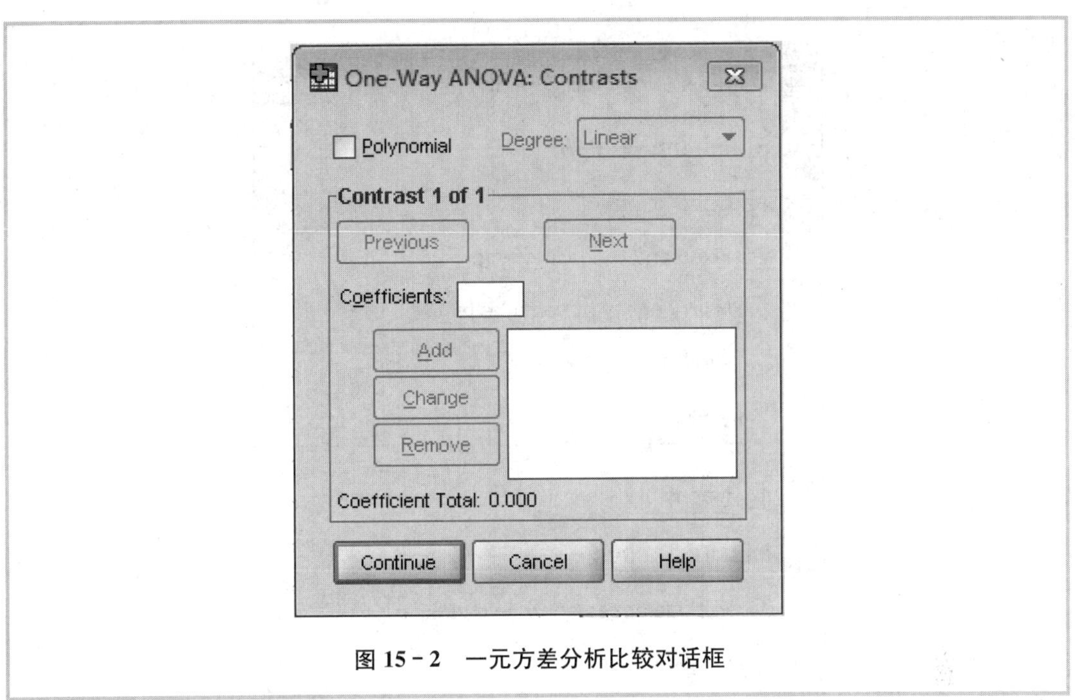

图 15－2　一元方差分析比较对话框

(3) 在一元方差分析主对话框［One-Way ANOVA…］中，单击按钮使变量“电池寿命”和“生产工艺”分别进入分析变量窗口［Dependent List］和影响因素变量窗口［Factor］。即“电池寿命”为分析变量，“生产工艺”为影响因素（见图 15－3）。

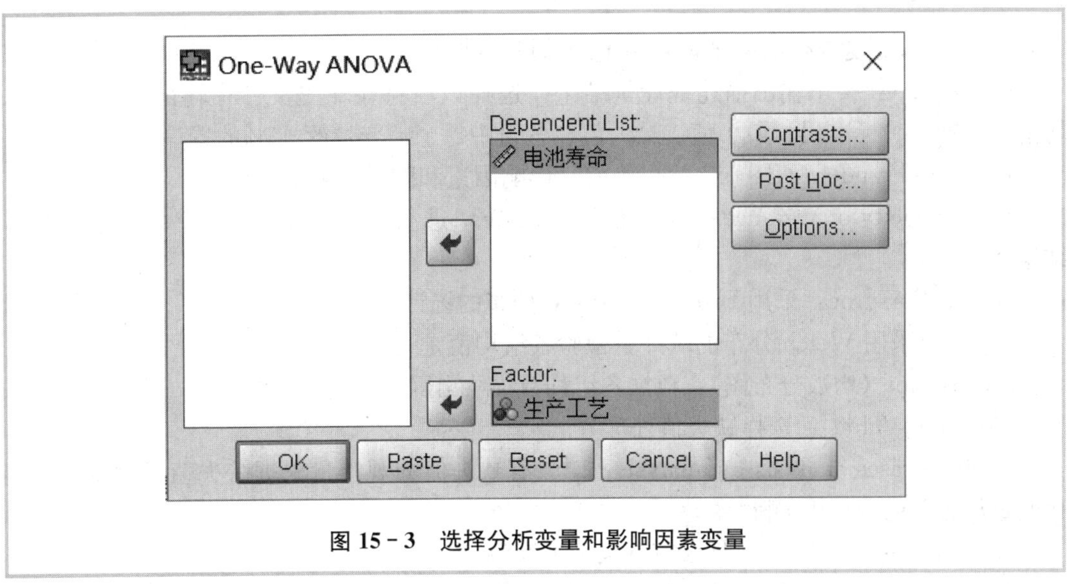

图 15－3　选择分析变量和影响因素变量

(4) 在一元方差分析主对话框［One-Way ANOVA…］中，选择［Options］选项，打开 Options 对话框，选择［Descriptive］、［Homogeneity of variance test］、［Means plot］选项（见图 15－4）。

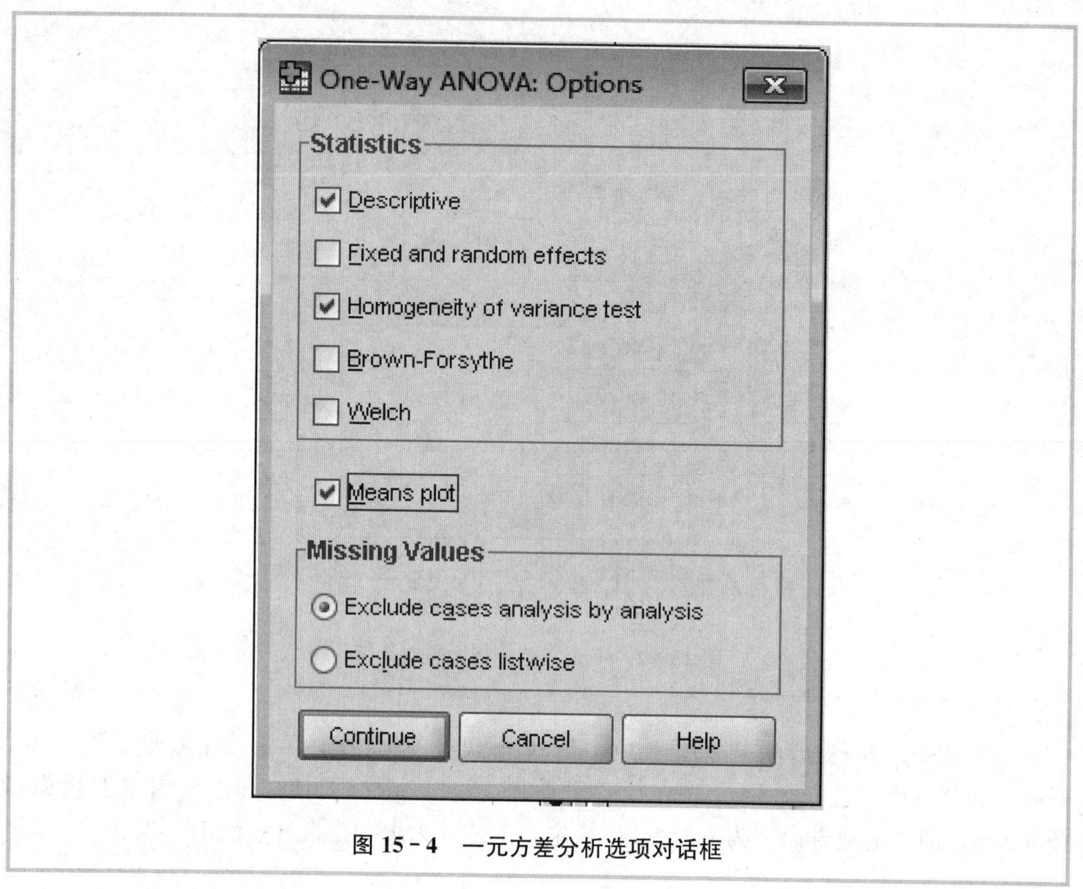

图 15-4 一元方差分析选项对话框

[Statistics] 复选栏组用于设置输出统计量的结果。

Descriptive：要求输出描述统计量结果。选择该项将在输出文件中输出：样本个数、均值、标准差、标准误、最小值、最大值、各组中每个因变量的 95%的置信区间。

Fixed and random effects：输出确定性影响因素和随机影响因素。

Homogeneity of variance test：用 Levene lest 进行方差齐次性检验，并输出检验结果。

Brown-Forsythe：采用 Brown-Forsythe 分布的统计量。

Welch：采用 Welch 分布的统计量检验各组均值是否相等。

Means plot（均数分布图）：根据各组均数描绘出因变量的分布情况。

[Missing Value]：选择缺失值处理方法。

Exclude cases analysis by analysis：对含有缺失值的观测量根据缺失值是因变量还是自变量从有关的分析中剔除。

Exclude cases listwise：把含有缺失值的观测量从所有分析中剔除。

(5) 在一元方差分析主对话框 [One-Way ANOVA…] 中，选择 [Post Hoc] 选项，在 [Post Hoc] 多重比较对话框中选择 [LSD]，并在 [Equal Variance Not Assumed] 复选栏组中选择 [Tamhane's T2]（见图 15-5）。

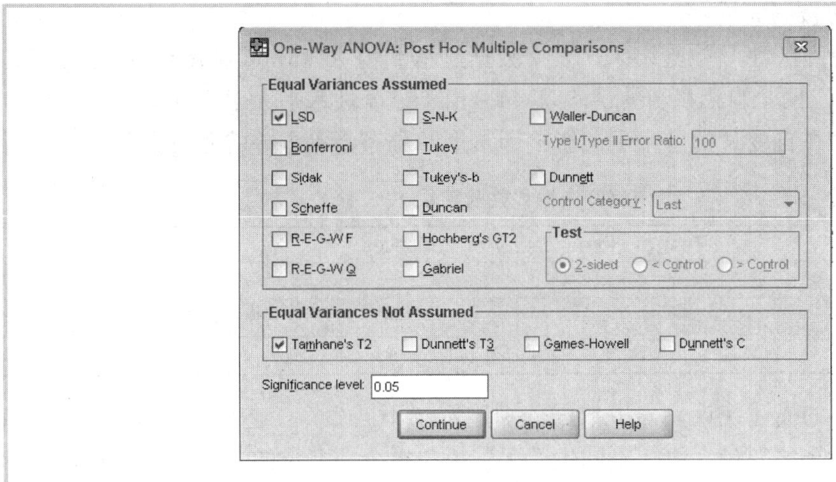

图 15-5 一元方差分析多重比较对话框

[Equal Variance Assumed] 复选栏组提供了方差具有齐次性时的多重比较检验法。

LSD：用 T 检验完成各组均值间的配对比较，对多重比较误差率不进行调整。

Bonferroni：用 T 检验完成各组间均值的配对比较，通过设置每一配对组的误差率来控制整个误差率。

Sidak：计算 T 统计量进行多重配对比较，并且可以调整显著性水平。

Scheffe：对所有可能的组合进行同步进入的配对比较。

R-E-G-W F：用 F 检验进行多重比较检验。

R-E-G-W Q：正态分布范围进行多重配对比较。

S-N-K：用 Student-Range 分布进行所有各组间均值的配对比较。

Tukey：用 Student-Range 统计量进行所有组间均值的配对比较。

Tukey's-b：用 Student-Range 分布进行组间均值的配对比较。

Duncan：指定一系列的 Range 值，逐步进行计算比较得出结论。

Hochberg's GT2：用正态最大系数进行多重比较。

Gabriel：用正态标准系数进行配对比较。

Waller-Duncan：用 T 统计量进行多重比较检验，使用贝叶斯逼近。

Dunnett：用于一组处理对一个控制类均值的比较。

[Equal Variance Not Assumed] 复选栏组提供了方差不具有齐次性时的多重比较检验法。

Tamhane's T2：用 T 检验进行配对比较。

Dunnett's T3：根据 Student-Range 最大模数的配对比较。

Games-Howell：一种较为随意的配对比较，该方法较灵活。

Dunnett's C：根据 Student-Range 极差的配对比较。

在 [Significance level] 栏中输入显著性水平，系统默认的是 0.05，也可以根据自己的需要重新设定。

（6）单击［Ok］按钮完成。

表 15－4 是方差齐次性 F 检验结果。表中数据显示 F 值（Levene Statistic）为 1.254，显著性水平为 0.302，两个自由度分别为 3 和 44。由于显著性水平大于 0.05，所以可以接受分析变量电池寿命在自变量的各个不同影响因素上的分布是等方差的假设。

表 15－4　方差齐次性 F 检验结果

Test of Homogeneity of Variances			
电池寿命			
Levene Statistic	df1	df2	Sig.
1.254	3	44	0.302

表 15－5 是样本的描述统计。表中数据分别显示了不同生产工艺的样本个数、均值、标准差、标准误、最小值、最大值、不同生产工艺组中每个因变量的 95％的置信区间。

表 15－5　样本的描述统计

Descriptives								
电池寿命								
	N	Mean	Std. Deviation	Std. Error	95％ Confidence Interval for Mean		Minimum	Maximum
					Lower Bound	Upper Bound		
A	12	68.416 7	5.743 90	1.658 12	64.767 2	72.066 2	60.00	80.00
B	12	68.000 0	4.572 65	1.320 01	65.094 7	70.905 3	58.00	75.00
C	12	59.750 0	6.982 12	2.015 56	55.313 8	64.186 2	49.00	72.00
D	12	56.000 0	4.327 50	1.249 24	53.250 4	58.749 6	51.00	67.00
Total	48	63.041 7	7.582 06	1.094 38	60.840 1	65.243 3	49.00	80.00

表 15－6 是方差分析的结果。表中数据显示平均组间平方和为 1 366.750，平均组内平方和为 1 335.167，F 值为 15.014，显著性水平为 0.000＜0.05。可以认为这 4 种生产工艺生产的电池使用寿命是有显著性差异的。

表 15－6　方差分析的结果

ANOVA					
电池寿命					
	Sum of Squares	df	Mean Square	F	Sig.
Between Groups	1 366.750	3	455.583	15.014	0.000
Within Groups	1 335.167	44	30.345		
Total	2 701.917	47			

多重比较检验表 15－7 显示 A 与 C、A 与 D、B 与 C、B 与 D 这几种生产工艺生产的电池使用寿命有无显著性的差异。图 15－6 是按不同生产工艺分组的电池寿命均值分布图。从图中可以看出按 A 生产工艺生产的电池使用寿命均值最大，按 D 生产工艺生产的电池使用寿命均值最小。

表 15 - 7 多重比较检验

Multiple Comparisons						
电池寿命 LSD						
(I) 生产工艺	(J) 生产工艺	Mean Difference (I-J)	Std. Error	Sig.	95% Confidence Interval	
					Lower Bound	Upper Bound
A	B	0.416 67	2.248 88	0.854	−4.115 6	4.949 0
	C	8.666 67*	2.248 88	0.000	4.134 4	13.199 0
	D	12.416 67*	2.248 88	0.000	7.884 4	16.949 0
B	A	−0.416 67	2.248 88	0.854	−4.949 0	4.115 6
	C	8.250 00*	2.248 88	0.001	3.717 7	12.782 3
	D	12.000 00*	2.248 88	0.000	7.467 7	16.532 3
C	A	−8.666 67*	2.248 88	0.000	−13.199 0	−4.134 4
	B	−8.250 00*	2.248 88	0.001	−12.782 3	−3.717 7
	D	3.750 00	2.248 88	0.103	−0.782 3	8.282 3
D	A	−12.416 67*	2.248 88	0.000	−16.949 0	−7.884 4
	B	−12.000 00*	2.248 88	0.000	−16.532 3	−7.467 7
	C	−3.750 00	2.248 88	0.103	−8.282 3	0.782 3

* The mean difference is significant at the 0.05 level.

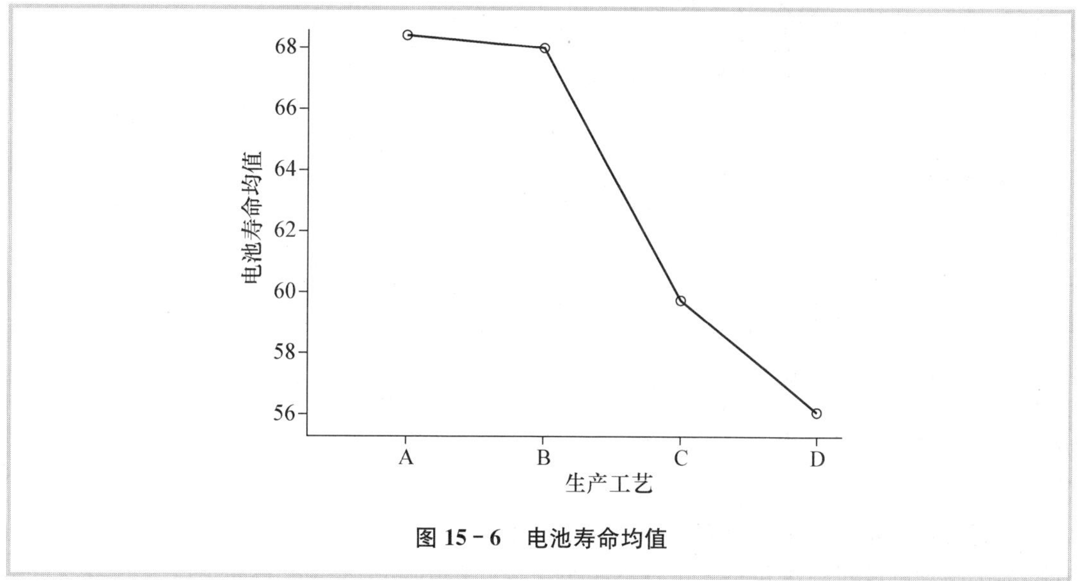

图 15 - 6 电池寿命均值

15.2.2 双因素方差分析实例

这里仅介绍无重复实验的双因素方差分析，不考虑两因素之间的交互作用。

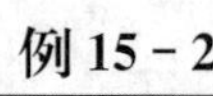

例 15－2

设 A、B、C、D 4 台机器生产同一产品，4 名工人甲、乙、丙、丁操作这 4 台机器各 4 次，得完工时间如表 15－8 所示。

表 15－8　　不同工人操作不同机器生产产品完工工时　　单位：分钟

机器 / 工人	A				B				C				D			
甲	18	21	17	20	23	22	24	26	22	20	19	17	23	21	20	19
乙	19	20	18	16	18	19	20	19	20	22	23	23	24	23	25	20
丙	26	25	27	29	27	26	28	30	32	36	35	36	23	27	24	25
丁	22	26	22	23	26	27	26	28	21	21	23	22	21	20	23	20

试问机器之间、工人之间在完工时间上是否有显著性差异？

（1）通过数据编辑窗口建立数据文件：加工工时 2. sav。

（2）依次选择［Analyze］⇒［General Linear Model］⇒［Univariate…］，打开［Univariate］主对话框（见图 15－7），对话框左侧的变量为选定数据文件中的变量列表。

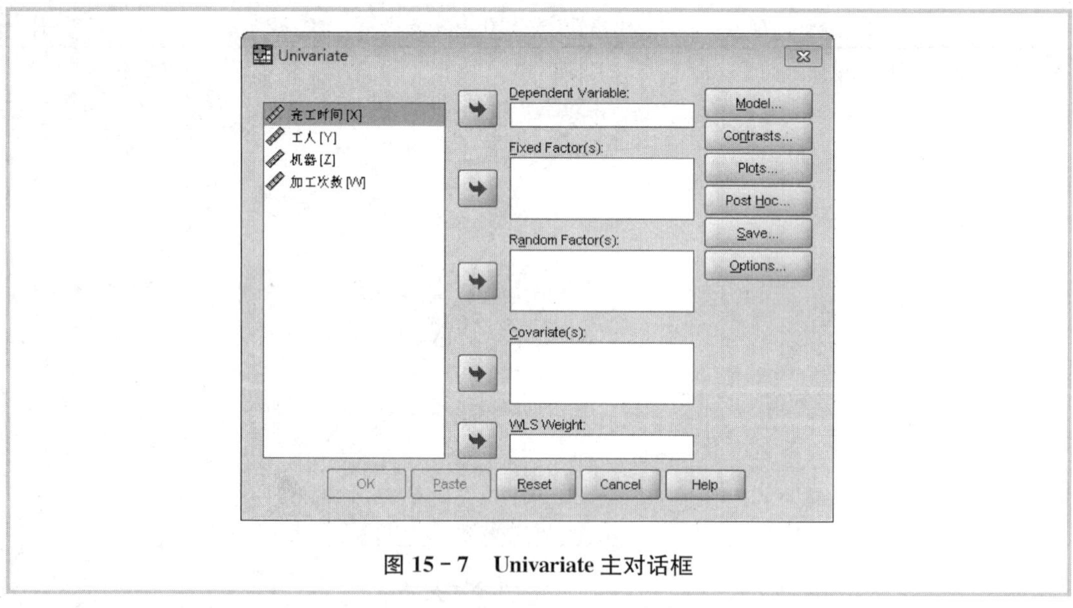

图 15－7　Univariate 主对话框

固定变量是指在样本中所有可能的水平都出现的变量。随机变量是指所有可能的数值在样本中出现的变量，也包括未出现的水平，因此要用样本来推论总体情况。将协变量移到［Covariates（s）］框中可以去除协变量的影响。协变量是一个独立变量（解释变量），人为很难控制，但仍影响实验结果，所以通常在回归分析中要排除这些因素对结果的影响。将权重变量移到［WLS Weight］框中可以进行权重变量影响的分析。

对话框右侧有六个按钮，分别是［Model］、［Contrasts］、［Plots］、［Post Hoc］、

[Save]、[Options]，其中 [Model]、[Contrasts]、[Plots]、[Save] 解释分别是：

1）单击 [Model] 按钮，弹出分析模型定义对话框（见图 15－8）。

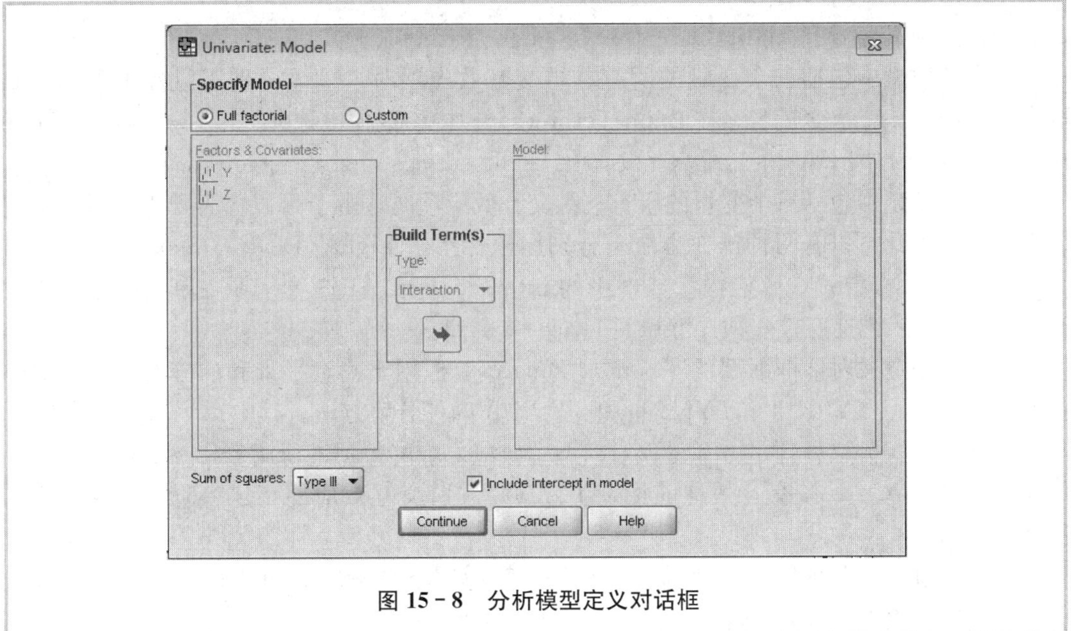

图 15－8　分析模型定义对话框

[Specify Model] 单选栏用于指定模型类型。[Full Factorial] 选项为建立全模型，包括所有因素变量的主效应和所有的交互效应。这也是系统默认的类型。[Custom] 选项为建立自定义的模型，此时在对话框左侧的 [Factors&Covariates] 框中列出所有备选的因素变量的变量名和协变量的变量名。单击 [Build Term (s)] 按钮下面的箭头，使选定的备选变量出现在右侧的 [Model] 框中。

[Build Term (s)] 按钮下有一个下拉菜单（见图 15－9）。

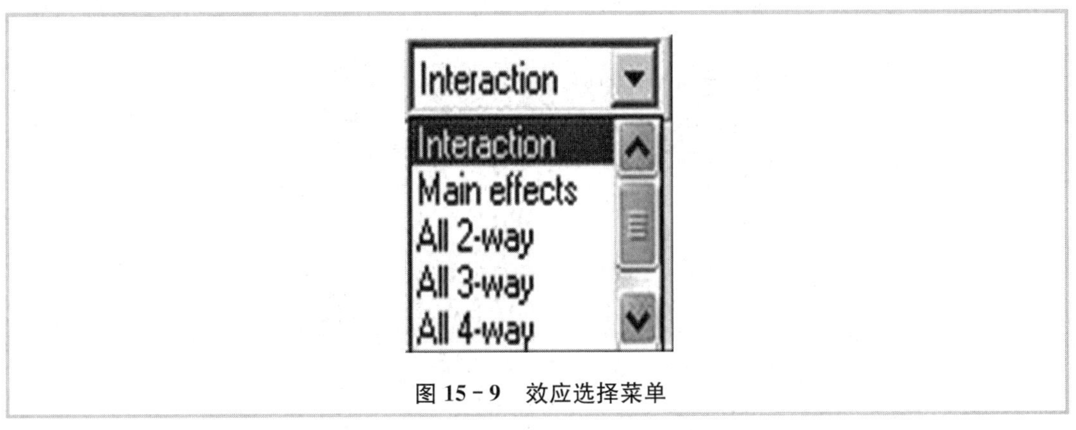

图 15－9　效应选择菜单

Interaction：用于指定任意的交互效应。

Main effects：用于指定主效应。

All 2-way：用于指定所有二维交互效应。

All 3-way：用于指定所有三维交互效应。

All 4-way：用于指定所有四维交互效应。

All 5-way：用于指定所有五维交互效应。

例如，因素变量有 Light（F）、Device（F）、Target（F）。

若要求模型中包括三个变量的所有二维交互效应项时，应该分别用鼠标单击 Light、Device、Target 三个变量名。在 Build Term（s）栏内参数框中选择 All 2-way 项，单击按钮。在 Model 中出现三个二维交互效应项：light * device、light * target、device * target。

若要求模型中包括三个变量的所有三维交互效应项时，由于可以作为因素变量的只有三个变量，因此可以有两种操作方法。分别用鼠标单击 Light、Device、Target 三个变量名。选择 Build Term（s）栏内参数框中的 interaction 或 All 3-way 项，单击按钮。在 Model 中出现三维交互效应项：light * device * target。

分析模型定义对话框下部的［Sum of squares］栏用于确定平方和的分解方法，具体包括 TYPE Ⅰ、TYPE Ⅱ、TYPE Ⅲ和 TYPE Ⅳ四种分解方法。其中：

TYPE Ⅰ：分层处理平方和。仅对模型主效应之前的每项进行调整，一般适用于平衡的 ANOVA 模型。一阶交互效应前指定主效应，二阶交互效应前指定一阶交互效应，依次类推。

TYPE Ⅱ：对其他所有效应进行调整。一般适用于平衡的 ANOVA 模型、主因子效应模型、回归模型、嵌套设计。

TYPE Ⅲ：系统默认的方法。对其他任何效应均进行调整。它的优势是把估计剩余常量也考虑到单元频数中。一般适用于 TYPE Ⅰ、TYPE Ⅱ、没有空单元的平衡和不平衡模型。同时，TYPE Ⅲ为系统默认的方法。

TYPE Ⅳ：没有缺失单元的设计使用此方法对任何效应计算平方和。

［Include intercept in model］复选项，若选择该项则将截距包括在模型中；不选此项则模型中不包括截距，即假设数据通过原点。

2）单击［Contrasts］，弹出比较对话框（见图 15－10）用来设置选择对比方法。

图 15－10　比较对话框

［Factors］框中显示出所有在主对话框中选中的因素变量。因素变量名后的括号中是当前的对比方法。单击［Change Contrast］下［Contrast］栏中的下拉窗口（见图 15－11）可改变对比方法。

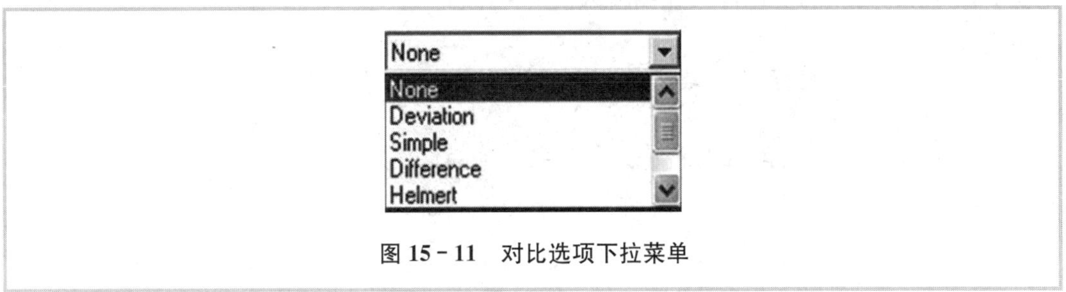

图 15－11　对比选项下拉菜单

None：不进行均数比较。

Deviation：比较预测变量或因素的每个水平的效应。

Simple：除作为参考的水平外，对预测变量或因素变量的每一水平都与参考水平进行比较。

Difference：对预测变量或因素每一水平的效应，除第一水平以外，都与其前面各水平的平均效应进行比较。

Helmert：对预测变量或因素的效应，除最后一个以外，都与后续各水平的平均效应相比较。与 Difference 对比方法相反。

Repeated：对相邻的水平进行比较。

Polynomial：多项式比较。

对比的参考水平有两个：最后一个水平［Last］选项和第一水平［First］选项。［Last］为系统默认选项。

3）单击［Plots］选项弹出分布图形窗口（见图 15－12），用于设置图形。

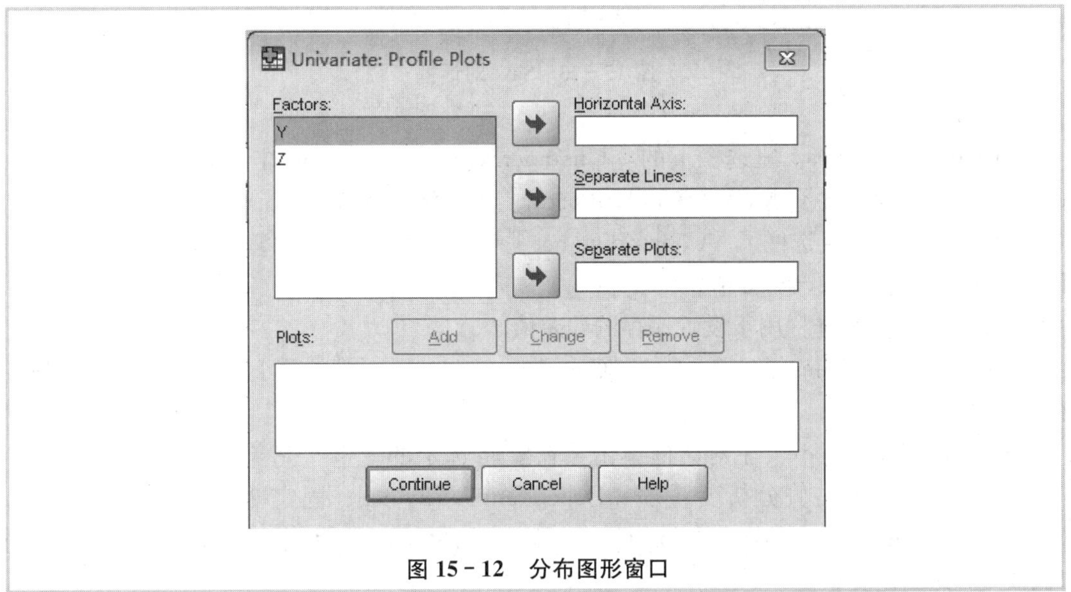

图 15－12　分布图形窗口

［Factors］框中为主对话框中所选因素变量名。［Horizontal Axis］用于设置横坐标，［Separate Lines］用于设置纵坐标，［Separate Plots］为散点图设置框。

4）单击［Save］按钮，弹出［Save］对话框（见图 15－13），可将所计算的预测值、残差和检测值作为新的变量保存在编辑数据文件中。

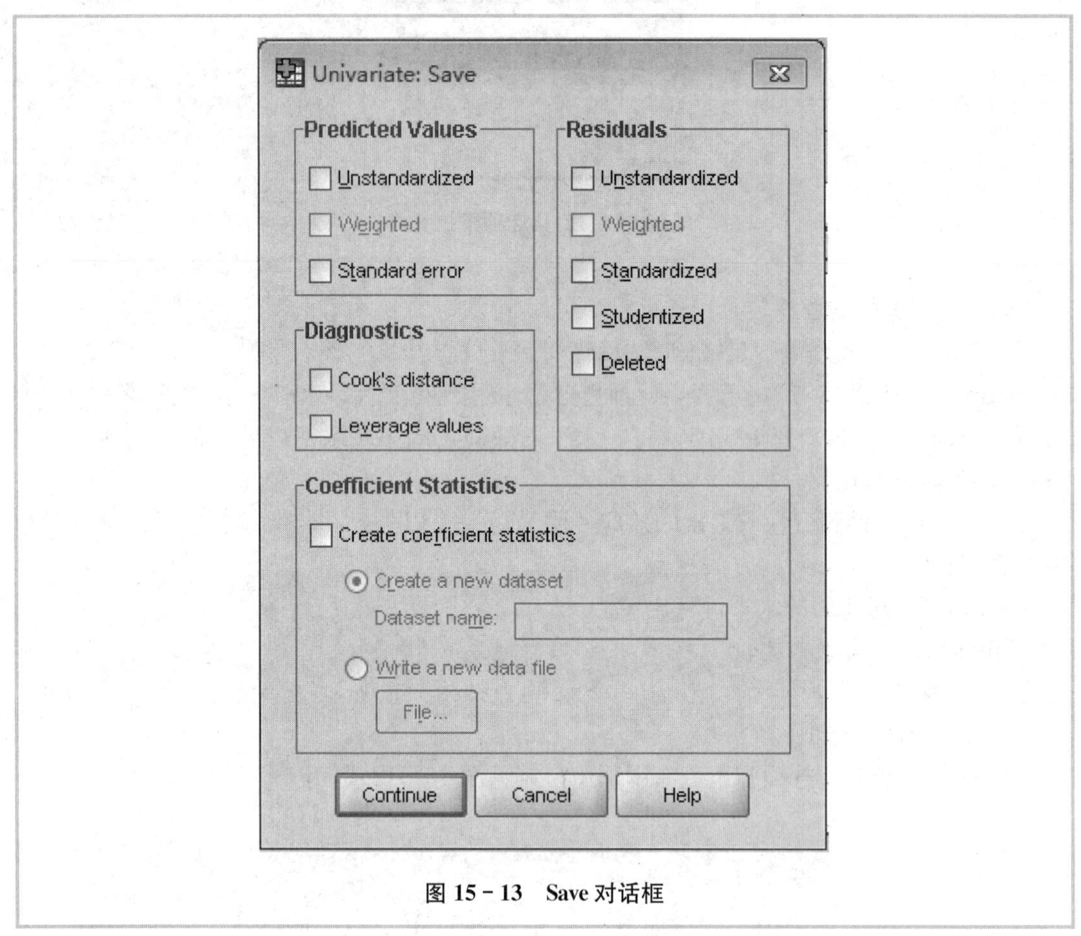

图 15－13 Save 对话框

［Predicted Values］复选栏下的［Unstandardized］用于非标准化预测值；［Weighted］为权重非标准化预测值；［Standard error］为预测值标准误。

［Diagnostics］复选栏下［Cooks distance］诊断值为 Cook 距离；［Leverage values］诊断值为非中心化 Leverage 值。

［Residuals］复选栏用于设置保存的残差值。

［Save to New File］复选框下的［Coefficient statistics］选项可将参数协方差矩阵保存到一个新文件中。

(3）在［Univariate］主对话框单击按钮将选定的变量“完工时间 X”“工人 Y”“机器 Z”分别移入右侧分析变量框［Dependent Variable］、固定变量框［Fixed Factor (s)］、随机变量框［Random Factor (s)］，即“完工时间 X”为分析变量，“工人 Y”与“机器 Z”为固定变量。

（4）在［Univariate］主对话框中，打开［Options］对话框（见图 15－14），对话框上部为［Estimated Marginal Means］栏，用于设置边际均值的估计值。左侧［Factor (s) and Factor Interactions］栏中列出主对话框中所指定的因素变量“OVERALL”“Y”“Z”“Y＊Z”，单击可将选定的待估变量“OVERALL”移入右侧主效应变量［Display Means for］栏中。选择齐次性检验［Homogeneity of variance test］。

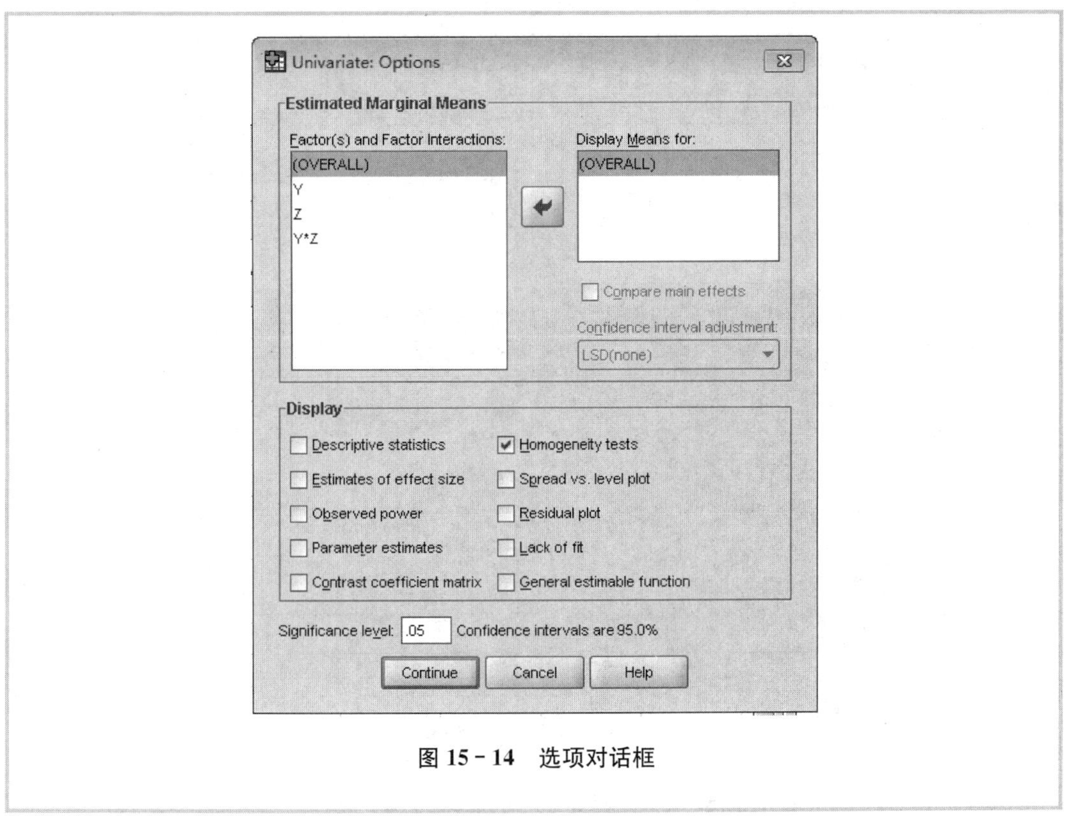

图 15－14　选项对话框

［Compare main effects］用于设置估计主效应变量的边际均值。［Confidence interval adjustment］用于设置多元方差分析时的多重组间比较。

对话框下部为［Display］复选栏，用于对输出的统计量进行设置。其下各选项的含义分别为：

Descriptive statistics：输出描述统计量。

Estimates of effect size：效应量估计。

Observed power：设置计算功效的显著性水平 Alpha 值，系统默认值为 0.05。

Parameter estimates：设置参数估计。

Contrast coefficient matrix：显示变换系数矩阵。

Homogeneity tests：齐次性检验。

Spread vs. level plot：绘制观测量均值对标准差和观测量均值对方差的图形。

Residual plot：绘制残差图。

Lack of fit：检查独立变量和非独立变量间的关系是否被充分描述。

General estimable function：根据一般估计函数自定义假设检验。

对话框底部的［Significance level］栏可用于改变多重比较的显著性水平。

（5）在［Univariate］主对话框中，打开［Post Hoc］多重比较对话框（见图 15－15），选定变量“工人 Y”与“机器 Z”的因素水平做两两对比，选择［LSD］，并在［Equal Variance Not Assumed］复选栏组中选择［Tamhane's T2］的两两 T 检验。

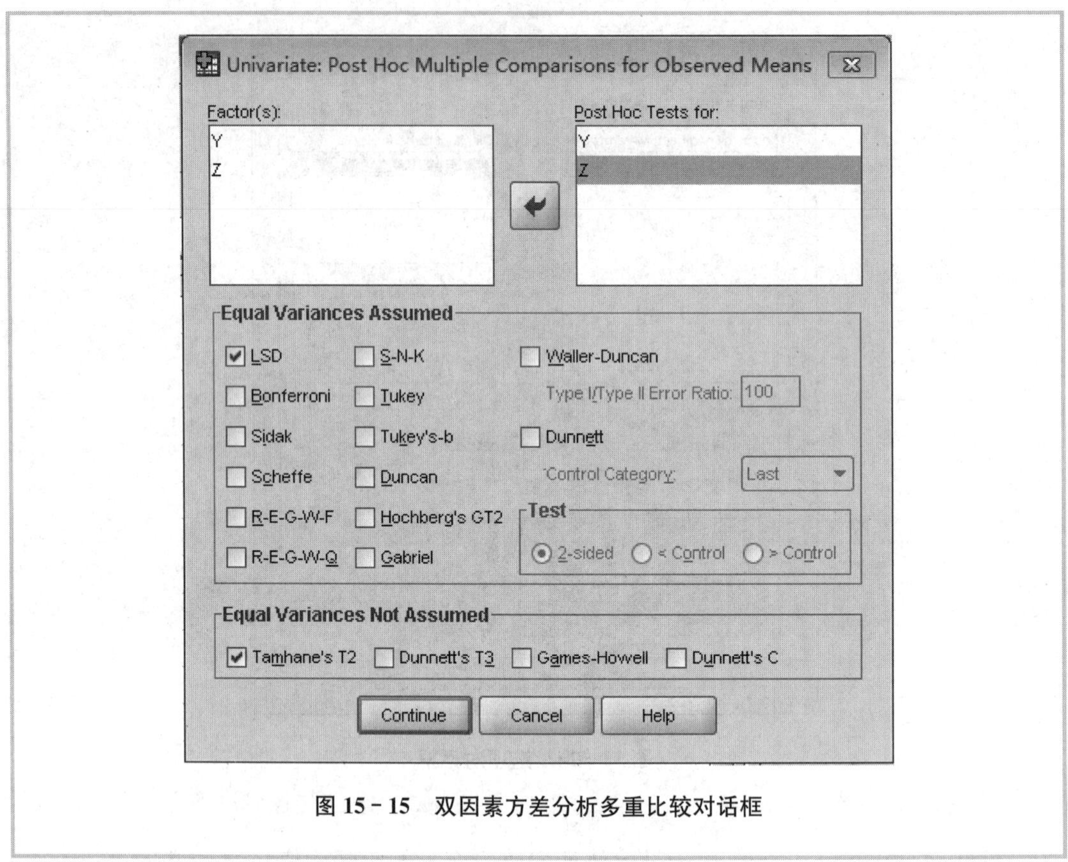

图 15－15　双因素方差分析多重比较对话框

（6）单击［Ok］完成。

表 15－9 为各目标因素表，表中数据显示变量“工人”有甲、乙、丙、丁 4 个水平，每一水平有 16 个样本。变量“机器”有 A、B、C、D 4 个水平，每一水平有 4 个样本。

表 15－9　各目标因素

Between-Subjects Factors			
		Value Label	N
工人	1	甲	16
	2	乙	16
	3	丙	16
	4	丁	16

续前表

		Value Label	N
机器	1	A	16
	2	B	16
	3	C	16
	4	D	16

表 15－10 为方差齐次检验表，表中数据显示，F 值为 0.448，显著性水平为0.954>0.05，可认为问题具有方差齐次性。

表 15－10　　　方差齐次检验

Levene's Test of Equality of Error Variances[a]			
Dependent Variable：完工时间			
F	df1	df2	Sig.
0.448	15	48	0.954

Tests the null hypothesis that the error variance of the dependent variable is equal across groups.
a. Design：Intercept＋Z＋Y＋Z＊Y.

表 15－11 为各目标因素检验。表中数据显示“工人 Y”的 F 值为 80.506，显著性水平为 0.000，可以认为各工人间的完工时间存在显著性差异。“机器 Z”的 F 值为 10.835，显著性水平为 0.000，可以认为各机器间的完工时间存在显著性差异。工人与机器的交互作用的 F 值为 13.670，显著性水平为 0.000，可以认为交互作用存在显著性差异。

表 15－11　　　各目标因素检验

Teste of Between-Subjects Effects					
Dependent Variable：完工时间					
Source	TypeⅢ Sum of Squares	df	Mean Square	F	Sig.
Corrected Model	1 079.500[a]	15	71.967	26.470	0.000
Intercept	34 596.00	1	34 596.000	12 724.966	0.000
Y	656.625	3	218.875	80.506	0.000
Z	88.375	3	29.458	10.835	0.000
Z＊Y	334.500	9	37.167	13.670	0.000
Error	130.500	48	2.719		
Total	35 806.000	64			
Corrected Total	1 210.000	63			

a. R Squared＝0.892（Adjusted R Squared＝0.858）.

表 15－12 为各水平工人两两对比检验结果，由于方差齐次检验已经证明问题具有方

差齐次性，所以应该采用表格的上半部分数据。数据显示工人甲与丙、甲与丁、乙与丙、乙与丁、丁与丙之间的完工时间存在显著性差异。

表 15-12　　各水平工人两两对比检验结果

Multiple Comparisons

Dependent Variable：完工时间

	(I) 工人	(J) 工人	Mean Difference (I-J)	Std. Error	Sig.	95%Confidence Interval	
						Lower Bound	Upper Bound
LSD	甲	乙	0.19	0.583	0.749	−0.98	1.36
		丙	−7.75*	0.583	0.000	−8.92	−6.58
		丁	−2.44*	0.583	0.000	−3.61	−1.27
	乙	甲	−0.19	0.583	0.749	−1.36	0.98
		丙	−7.94*	0.583	0.000	−9.11	−6.77
		丁	−2.63*	0.583	0.000	−3.80	−1.45
	丙	甲	7.75*	0.583	0.000	6.58	8.92
		乙	7.94*	0.583	0.000	6.77	9.11
		丁	5.31*	0.583	0.000	4.14	6.48
	丁	甲	2.44*	0.583	0.000	1.27	3.61
		乙	2.63*	0.583	0.000	1.45	3.80
		丙	−5.31*	0.583	0.000	−6.48	−4.14
Tamhane	甲	乙	0.19	0.887	1.000	−2.31	2.69
		丙	−7.75*	1.223	0.000	−11.25	−4.25
		丁	−2.44	0.902	0.066	−4.98	0.10
	乙	甲	0.19	0.887	1.000	−2.69	2.31
		丙	−7.94*	1.221	0.000	−11.43	−4.44
		丁	−2.63*	0.902	0.039	−5.16	−0.09
	丙	甲	7.75*	1.223	0.000	4.25	11.25
		乙	7.94*	1.221	0.000	4.44	11.43
		丁	5.31*	1.232	0.001	1.79	8.83
	丁	甲	2.44	0.902	0.066	−0.10	4.98
		乙	2.63*	0.900	0.039	0.09	5.16
		丙	−5.31*	1.232	0.001	−8.83	−1.79

Based on observed means.

* The mean difference is significant at the 0.05 level.

表 15-13 为各水平机器两两对比检验结果，由于方差齐次检验已经证明问题具有方差齐次性，所以应该采用表格的上半部分数据。数据显示机器 A 与 B、A 与 C、B 与 D、C 与 D 之间的完工时间存在显著性差异。

表 15-13 各水平机器两两对比检验

Multiple Comparisons

Dependent Variable：完工时间

	(I) 机器	(J) 机器	Mean Difference (I-J)	Std. Error	Sig.	95%Confidence Interval	
						Lower Bound	Upper Bound
LBD	A	B	−2.50*	0.583	0.000	−3.67	−1.33
		C	−2.69*	0.583	0.000	−3.86	−1.52
		D	−0.56	0.583	0.339	−1.73	0.61
	B	A	2.50*	0.583	0.000	1.33	3.67
		C	−0.19	0.583	0.749	−1.36	0.98
		D	1.94*	0.583	0.002	0.77	3.11
	C	A	2.69*	0.583	0.000	1.52	3.86
		B	0.19	0.583	0.749	−0.98	1.36
		D	2.13*	0.583	0.001	0.95	3.30
	D	A	0.56	0.583	0.339	−0.61	1.73
		B	−1.94*	0.583	0.002	−3.11	−0.77
		C	−2.13	0.583	0.001	−3.30	−0.95
Tamhane	A	B	−2.50*	1.345	0.365	−6.29	1.29
		C	−2.69*	1.865	0.654	−8.02	2.64
		D	−0.56	1.130	0.997	−3.79	2.67
	B	A	2.50*	1.345	0.365	−1.29	6.29
		C	−0.19	1.843	1.000	−5.47	5.09
		D	1.94*	1.094	0.427	−1.19	5.06
	C	A	2.69*	1.865	0.654	−2.64	8.02
		B	0.19	1.843	1.000	−5.09	5.47
		D	2.13*	1.693	0.783	−2.85	7.10
	D	A	0.56	1.130	0.997	−2.67	3.79
		B	−1.94*	1.094	0.427	−5.06	1.19
		C	−2.13	1.693	0.783	−7.10	2.85

Based on observed means.
* The mean difference is significant at the 0.05 level.

本章小结

方差分析又称变数分析或 F 检验，是从数据间的差异入手，分析当影响因素取不同水平时，两个或多个样本均数的差异是否有统计学意义。本章重点介绍了方差分析的原理、软件实现的步骤以及这种方法在实践中的应用。首先，通过对某单位员工的绩效考核以及某集团销售公司的销售方式对销售量是否有影响的实际问题引出了本章分析的主要内容。其次，辨析了方差与方差分析的概念以及方差分析的两个前提条件。再次，按照分析问题所涉及变量的个数，将方差分析分为一元方差分析与双因素方差分析，又进一步将双因素方差分析分为无交互作用与有交互作用，分别介绍了不同方差分析的基本原理。又次，以SPSS专用统计分析软件，介绍了方差检验的具体操作步骤。最后，以电池厂使用不同工艺生产的电池寿命差异显著性的检验，以及不同工人操作不同机器生产产品所用时间差异显著性的检验，介绍了这种方法在实践中的应用。

关键术语

一元方差分析　双因素方差　因变量　因素　水平　可控因素　不可控因素

复习思考题

1. 5个商店以各自的销售方式卖出新型健身器，连续4天各商店健身器的销售量如表15-14所示。销售量服从正态分布，且具有方差齐次性，试考察销售方式对销售量有无显著影响，并对销售量作两两比较。

表15-14　健身器销售情况

试验号	销售方式				
	A1	A2	A3	A4	A5
1	10	12	10	12	15
2	8	13	8	15	13
3	11	14	9	14	16
4	7	17	11	13	18
列和T	36	56	38	54	62
平均数	9	14	9.5	13.5	15.5

2. 某公司需采购大量化纤织品，本地现有4个生产厂家，每家均有甲、乙、丙、丁4种类型的化纤织品，公司研究机构对每个厂的每种样品进行试验，测得其质量指标如表15-15所示，现检验各类化纤织品及各厂家生产对产品质量有无显著影响。

表15-15　化纤品质量检测表

化纤品／厂家	B1	B2	B3	B4
A1	40	41	46	34
A2	28	37	42	22
A3	31	40	45	25
A4	46	47	52	40

3. 某农场为了比较4个不同品种的小麦产量的差异，选择土壤条件基本相同的土地，分成16块，将每一个品种在4块试验田上试种，测得小麦亩产量（公斤）的数据如表15-16所示。

表 15-16 小麦产量表

品种	A1	A2	A3	A4
亩产量	277.5	245.2	249.2	273.0
	276.4	249.5	245.2	240.9
	271.0	236.8	252.8	257.4
	272.4	239.0	251.4	266.5

试问不同品种小麦的平均产量有无显著性差异？

4. 表 15-17 记录的是 3 名工人分别在 4 台不同的机器上工作 3 天的日产量。

表 15-17 不同机器的日生产量

机器 / 工人	A1			A2			A3			A4		
甲	15	15	17	17	17	17	15	17	16	18	20	22
乙	19	19	16	15	15	15	18	17	16	15	16	17
丙	16	18	21	19	22	22	18	18	18	17	17	17

假定各工人的日产量服从正态分布，建立适当的数据文件，使用 SPSS 的［Univariate］命令，在显著性水平 0.05 下，检验：

工人的操作水平之间有无显著性差异？

不同的机器之间有无显著性差异？

不同工人的操作水平与不同机器之间的交互作用是否显著？

5. 表 15-18 给出某种化工产品生产过程在 3 种浓度、4 种温度下得率的数据：

表 15-18 某种化工产品在不同情形下的得率

温度（℃） / 浓度（%）	10	24	38	52
2	14.10	11.11	13.9	10.12
4	9.7	10.8	7.11	6.10
6	5.11	13.14	12.13	14.10

建立适当的数据文件，试用 SPSS 的［Univariate］命令，在显著性水平 0.05 下，检验各因子的主效应与交互作用对得率的影响。

6. 根据“引例”给出的数据，分析这位上司与其下属的互评结果是否可以作为对实际绩效的评价依据。

7. 根据“引例”给出的数据，分析该集团公司所属的 5 个销售公司，采取的不同销售方式对销售量有无显著影响。

第 16 章

非参数检验

引例

很多考生报考师范院校或者师范专业，除了兴趣使然之外，也有出于学费相对较低的考虑。长期以来，师范院校和师范专业的学费相对其他院校和专业而言要低很多，且 2007 年开始，教育部在其直属的 6 所师范大学中施行“免费师范生制度”，志愿服从分配到农村从事基础教育工作的师范专业学生，只用缴纳一定的书本费和代办费即可入学。事实上，在这项政策之前，首都师范大学就对其招收的师范专业学生全免学费了。而全国各级师范院校的学费也普遍较低：广西师范大学师范生的学费仅仅为 2 150 元/学年，非师范生也只有 3 250 元/学年；辽宁师范大学、沈阳师范大学的师范生学费也在 3 500 元/学年左右。从整体上来看，师范生的学费大致不超过 3 500 元/学年，这对于家庭经济情况不是很好的考生可能会产生一定的影响。为了分析考生报考师范大学与家庭经济状况是否有关，对 150 名高中生报考师范大学的态度与家庭经济情况进行了调查，数据如表 16－1 所示。

表 16－1　　150 名高中生报考师范大学意愿的调查数据

家庭	对于报考师范大学的态度			总和
经济情况	愿意	不愿意	未定	
上	18	27	10	55
中	20	19	20	59
下	18	7	11	36
综合	56	53	41	150

以上案例所提供的信息较少，总体分布情况不明或无法确定，同时这些问题都是小样

本问题。因此，我们就无法采用前面章节所讲述的均值检验与方差检验来进行分析，对这类问题的处理就需要用到本章所介绍的非参数检验。

本章学习要点

- 了解非参数检验的基本概念
- 熟悉卡方检验的基本概念和软件分析步骤
- 熟悉游程检验的基本概念和软件分析步骤
- 熟悉二项分布检验的基本概念和软件分析步骤
- 了解非参数检验的具体应用

16.1　非参数检验的基本原理

16.1.1　非参数检验的概念

在已知总体分布的条件下，对总体的一些参数，如均值和方差等进行估计或假设检验叫作参数检验。参数检验对总体的分布有一定的要求。比如要求假设总体服从正态分布、方差相等等条件。但现实生活中所遇到的统计问题往往并不知总体的分布，我们需要根据一组样本的信息来推断总体是否属于某种理论分布，或者判断某种现象的出现是否是随机的，或者两种及两种以上的现象之间是否有联系，及联系的紧密程度如何，等等。此外，统计上还有其他一些不是参数的估计和假设检验问题以及无法确定总体服从何种分布的统计问题。这类问题统称为非参数检验问题。

非参数检验是一种与总体分布状况无关的检验方法，它不依赖于总体分布的形式，应用时可以不考虑被研究的对象为何种分布以及分布是否已知。非参数检验主要是利用样本数据之间的大小比较及大小顺序，对两个或多个样本所属总体是否相同进行检验，而不对总体分布的参数如平均数、标准差等进行统计推断。当样本观测值的总体分布类型未知或知之甚少，无法肯定其性质，特别是观测值明显偏离正态分布，不具备参数检验的应用条件时，常用非参数检验。非参数检验具有计算简便、直观、易于掌握、检验速度较快等优点。

非参数检验法从实质上讲，只是检验总体分布的位置（中位数）是否相同，所以对于总体分布已知的样本也可以采用非参数检验法，但是由于它不能充分利用样本内所有的数量信息，检验的效率一般要低于参数检验方法。非参数检验内容很多，本章重点介绍常用的卡方检验（Chi-square Test）、二项分布检验（Binomial Test）、游程检验（Runs Test）以及单个样本的分布特征检验（Sample Kolmogorov-Smirnov Test）四种。

16.1.2　卡方检验

χ^2检验是由英国统计学家卡尔·皮尔逊首次提出，故被称为 Pearson χ^2，这种方法是以χ^2分布为基础的一种假设检验方法。如果两个变量之间没有联系则称作是独立的。统计上经常会遇到这类要求判断两个变量之间是否有联系的问题。用χ^2分布可以检验两个变量之间的独立性问题。

为了利用统计资料做出推断，常常必须选择某种已知的概率分布来近似所研究的频率分布，但是需要分析这种近似存在多大程度的误差。χ^2检验能够检验观察到的频率分布是否服从某种理论上的分布，或者说检验某一实际的随机变量与某一理论分布之间的差异是否显著。

16.1.3 二项分布检验

二项分布检验属于拟合优度检验。在生活中有很多数据的取值是二值的，例如，人群可以分成男性和女性，产品可以分成合格和不合格，学生可以分成三好学生和非三好学生，投掷硬币实验的结果可以分成出现正面和出现反面等。对于取自该总体的所有可能结果，要么是这两类中的某一类，要么是另一类，不可能同时属于对立的两类，具有这种分类特征的数据所服从的分布被称为二项分布。通常将这样的二值分别用 1 或 0 表示。如果进行 n 次相同的实验，则出现两类（1 或 0）的次数可以用离散型随机变量 X 来描述。如果随机变量 X 为 1 的概率设为 P，则随机变量 X 值为 0 的概率 Q 便等于 $1-P$，形成二项分布。

二项分布检验正是要通过样本数据检验样本来自的总体是否服从指定的概率为 P 的二项分布，其原假设是：样本来自的总体与指定的二项分布无显著性差异。例如，从某产品中随机抽取 23 个样品进行检测并得到检测结果。用 1 表示一级品，用 0 表示非一级品。根据抽样结果验证该批产品的一级品率是否为 90%。

16.1.4 游程检验

游程检验亦称“连贯检验”，是根据样本标志表现排列所形成的游程的多少进行判断的检验方法。游程检验有游程最大长度和游程总个数检验两种方法。其中，游程长度检验是根据样本含量 n 及序列中最长游程的长度 l 来推断两类事件的发生过程是否是随机的。检验假设 H_0 为两类事件的发生是随机的，备择假设 H_1 为两类事件的发生不是随机而是有升降倾向的；而游程个数检验是根据样本序列中，n_1、n_2 与 r 值的大小来推断两类事件的发生过程是否是随机的。检验假设 H_0 为两类事件的发生是随机的，备择假设 H_1 为两类事件的发生不是随机的；SPSS 采用的是游程总个数检验，其可用于检验一组样本数据是否来自同一总体（或者差异不明显、服从同一分布），即考察按照随机顺序得到的一组样本的观察值是否表现出足够的随机性。游程检验也可用来检验任何序列的随机性，而不管这个序列是怎样产生的，此外还可用来判断两个总体的分布是否相同，从而检验出它们的位置中心有无显著性差异。

设某样本 $n=12$ 人的标志表现为男、女，有以下三种排列：

（1）男＼男，女＼女＼女，男，女＼女，男＼男＼男＼男

（2）男＼男＼男＼男＼男＼男＼男，女＼女＼女＼女＼女

（3）男，女，男，女，男，女，男，女，男，女，男＼男

连续出现男或女的区段称为游程，当游程总个数太大或者太小时，认为样本数据不是

随机序列。每个游程包含的个数为游程长度，以 r 表示序列中游程的个数，则以上三种排列的游程分别为：

（1）$r=5$　（2）$r=2$　（3）$r=11$

可以看出，（1）是随机性序列，（2）（3）是非随机性序列，所以，可以用游程的个数来检验样本的随机性，或总体的分布特征。

16.1.5　单个样本的分布特征检验（K-S 检验）

单个样本的分布特征检验，即单个样本的柯尔莫哥洛夫-斯米诺夫检验，是用来检验样本来自同一总体（normal、uniform、poisson）的假设。这也是一种拟合优度检验方法，它主要是运用某随机变量 x 的顺序样本来构造样本分布函数，使得能以一定的概率保证 x 的分布函数 $f(x)$ 落在某个范围内。

例如，收集一批周岁儿童身高的数据，需利用样本数据推断周岁儿童总体的身高是否服从正态分布。再例如，利用收集的住房状况调查的样本数据，分析家庭人均住房面积是否服从正态分布。

16.2　非参数检验的软件实现及应用

16.2.1　卡方检验

例 16-1

随机抽取 305 名前来医院牙科就诊的病人，观察他们在一周 6 天内的具体哪一天前来就诊，统计结果如表 16-2 所示。试根据数据分析前来就诊的病人在一周 6 天内分布是否均匀。

表 16-2　　一周内就诊病人数

周一	周二	周三	周四	周五	周六
65	58	45	47	49	41

在 SPSS 中将具体问题的变量定义完，将问题的数据输入后，卡方检验可按照下列步骤完成：

（1）通过数据编辑窗口建立数据文件：就诊日期.sav。

（2）在菜单栏中依次选择［Analyze］⇒［Nonparametric Tests］⇒［Chi-Square］，打开卡方检验对话框（见图 16-1）。对话框左侧的变量为选定数据文件中的变量列表。

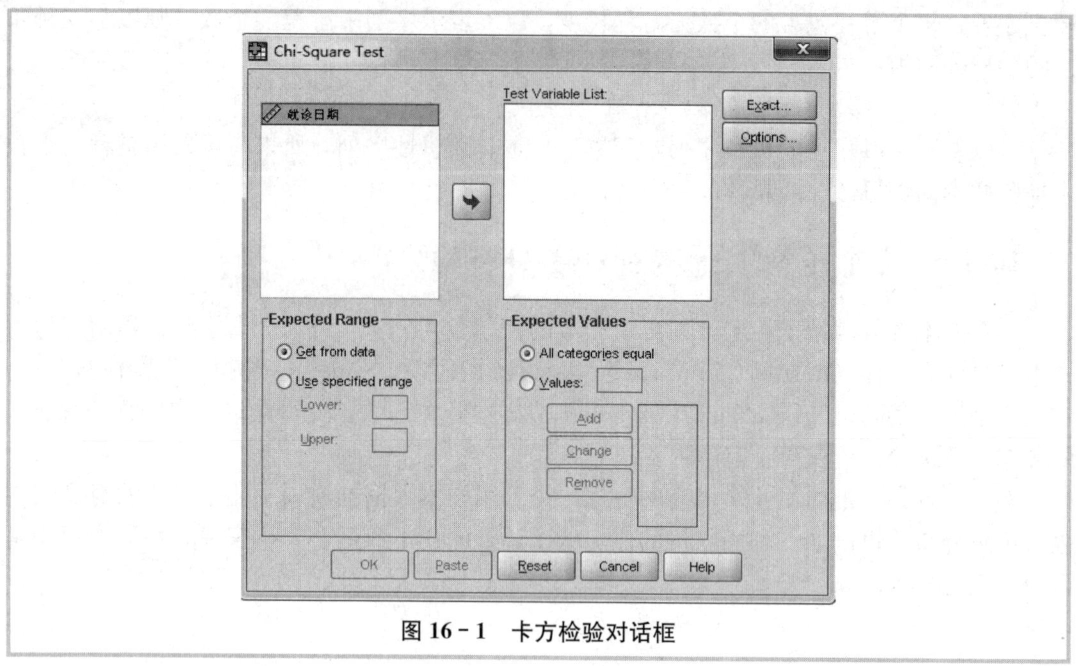

图 16-1　卡方检验对话框

（3）选择分析变量。在［Chi－Square Test ］对话框中选择“就诊日期”作为检验变量，单击按钮➡使之进入右侧检验变量窗口［Test Variable List］（见图 16-2）。

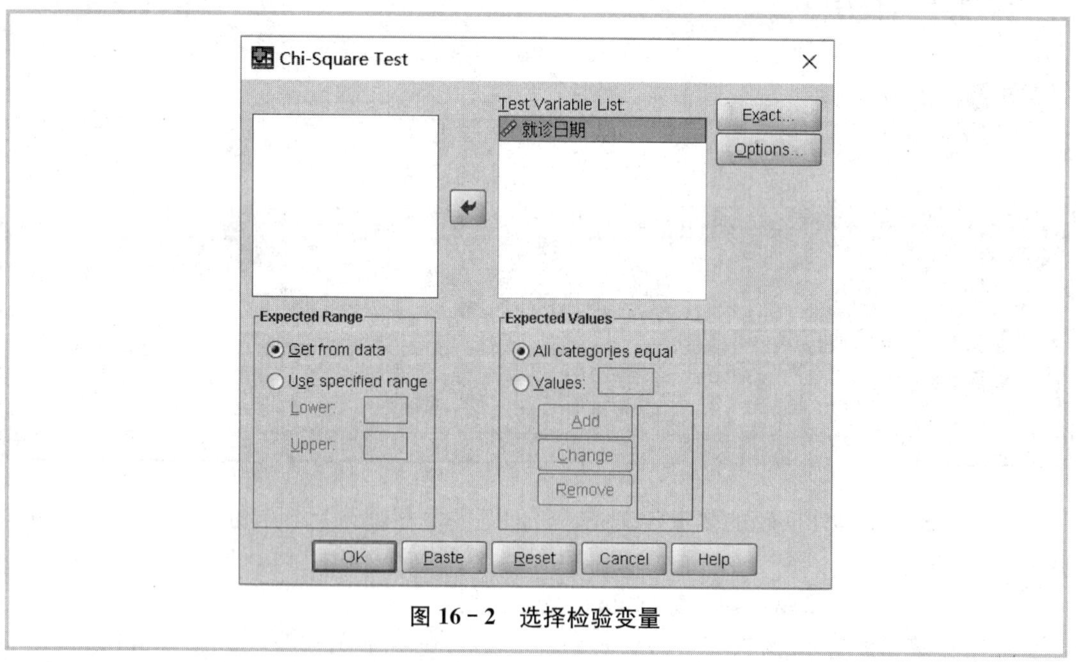

图 16-2　选择检验变量

（4）确定理论分布范围。对话框中的［Expected Range］单选栏可以用于设置检验变量理论值的取值范围。

Get from data：范围由样本观测值确定，这也是系统默认选项。

Use specified range：使用特定范围的选项。其后的［Lower］内可输入理论分布范围的最小值；［Upper］栏内可输入理论分布范围的最大值。

（5）确定分布的理论值。对话框中的［Expected Values］单选栏可以用于设置理论值。

All Categories equal：所有的类别都相等的选项。

Values：主要用于当各个类别的期望频次不相等时，在其后的栏内可以输入各个类别的期望频次。

（6）选择输出结果的形式及缺失值的处理方法。单击图 16－1 中的［Options］按钮，弹出选项对话框（见图 16－3）。通过对其中内容的进一步设置，便可完成选择输出结果的形式及缺失值的处理方法。

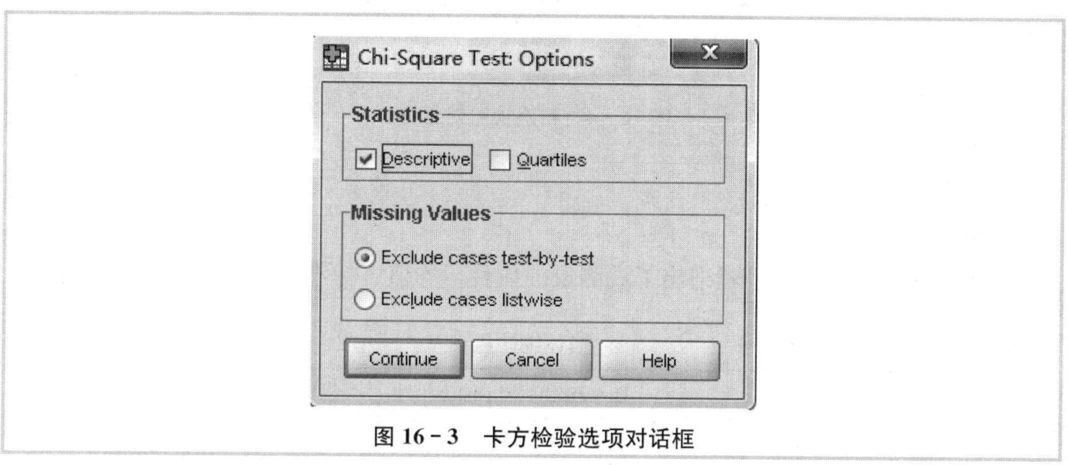

图 16－3 卡方检验选项对话框

［Statistics］复选栏主要用于输出统计量的设置。

Descriptive：描述统计选项，可输出变量的均值、标准差、最大值、最小值、非缺失值个案的数量。

Quartiles：输出四分位数的选项，可输出变量的四分位数。

［Missing Values］单选栏是缺失值处理方式选项栏。

Exclude cases test-by-test：剔除对比中的缺失值。

Exclude cases listwise：剔除任何变量中的缺失值。

（7）进行精确检验设置。单击图 16－1 中的［Exact］按钮，弹出精确检验对话框（见图 16－4）。通过对其中内容的进一步设置，便可完成精确检验设置。

［Asymptotic only］单选栏为渐进性的显著性检验。

［Monte Carlo］单选栏为不依赖渐进性方法估测精确显著性。其后又有两个栏：

Confidence level：可以设置置信区间。

Number of samples：可以设置计算中的样本数，样本数越大显著性水平越可靠。

［Exact］单选项主要用于设置准确计算观测结果的统计概率。其后有一个复选栏：

Time limit per test：可设置进行每个检验所使用的最长时间。

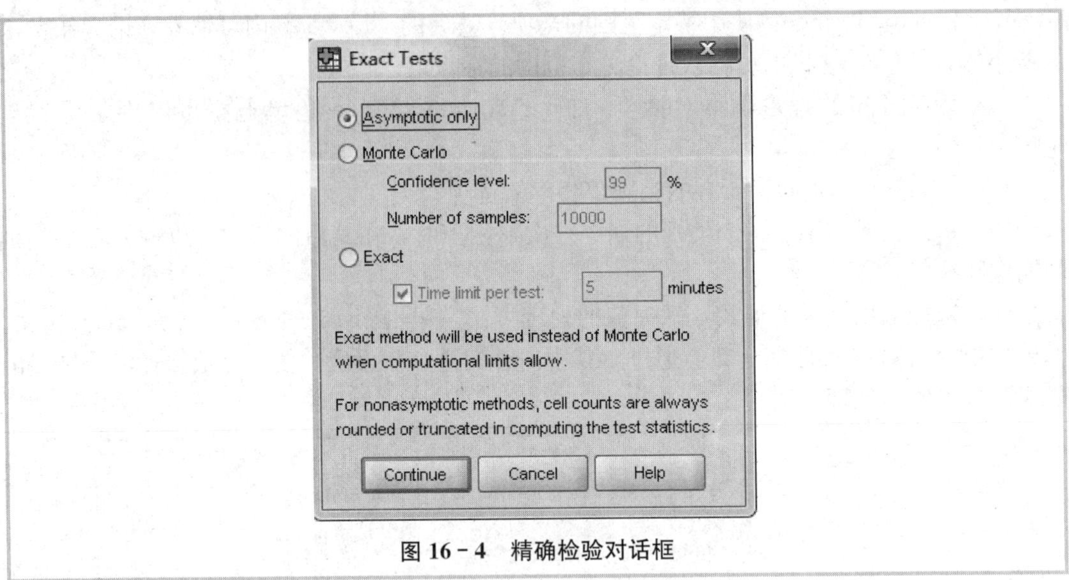

图 16－4 精确检验对话框

（8）单击［Ok］完成。

输出结果如下：

表 16－3 为描述统计量，列出了观测量的数目、均值、标准差、最小值和最大值。

表 16－3 **描述统计量**

Descriptive Statistics					
	N	Mean	Std. Deviation	Minimum	Maximum
就诊日期	305	3.26	1.729	1	6

表 16－4 为就诊日期频数表，列出了从星期一到星期六每天就诊人数的实际观测量数、期望观测量数以及残差。

表 16－4 **就诊日期频数表**

就诊日期			
	Observed N	Expected N	Residual
1	65	50.8	14.2
2	58	50.8	7.2
3	45	50.8	−5.8
4	47	50.8	−3.8
5	49	50.8	−1.8
6	41	50.8	−9.8
Total	305		

表 16－5 为卡方检验表，表中数据显示卡方统计量值为 7.885，自由度为 5，近似的显著性概率为 0.163，大于 0.05，可以认为星期几与就诊人数无关，因此，前来就诊的病人在一周 6 天内分布是均匀的。

表 16－5　卡方检验表

Test Statistics	
	就诊日期
Chi-Square[a]	7.885
df	5
Asymp. Sig.	0.163

a. 0 cells (.0%) have expected frequencies less than 5. the minimun expected cell frequency is 50.8.

16.2.2　二项分布检验

二项分布的变量将总体分为两类。二项分布检验就是通过样本中这两类的频率来检验总体中这两类的概率是否为给定的值。

例 16－2

某电池厂按照一种新的工艺生产了一批电池，合格电池的寿命必须大于 70 小时。按照原工艺生产的电池合格品率为 95%，现在从按照新工艺生产的这批产品中随机抽取了 40 个电池，经检验其寿命如下所示：

71　73　73　70　69　70　70　72　72　69

70　73　73　75　72　73　74　75　69　73

72　71　72　72　71　71　68　74　73　73

74　73　72　71　71　72　71　73　70　68

根据数据分析这批产品的合格品率是否仍然为 95%?

在 SPSS 中将具体问题的变量定义完，将问题的数据输入后，二项分布检验可按照下列步骤完成：

(1) 通过数据编辑窗口建立数据文件：电池寿命 .sav。

(2) 在菜单栏中依次选择 [Analyze] ⇒ [Nonparametric Tests] ⇒ [Binomial]，打开 [Binomial Test] 对话框（见图 16－5），对话框左侧的变量为选定数据文件中的变量列表。

(3) 在 [Binomial Test] 对话框中选择“电池寿命”作为检验变量，单击按钮使之进入右侧检验变量窗口 [Test Variable List]（见图 16－6）。

[Define Dichotomy] 单选栏主要用于设置二分值。

Get from data：二分值的确定来自数据本身的选项。适用于指定的变量只有两个有效值，无缺失值。这是系统默认选项。

Cut point：设置切割点，适用于变量超过两个值。

[Test Proportion] 栏主要用于设置检验概率的值，系统默认的检验概率是 0.5，即待检验的二项分布是均匀分布。如果待检验的二项分布不是均匀分布，则需输入第一项的概率值。该题在对话框中输入断点为 70 小时，并且设置检验概率的值为 0.05。

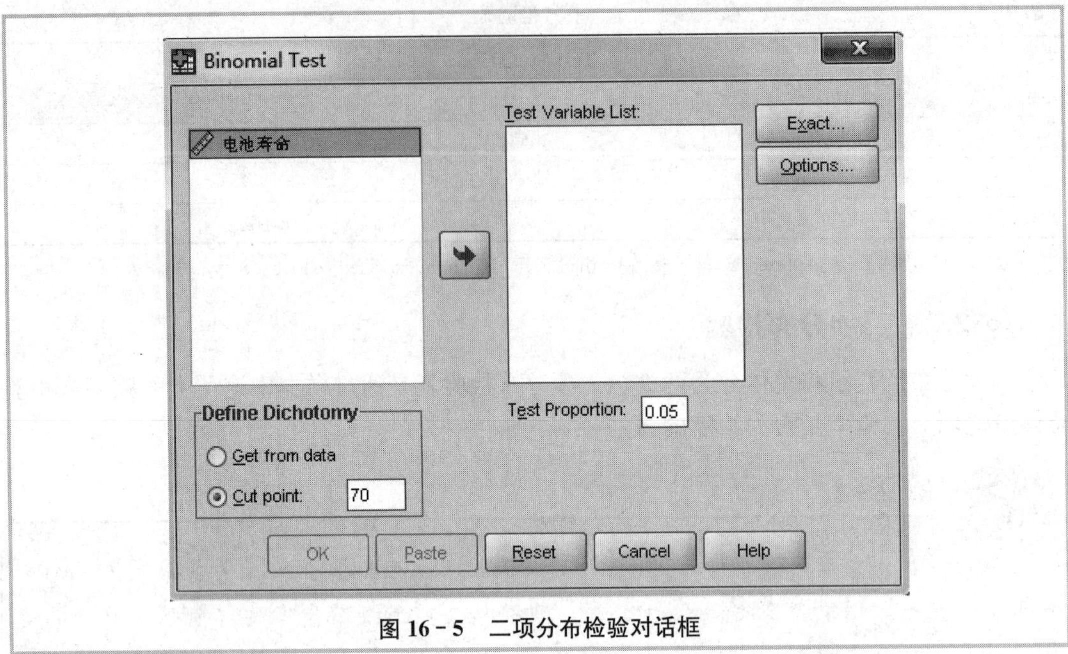

图 16－5　二项分布检验对话框

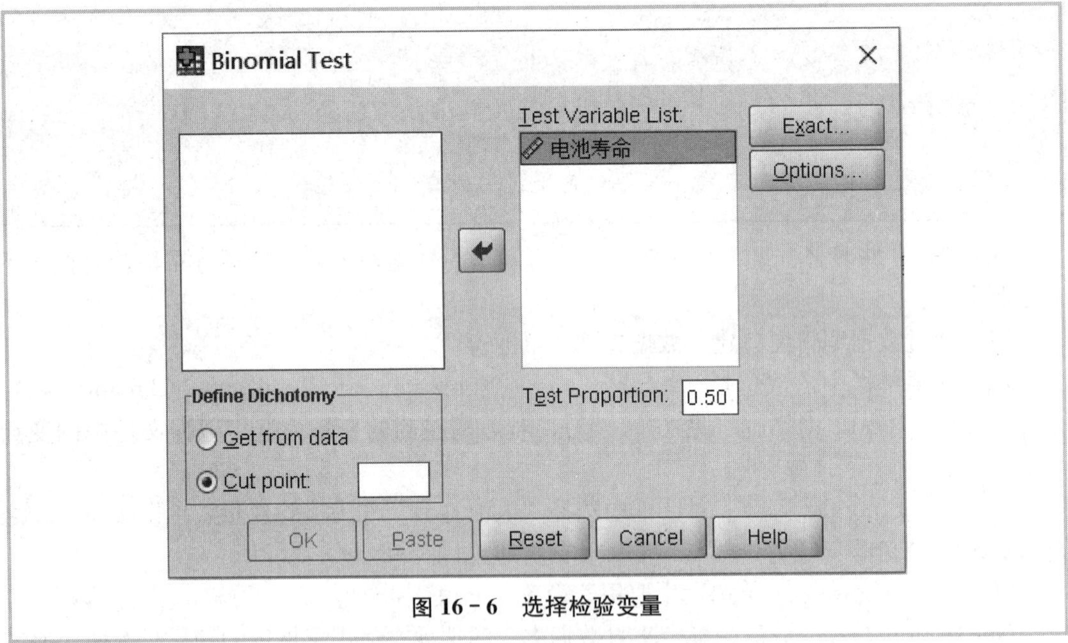

图 16－6　选择检验变量

（4）［Options］选项对话框和精确检验对话框［Exact］的形式、内容、含义与卡方检验的完全相同。在［Options］对话框中，选择描述统计选项［Descriptive］（见图 16－7）。

（5）单击［Ok］完成。

输出结果如下：

表 16－6 为描述统计量。表中数据显示样本个数为 40，均值为 71.70，标准差为

1.772，最大值为 75，最小值为 68。

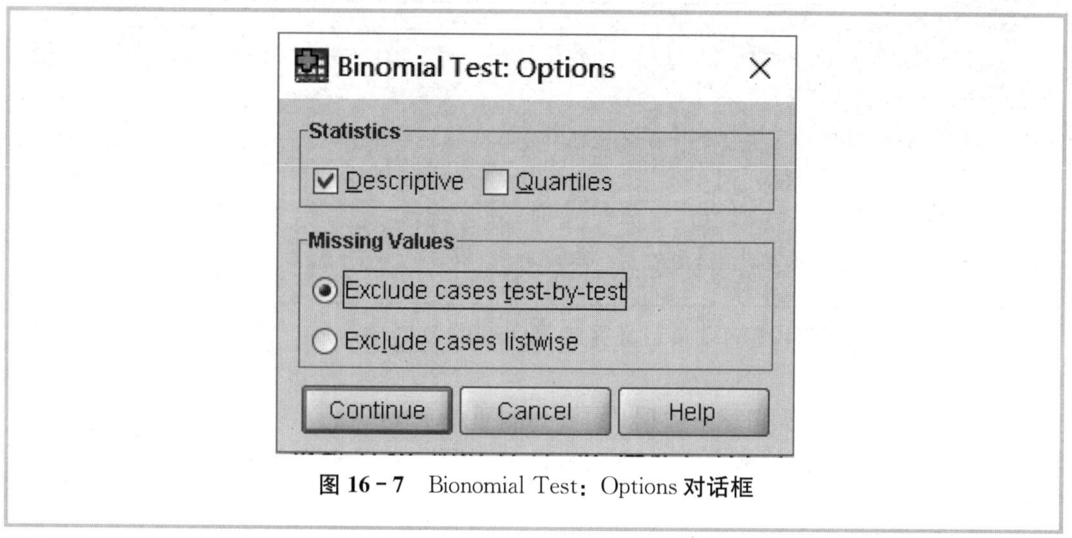

图 16－7　Bionomial Test：Options 对话框

表 16－6　　描述统计量

Descriptive Statistics					
	N	Mean	Std. Deviation	Minimum	Maximum
电池寿命	40	71.70	1.772	68	75

表 16－7 为二项分布检验结果。表中数据显示样本的第一组即寿命≤70 共 10 个，比例为 0.25，单尾显著性概率为 0.000，远远小于 0.05，所以根据检验结果可知，按照新的工艺生产的这批产品的合格品率没有达到 95%。

表 16－7　　二项分布检验结果

Binomial Test						
		Category	N	Observed Prop.	Test Prop.	Asymp. Sig. (1-tailed)
电池寿命	Group 1	≤70	10	2.5	0.05	0.000[a]
	Group 2	>70	30	0.75		
	Total		40	1.00		

a. Bases on Z Approximation.

16.2.3　游程检验

游程检验可用来检验样本的随机性，还可判断两个总体的分布是否相同，从而检验出它们的位置中心有无显著性差异。

例 16-3

某饮料公司生产一种饮料，按照标准规格每瓶净重 350 克。现从一台机器中随机抽取 30 瓶，测得其重量如下：

351	354	353	347	349	352	353	352	350	355
347	348	346	348	349	347	346	352	353	351
348	349	351	352	347	346	350	345	349	348

试验证这台机器多灌、少灌是不是随机的。

在 SPSS 中将具体问题的变量定义完，将问题的数据输入后，游程检验可按照下列步骤完成：

（1）通过数据编辑窗口建立数据文件：饮料重量.sav。

（2）依次选择［Analyze］⇒［Nonparametric Tests］⇒［Runs Test］，打开游程检验对话框（见图 16-8）。

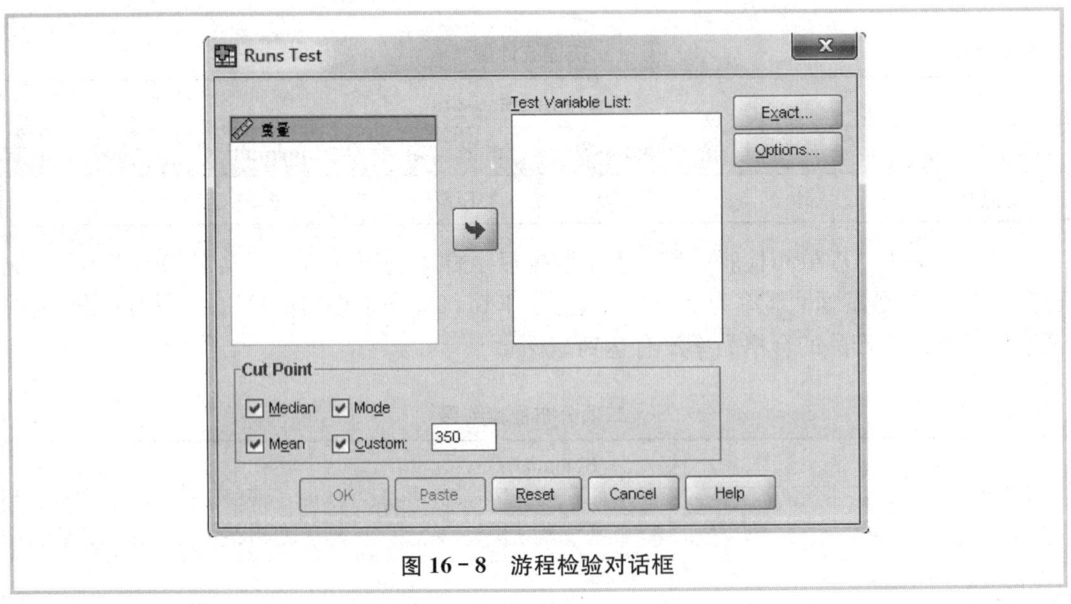

图 16-8　游程检验对话框

（3）在［Runs Test］对话框中选择“重量”作为检验变量，单击按钮➡使之进入右侧检验变量窗口［Test Variable List］（见图 16-9）。

［Cut Point］复选栏主要用于设置断点。观测值小于断点值的归于一类，其他的归于第二类。具体确定断点的方法包括：

Median：中位数。

Mode：众数。

Mean：平均数。

Custom：根据研究的问题自己指定临界断点。在对话框中输入断点为标准 350 克。

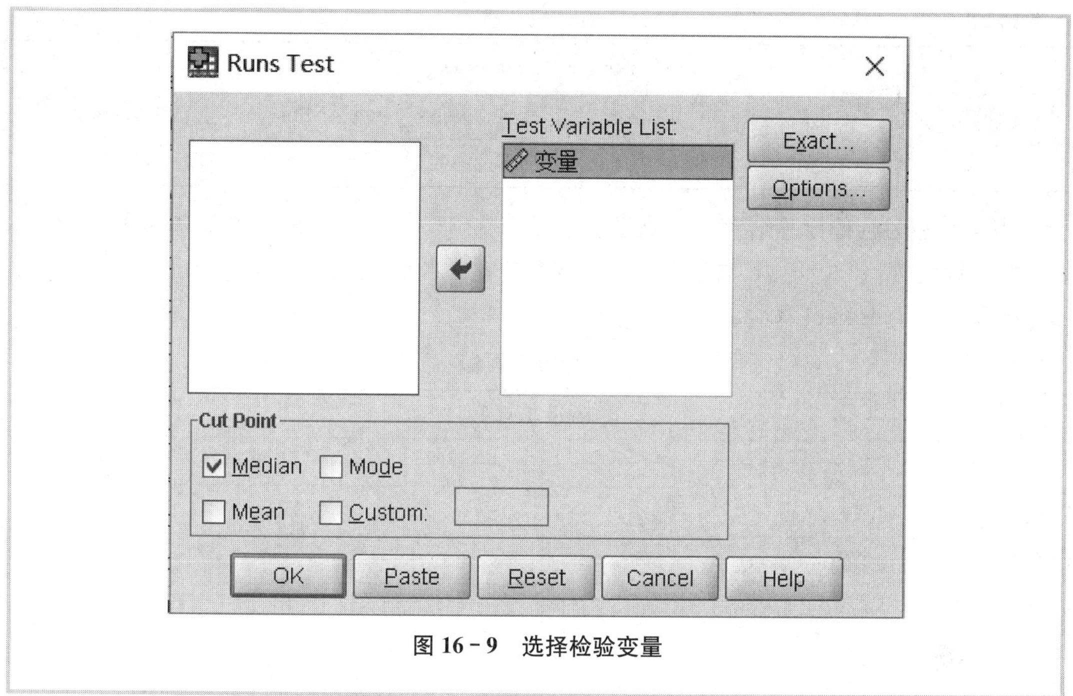

图 16 - 9　选择检验变量

（4）［Options］选项对话框和精确检验对话框［Exact］的形式、内容、含义与卡方检验的完全相同。在［Options］对话框中，选择描述统计选项［Descriptive］（见图 16 - 10）。

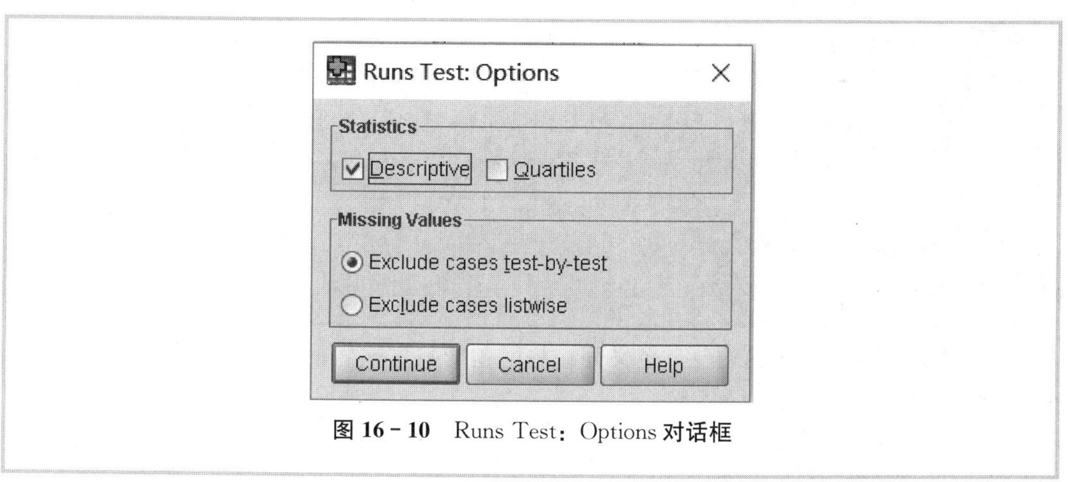

图 16 - 10　Runs Test：Options 对话框

（5）单击［Ok］完成。

输出结果如下：

表 16 - 8 为描述统计量。表中数据显示样本个数为 30，均值为 349.60，标准差为 2.699，最大值为 355，最小值为 345。

表 16-8　描述统计量

Descriptive Statistics					
	N	Mean	Std. Deviation	Minimum	Maximum
重量	30	349.60	2.699	345	355

表 16-9 为游程检验结果，结果显示检验值为 350，样本个数为 30，游程总数为 10，Z 检验统计值为－2.028，P 值为 0.043，小于显著性水平 0.05。因此这台机器多灌、少灌不是随机的，具有聚群效应。

表 16-9　游程检验结果

Runs Test 4	
	重量
Test Value[a]	350.00
Total Cases	30
Number of Runs	10
Z	－2.028
Asymp. Sig.（2－tailed）	0.043

a. User-specified.

16.2.4　单个样本的分布特征检验

例 16-4

已知 60 名学生某门课程的考试成绩如下，试判断学生的成绩是否符合正态分布。

75 76 76 78 75 73 80 75 72 70 73 78 75 74 79
80 75 73 74 76 73 74 79 80 71 72 71 69 68 69
68 71 75 76 77 77 78 79 50 90 74 73 76 77 75
75 78 79 74 73 71 72 74 74 76 76 73 78 75 75

在 SPSS 中将具体问题的变量定义完，将问题的数据输入后，单个样本的分布特征检验可按照下列步骤完成：

（1）通过数据编辑窗口建立数据文件：成绩分布.sav。

（2）在菜单栏中依次选择［Analyze］⇒［Nonparametric Tests］⇒［One-Sample K-S Test］，打开 K-S 检验对话框（见图 16-11），对话框左侧的变量为选定数据文件中的变量列表。

（3）选择分析变量。在 K-S 检验对话框中选择“成绩”作为检验变量；单击按钮选择将要分析的变量进入［Test Variable List］窗口（见图 16-12）。

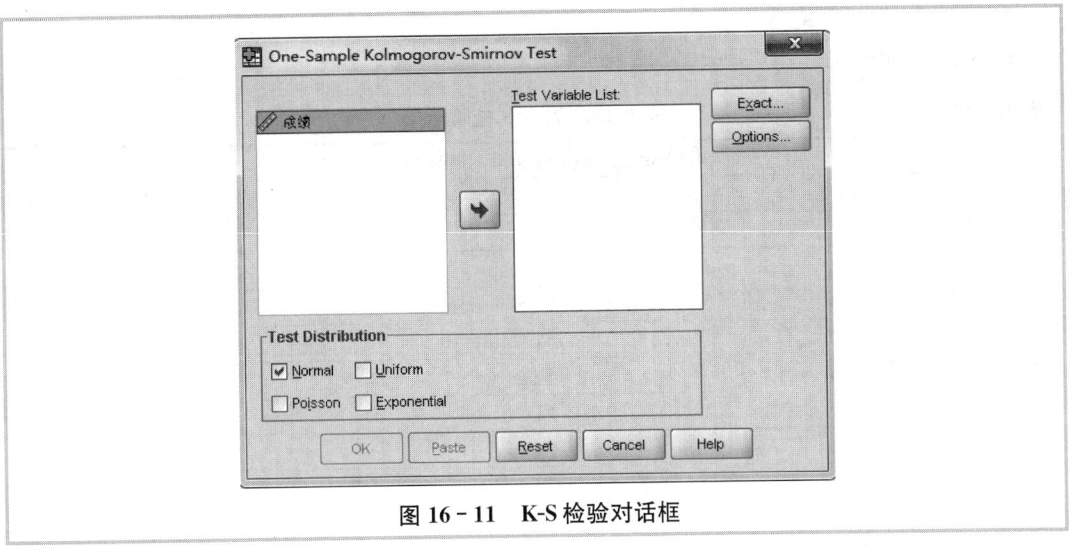

图16-11　K-S检验对话框

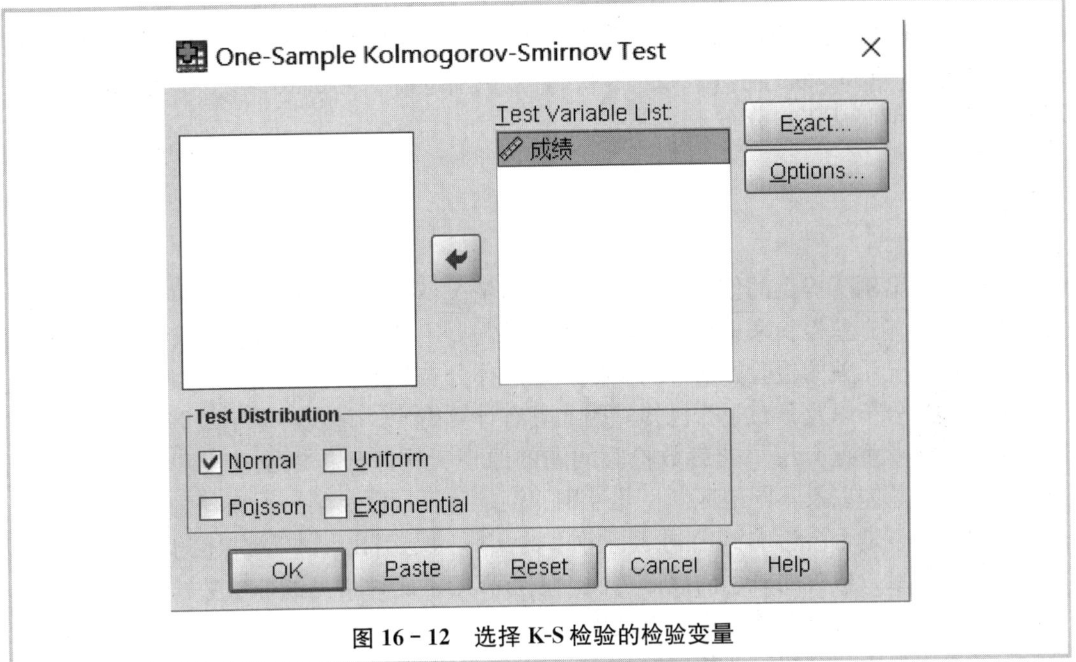

图16-12　选择K-S检验的检验变量

（4）确定要检验的分布。通过K-S检验对话框中的［Test Distribution］选项栏可以确定将要检验的分布。共包含4个选项：

Normal：正态分布，这是系统默认选项。该题确定正态分布为要检验的分布。

Uniform：均匀分布。

Poisson：泊松分布。

Exponential：指数分布。

（5）选择输出结果的形式及缺失值的处理方法。具体界面与图16-3完全一致，可以参考卡方分布的具体操作。

（6）单击［Ok］完成。

输出结果如表 16－10 所示。

表 16－10　　单个样本的 K-S 检验结果

One-Sample Kolmogorov-Smirnov Test		
		成绩
N		60
Normal Parameters[a]	Mean	74.53
	Std. Deviation	4.803
Most Extreme Differences	Absolute	0.158
	Positive	0.113
	Negative	−0.158
Kolmogorov-Smirnov Z		1.225
Asymp. Sig.（2-tailed）		0.100

a. Test distribution is Normal.

表中数字显示通过对 60 个样本的分析，可以得出平均成绩为 74.53，标准差为 4.803，实际累计频数与期望累计频数的最大绝对极差为 0.158，最大正极差为 0.113，最大负极差为－0.158，统计量 K-S Z＝1.225，双侧渐进概率为 0.10＞0.05，所以可以认为该课程学生成绩服从正态分布。

本章小结

对于一些案例所提供的信息较少、总体分布情况不明或无法确定的小样本问题，无法采用均值检验与方差检验来进行分析，这类问题需要用到非参数检验。非参数检验是一种与总体分布状况无关的检验方法，它不依赖于总体分布的形式，应用时可以不考虑被研究的对象为何种分布以及分布是否已知，因而具有计算简便、直观、易于掌握、检验速度较快等优点。本章重点介绍了非参数检验问题的原理、软件分析以及在实践中的应用。首先，通过我国总体以及不同地区新生儿性别比例是否正常以及某公司新任管理层对公司职务类别比例调整是否会影响到公司运行效率的实际问题引出了本章讲述的重点内容。其次，辨析了非参数检验的概念内涵。再次，重点介绍了四种常见的非参数检验方法，即卡方检验、二项分布检验、游程检验以及单个样本的分布特征检验，还包括对这四种非参数检验问题基本概念的介绍以及相应的 SPSS 软件处理步骤的详细分析。最后，通过医院对病人就诊日期选择规律的检验，制造企业对生产的电池合格频率的检验，饮料公司对灌装机器多灌、少灌随机性的检验以及学校对学生考试成绩分布的检验等实际非参数检验问题的分析，介绍了这种检验分析方法在实践中的应用。

关键术语

卡方检验　　二项分布检验　　游程检验　　单个样本的分布特征检验

复习思考题

1. 已知某企业星期一至星期五的员工请假人数，如表 16－11 所示，试检验五个不同工作日的请假率是否相同（=0.05）。

表 16－11　　某企业星期一至星期五员工请假情况

工作日	星期一	星期二	星期三	星期四	星期五
请假人数	31	42	18	25	31

2. 对某型号的 30 个试验台依次进行耐压试验，测得数据如下：

150.0　186.2　148.3　254.0　236.0　265.0　496.2　852.3　369.4　159.2
873.2　111.0　213.0　200.0　316.7　141.5　565.3　511.7　188.8　222.2
102.5　85.7　89.9　96.2　105.5　645.1　741.2　753.9　462.3　333.1

试在 0.10 显著性水平下检验这批数据是否受到非随机因素干扰。

3. 为了鉴别新旧两种教学方法对学习成绩的影响，随机抽取了 22 人用旧教学方法学习，25 人用新方法学习，每人各科平均成绩（分）如下：

旧方法：78　65　67　89　34　81　58　85　75　45　54　64　14　79　32　50　65　77　65　57　64　45

新方法：90　75　84　67　55　90　79　76　76　82　64　55　56　84　67　70　69　48　65　79　98　94　74　62　80

试问两种方法对学习成绩的影响有无显著性差异（=0.05）？

4. 在一个正 20 面体的各面上标有 0，1，2，3，4，5，6，7，8，9 十个数字，每个数字在两个面上标出。为了检验其匀称性，今将它投掷 800 次，各数字朝上的次数见表16－12。

表 16－12　　正 20 面体投掷时各数字朝上的次数

数字	0	1	2	3	4	5	6	7	8	9
正面朝上的次数	79	92	83	79	73	80	76	75	77	91

试建立适当的数据文件，用卡方检验法检验该正 20 面体是否匀称？

5. 某建筑商考虑从两家水泥厂选一家购进水泥，搜集了过去一年中每个月两家厂的产品合格率（%），见表 16－13。

表 16－13　　两家水泥厂的产品合格率（%）

甲厂	92.5	92.0	94.0	95.6	94.0	95.6	92.5	89.5	95.0	90.8	94.5	98.1
乙厂	92.0	94.5	93.2	65.3	98.1	91.6	93.5	94.2	97.8	95.4	96.2	96.8

比较两厂水泥有无显著性差异，确定应使用哪一种检验方法检验，输出检验结果。

第 4 篇

其他定量分析方法

第17章

一般决策方法

引例

任何个人、企业、事业单位和政府机构都离不开决策。个人决策关系到个人的成败得失，组织决策关系到组织的生死存亡，国家决策关系到国家的兴衰荣辱。例如，诸葛亮《隆中对》中的宏伟决策——“若跨有荆、益，保其岩阻，西和诸戎，南抚夷越，外结好孙权，内修政理；天下有变，则命一上将将荆州之军以向宛、洛，将军身率益州之众出于秦川，百姓孰敢不箪食壶浆以迎将军者乎？诚如是，则霸业可成，汉室可兴矣”——为刘备中兴汉室、成就霸业提出了思路，描绘了蓝图，成为决策史上的不朽之作。然而，一个人或一个组织的决策后果完全符合预期情况的很少，总是或多或少地会偏离原先期望，甚至截然相反。缩小这种偏离正是决策研究的效果和潜力之所在。

本章介绍决策的基本分析方法和有关的基础理论。目前已经提出了很多种分析方法，这里只选择了较有实用价值的随机性决策分析方法进行介绍，包括确定型决策、风险型决策、非确定型决策和贝叶斯分析。

本章学习要点

- 决策的概念与分类
- 确定型决策
- 风险型决策
- 非确定型决策
- 贝叶斯分析

17.1 基本概念

所谓决策，狭义上是指要从若干可能的方案中，按某种标准选择一个，而这种标准可以是：最优、满意、合理，等等；广义上相当于决策分析，是人们为了达到某个目标，从一些可能的方案中进行选择的分析过程，是对影响决策的诸因素作逻辑判断与权衡。

从 20 世纪 70 年代开始，决策分析已经成了工业、商业、政府部门制定决策所使用的一种重要方法。一些规范性的决策方法，如成本—效益分析、资源分配、计划评审技术（PERT）、关键路径法（CPM）等的应用得到普及。

按决策环境的不同，决策问题可分为确定型决策、风险型决策和不确定型决策。

（1）确定型决策。

确定型决策是指那些未来状态完全可以预测，有精确、可靠的数据资料支持的决策问题，如企业生产管理中的资源平衡问题等。

（2）风险型决策。

风险型决策是指那些具有多种未来状态和相应后果，但只能得到各种状态发生的概率而难以获得充分可靠信息的决策问题，如企业在市场预测基础上，开发新产品的决策问题等。

（3）不确定型决策。

不确定型决策是指那些难以获得各种状态发生的概率，甚至对未来状态都难以把握的决策问题，如管理制度改革的决策等。

17.2 确定型决策

确定型决策面对的自然状态是确定的，决策问题的结构往往是比较清楚的，可以利用决策因素与决策结果之间的数量关系建立数学模型，并运用数学模型进行决策。因此，确定型决策的方法一般与决策问题的专业领域相关，且有较成熟的数学模型。这里介绍一般性的决策方法，如线性规划、非线性规划、动态规划等。

对于管理上的很多问题，我们可以把它看成是在一定的限制条件下，寻求总体目标最优的一类问题。如政府投资兴建一项基础设施，其投入的资金、设备、劳动力等在一定时间限度内都是有限的，因而获得的收益也是有限度的。如何安排计划，使社会收益最大，这就是一个规划问题。这种问题可以用约束条件和目标函数表示出来，即

$$\text{目标函数}\quad \max(\text{或}\ \min)z=f(X)$$
$$\text{约束条件}\quad g(X)=(\text{或}<\text{、或}>)B$$

式中，$X=\{x_1, x_2, \cdots, x_n\}$ 表示决策变量的集合；$B=\{b_1, b_2, \cdots, b_m\}$ 表示资源条件的约束限额。

当约束条件 $g(X)$ 与目标函数 $f(X)$ 均为线性函数时，该问题就是线性规划问题；若目标函数或约束条件为非线性函数时，该问题就是非线性规划问题；若目标函数与约束条件中引入了时间因素，从而使决策问题又可划分为若干阶段时，就是动态规划问题；当追求的目标有多个时，则为多目标规划问题。

17.2.1　动态规划方法

动态规划是运筹学的一个分支，它是解决多阶段决策过程最优化的一种方法。1951 年，美国数学家贝尔曼（R. Bellman）等人根据多阶段决策问题的特性，提出了解决这类问题的“最优化原理”，并研究了许多实际问题，于 1957 年出版了《动态规划》，从而创建了解决最优化问题的一般方法——动态规划。

多阶段决策问题的特点是，可将全部决策过程划分为若干个互相关联的阶段，在每一个阶段上，决策者都要作出相应决策，并且一个阶段的决策必然影响下一个阶段的决策，从而影响整个过程的活动路线。这样，各个阶段所作出的决策就构成了一个决策序列，通常称为策略。由于每一个阶段可供选择的方案往往不止一个，因而就形成许多可供选择的策略。每个策略都有可以度量的效果。策略不同，效果也不同。多阶段决策问题就是从可供选择的策略中选择一个最优策略，在预定的条件下使目标达到最好的效果。

17.2.2　其他规划方法

规划方法还有许多。对于线性规划，若问题要求决策变量取整数值，则求解线性规划的过程要作相应调整，这就形成了整数规划。当线性规划的决策变量取值为 0 或 1 时，该规划就是 0～1 规划。当线性规划的目标函数、约束条件的表达式呈非线性时，就形成了非线性规划。一些较简单的非线性规划模型有成熟的求解方法，而大多数复杂的非线性规划问题尚无有效的求解方法。实际决策问题常常是追求多个目标，如经济发展除考虑经济增长，还要考虑社会就业、环境保护等，这就形成了经济发展多目标决策。

17.3　不确定型决策

17.3.1　决策问题的表格表示——决策表

决策问题除了可以用决策树来描述以外，还可以用表格表示，这种表格叫做决策表，也叫决策矩阵。如果决策问题的后果是用损失表示的，亦可称作损失矩阵。

决策人采取何种行动后的结果不仅仅由行动本身决定，而且也由大量外部不确定因素决定，这些外部因素是决策人无法控制的，我们用自然状态作为所有外部因素的全面描述。我们假设，若决策人知道实际上出现的是哪一种自然状态，即知道外部因素的真实值，他就可以确定采取何种行动后的后果。同时假设，虽然决策人并不知道自然界的真实状态，但他知道哪些状态可能出现。

例 17-1

某政府卫生部门为了预防流感，准备从药厂订购一批疫苗。据预测分析，流感可分为三种状态：大暴发、一般、不暴发。订购疫苗有大批量、中批量与小批量三种方案。各方案在各自然状态下收益可用数字所示（见表 17-1）。

表 17-1 疫苗订购收益状况

方案＼状态	大暴发	一般	不暴发
大批订购	30	23	−15
中批订购	25	20	0
小批订购	12	12	12

为了简单起见，假设只有有限种互不相容的可能状态，并记为 $\Theta=\{\theta_1, \theta_2, \cdots, \theta_n\}$；同时假设只有有限种可行的行动，即行动集 $A=\{a_1, a_2, \cdots a_m\}$，决策人必须在这些行动中选一种也只能选一种。把采用行动 a_i 真实的状态为 θ_j 时的后果记为 x_{ij} 就可以得到决策表（见表 17-2）。

表 17-2 决策表的一般形式

行动＼状态	θ_1	θ_2	$\cdots$	θ_j	$\cdots$	θ_n
a_1	x_{11}	x_{12}	$\cdots$	x_{1j}	$\cdots$	x_{1n}
a_2	x_{21}	x_{22}	$\cdots$	x_{2j}	$\cdots$	x_{2n}
$\vdots$	$\vdots$	$\vdots$	$\vdots$	$\vdots$	$\vdots$	$\vdots$
a_i	x_{i1}	x_{i2}	$\cdots$	x_{ij}	$\cdots$	x_{in}
$\vdots$	$\vdots$	$\vdots$	$\vdots$	$\vdots$	$\vdots$	$\vdots$
a_m	x_{m1}	x_{m2}	$\cdots$	x_{mj}	$\cdots$	x_{mn}

17.3.2 不确定型决策问题的决策规则

下面要讨论在严格不确定型情况下作决策的几种规则。严格不确定型问题是指决策问题可能出现的状态已知，但对各种自然状态发生的概率的大小一无所知。

本节介绍四种可以用来求解严格不确定型问题的决策准则。虽然单独的准则都合理而实用，但是，有些问题用不同的准则求解会导致不同的选择，因此这四种准则不可能都是指导作决策（选择）的完美准则，有时需要深入讨论这些准则，以便确定何者最好。

1. 乐观准则

乐观准则是假定各种状态中有益有利的情况必然发生，决策者在最好的情况下追求最大收益的相对冒险的决策准则，也称为“大中取大法”。乐观准则的基本思想可以表示为：只考虑行动 a_i，各种可能的后果中最好的（即损失最小的）后果，定义行动 a_i 的乐观主义水平 o_i 为

$$o_i=\max_{j=1}^{n}\{x_{ji}\}$$

o_i 是采用行动 a_i 时可能导致的最佳后果，于是乐观主义的准则是使收益极大化，即选择 a_k，使

$$o_k=\max_{i=1}^{m}\{o_i\}=\max_{i=1}^{m}\max_{j=1}^{n}\{x_{ij}\}$$

这种准则的实质是在收益值表中找出收益最大的元素 x_{hk} 及决策人选择 x_{hk} 所对应的行动 a_k。

其步骤如下：

步骤1：确定每一种方案在各种自然状态下的最大收益值，即

$$\max\{x_{11},x_{21},\cdots,x_{m1}\}=k_1$$
$$\max\{x_{12},x_{22},\cdots,x_{m2}\}=k_2$$
$$\vdots$$
$$\max\{x_{1n},x_{2n},\cdots,x_{mn}\}=k_n$$

步骤2：取各方案最大收益（k_1，k_2，…，k_n）的最大值所对应的方案为决策方案，即 max｛k_1，k_2，…，k_n｝

对表16-1，按乐观准则，各方案的期望收益为

对大批订购，有 max{30，23，－15}＝30

对中批订购，有 max{25，20，0}＝25

对小批订购，有 max{12，12，12}＝12

最终决策方案的收益为 max{30，25，12}－30，30为大批订购的期望收益，故选择大批订购方案。

2. 悲观准则

采用该准则者极端保守，是悲观主义者，认为老天总跟自己作对，总是假设会发生最糟的情况并且被自己遇上。悲观准则是以各种状态中最不利的情况必然发生为前提，决策者在最不利的情况下追求最有利结果的相对保守的决策准则，也称为“小中取大法”。悲观准则的基本思想可表示为：决策人应选择行动 a_k 使最大的损失 s_i 尽可能小，即选择 a_k，使

$$s_k=\max_{i=1}^{m}\{s_i\}=\max_{i=1}^{m}\min_{j=1}^{n}\{x_{ij}\}$$

对表16-1，若采用悲观准则，各方案的最小期望收益为

对大批订购，有 min{30，23，－15}＝－15

对中批订购，有 min{25，20，0}＝0

对小批订购，有 min{12，12，12}＝12

最终决策方案的收益为 max{－15，0，12}＝12，12为小批订购方案的期望收益值，故最终选择方案为小批订购方案。

3. 折中准则

实际上，大多数人在决策时所持的态度处于乐观与悲观之间，有的偏向乐观，有的偏

向悲观，但都不是完全的乐观，也不是完全的悲观。为此我们用一个系数 $\lambda(0\leqslant\lambda\leqslant1)$ 反映乐观与悲观的强度：当 $\lambda=1$ 时，此人是一个乐观主义者；当 $\lambda=0$ 时，此人为一个悲观主义者。折中准则决策结果为用 λ、$1-\lambda$ 加权平均乐观与悲观准则结果的折中结果。方案 i 期望收益值的计算公式为

$$w_i=\lambda k_i+(1-\lambda)s_i$$

式中，w_i 为方案 i 的折中期望收益值；k_i 为方案 i 的乐观期望收益值；s_i 为方案 i 的悲观期望收益值；λ 为折中系数。

对表 16－1，若取折中系数 $\lambda=0.8$，则各方案的折中期望收益值为

对大批订购，有 $0.8\times30+(1-0.8)\times(-15)=21$

对中批订购，有 $0.8\times25+(1-0.8)\times0=20$

对小批订购，有 $0.8\times12+(1-0.8)\times12=12$

最终决策选择 $\max\{21, 20, 12\}=21$，21 为大批订购方案的期望收益值，故应选择大批订购方案。

4. 最小后悔值准则

在决策实践中，由于决策者的选择与实际状态下的最好情况不符，决策者在心理上对不理想的选择必然产生自责，这就是后悔。最小后悔值准则就是要把决策造成的这种自责减少到最小。后悔的实质是以某一自然状态为参照点，以该状态下能取得最大收益的方案的收益为目标，达到此目标则不会后悔，因为在此状态下，决策者达到了最理想的收益。若选择了其他方案，则由于未达到理想收益，就有一定程度的后悔，后悔的程度与实际收益和理想收益的差距成正比。最小后悔值准则也是一种非概率决策准则，其目标是使决策者的后悔程度达到最小。

应用最小后悔值准则时，是以某一自然状态为参照点，在此状态下各方案中最大收益为该状态下的理想收益，各方案在此状态下的收益与此状态下的理想收益的差额为各方案的后悔程度（后悔值），将各方案在各种状态下的后悔值构成后悔值表，确定各方案的最大后悔值，最后从各方案的最大后悔值中选择最小的所对应的方案。运用最小后悔值准则进行决策的基本思路为：定义一个后果的后悔值 r_{ij}，它是在状态 θ_j 采取行动 a_i 时的收益 x_{ij} 与在状态 θ_j 时采用不同的行动的最佳结果（最大收益）$\max\limits_{i=1}^{m}\{x_{ij}\}$ 之差，即

$$r_{ij}=x_{ij}-\max_{i=1}^{m}\{x_{ij}\}$$

用 r_{ij} 构成的后悔值表 $r_{ijm\times n}$ 取代由 x_{ij} 构成的决策表，再用悲观主义方法求解。每种行动的优劣用最大后悔值 p_i 作为指标来衡量，即

$$p_i=\max_{j=1}^{n}\{r_{ij}\}$$

p_i 即采取行动 a_i 时的最大后悔值，然后再选择使 p_i 极小化的行动。也就是说，选择 a_k，使

$$p_k=\min_{i=1}^{m}\{p_i\}=\min_{i=1}^{m}\{\max_{j=1}^{n}\{r_{ij}\}\}$$

在表 16－1 中，在流感大暴发情况下，选取大批订购收益最大，故以大批订购的收益为该状态下的理想收益，则选择大批订购后悔值为 0(30－30＝0)；选择中批订购则会后悔，其后悔值为 5(30－25＝5)；小批订购也会后悔，后悔值为 18(30－12＝18)。依此类推，各状态下各方案的后悔值都可以求出来，组成后悔值表（见表 17－3)。

表 17－3　　疫苗订购后悔值表

方案＼状态	大暴发	一般	不暴发	最大后悔值
大批订购	0	0	27	27
中批订购	5	3	12	12
小批订购	18	11	0	18

在列出后悔值表后，即可进行决策。要使最终的后悔值最小，则必须从最坏的情况出发，在最坏的情况下争取最好的结果。具体做法是，先确定各方案在各状态下的最大后悔值，然后选取不同方案中最大后悔值最小的方案。据此，应选中批订购方案。

以上四种方法中的决策值表都采用收益值表，如果采用损失值表，只需将表中的元素取反，再按照上述规则求解即可。

17.4　风险型决策

17.4.1　风险型决策问题的特征

风险型决策问题具有明显的特征，请看下面的例子。

例 17－2

某地方政府投资兴建一座水库，要决定下月是否开工。如果开工后天气好，则可以按期完工，由于提早发电获得利润 50 000 元；但若开工后天降暴雨而发生山洪，则将造成 10 000 元的损失；假如不开工，则无论天气好坏都要支付窝工费 1 000 元。根据资料预测，下月该地区天气好的概率是 0.2，天降暴雨的概率是 0.8。决策者应如何选择？

这就是一个风险型决策问题。因为无论选择哪个方案，都会担当一定的风险：若开工可能遇到天降暴雨而发生山洪；若不开工，可能因天气好而白白造成窝工损失。由此可以看出，风险型决策问题具备以下基本特征：

(1) 存在决策者要达到的一个明确目标。在例 17－2 中，目标是追求利润最大化。

(2) 存在决策者可以选择的两个以上的行动方案。在例 17－2 中，行动方案是开工和不开工。

(3) 存在不以决策者意志为转移的两种以上的客观状态，也称为自然状态。例 17－2 中的天气好与天降暴雨而发生山洪就属于自然状态。

（4）不同行动方案在不同自然状态下的损益可以计算出来，如例 16－2 中的 50 000 元、10 000 元、1 000 元等。

根据风险型决策问题的特征，决策人虽然无法确知将来的真实自然状态，但他不仅能给出各种可能出现的自然状态 θ_1，θ_2，…，θ_n，还可以给出各种状态出现的可能性，通过设定各种状态的（主观）概率 $\pi(\theta_1)$，$\pi(\theta_2)$，…，$\pi(\theta_n)$ 来量化不确定性。在以损失表述后果时，这一类决策问题的决策表如表 17－4 所示。

表 17－4　典型的风险型决策问题的决策表

		a_1	a_2	…	a_i	…	a_m
θ_1	$\pi(\theta_1)$	l_{11}	l_{12}	…	l_{1i}	…	l_{1m}
θ_2	$\pi(\theta_2)$	l_{21}	l_{22}	…	l_{2i}	…	l_{2m}
⋮	⋮	⋮	⋮		⋮		⋮
θ_j	$\pi(\theta_j)$	l_{j1}	l_{j2}	…	l_{ji}	…	l_{jm}
⋮	⋮	⋮	⋮		⋮		⋮
θ_n	$\pi(\theta_n)$	l_{n1}	l_{n2}	…	l_{ni}	…	l_{nm}

17.4.2　风险型决策问题的准则

1. 期望收益最大（损失最小）准则

该评价标准从统计学的角度出发，用统计学的数学期望来权衡方案的各种可能结果，期望从多次的决策中取得的平均收益最大，计算公式为

$$E(y_i)=\sum x_{ij}p_j$$

式中，$E(y_i)$ 为方案 i 期望收益；x_{ij} 为方案 i 在状态 j 下的损益值；p_j 为状态 j 的概率。

在例 17－2 中，根据上式，得

开工方案的期望收益为

$$E(y_1)=0.2\times 50\,000+0.8\times(-10\,000)=2\,000(\text{元})$$

不开工方案的期望收益为

$$E(y_2)=0.2\times(-1\,000)+0.8\times(-1\,000)=-1\,000(\text{元})$$

按期望收益最大准则，该工程应该开工。

在风险型决策问题中，人们往往从多种可能的结果中权衡。这种综合权衡实际就是一种心理上的“平均”，期望收益值最大准则正反映了这种心理。当然，这种期望从多次重复决策中取得平均收益最大的做法符合概率统计规律。但是，对于大量存在的那些短期内不重复出现的风险型决策问题则显得意义不大。

2. 机会均等准则

机会均等准则反映了一种简化矛盾的心理，忽略了各种结果的概率差异。因为概率本身只是一种主观估计，以算术平均值平衡各种可能结果，也是符合实际决策行为的。

在例 17－2 中，设天气好和天气不好的概率均为 0.5，则开工方案收益为

$$E(y_1)=(50\,000\times0.5)+(-10\,000\times0.5)=20\,000(\text{元})$$

不开工方案收益为

$$E(y_2)=0.5\times(-1\,000)+0.5\times(-1\,000)=-1\,000(\text{元})$$

故选择开工方案。

3. 最小损失准则

在决策实践中，各种方案都存在一定的损失。这些损失可能是决策者选用收益最大的方案但不利状态发生所造成的，也可能是由于生产不足缺货造成的，也可能是兼而有之。究竟哪个方案损失最小？这就是按最小损失准则选择方案的依据。

最小损失准则以各种状态下最理想的选择为标准，求出最理想的期望收益，以此与各方案的期望收益比较，理想的期望收益与各方案的期望收益的差额就是各方案的期望损失，即

$$E(x_i)=E*(y)-E(y_i)$$

式中，$E(x_i)$ 为方案 i 的期望损失；$E*(y)$ 为项目的理想期望收益；$E(y_i)$ 为方案 i 的期望收益。

在例 17－2 中，最理想的选择是在天气好时选择开工，收益为 50 000 元；天气不好时选择不开工，收益为－1 000 元。因此，项目的理想期望收益为

$$E*(y)=50\,000\times0.2+0.8\times(-1\,000)=9\,200(\text{元})$$

已知 $E(y_1)=2\,000$(元)，$E(y_2)=-1\,000$(元)，那么，开工方案的期望损失为

$$E(x_1)=E*(y)-E(y_1)=9\,200-2\,000=7\,200(\text{元})$$

不开工方案的期望损失为

$$E(x_2)=E*(y)-E(y_2)=9\,200-(-1\,000)=10\,200(\text{元})$$

因为开工方案损失最小，应该开工。

4. 最大可能准则

最大可能准则认为，实际情况一般是概率大的状态总是必然发生，因而以概率最大的自然状态作为未来发生状态来评价各方案的收益值。在例 17－2 中，概率最大的自然状态为坏天气（0.8）。在坏天气的情况下，开工收益为－10 000 元，不开工收益为－1 000 元，因而选择不开工。

17.5　贝叶斯分析

为了改进决策过程，提高决策水平，就必须调查研究，以获得有价值的决策信息。但在实际决策过程中，既有未掌握必要信息就匆忙做出决策的现象发生，也有为一点小事而四处调研的情况存在。前者忽视了信息对决策的价值，后者又没有注意到获取信息本身也

有个经济性问题。那么，如何权衡信息带来的价值是否能补偿为其支出的费用呢？贝叶斯（Bayes）决策原理为我们提供了解决这类问题的手段。贝叶斯决策分析涉及一系列逐步增进决策所需信息的决策步骤。

例 17－3

假定陈先生要买一台电冰箱。有一家商店正好有一台是他所需要的电冰箱，价格为 1 000 元，而当时市价为 1 100 元。

陈先生认为它比市价便宜 100 元，打算买下来。正待购买时，听到有顾客在议论，“这种冰箱有 70％是老厂生产的，质量好；30％是新厂生产的，质量不好”，并进一步说，这种冰箱共有 10 个部件，有压缩机、开关、箱体等。

老厂生产的电冰箱中有 1 个部件有缺陷，而新厂生产的电冰箱有 6 个部件有缺陷。陈先生了解后本想不买，后来又想，还是了解清楚一些为好。结果了解到修理 1 个部件要花 40 元，修理 6 个部件要花 200 元，到底是买还是不买呢，如果决定买，可能碰上不同的结果，如果碰上老厂生产的电冰箱，仍可得到 60（100－40＝60）元的收益；如果碰上新厂生产的电冰箱就要亏 100（100－200＝－100）元。当然，如果不买，就不赢不亏，这个问题的决策树见图 17－1。

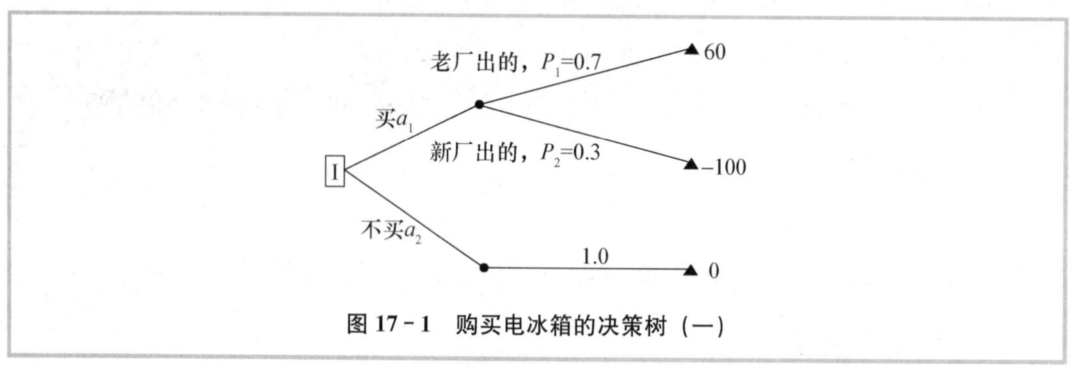

图 17－1 购买电冰箱的决策树（一）

陈先生希望得到增加收益的结果。但这并不完全取决于决策者，而要碰上“机会”，故从期望值的角度来看，决定买还是合理的，此时可希望收益 12（60×0.7－100×0.3＝12）元。

根据上述分析，陈先生虽然放弃取得 100 元的好念头，但又感到这 12 元的期望收益太低，希望另找办法。经过考虑后，他又向售货员提出，能否开保修单。售货员同意并说：“如果卖出去的电冰箱修理费超过 100 元时，可由商店支付全部修理费，否则，双方各支付一半，但保修单要加付 60 元。”

这样，决策结构又出现了新的形式（见图 17－2），增加了一个新方案 a_3，即买电冰箱并开保修单，用 60 元来防止购买不到满意的电冰箱。这个方案的可能结果是：如果买到老厂出的产品，除 60 元保修费外，还需要 20 元的修理费；如果买到新厂出的产品则除保修费外不用支付修理费。故期望收益为 26 元，显然，新方案 a_3 是合理的。因为期望收益比原决策方案 a_1 期望收益增加了 14 元。

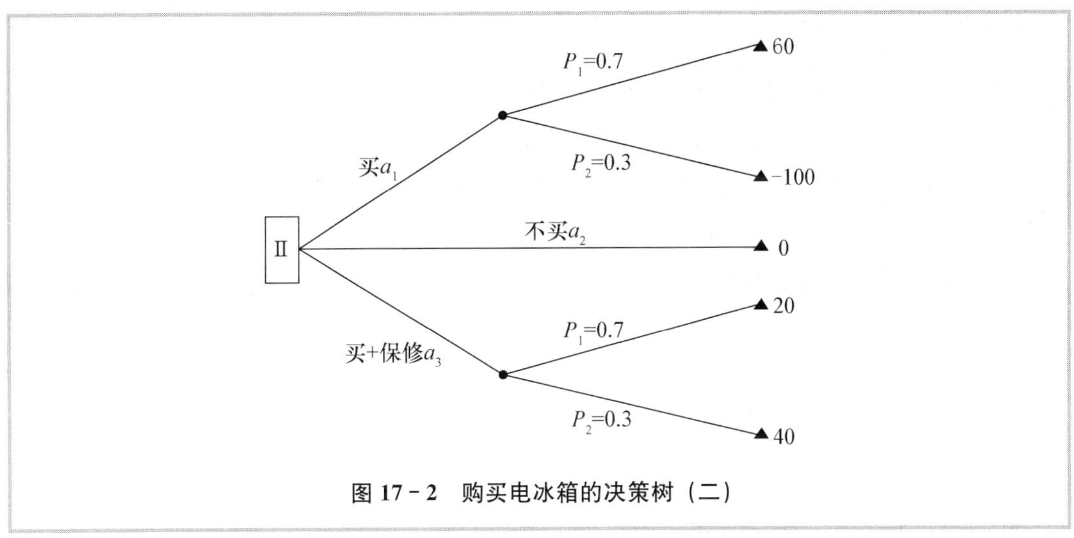

图 17－2　购买电冰箱的决策树（二）

现在陈先生的期望收益为 26 元了，他尝到了通过调查了解改变决策的甜头，因此，他又想有没有其他办法来获得更多的信息。他要求商店将电冰箱拿来试验检查，商店答应只准作两项检查。陈先生又了解到作这两项检查试验的费用共要 15 元，此时为决定是否要进行试验检查，陈先生进行了一系列的分析计算。

经过计算后，陈先生认为不必要作试验，当他正在犹豫时，旁边有一位钱某告诉他："我在这个工厂工作过，知道哪些电冰箱是老厂出的，哪些电冰箱是新厂出的，不过你要付 20 元的酬金。"陈先生考虑了一会儿后，就答应了他的条件，请钱某来辨认，结果陈先生采用方案 a_1 购买了电冰箱且不保修。

例 17－4

某工厂要确定下一时期产品的生产批量，根据经验并通过市场调查，已知产品销路好、一般和较差的概率分别为 0.3、0.5 和 0.2，采用大批量生产可能获得的利润分别为 20 万元、12 万元和 8 万元，中批量生产可能获得的利润分别为 16 万元、16 万元和 10 万元，小批量生产可能获得的利润分别为 12 万元、12 万元和 12 万元。分别用期望收益最大法和决策树法进行分析。相应的收益值见表 17－5。

表 17－5　各种情形下工厂的收益值

产品销路情况		产品销路好	产品销路一般	产品销路差
各种事件发生的概率		0.3	0.5	0.2
生产规模	大批量生产 A_1	20	12	8
	中批量生产 A_2	16	16	10
	小批量生产 A_3	12	12	12

期望收益最大法求解如下：

(1) 根据表 17－5 所列的各种产品销路情况和不同方案的收益值，算出每种生产方案的收益期望值分别为：

大批量生产 A_1：$E(A_1)=0.3\times20+0.5\times12+0.2\times8=13.6$ 万元

中批量生产 A_2：$E(A_2)=0.3\times16+0.5\times16+0.2\times10=14.8$ 万元

小批量生产 A_3：$E(A_3)=0.3\times12+0.5\times12+0.2\times12=12$ 万元

（2）比较 3 个方案的收益值，中批量收益最大，所以选择方案为中批量。

决策树实质上是期望损益值决策的另一种形式——图形解法。由于它形象直观，因此是决策分析最常使用的方法之一。决策树法求解如下：

（1）绘制决策树。按照表 17－5 的各种生产方案及其相应的收益值和主观概率等信息，按由左至右的顺序画出决策树，如图 17－3 所示。

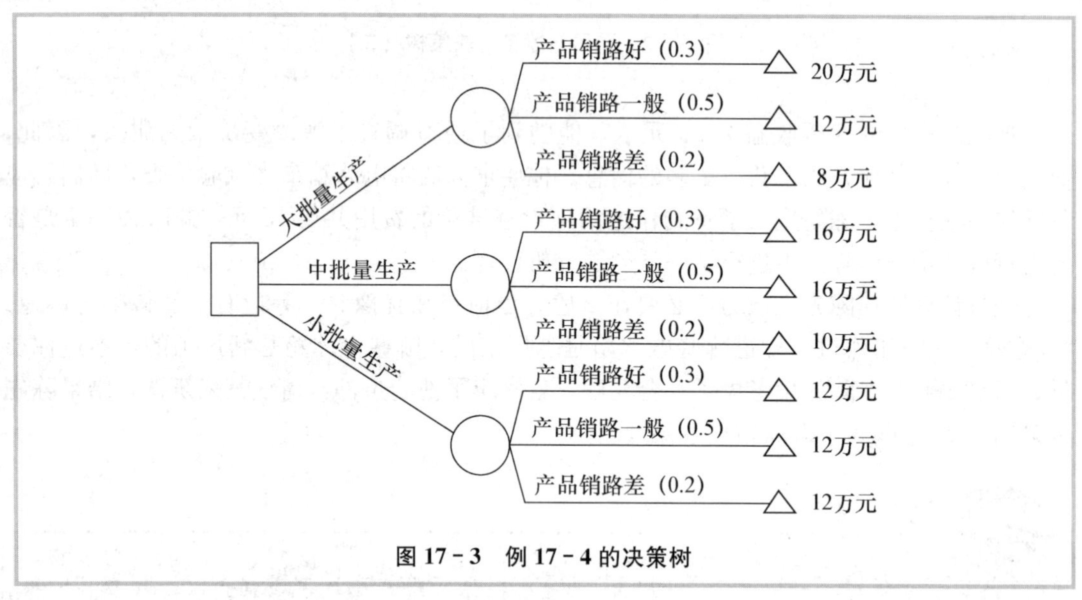

图 17－3　例 17－4 的决策树

图中各符号的名称及含义如下：

方框表示决策点，从它引出的分支叫作方案分支。分支数量与行动方案数量相同，圆圈表示可能事件，从它引出的分支叫作状态分支或概率分支，在每一分支上注明自然状态的名称及概率。三角表示结果，即不同行动方案下的损益值。

（2）计算各生产方案下的损益期望值，并将结果标注在相应的结果处。图 17－4 所示为中批量生产方案的收益期望值。

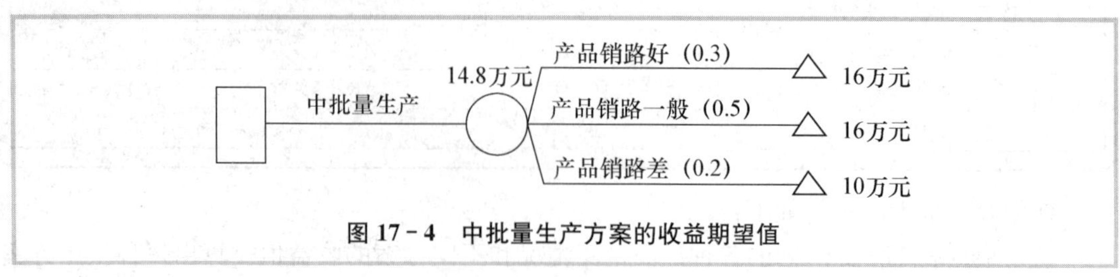

图 17－4　中批量生产方案的收益期望值

（3）将计算所得的各生产方案的收益期望值比较，选择其中最大的期望值标注在决策点上方，如图 17－5 所示。

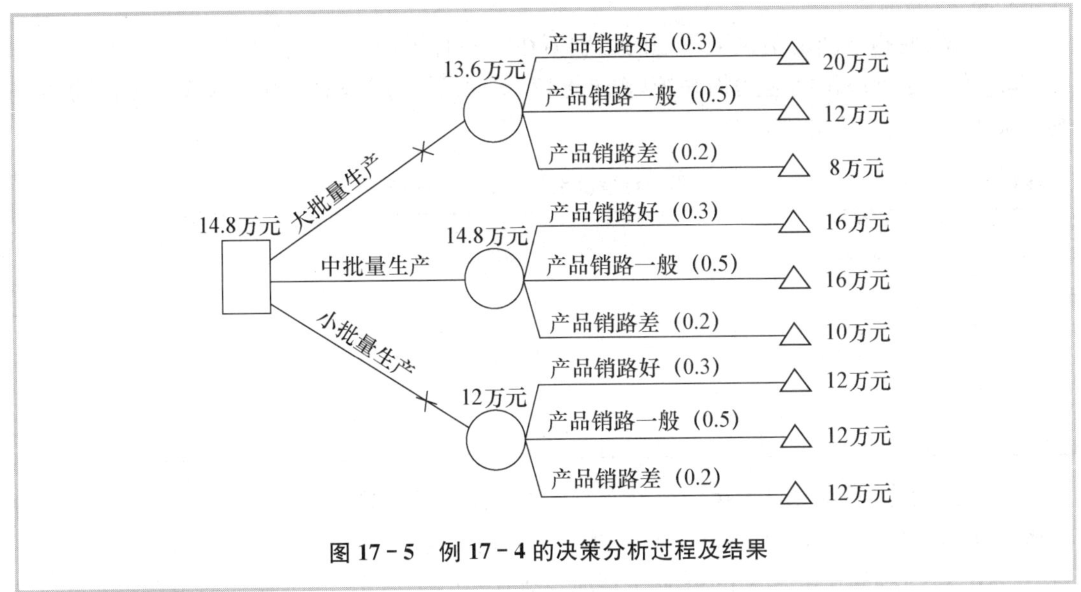

图 17－5　例 17－4 的决策分析过程及结果

与最大损益期望值对应的是中批量生产方案，因此在大批量生产方案及小批量生产方案上画"×"，表明这两个方案已被舍弃。

本章小结

本章对较有实用价值的随机性决策分析方法进行介绍，包括确定型决策、风险型决策、非确定型决策和贝叶斯分析。确定型决策是指未来状态完全可以预测的决策问题。风险型决策是指具有多种未来状态和相应后果，但只能得到各种状态发生的概率而难以获得充分可靠信息的决策问题。不确定型决策是难以获得各种状态发生的概率，甚至对未来状态都难以把握的决策问题，如管理制度改革的决策等。贝叶斯决策分析涉及一系列逐步增进决策所需信息的决策过程。

关键术语

确定型决策　　风险型决策　　非确定型决策　　贝叶斯分析

复习思考题

1. 什么是决策？什么是决策分析？决策问题的特点是什么？决策问题有哪些要素？
2. 用决策树分析下列问题：购买火灾保险与否分析；易腐品进货问题。
3. 某人有资产 1 000 元用于购买股票，A 种股票有 70％的机会增值一倍，30％的可能连本丢掉；B种股票有60%的机会增值一倍，40%的可能连本丢掉。设此人的效用U与收益X的函数关系是$U(x)=\ln(x+3\ 000)$，决策人用m购A股票，$(1\ 000-m)$购B股票，求m的值。

4. 风险型和不确定型决策问题的区别何在？各有哪些求解方法？

5. 不确定型决策问题的损失矩阵如表17-6所示。用乐观准则、悲观准则、折中准则、最小后悔值准则分别求解。

表17-6 不确定型决策问题的损失矩阵

	a_1	a_2	a_3	a_4
θ_1	−4	−10	−12	−8
θ_2	−18	−24	−6	−13
θ_3	−6	0	−6	−10
θ_4	−14	−8	−10	−4

6. 医生根据某病人的症状，初步诊断病人可能患A、B、C三种病之一，得这三种病的概率分别是0.4、0.3、0.3。为了取得进一步的信息，要求病人验血，结果血象偏高。得A、B、C三种病血象偏高的可能性分别是0.8、0.6、0.2。病人验血后，医生判断病人分别患A、B、C三种病的概率各是多少？

7. 某县位于长江流域，在1998年抗洪抢险斗争中，由于处于流域边缘，灾情较轻，但一些小学校舍因年久失修而损坏。县政府必须决定是否向省政府申请灾款。为了起草申请报告，调研、交通等费用约为5 000元。如果救灾申请报告获得批准，县里将得到50万元经费。如果不申请救灾款，而申请校舍危房改造款，该县可能获得15万元拨款。但是，如果省政府拨给该县救灾款，则不会再另拨危房改造款。该县面临的决策问题见表17-7。

表17-7 拨款情况决策问题 单位：万元

省政府行动		批准救灾申请	拨危房改造款
决策方案	(1) 申请救灾款	50	−0.5
	(2) 申请危房改造款	0	15

要求在下列不同条件下做出决策：

(1) 根据乐观准则做决策；

(2) 根据悲观准则做决策；

(3) 根据机会均等准则做决策；

(4) 根据最小后悔值准则做决策。

8. 某地方书店希望订购最新出版的好图书。根据以往经验，新书的销售量可能为50、100、150或200本。假定每本新书的订购价为4元，销售价为6元，剩书的处理价为每本2元。

(1) 建立损益矩阵；

（2）根据悲观准则做决策；

（3）根据机会均等准则做决策；

（4）根据最小后悔值准则做决策。

9. 某轻工企业决定一轻工产品明年的产量，以便及早做好生产前的各项准备工作。假设产量的大小主要根据该产品的销售价格好坏而定。根据以往市场销售价格统计资料及市场预测信息得知，未来产品销售价格出现上涨、价格不变和价格下跌三种状态的概率分别为 0.3、0.6 和 0.1，若该产品按大、中、小三种不同批量投产，下一年度在不同价格状态下的损益值见表 17-8。

表 17-8　　不同批量投产在下一年度不同价格状态下的损益值表

销售价格变动情况		价格上涨 θ_1	价格不变 θ_2	价格下跌 θ_3
各事件发生的概率		0.3	0.6	0.1
生产方案	大批生产 A_1	40	32	−6
	中批生产 A_2	36	34	24
	小批生产 A_3	20	16	14

现要求运用期望值法确定下一年度的产量，使该产品能获得的收益期望值最大。

10. 某邮局要求当天收寄的包裹当天处理完毕。根据以往记录统计，每天收寄包裹的情况见表 17-9。

表 17-9　　某邮局每天收寄包裹情况

收寄包裹数（个）	41～50	51～60	61～70	71～80	81～90
占比	10%	15%	30%	25%	20%

已知每个邮局职工平均每小时处理 4 个包裹，每小时工资为 5 元。规定每人每天实际工作 7 小时，如加班工作，每小时工资额增加 50%，但加班时间每人每天不得超过 5 小时（加班以小时计，不足 1 小时的以 1 小时计算）。用期望值法确定该邮局最优雇用工人的数量。

第 18 章

群体决策方法

引例

两个人一起去吃饭，一个是富人，一个是穷人，实行 AA 制。他们会点什么样的菜，是贵些的还是便宜些的呢？

对于一个需要决策的事项，如果参与决策的人有高度同质性，那么群体决策就相当于个人决策。但现实中，群体决策的挑战就在于参与决策的个体常常是异质的，因此决策过程中会产生群体动力学问题——参与者之间存在的相互影响相互作用关系，决定了决策的过程与结果，这也是群体决策的本质。

在穷人和富人共同点菜的决策活动中，情景不同，两个人之间相互的动力学过程也就不同。先考虑两种情景下的决策。

第一种情景：两人并不了解对方的财富状况，都认为对方与自己是同阶层的。富人可能会主张点自己喜欢的、比较贵的菜，而穷人的心情就比较复杂了。他至少有两种可能的选择：第一，赞同富人的观点，点贵一些的、也许自己并不喜欢的菜，希望由此掩盖自身的贫困，这样做大多是作为社会人、从自己的社会角色出发来考虑的；第二，点便宜些的菜，并声称自己喜欢这些菜，这样做大多是从自己的经济能力出发来考虑的。如果穷人选择第一种方案，两人会取得一致的决策；选择第二种则会有分歧，而这种分歧表面上看来是各自偏好的结果，并非财富差距导致的。因此，在信息不对称的情况下，群体取得一致决策的背后，每个人的出发点可能是迥异的；而如果群体不能取得一致决策，也未必是表面上个人所言的原因，也许还有背后深意。

第二种情景：如果两人了解对方的经济状况，决策过程则又不同。穷人在点菜时，可能会主张选择大家都喜欢的菜，价钱在承受能力范围内即可。富人的心情可能会复杂一些，他的意见更多取决于自己的心理状态——有同情心时，会顾及朋友的脸面而表示顺从；如果有报复心，就会故意为难对方；如果以自我为中心，就会我行我素。因此，在信息对称的情况下，群体决策的结果很大程度上取决于群体成员的心理状态、利益权衡、价值判断和信念追求。

如果三人或更多的人一起去吃饭，点菜时情况又如何呢？这就要考虑，目的是仅仅为了吃饱，还是一种交际？每个人在群体中的影响力如何？这个群体的文化是专制的还是民主的……情况则更为复杂。在群体决策过程中，参与决策成员之间的利益关系、权力关系、影响地位、群体文化等因素都会影响最终决策。

本章学习要点

- 群体决策的概念
- 排序式决策
- 非排序式决策
- 投票悖论

18.1　群体决策概述

以主观概率论和效用理论为两大支柱的统计决策理论，以及由此发展起来的决策分析方法在近几十年间发展十分迅速，应用日益广泛。统计决策的本质是从各种可行方案中选择一个以尽量满足决策人的愿望和要求，其中的决策人只有一个，或者是可以作为一个人来处理的、意见完全一致的集体。他的愿望和要求、他的偏好可以用数值——效用来度量，我们研究的决策问题都是从有限个或无限个方案中选择某一个或若干个方案去满足决策人的愿望和要求。但是人总是生活在社会中，社会中每一个部门所制定的每一项决策，必然要影响到一群人，因此每一项决策都应当尽量满足受它影响的群众的愿望和要求。如何集中群众的意见以形成整体意见是制定决策时的一个非常重要的问题，亦即群体决策问题。

在这一章里，我们将从投票开始，首先介绍投票，以及与投票有关的若干主要的社会选择规则，讨论这些规则是否为公平合理的评价标准，用这些评价标准来衡量上述社会选择规则并判断其优劣。

18.2　非排序式选举

从原始社会起，人们就用投票表决的方式来表达多数人的意愿，从决定部落内的重大事务到选举部落的首领。投票表决这种最古老的群体决策方式也是当今社会最常用的表达民意的方式。

无论投票是要确定某个职位的人选，还是选择某种方针、政策或社会状况，通常是一个多准则的决策过程。以确定职位的人选为例，候选人的优劣可以由多个准则（评价标准）来判断。这些准则包括候选人的能力（学识、经验、精力）、道德品质（诚实、正直、责任感）和政治态度（总的政治倾向，以及对某些特定问题的立场、观点）等。投票人要在心目中根据上述标准对候选人的各项条件加以综合，形成一个价值函数或效用函数，并据以投票。即使是对单个问题进行投票，也只是投票的人们认为这一问题比起其他问题有绝对优先的重要性。因此，投票表决过程可以看成是一种多准则的群体决策方法。但是在用投票方式产生一个职位的人选时，每个投票人心目中存在的这些准则并不真正出现在计票过程中。

需要说明的是，投票表决实际上包括投票和计票两个过程。投票涉及群中的所有人，因此投票过程应该尽量简捷，使投票人不感到困难。计票往往是由少数人在专家指导和监督下按一定原则进行的。计票首先要考虑准确性与有效性，而不仅仅是简单。

投票表决的历史悠久，形式繁多。本节将介绍在选票上不反映投票人对候选人（或备选方案）偏好的非排序式选举制。

18.2.1 只有一人当选的情况

有多个候选人可供选择，每个投票人只有一票，以无记名投票方式投给自己中意的候选人，这种选举称为计点式选举。目前，西方国家的政治选举常采用这种办法，这种方法适用于两个候选人竞争的场合。对竞争某一职位的两个候选人进行投票表决时最常采用的计票方法是简单多数票法则，由获票较多的候选人当选。当候选人数目超过两个时，这种方法并不可靠，即它不适合用于两个以上候选人竞争一个职位。

当候选人多于两个时，有两种办法可以采用：一是按得票多少，即票数最多者获胜，叫作简单多数制或相对多数制；二是得票超过半数才能当选，称过半数代表制或绝对多数制。在采用简单多数制时，无论有多少候选人，由得票最多的候选人当选。而在采用过半数代表制时，规定只有获得超过半数选票的候选人方可当选；若第一次投票后有某个候选人获得半数以上选票，则该候选人将当选，选举结束，否则就要采用二次投票或反复投票表决等方法来产生获得过半数选票的人选。

二次投票方法规定，在第一次投票后若无任何候选人获得过半数选票，则应对在第一次投票中得票最多的两个候选人进行第二次投票，从中选出一位得票超过半数者。这种投票表决方法与体育运动中的预、决赛相类似，所以也称决赛多数法。法兰西第三共和国曾多次采用这种办法用于总统选举。目前其他一些国家，如俄罗斯的总统选举也采用这种办法。

反复投票表决法对每次投票表决中候选人的人数不作硬性规定，而希望得票太少的候选人自动退出竞选，或由投票人因自己原先所支持的候选人得票太少，当选无望，转而支持其他候选人，使选票逐步向少数候选人集中。投票反复进行，直到产生某个得票超过半数的当选者为止。美国的民主党和共和党产生总统、副总统候选人的代表大会就采用这种办法选举。采用此法时，每次投票都伴随政治上的讨价还价和折中。

与反复投票表决法相类似的还有取舍表决法，它规定在第一次投票后若无过半数票获得者，则将得票数最少的候选人淘汰掉，对其余候选人进行下一轮投票。如此继续，直到产生过半数候选人为止。申奥城市的产生就是用这种办法。

在上述各种方法中，最直观、最简单方便的选举方法是得票最多者当选的简单多数票法，因此人们最早且最常采用的也正是这种方法。但是对简单多数票法则以及过半数票当选原则作进一步研究，就会发现这些方法有时并不公平。道格森（C. L. Dodgson）早在 1873 年就提出了这一点。

例 18－1

有 11 个投票人，4 个候选人。每个投票人对各候选人的偏好次序见表 18－1。

表 18－1

投票人编号 / 偏好次序	1	2	3	4	5	6	7	8	9	10	11
第一位	a	a	a	b	b	b	b	c	c	c	d
第二位	c	c	c	a	a	a	a	a	a	a	a
第三位	d	d	d	c	c	c	c	d	d	d	d
第四位	b	b	b	d	d	d	d	b	b	b	b

在这由 11 人组成的群中，有 3 个成员认为候选人 a 最好，其他所有成员都认为 a 是第二位的；虽然有 4 个成员认为 b 最好，但其他所有成员都认为 b 最差。看来应由 a 当选，但是按照简单多数票法则，b 将当选。

例 18－2

有 11 个投票人，4 个候选人。每个投票人对各候选人的偏好次序如表 18－2 所示。

表 18－2

投票人编号 / 偏好次序	1	2	3	4	5	6	7	8	9	10	11
第一位	b	b	b	b	b	b	a	a	a	a	a
第二位	a	a	a	a	a	a	c	c	c	d	d
第三位	c	c	c	d	d	d	d	d	d	c	c
第四位	d	d	d	c	c	c	b	b	b	b	b

在例 18－2 中，有近半数的投票人（5 位成员）认为 a 最好，另外 6 人认为 a 是第二位的，而 b 在 5 位成员心目中是最差的，看来由 a 当选是比较合适的。而无论按简单多数还是按过半数票原则，都将是 b 当选，这是因为无论是简单多数还是过半数票原则都是非排序式选举，没有充分考虑投票人的偏好次序。

例 18－3

有 11 个投票人，4 个候选人。投票人对各候选人的偏好次序如表 18－3 所示。

表 18-3　　投票人对各候选人的偏好次序

偏好次序＼投票人编号	1	2	3	4	5	6	7	8	9	10	11
第一位	b	b	b	c	c	c	c	d	d	a	a
第二位	a	a	a	a	a	a	a	a	a	b	d
第三位	d	c	d	b	b	b	d	c	b	d	c
第四位	c	d	c	d	d	d	b	b	c	c	b

按二次投票方法，第一次投票后无人当选，因为有 4 人选 c，3 人选 b，2 人选 d，2 人选 a，所以 a、d 被淘汰，由 c、b 作为候选人进行第二次投票，c 将当选。而事实上没有人认为 a 处于第二位以下，却有 4 个投票人认为 c 最糟，另有 3 个投票人认为 c 是第三位的。

早在 18 世纪，孔多塞（M. de Condorcet）就指出，当存在两个以上的候选人时，只有一种办法能严格而真实地反映群中多数成员的意愿，这就是对候选人进行成对比较。若存在某个候选人，他能按过半数决策规则击败其他所有候选人，则他被称为孔多塞候选人，应由此人当选。这一原则叫孔多塞原则。关于这一原则，以后还要详细讨论。

18.2.2　同时有两人或多人当选的情况

按简单多数票法同时选出两个或多个人的投票表决与只选一人的情况有所不同。有多种方法可用于在某一选区中一次选出多个当选者的投票表决。

（1）一次性非转移式投票表决法。

这种方法规定每个投票人只有一票，用无记名方式投票，按简单多数法确定当选者。例如某选区要从几个候选人中一次选出三个当选者，则在投票后由得票数处于第一、第二和第三位的候选人当选。该法从 1890 年起即在日本的议员选举中采用。

（2）复式投票表决法。

复式投票表决法规定，在选举中要产生多少当选者，每个投票人就可以投多少张票，但对每个候选人只能投一票。这种表决法的最大缺陷是，如果选举涉及激烈的党派斗争或路线斗争，则有可能使所有职位都集中于实力稍强的某个党派，即使它的实力只强一点。例如某选区包括意见十分对立的两派，每一派都提出与应当选人数相同的候选人，只要某派稍稍拥有超过 50%的投票人，它就将获得全部席位。因此这种投票表决法的效果极差，只有在存在共同利益的集团或组织内部方可使用。

（3）受限的投票表决法。

这种方法是为了避免复式投票中某个组织独占全部席位而提出的。它规定每个投票人可以投的票数必须小于当选人数。例如某一选举要选出三个代表，但规定每个投票人只能投两票，且对每个候选人至多投一票。这种方法在 1868 年英国大选中采用，由于它仍不能避免党派斗争中用心不良的图谋，于 1885 年宣布取消。

（4）累加式投票表决法。

这种投票方法规定每个投票人拥有的选票数等于待选席位数，且这些选票可以任意支配，既可以全部投给某一候选人，也可以随意分配给若干候选人。这种方法能给少数派以某种切实的保护。它在 1870—1902 年间用于英国的学校董事会选举。请注意这种方法与股份制公司的董事会的投票方法之间的区别，在累加式投票中，每个投票人拥有相等的权利，而后者则按各董事拥有的股权大小计票。

（5）名单制。

这种方法从 1899 年起用于比利时的选举，以后又被荷兰、丹麦、挪威、瑞典和芬兰等国采用。这种方法不是对候选人投票，而是由各党派或组织提出它的候选人名单，再由投票人对这些名单投票，即投票支持某个政党或组织，最后根据各党派的名单的得票数来分配席位，并按各名单应得席位与名单上候选人的次序确定具体人选。常用的分配席位的方法有最大均值法和最大余额法两种。下面通过具体例子来说明这两种席位分配方法。

例 18－4

某选区有 24 000 位选民，4 个党派提出了各自的竞选名单 A、B、C、D，竞争 5 个席位。设投票的结果是：A 得 8 700 票，B 得 6 800 票，C 得 5 200 票，D 得3 300 票，合计 24 000 票。

最大均值法的基本原则是逐一分配席位，即每次都把席位分配给平均每个席位得票数最多的名单。具体步骤是先分第 1 个席位。在分配前将每个名单的得票数除以 1，这时各名单的每个席位平均得票数就是上述得票数，由于名单 A 的得票数 8 700 最大，所以名单 A 赢得第 1 席。在分配第 2 席时，名单 A 已获得了 1 席，若第 2 席还分给名单 A，其除数为 2；其余名单除数仍取 1，因此有表 18－4。

表 18－4　　运用最大均值法的席位分配步骤一

名　单	得票总数	除　数	平均值
A	8 700	2	4 350
B	6 800	1	6 800
C	5 200	1	5 200
D	3 300	1	3 300

此时名单 B 的平均值最大，名单 B 得第 2 个席位。分第 3 个席位时，A、B 的除数均取 2，C、D 的除数仍为 1（见表 18－5）。

表 18－5　　运用最大均值法的席位分配步骤二

名　单	得票总数	除　数	平均值
A	8 700	2	4 350
B	6 800	2	3 400
C	5 200	1	5 200
D	3 300	1	3 300

由于名单 C 的平均值最大，因此第 3 席给 C。分第 4 席时，A、B、C 的除数均取 2，D 的除数仍为 1（见表 18－6）。

表 18-6 运用最大均值法的席位分配步骤三

名　单	得票总数	除　数	平均值
A	8 700	2	4 350
B	6 800	2	3 400
C	5 200	2	2 600
D	3 300	1	3 300

由于名单 A 的平均值最大，第 4 席由 A 获得，即名单 A 共获得了 2 席。在分最后一席时，其结果见表 18-7。

表 18-7 运用最大均值法的席位分配步骤四

名　单	得票总数	除　数	平均值
A	8 700	3	2 900
B	6 800	2	3 400
C	5 200	2	2 600
D	3 300	1	3 300

B 的平均值最大，第 5 席由名单 B 获得。于是，采用最大均值法分 5 个席位的最终结果是：名单 A 和 B 各得 2 席，C 得 1 席，名单 D 得 0 席。

最大余额法的分配步骤是求总票数 n 与总席位数 m 的商（$Q=\frac{n}{m}$）。首先按各名单得票数中包含商的数量分配席位，在有席位多余时，根据余数来分配多余席位。在例 18-4 中，Q 为 4 800，所以每获得 4 800 票即可获得一个席位，如表 18-8 所示。

表 18-8 最大余额法分配席位

名　单	得票总数	Q	分配席位	余　数
A	8 700	4 800	1	3 900
B	6 800	4 800	1	2 000
C	5 200	4 800	1	400
D	3 300	4 800	0	3 300

从表 18-8 可知，名单 A、B、C 各得 1 席，还剩余 2 席。由于 A、D 的余额最大，各得 1 席。用最大余额法分配的结果是，A 得 2 席，B、C、D 各得 1 席。

在例 18-4 中，同样的投票结果，席位的分配结果将因使用的方法不同而不同。可以证明，最大均值法对大党派有利，最大余额法对小党派有利。

（6）可转移式投票表决法。

用于多席位选举的投票表决方法中较著名的方法还有 STV，即可转移式投票，通常用于 3～6 个席位的选举，其选举程序较为复杂。该方法规定，在每一轮投票中，每位选民只有一票，第一轮投票后统计各候选人 a_i 的得票数 n_j，以及现况值 $Q=\frac{n}{m+1}$，其中 n

为投票总数，m 为该选区要产生的席位数。凡是得票数 $n_j>Q$ 的候选人均可当选，而得票数最少者被淘汰；如有剩余席位，则由未当选的候选人在下一轮投票中竞争。如此继续，直到选出全部席位的当选人为止。在采用这种选举方法时，第一轮已入选候选人的支持者在第二轮中的投票方向对第二轮谁能当选有着决定性影响。

（7）认可选举法。

除了上述各种选举方法以外，其他的选举方法就不再一一介绍了。这里要提一下布拉姆斯（Brams）和菲什伯恩（Fishburn）提出的认可选举（approval voting）法。此方法规定，只要投票人愿意，他可以投票给尽可能多的候选人，但对每个候选人最多只能投一票，由得票最多的候选人当选。虽然这种方法还只是一种建议，尚未在实际的选举中使用，但布拉姆斯和菲什伯恩证明这种方法比简单多数和二次投票方法更优越。当投票人都能真实地表达自己的意愿时，若存在孔多塞候选人，则认可选举是在非排序式选举中唯一的一定能选出孔多塞候选人的选举方法。

本节所介绍的各种选举方法可见表 18-9。

表 18-9　各种选举方法列表

应选人数	投票法	计数法	其他名称
1 人	简单多数法	简单多数	计点制、相对多数/绝对多数、决赛制
	二次投票法	过半数	
	反复投票表决法	过半数	
	取舍表决法	过半数	
2 人或多人	一次性非转移式投票表决	简单多数	多人选区计点制
	复式投票表决法	简单多数	
	受限制的投票表决法	简单多数	
	累加式投票表决法	简单多数	
	名单制	最大均值 最大余额	投票选党派
	可转移式投票表决法	$Q=\frac{n}{m+1}$	STV
	认可选举法	简单多数	

18.3　排序式选举与投票悖论

非排序式选举方法并不能可靠地解决两个以上候选人竞争单一职位的问题。正如例 18-1 到例 18-3 所表明的，它有可能导致并不受群中大部分成员欢迎的候选人当选。因此在投票时，不仅要让投票人表达他最希望看到多个候选人中的哪一个被选上，还应该让投票人说明他是以何种方式对这些候选人排序的，即在投票时表达他对各候选人的偏好次序，这就是排序式选举，又称偏好选举。

偏好选举方法最初是波达（C. de Borda）在 18 世纪 70 年代提出的。这种方法合乎自然且合理，凡是从多个候选人中选择一个，就应使用这种方法。在同时有多人当选的时候，只要选用适当的计票方法，它也可靠且准确，还能保护少数派，能在广泛范围内合理地分配代表名额。这种方法在英国正式用于议会选举达 30 余年，直到 1950 年才废除。在英国，它还用于许多商会、教会和其他团体的选举。

波达提出的偏好选举很容易实施。只要投票人在无记名选票上对各候选人排序，给他最满意的候选人名字前标上“1”，给他第二满意的候选人名字前标上“2”……如此继续。在投票完成之后计数。不过要能集结群中各成员的偏好以形成群或社会的偏好，还有一些问题需要深入研究和讨论。

为了讨论方便，我们引入如下符号：

设群由 n 个成员构成，用 $N=\{1, 2, \cdots, n\}$ 表示群中成员的集合；$i=\{1, 2, \cdots, n\}$ 表示成员个体；以小写字母 a、b、c 或 x、y、z 等表示候选人或备选方案，所有方案的集合记为 A。用 $\succ_i$、$\sim_i$ 表示群中的成员 i 的偏好，$x \succ_i y$ 表示群中第 i 个成员认为候选人 x 优于 y，$x \sim_i y$ 表示群中第 i 个成员认为候选人 x 与 y 无差异，即 x 与 y 同样好；$x \succ_G y$ 表示群作为整体认为 x 优于 y，$x \sim_G y$ 表示群认为 x 与 y 无差异，$N(x \succ_i y)$ 表示群中认为 x 优于 y 的成员的数目。用这些符号，（简单而非加权的）过半数决策规则可定义如下：

若 $N(x \succ_i y) > N(y \succ_i x)$，则 $x \succ_G y$。

若 $N(x \succ_i y) = N(y \succ_i x)$，则 $x \sim_G y$。

前面提到的孔多塞原则可以表示为

若 $N(x \succ_i y) > N(y \succ_i x)$，$\forall y \in A \setminus \{x\}$，则 x 获胜。

式中，$A \setminus \{x\}$ 表示方案集 A 去掉方案 x 以后的集合。

例 18－5

一个群有 60 个成员，要从 a、b、c 三个候选人中选举一位领导人，根据数据分析选举情况。

这 60 个成员的态度是：

23 人认为：$a \succ c \succ b$（即 a 优于 c，c 优于 b，a 也优于 b）

19 人认为：$b \succ c \succ a$

16 人认为：$c \succ b \succ a$

2 人认为：$c \succ a \succ b$

根据孔多塞原则，在 a 与 b 相比时，有 23＋2＝25 个成员认为 $a \succ b$，另外的19＋16＝35 个成员认为 $b \succ a$，因为 $N(b \succ_i a) > N(a \succ_i b)$，按过半数票决策规则，有$b \succ_G a$。

在 a 与 c 相比时，有 23 个成员认为 $a \succ c$，另外的 19＋16＋2＝37 个成员认为 $c \succ a$，因为 $N(c \succ_i a) > N(a \succ_i c)$，按过半数票决策规则，有 $c \succ_G a$。

在 b 与 c 相比时，有 19 个成员认为 $b \succ c$，另外的 23＋16＋2＝41 个成员认为 $c \succ b$，因为 $N(c \succ_i b) > N(b \succ_i c)$，按过半数票决策规则，有 $c \succ_G b$。

以上的分析表明，按过半数票决策规则，群的意见是：$c \succ_G b$，$b \succ_G a$，$c \succ_G a$，即 $c \succ_G b \succ_G a$，在必须选出一人时，候选人 c 将当选。在例 17－5 中，c 是孔多塞候选人，他能在两两比较中分别击败 a 与 b。

由于简单过半数决策规则的合理性与简明性，它被广泛用于从两个备选方案（或候选人）中选择一个方案（或一人）的投票表决。但在从多个方案中选择一个时，这一规则有可能会遇到麻烦。孔多塞发现，在对多个候选人作两两比较时，有时会出现多数票的循环。比如对例 18-5 稍做变动，又如例 18-6。

例 18-6

设 60 个成员对三个候选人的态度如下，继续分析选举情况。

23 人认为：$a \succ b \succ c$

17 人认为：$b \succ c \succ a$

2 人认为：$b \succ a \succ c$

8 人认为：$c \succ b \succ a$

10 人认为：$c \succ a \succ b$

在对候选人作两两比较时有

$N(a \succ_i b)=33$，$N(b \succ_i a)=27$，结果为 $a \succ_G b$

$N(b \succ_i c)=42$，$N(c \succ_i b)=18$，结果为 $b \succ_G c$

$N(a \succ_i c)=25$，$N(c \succ_i a)=35$，结果为 $c \succ_G a$

根据过半数决策规则，群有三个判断：$a \succ_G b$，$b \succ_G c$，$c \succ_G a$。这表明，虽然群中每个成员的偏好（即对候选人优劣的排序）是传递的，但用孔多塞原则对候选人两两比较时，按过半数规则得出的群的排序就可能会出现 a 优于 b、b 优于 c、c 又优于 a 这种互不相容的结果，即群的排序不再具有传递性，而是出现多数票的循环。这种现象称为孔多塞效应，也称投票悖论（the paradox of voting）。

阿罗（Arrow）的不可能定理指出：如果对个体排序的实质不作任何预先假设，那么没有任何群体的表决方法能够排除投票悖论。多年来，对如何尽可能避免多数票循环的研究主要集中在对偏好的限制方面（如阿马蒂亚·森的价值限制定理），还有一些研究试图从另一角度研究：不对偏好进行任何限制，提出偏好选举在过半数原则下是否发生多数票循环的判定定理，然后通过分析影响多数票循环产生的条件及其根源，提出并证明偏好选举中尽可能避免多数票循环产生的办法。

本章小结

类似投票这种集体决策活动对人们的生活影响越来越大，每一种投票方法都有特定的适用范围和不足。本章主要介绍了非排序式选举、排序式选举以及投票悖论，最后介绍了阿罗的不可能定理。

关键术语

计点式选举　二次投票方法　反复投票表决法　取舍表决法　偏好次序
孔多塞原则　最大均值法　最大余额法　认可选举　偏好选举　投票悖论

复习思考题

1. 为什么要研究群决策？

2. 什么是投票悖论？什么是策略行为？

3. 群由 18 个成员构成，已知群中成员对方案 a、b、c、d、e 的偏好分别为：

4 人认为：$a>b>c>d>e$

3 人认为：$b>c>e>a>d$

4 人认为：$c>a>d>e>b$

3 人认为：$d>b>e>c>a$

3 人认为：$e>d>a>c>b$

1 人认为：$e>a>d>b>c$

用社会选择函数给出群对方案的排序。

4. 某个委员会原有编号 1、2、3 的三个成员，备选方案集为 $\{a, b, c\}$。三个成员的偏好序分别为：

成员 1：$c>b>a$

成员 2：$b>a>c$

成员 3：$a>c>b$

(1) 求群体序。

(2) 若委员会新增两个成员（编号为 4、5），原来成员的偏好序不变，新增成员 4、5 联合能否控制委员会的排序结果？

第 19 章

线性规划

引例

REL 发展公司正在私人湖边开发一个环湖社区。湖边地带和住宅的主要市场是距离开发区 100 英里以内的所有中上收入的家庭。REL 公司已经聘请 BP&J 来设计宣传活动。

考虑到可能的广告媒体和要覆盖的市场，BP&J 建议将第一个月的广告局限于 5 种媒体。在第一个月末，BP&J 将依据本月的结果再次评估它的广告策略。BP&J 已经收集到了关于受众数量、广告单价、各种媒体一定周期内可用的最大次数以及评定 5 种媒体各自宣传质量的数据。质量评定是通过宣传质量单位来衡量的。宣传质量单位是一种用于衡量在各个媒体中一次广告的相对价值的标准，它建立于 BP&J 在广告业中的经验，将众多因素考虑在内，如受众层次（年龄、收入和受众受教育的程度）、呈现的形象和广告的质量。表 19－1 列出了收集到的这些信息。

表 19－1　　REL 发展公司可选的广告媒体

序号	广告媒体	预计受众人数	广告售价（元）	每月最多可用次数	宣传质量单位
1	白天电视	1 000	1 500	15	65
2	晚间电视	2 000	3 000	10	90
3	每日报纸	1 500	400	25	40
4	周日报纸杂志（半彩色）周日新闻	2 500	1 000	4	60
5	电台早 8:00 或晚 5:00 新闻（30 秒）KNOP 台	300	100	30	20

REL 发展公司提供给 BP&J 第一个月广告活动的预算是 30 000 元。而且，REL 公司对 BP&J 如何分配这些资金设置了如下限制：至少要使用 10 次电视广告，达到的受众至少要有 50 000 人，并且电视广告的费用不得超过 18 000 元。应当推荐何种广告媒体选择计划呢？

这一问题是典型的线性规划在企业媒体选择中的应用，目的在于帮助市场营销经理将固定的广告预算分配到各种广告媒体上，可能的媒体包括报纸、杂志、电台、电视和直接邮件。在这些媒体中应用线性规划，目的是要使宣传范围、频率和质量最大化。对于应用中的约束条件通常源于对公司政策、合同要求及媒体的可用性。

又如，假定一个成年人每天需要从食物中获取 3 000 卡热量、55 克蛋白质和 800 毫克钙。如果市场上只有四种食品可供选择，它们每千克所含热量和营养成分以及市场价格如表 19 - 2 所示。

表 19 - 2　　食物所含热量、营养成分及其市场价格表

序号	食品名称	热量（卡）	蛋白质（克）	钙（毫克）	价格（元）
1	猪肉	1 000	50	400	10
2	鸡蛋	800	60	200	6
3	大米	900	20	300	3
4	白菜	200	10	500	2

问如何选择才能在满足营养的前提下使购买食品的费用最小？

以上两个问题，本质上都是为了解决有限资源在有竞争的使用方向中如何进行最佳分配。为了解决这类问题，便引出了本章的线性规划。

本章学习要点

- 了解线性规划的产生与发展
- 理解线性规划问题建模的步骤
- 熟悉 WinQSB 软件解决线性规划问题的操作

19.1 线性规划的基本原理

在人们的生产实践中，经常会遇到如何利用现有资源来安排生产，以取得最大经济效益的问题。此类问题构成了运筹学的一个重要分支——数学规划，而线性规划（linear programming，LP）则是数学规划的一个重要分支，广泛应用于军事作战、经济分析、经营管理和工程技术等方面，为合理地利用有限的人力、物力、财力等资源做出最优决策提供科学的依据。

随着线性规划在理论上趋向成熟，其应用也日益广泛与深入。现在线性规划已不仅仅是一种数学理论和方法，而且已成为现代化管理的重要手段，在企业的各项管理活动中，例如计划、生产、运输、技术等问题上帮助管理者与经营者做出科学的决策。

线性规划数学模型是描述实际问题的数学形式，由于实际问题往往比较复杂，建立线性规划数学模型时，应该对具体的问题认真分析，抓住最本质的因素，用简单的数学式子将其描述出来，使建立的数学模型既简单又能正确地反映问题的本质。

建模是解决线性规划问题的极为重要的一个环节，一个正确数学模型的建立，要求建模者熟悉问题的生产情况和管理内容，明确目的要求和错综复杂的已知与未知条件，以及它们之间的相互关系，此外，一些已知数据还要通过大量的调查和统计资料获取可靠的原始数据加以证实。对初学者来说，要求我们学习从问题的内容出发，分析和认识问题，善于从数学的角度有条理地表述出来，掌握建模分析问题的步骤及方法。

一般来说，一个待建模的线性规划问题需满足以下条件，方可入手。

(1) 所求问题的目标一定能表示为最大化或最小化问题，例如，求最小成本或人力投资、材料储备的最大利用、企业的最大利润等问题。

(2) 问题一定要具备达到目标的不同方法，即必须要有选择的可能性。

(3) 要达到的目标是有限制条件的。

(4) 问题的目标和约束都能表示为线性式。

以下我们将通过几个实例来说明建模的思路及线性规划在实际问题中的应用，并随之引出线性规划的标准模型。

例 19－1

(资源利用问题)

设某建筑公司的预制厂利用沙、石、灰三种原料 A_1、A_2、A_3，来生产两种产品 B_1 和 B_2，已知该厂各种原料的现有数量，每单位产品对各种原料的消耗量及所获利润如表 19－3 所示。

表 19－3　　生产 B_1、B_2 两种产品的资源消耗表

单位产品的消耗 / 产品 / 原料	B_1	B_2	原料现有数 (M)
A_1	1	3	90
A_2	2	1	80
A_3	1	1	45
单位利润 (百元)	5	4	

现在的问题是，在这些现有的资源条件下，如何分配产品 B_1、B_2 的生产，才能使公司取得的利润最大。

分析： (1) 确定未知变量，设 x_1 表示 B_1 的生产数量，x_2 为产品 B_2 的生产数量。

(2) 因为所求问题的目标是要求公司取得最大利润，所以，设利润函数为 $f(x)$，则 $f(x)=5x_1+4x_2$。

(3) 问题的约束条件限制为各种原料的现有数，所以，有关系式：

$$\begin{cases} x_1+3x_2\leqslant 90 \\ 2x_1+x_2\leqslant 80 \\ x_1+x_2\leqslant 45 \\ x_1,x_2\geqslant 0 \end{cases}$$

归纳上述关系式得出该问题为：求满足

$$\begin{cases} x_1+3x_2\leqslant 90 \\ 2x_1+x_2\leqslant 80 \\ x_1+x_2\leqslant 45 \\ x_1,x_2\geqslant 0 \end{cases}$$

并使 $f(x)=5x_1+4x_2$ 最大的一组数（x_1，x_2）。

一般地，设用 A_1，A_2，…，A_m 种原料，可以生产 B_1，B_2，…，B_n 种产品，已知 A_i 种原料为 a_i 单位，B_j 种单位产品所需 A_i 种原料 a_{ij} 单位，B_j 种单位产品的利润为 C_j 元，问应如何组织生产才能获得最大利润？

解：设 x_j 为生产产品 B_j（$j=1$，2，…，n）的计划数，那么这一类问题的数学模型为：求一组变量 x_j（$j=1$，2，…，n）的值，使它满足

$$\sum_{j=1}^{n} a_{ij}x_j \leqslant a_j(i=1,2,\cdots,m)$$
$$x_j \geqslant 0(j=1,2,\cdots,n)$$

并使利润函数 $f(x)=\sum_{j=1}^{n} C_jx_j$ 的值最大。

例 19-2

（物资调运问题）

设有两个砖厂 A_1、A_2，产量分别为 23 万和 27 万块，它的产品供应 B_1、B_2、B_3 三个工地，需要量分别为 17 万块、18 万块和 15 万块，已知从 A_1、A_2 分别向 B_1、B_2、B_3 运送 1 万块砖需要的运费如表 19-4 所示。

表 19-4　　运价表

运价 工地 / 砖厂	B_1	B_2	B_3
A_1	50	60	70
A_2	60	110	160

问如何调运才使得总运费最少？

解：设 x_{ij} 表示由砖厂 A_i 运往工地 B_j 的砖的数量（$i=1$，2；$j=1$，2，3）

因为，由砖厂 A_i 运往三个工地的砖数总和应等于 A_i 的产量，从而有约束式：

$$\begin{cases} x_{11}+x_{12}+x_{13}=23 \\ x_{21}+x_{22}+x_{23}=27 \\ x_{ij}\geqslant 0(i=1,2;j=1,2,3) \end{cases}$$

又因为由 A_1、A_2 两个砖厂运到各地的砖数总和应等于各工地的需求量，所以又得约束式：

$$\begin{cases} x_{11}+x_{21}=17 \\ x_{12}+x_{22}=18 \\ x_{13}+x_{23}=15 \\ x_{ij}\geqslant 0(i=1,2;j=1,2,3) \end{cases}$$

于是，该运输问题归结为：求一组满足条件

$$\begin{cases} x_{11}+x_{12}+x_{13}=23 \\ x_{21}+x_{22}+x_{23}=27 \\ x_{11}+x_{21}=17 \\ x_{12}+x_{22}=18 \\ x_{13}+x_{23}=15 \\ x_{ij}\geqslant 0(i=1,2;j=1,2,3) \end{cases}$$

并使 $f(x)=50x_{11}+60x_{12}+70x_{13}+60x_{21}+110x_{22}+160x_{23}$ 最小的 x_{ij}（$i=1$，2；$j=1$，2，3）。

一般地，设某种物资有 m 个产地：A_1，A_2，…，A_m，联合供应 n 个销地：B_1，B_2，…，B_n。

各产地产量（单位：吨）、各销地销量（单位：吨）、各产地至各销地单位运价（单位：元/吨）如表 19－5 所示。

表 19－5　　某种物资各产地产量、各销地销量及各产地至各销地单位运价

单价（元/吨）　销地 产地	B_1	B_2	…	B_n	产量（吨）
A_1	C_{11}	C_{12}	…	C_{1n}	a_1
A_2	C_{21}	C_{22}	…	C_{2n}	a_2
⋮	⋮	⋮	…	⋮	⋮
A_m	C_{m1}	C_{m2}	…	C_{mn}	a_m
销量（吨）	b_1	b_2	…	b_n	

表中：a_i 表示产地 A_i 的产量（$i=1$，2，…，m）

b_j 表示销地 B_j 的销量（$j=1$，2，…，n）

C_{ij} 表示 A_i 到 B_j 间的单位运价（$i=1$，2，…，m；$j=1$，2，…，n）。问应如何调运，

才能使总运费最小？

解：当产销平衡（即 $\sum_{i=1}^{m} a_i = \sum_{j=1}^{n} b_j$）时，设 x_{ij} 表示由产地 A_i 运往销地 B_j 的物资数（$i=1, 2, \cdots, m$；$j=1, 2, \cdots, n$），那么，上述运输问题的数学模型为：

求一组变量 x_{ij}（$i=1, 2, \cdots, m$；$j=1, 2, \cdots, n$）的值，使它满足约束条件

$$\begin{cases} x_{11}+x_{12}+\cdots+x_{1n}=a_1 \\ x_{21}+x_{22}+\cdots+x_{2n}=a_2 \\ \cdots\cdots \\ x_{m1}+x_{m2}+\cdots+x_{mn}=a_m \\ x_{11}+x_{21}+\cdots+x_{m1}=b_1 \\ x_{12}+x_{22}+\cdots+x_{m2}=b_2 \\ \cdots\cdots \\ x_{1n}+x_{2n}+\cdots+x_{mn}=b_n \\ x_{ij}\geqslant 0 \end{cases}$$

并使目标函数 $f(x)=C_{11}x_{11}+C_{12}x_{12}+\cdots+C_{mn}x_{mn}$ 的值最小。

利用连加号（$\sum$），这一数学模型可以写为：

求一组变量的值 x_{ij}（$i=1, 2, \cdots, m$；$j=1, 2, \cdots, n$），使它满足

$$\begin{cases} \sum_{j=1}^{n} x_{ij} = a_i \\ \sum_{i=1}^{m} x_{ij} = b_j \\ x_{ij} \geqslant 0 \end{cases}$$

并且使目标函数 $f(x) = \sum_{j=1}^{n} \sum_{i=1}^{m} C_{ij}x_{ij}$ 的值最小。

如果运输问题中，没有产销平衡这一限制，当产大于销时（即 $\sum_{i=1}^{m} a_i > \sum_{j=1}^{n} b_j$），这一问题的数学模型应为：

求一组变量 x_{ij}（$i=1, 2, \cdots, m$；$j=1, 2, \cdots, n$）的值，使它满足

$$\begin{cases} \sum_{j=1}^{n} x_{ij} \leqslant a_i \\ \text{（产地 } A_i \text{ 发到各销地的发量总和不超过 } A_i \text{ 的产量）} \\ \sum_{i=1}^{m} x_{ij} = b_j \\ \text{（各产地发到销地 } B_j \text{ 的发量总和应等于 } B_j \text{ 的销量）} \\ x_{ij}\geqslant 0 \text{（调运量不能取负值）} \end{cases}$$

并且使目标函数 $f(x)=\sum_{j=1}^{n}\sum_{i=1}^{m}C_{ij}x_{ij}$ 的值最小。

例 19－3

（节约下料问题）

设有一批规格为 10 米长的圆钢筋，将它截成分别为 3 米、4 米长的预制构件的短钢筋各 100 根，问怎样截取最省料。

解：因为，10 米长的钢筋截为 3 米或 4 米长，共有三种截法：

$$\begin{cases}截法Ⅰ：3 \quad 3 \quad 3 \quad 1\\ 截法Ⅱ：3 \quad 3 \quad 4 \quad 0\\ 截法Ⅲ：4 \quad 4 \quad 0 \quad 2\end{cases}$$

所以，设按截法Ⅰ、Ⅱ、Ⅲ各截取 10 米长的钢筋分别为 x_1，x_2，x_3 根，则该问题归纳为：求满足约束条件

$$\begin{cases}3x_1+2x_2=100\\ x_2+2x_3=100\\ x_j\geqslant 0(j=1,2,3)\end{cases}$$

并使得总钢筋数 $f(x)=x_1+x_2+x_3$ 最小的一组数 $(x_1, x_2, x_3)^T$。

一般地，设用某原材料（条材或板材）下零件 A_1，A_2，…，A_m 的毛坯，根据过去经验在一件原材料上有 B_1，B_2，…，B_n 种不同的下料方式，每种下料方式可得各种毛坯个数及每种零件需要量如表 19－6 所示，问应怎样安排下料方式，使得既满足需求，用的原料又少。

表 19－6　每种下料方式可得各种毛坯个数及每种零件需要量

各种方式下的零件个数 \ 下料方式 / 零件名称	B_1	B_2	…	B_n	零件需要量
A_1	C_{11}	C_{12}	…	C_{1n}	a_1
A_2	C_{21}	C_{22}	…	C_{2n}	a_2
⋮	⋮	⋮	…	⋮	⋮
A_m	C_{m1}	C_{m2}	…	C_{mn}	a_m

解：设采用 B_j 种方式下料时，需要的原材料数为 x_j，则这一问题的数学模型为：

求一组变量的值 $x_j(j=1, 2, \cdots, n)$ 使它满足

$$\begin{cases}\sum_{j=1}^{n} C_{ij}x_j \geqslant a_i (i=1,2,\cdots,m) \\ x_j \geqslant 0\end{cases}$$
（所下的 A_i 零件总数不能低于 a_i）

并且使目标函数 $f(x)=\sum_{j=1}^{n} x_j$ 的值最小。

例 19－4

（投资计划问题）

一个公司制订投资计划问题的关键是在预算范围内，合理选择投资项目，使总的资金回收额达到最大。

例如，某建筑企业拥有 20 万元资金，拟在今后五年内对下列项目投资。已知：

项目 A：从第一年到第四年每年年初需要投资，并于次年年末回收本利 115%；

项目 B：第三年年初需要投资，到第五年年末能回收本利 125%，但规定最大投资不超过 8 万元；

项目 C：第二年年初需要投资，到第五年年末能回收本利 140%，但规定最大投资额不超过 6 万元；

项目 D：五年内每年年初可购买公债或定期储蓄，于当年年末归还，并加利息 9%。

现要求确定这些项目每年的投资额，使到第五年年末拥有的资金本利总额为最大。

分析：

（1）假设变量，设以 x_{iA}，x_{iB}，x_{iC}，x_{iD}（$i=1$，2，3，4，5）分别表示第 i 年初给项目 A、B、C、D 的投资额。

（2）资金流转分析，原则是每年年初应把资金全部投出去，手中不留呆滞资金。因此，第一年年初将 20 万元资金投给 A、D 项目，有 $x_{1A}+x_{1D}=200\,000$，则年底回收项目 D 的本息为：$x_{1D}(1+9\%)=1.09x_{1D}$。

这些资金应在第二年年初投资给 A、C、D 三个项目，故有 $x_{2A}+x_{2C}+x_{2D}=1.09x_{1D}$。

第二年年底回收项目 A 的第一年投资和项目 D 当年投资的本利总和为：$1.15x_{1A}+1.09x_{2D}$。

这些资金在第三年年初投资给项目 A、B、D，有 $x_{3A}+x_{3B}+x_{3D}=1.15x_{1A}+1.09x_{2D}$，第三年年底回收项目 A 的第二年投资和项目 D 当年投资的本利总和为：$1.15x_{2A}+1.09x_{3D}$。

类似地，可得第四年投资为：$x_{4A}+x_{4D}=1.15x_{2A}+1.09x_{3D}$。

第五年投资为：$x_{5D}=1.15x_{3A}+1.09x_{4D}$。

第五年年底共回收资金：

项目 A：$1.15x_{4A}$

项目 B：$1.25x_{3B}$，且 $x_{3B}\leqslant 80\,000$

项目 C：$1.40x_{2C}$，且 $x_{2C}\leqslant 60\,000$

项目 D：$1.09x_{5D}$

从而得到该投资问题的模型为：求 x_{iA}，x_{iB}，x_{iC}，x_{iD} $(i=1, 2, 3, 4, 5)$，使其满足

$$\begin{cases} x_{1A}+x_{1D}=200\ 000 \\ -1.09x_{1D}+x_{2A}+x_{2C}+x_{2D}=0 \\ -1.15x_{1A}-1.09x_{2D}+x_{3A}+x_{3B}+x_{3D}=0 \\ -1.15x_{2A}-1.09x_{3D}+x_{4A}+x_{4D}=0 \\ -1.15x_{3A}-1.09x_{4D}+x_{5D}=0 \\ x_{3B}\leqslant 80\ 000 \\ x_{2C}\leqslant 60\ 000 \\ x_{iA}, x_{iB}, x_{iC}, x_{iD}\geqslant 0 \end{cases}$$

并使 $f(x)=1.15x_{4A}+1.25x_{3B}+1.40x_{2C}+1.09x_{5D}$ 最大。

19.2 线性规划的软件实现

线性规划问题的求解总的来说有两类求解方法：图解法和单纯形法。现在可以借助于计算机的相关软件求解线性规划问题。WinQSB（Quantitative Systems for Business）是一款管理运筹学软件，常用于解决管理科学、决策科学、运筹学及生产运作管理等领域的问题。

19.2.1 WinQSB 的安装与启动

点击 WinQSB 软件包中的 Setup 程序，出现如图 19－1 所示的界面。

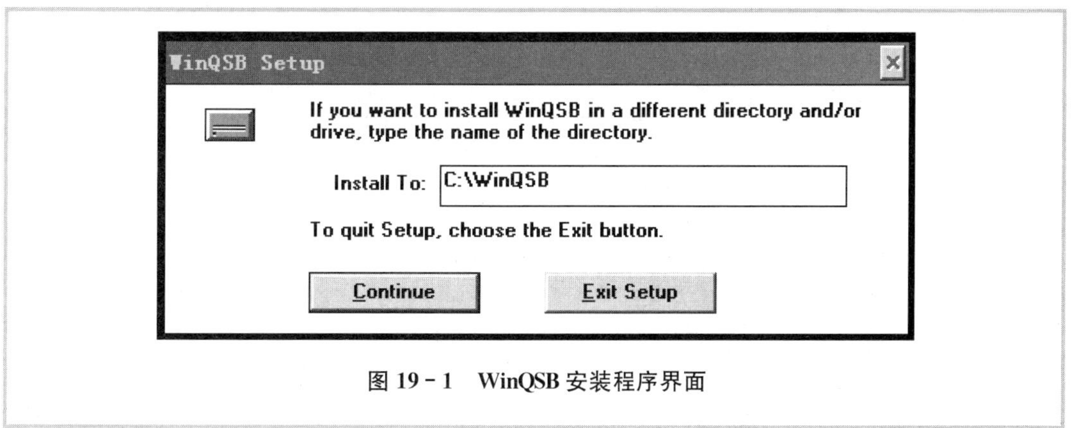

图 19－1 WinQSB 安装程序界面

指定安装路径后，出现图 19－2 所示的 WinQSB 用户注册界面，在此界面中输入用户名以及单位名后，便可方便地使用 WinQSB 软件了。

Limited Use License Agreement

This software product has been developed by Yih-Long Chang and is exclusively distributed by John Wiley and Sons, Inc. To continue with the installation of this software, we assume that you accept the terms of the Limited Use License Agreement.

Enter your name (required) and organization and press the Continue button to continue with the installation of this product. Otherwise, press the Exit button to quit the setup process.

User name:

Company or organization:

Continue　　Exit Setup

图 19-2　WinQSB 用户注册界面

WinQSB 软件共包括如图 19-3 所示的 19 个子程序模块，其中的［Linear and Integer Programming］子模块，可用于线性规划问题的分析。

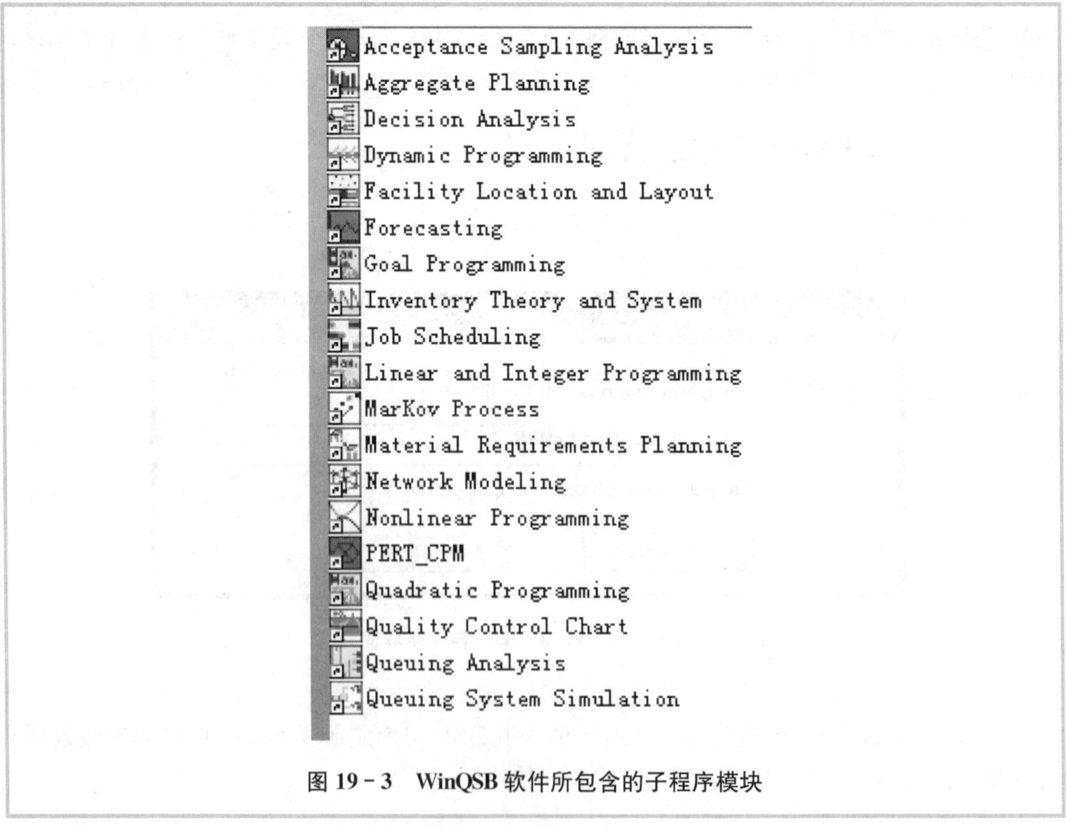

图 19-3　WinQSB 软件所包含的子程序模块

19.2.2　线性规划问题的定义

依次点击［开始］⇒［程序］⇒［WinQSB］⇒［Linear and Integer Programming］后，便可进入如图 19－4 所示的线性规划问题求解子程序模块。

图 19－4　线性规划问题求解子程序模块

点击▦或者点击［File］⇒［New Problem］，为建立一个新的 LP 问题。点击▦或者点击［File］⇒［Load Problem］，为打开电脑中已经存在的一个 LP 问题数据文件。

下面用例 19－5 来详细说明如何利用 WinQSB 软件求解线性规划问题。

例 19－5

求解下列线性规划问题的最优解。

$$\max z=5x_1+2x_2$$

$$\begin{cases}30x_1+20x_2\leqslant 160\\5x_1+x_2\leqslant 15\\x_1\leqslant 4\\x_1\geqslant 0,\ x_2\geqslant 0\end{cases}$$

点击图 19－4 中的▦，出现如图 19－5 所示的线性规划问题的定义界面。

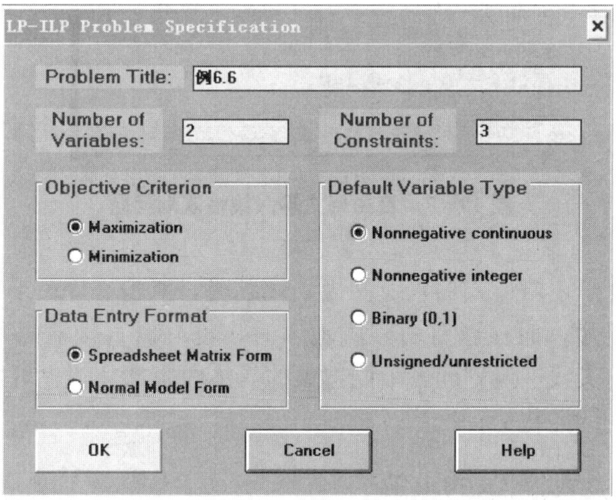

图 19－5　线性规划问题的定义界面

界定一个线性规划问题，具体包括以下几个部分：

[Problem Title] 为所要解决的问题名称；[Number of Variables] 为变量的个数；[Number of Constrains] 为约束条件的个数；[Objective Criterion] 为目标函数的取值标准，具体分为求最大值 [Maximization] 与求最小值 [Minimization] 两种；[Data Entry Format] 为问题输入的格式，具体又分为如图 19－6 所示的电子表格形式输入（spreadsheet matrix form）以及如图 19－7 所示的自由格式输入（normal model form）两种；[Default Variable Type] 为变量的类型，具体又分为非负数 [Nonnegative continuous]、非负整数 [Nonnegative integer]、0～1 整数 [Binary] 以及无限制 [Unsigned/Unrestricted] 四种。

Variable -->	X1	X2	Direction	R. H. S.
Maximize	5	2		
C1	30	20	<=	160
C2	5	1	<=	15
C3	1	0	<=	4
LowerBound	0	0		
UpperBound	M	M		
VariableType	Continuous	Continuous		

图 19－6　电子表格形式输入线性规划问题

例6.6

C3　x1<=4

	OBJ/Constraint/Bound
Maximize	5x1+2x2
C1	30x1+20x2<=160
C2	5x1+x2<=15
C3	x1<=4
Integer:	
Binary:	
Unrestricted:	
X1	>=0, <=M
X2	>=0, <=M

图 19－7　自由格式输入线性规划问题

在图 19－6 以电子表格形式输入线性规划问题时，双击 [Direction] 下的<=可以改变约束条件的不等式符号，而在以自由格式输入时，也可以直接输入不同形式的不等式条件。在图 19－5 中定义线性规划问题不同选项的具体内容部分，也可以看出 WinQSB 软件并不要求将所求解的问题化为标准型。

19.2.3　线性规划问题的求解

将问题定义完之后，点击 [Solve and Analyze]，下拉菜单有三个选项：求解不显示迭代过程［Solve the Problem］、求解显示单纯形法迭代过程［Solve and Display Steps］及图解法［Graphic Method］（限两个决策变量，或者直接点击都可进行问题的求解处理）。当我们点击选择［Solve the Problem］便可出现如图 19－8 所示的例 19－5 问题求解的综合报告表。

	08:33:52		Friday	December	23	2011		
	Decision Variable	Solution Value	Unit Cost or Profit c(j)	Total Contribution	Reduced Cost	Basis Status	Allowable Min. c(j)	Allowable Max. c(j)
1	X1	2.0000	5.0000	10.0000	0	basic	3.0000	10.0000
2	X2	5.0000	2.0000	10.0000	0	basic	1.0000	3.3333
	Objective	Function	(Max.) =	20.0000				
	Constraint	Left Hand Side	Direction	Right Hand Side	Slack or Surplus	Shadow Price	Allowable Min. RHS	Allowable Max. RHS
1	C1	160.0000	<=	160.0000	0	0.0714	90.0000	300.0000
2	C2	15.0000	<=	15.0000	0	0.5714	8.0000	22.0000
3	C3	2.0000	<=	4.0000	2.0000	0	2.0000	M

图 19－8　线性规划问题求解的综合报告表

由图中数据可以看出，例 19－5 的最优解为 $Z^*=20$，$X^*=(2, 5, 0, 0, 2)$。

19.3　线性规划的简单应用

随着线性规划在理论上趋向成熟，线性规划在企业生产管理和经营活动中的应用也越来越广泛。线性规划在管理中典型的应用主要包括：

人力资源分配：用最少的人力来满足工作的需要。

产品生产计划：合理利用人力、物力、财力等，使获利最大。

下料问题：采用什么样的下料方案可以使余料最少？

投资问题：从投资项目中选取方案，使投资回报最大。

配载问题：某种交通工具（车、船、飞机等）的容积和载重量一定，运输几种物资，这些物资有不同的体积和重量，如何装载可以使这种运输工具所装运的物资最多？

物资调运：某种产品有几个产地和销地，物资部门应该如何合理组织调运，从而既满足销地需要，又不使某个产地物资过分积压，同时还使运输费用最省？

营养问题：各种食品所含营养成分各不相同，价格也不相等，食堂应该如何安排伙食才能既满足人体对各种营养成分的需要，同时又使消费者的经济负担最小？

此外，在地质勘探、环境保护等方面也都有与上述情况类似的问题。

这里我们主要介绍人力资源分配问题与投资问题。

19.3.1 人力资源分配的问题

例 19－6

某昼夜服务的公交线路每天各时间段内所需司机和乘务人员数如表 19－7 所示。

表 19－7 公交线路所需司机及乘务人员表

班次	时间	所需人数
1	6:00 — 10:00	60
2	10:00 — 14:00	70
3	14:00 — 18:00	60
4	18:00 — 22:00	50
5	22:00 — 2:00	20
6	2:00 — 6:00	30

设司机和乘务人员分别在各时间段一开始时上班，并连续工作 8 个小时，问该公交线路怎样安排司机和乘务人员，既能满足工作需要，又配备最少司机和乘务人员？

解：设 x_i 表示第 i 班次时开始上班的司机和乘务人员数，这样我们建立如下的数学模型：

目标函数：Min $x_1+x_2+x_3+x_4+x_5+x_6$

约束条件：s. t. $x_1+x_6\geqslant 60$

$x_1+x_2\geqslant 70$

$x_2+x_3\geqslant 70$

$x_3+x_4\geqslant 60$

$x_4+x_5\geqslant 50$

$x_5+x_6\geqslant 30$

$x_1, x_2, x_3, x_4, x_5, x_6\geqslant 0$

例 19－7

一家中型的百货商场，它对售货员的需求经过统计分析如表 19－8 所示。为了保证售货人员充分休息，售货人员每周工作 5 天，休息两天，并要求休息的两天是连续的。问应该如何安排售货人员的作息，既满足工作需要，又使配备的售货人员的人数最少？

表 19－8 百货商场所需售货员数

时间	所需售货员人数
星期日	28
星期一	15
星期二	24
星期三	25
星期四	19
星期五	31
星期六	28

解：设 $x_i(i=1, 2, \cdots, 7)$ 表示星期一至星期日开始休息的人数，这样我们建立如下的数学模型：

目标函数：Min　$x_1+x_2+x_3+x_4+x_5+x_6+x_7$

约束条件：s. t.　$x_1+x_2+x_3+x_4+x_5\geqslant 28$

$x_2+x_3+x_4+x_5+x_6\geqslant 15$

$x_3+x_4+x_5+x_6+x_7\geqslant 24$

$x_4+x_5+x_6+x_7+x_1\geqslant 25$

$x_5+x_6+x_7+x_1+x_2\geqslant 19$

$x_6+x_7+x_1+x_2+x_3\geqslant 31$

$x_7+x_1+x_2+x_3+x_4\geqslant 28$

$x_1, x_2, x_3, x_4, x_5, x_6, x_7\geqslant 0$

19.3.2　投资问题

例 19－8

某部门现有资金 200 万元，今后五年内考虑给以下的项目投资。已知：项目 A：从第一年到第五年每年年初都可投资，当年年末能收回本利 110%；项目 B：从第一年到第四年每年年初都可投资，次年年末能收回本利 125%，但规定每年最大投资额不能超过 30 万元；项目 C：需在第三年年初投资，第五年年末能收回本利 140%，但规定最大投资额不能超过 80 万元；项目 D：需在第二年年初投资，第五年年末能收回本利 155%，但规定最大投资额不能超过 100 万元。据测定每万元每次投资的风险指数如表 19－9 所示。

表 19－9　　**项目投资风险指数**

项目	风险指数
A	1
B	3
C	4
D	5.5

问：(1) 应如何确定这些项目的每年投资额，使得第五年年末拥有资金的本利金额为最大？

(2) 应如何确定这些项目的每年投资额，使得第五年年末拥有资金的本利在 330 万元的基础上使得其投资总的风险系数为最小？

解：(1) 确定决策变量：连续投资问题。

设 $x_{ij}(i=1\sim 5, j=1\sim 4)$ 表示第 i 年年初投资于 $A(j=1)$、$B(j=2)$、$C(j=3)$、$D(j=4)$ 项目的金额。这样我们建立如下的决策变量：

A	x_{11}	x_{21}	x_{31}	x_{41}	x_{51}
B	x_{12}	x_{22}	x_{32}	x_{42}	
C			x_{33}		
D		x_{24}			

约束条件：

第一年：A 当年年末可收回投资，故第一年年初应把全部资金投出去，于是 $x_{11}+x_{12}=200$

第二年：B 次年年末才可收回投资，故第二年年初有资金 $1.1x_{11}$，于是 $x_{21}+x_{22}+x_{24}=1.1x_{11}$

第三年：年初有资金 $1.1x_{21}+1.25x_{12}$，于是 $x_{31}+x_{32}+x_{33}=1.1x_{21}+1.25x_{12}$

第四年：年初有资金 $1.1x_{31}+1.25x_{22}$，于是 $x_{41}+x_{42}=1.1x_{31}+1.25x_{22}$

第五年：年初有资金 $1.1x_{41}+1.25x_{32}$，于是 $x_{51}=1.1x_{41}+1.25x_{32}$

B、C、D 的投资限制：$x_{i2}\leqslant 30(i=1,2,3,4)$，$x_{33}\leqslant 80$，$x_{24}\leqslant 100$

（2）目标函数及模型。

（1）

$$
\begin{aligned}
\text{Max}\quad & z=1.1x_{51}+1.25x_{42}+1.4x_{33}+1.55x_{24}\\
\text{s.t.}\quad & x_{11}+x_{12}=200\\
& x_{21}+x_{22}+x_{24}=1.1x_{11}\\
& x_{31}+x_{32}+x_{33}=1.1x_{21}+1.25x_{12}\\
& x_{41}+x_{42}=1.1x_{31}+1.25x_{22}\\
& x_{51}=1.1x_{41}+1.25x_{32}\\
& x_{i2}\leqslant 30(i=1,2,3,4),\ x_{33}\leqslant 80,\ x_{24}\leqslant 100\\
& x_{ij}\geqslant 0(i=1,2,3,4,5;\ j=1,2,3,4)
\end{aligned}
$$

（2）所设变量与问题 a 相同，目标函数为风险最小，有

$$\text{Min}\quad f=x_{11}+x_{21}+x_{31}+x_{41}+x_{51}+3(x_{12}+x_{22}+x_{32}+x_{42})+4x_{33}+5.5x_{24}$$

在问题 a 的约束条件中加上“第五年年末拥有资金本利在 330 万元”的条件，于是模型如下：

$$
\begin{aligned}
\text{Min}\quad & f=(x_{11}+x_{21}+x_{31}+x_{41}+x_{51})+3(x_{12}+x_{22}+x_{32}+x_{42})+4x_{33}+5.5x_{24}\\
\text{s.t.}\quad & x_{11}+x_{12}=200\\
& x_{21}+x_{22}+x_{24}=1.1x_{11}\\
& x_{31}+x_{32}+x_{33}=1.1x_{21}+1.25x_{12}\\
& x_{41}+x_{42}=1.1x_{31}+1.25x_{22}\\
& x_{51}=1.1x_{41}+1.25x_{32}\\
& x_{i2}\leqslant 30(i=1,2,3,4),\ x_{33}\leqslant 80,\ x_{24}\leqslant 100\\
& 1.1x_{51}+1.25x_{42}+1.4x_{33}+1.55x_{24}\geqslant 330\\
& x_{ij}\geqslant 0(i=1,2,3,4,5;\ j=1,2,3,4)
\end{aligned}
$$

本章小结

本章介绍了线性规划问题的原理及软件处理。首先，通过案例引入了本章的议题——线性规划；其次，按照典型事件发生的时间先后顺序介绍了线性规划问题的产生与发展；最后，介绍了线性规划问题数学模型的一般形式以及线性规划模型的建立步骤。在实践中常常借助于计算机的相关软件求解线性规划问题，本章介绍了求解线性规划问题的软

件——WinQSB 软件界面以及操作步骤。

关键术语

线性规划　非线性规划　约束条件　目标函数

复习思考题

1. 某炼油厂根据计划每季度需供应合同单位 15 万吨汽油、12 万吨煤油、12 万吨重油。该厂从 A、B 两处运回原油提炼，已知两处原油成分如表 19 - 10 所示。

表 19 - 10　A、B 两处原油的成分

	A	B
含汽油	15%	50%
含煤油	20%	30%
含重油	50%	15%
其他	15%	5%

从 A 处采购原油每吨价格（包括运费，下同）为 200 元，B 处原油每吨为 310 元。如何采购才能使费用最省？试建立此问题的线性规划模型，并应用软件进行求解。

2. 一家玩具公司制造三种桌上高尔夫玩具，每一种要求不同的制造技术。高级的一种需要 17 小时加工装配劳动力，8 小时检验，每台利润 300 元。中级的需要 10 小时劳动力，4 小时检验，利润 200 元。低级的需要 2 小时劳动力，2 小时检验，利润 100 元。可供利用的加工劳动力为 1 000 小时，检验 500 小时。其次，有市场预测表明，对高级的需求量不超过 50 台，中级的不超过 80 台，低级的不超过 150 台。制造商决定采用一个能使总利润为最大的最优生产计划。试建立此问题的线性规划模型，并应用软件进行求解。

3. 用长度为 500 厘米的条材，截成长度分别为 98 厘米和 78 厘米的两种毛坯，要求共截出长 98 厘米的毛坯 10 000 根，78 厘米的 20 000 根，问怎样截取，才能使用料最少？试建立此问题的线性规划模型，并应用软件进行求解。

4. 某商店制订某商品 7—12 月的进货收货计划，已知商店仓库容量不超过 500 件，6 月底已存货 200 件，以后每月初进货一次，假设各月份某商品买进、售出单位如表 19 - 11 所示，问各月进货售货各多少才能使总收入最多？试建立此问题的线性规划模型，并应用软件进行求解。

表 19 - 11　某商店各月进货、售货量

月份	7	8	9	10	11	12
买进（件）	28	24	25	27	23	23
售出（件）	29	24	26	28	22	25

5. 某一市政建设工程项目在随后的四年中需分别拨款 200 万元、400 万元、800 万元和 500 万元，要求拨款在该年年初提供，市政府拟以卖长期公债的方法筹款。长期公债在

筹款的四年中市场利息分别预计为 9%、8%、8.5%和 9.5%，并约定公债利息在工程完工后即开始付息，连续付 20 年之后还本。在工程建设的头三年，卖公债的多余部分投入银行作为当年有期储蓄，以便用于随后的几年（显然第四年无有期储蓄），银行的有期储蓄利息率分别预计为 8%、7.5%和 6.5%。现在的问题是求政府最优的卖公债和有期储蓄方案，使该项市政建设工程得以完成，且付息最低。试建立此问题的线性规划模型，并应用软件进行求解。

6. 根据“引例”所提供的条件，建立与其相对应的线性规划模型，并应用软件进行求解。

第 20 章

模糊综合评判

引例

随着知识经济时代的到来，人力资源已成为企业最重要的战略要素之一，对企业员工进行考核评价，可以为其职务的升降、评优晋级、聘用等提供重要依据，进而促进人力资源管理的规范化和科学化，提高人力资源管理的工作效率。

考核需要从多个方面对员工做出客观全面的评价，因而实际上属于多目标决策问题。对于那些决策系统运行机制清楚、决策信息完全、决策目标明确且易于量化的多目标决策问题，已经有很多方法能够较好地将其解决。但是，在考核中存在大量具有模糊性的概念，这种模糊性或不确定性不是由于事情发生的条件难以控制而导致的，而是由于事件本身的概念不明确所引起的。这就使得很多考核指标都难以直接量化。在评判实施过程中，评价者又容易受人际关系以及经验等主观因素的影响，因此对人的综合素质评判往往带有一定的模糊性与经验性。

已知某单位成立了由 10 人组成的考核小组，拟对企业员工进行考核，根据该部门工作人员的工作性质，建立了包括工作绩效、工作态度、工作能力和学习成长 4 个分目标的 18 个考核指标。将考核小组的考核结果汇总后得到了如表 20－1 所示的考核结果。

表 20－1　　员工考核指标体系及考核表

一级指标	二级指标	评价				
		优秀	良好	一般	较差	差
工作绩效	工作量	6	2	1	1	0
	工作效率	5	3	2	0	0
	工作质量	7	1	0	1	1
	计划性	7	1	2	0	0

续前表

一级指标	二级指标	评价				
		优秀	良好	一般	较差	差
工作态度	责任感	8	1	0	1	0
	团队精神	6	3	1	0	0
	学习态度	7	2	0	1	0
	工作主动性	6	3	1	0	0
	360 度满意度	6	2	2	0	0
工作能力	创新能力	5	2	2	1	0
	自我管理能力	7	1	1	1	0
	沟通能力	6	0	1	2	1
	协调能力	7	1	1	1	0
	执行能力	6	2	1	1	0
学习成长	勤情评价	5	3	2	0	0
	技能提高	3	2	3	1	1
	培训参与	4	2	1	2	1
	工作提供	4	3	2	1	0

请专家设定指标权重，一级指标权重为

$$A=(0.4,0.4,0.1,0.1)$$

二级指标权重为

$$A_1=(0.2,0.3,0.3,0.2) \qquad A_2=(0.3,0.2,0.1,0.2,0.2)$$

$$A_3=(0.1,0.2,0.3,0.2,0.2) \qquad A_4=(0.3,0.2,0.2,0.3)$$

在对以上问题进行评价时，由于每个调查者对于不同评价对象要做出优秀、良好、一般、差等不同等级的判断，如何将他们这种模糊性的意见进行综合汇总，这就涉及本章的重要知识点——模糊综合评判。

本章学习要点

- 理解模糊综合评判的概念及度量
- 掌握模糊变量的运算规则
- 熟悉模糊综合评判的一般步骤
- 了解模糊综合评判的软件实现
- 掌握模糊综合评判的运用

20.1 模糊综合评判的基本原理

在实际工作中，对一个事物的评判，常常涉及多个因素或多个指标，这就要求根据这多个因素对事物做出综合评判，而不能只从某一因素的情况来评判事物。在这里评判的意思是指按照给定的条件对事物的好坏、优劣进行评比、判别；综合的意思是指评判条件包含多个因素或多个指标。因此，综合评判就是要对受多个因素影响的事物做出全面评价。

综合评判中的模糊综合评判是 20 世纪 60 年代美国科学家查德（L. A. Zadeh）教授创立的，是针对现实中大量的经济现象具有模糊性而设计的一种评价方法。具体地说，模糊综合评判就是以模糊数学为基础，应用模糊关系合成的原理，将一些边界不清、不易定量的因素定量化，从多个因素对被评价事物隶属等级状况进行综合性评价的一种方法。这种方法既有严格的定量刻画，也可以对难以定量分析的模糊现象进行主观的定性描述，把定性描述和定量分析紧密结合起来。

20.1.1　模糊数学基本知识

1. 模糊的概念及度量

当人们对周边世界的不同现象进行分析时，往往可以按照是否可以准确认识以及对其描述的方式将其划分为三种类型：

第一种为确定性现象，如水加热到 100℃就沸腾，这种现象的规律性利用经典数学去刻画；

第二种为随机现象，如掷骰子，观看哪一面向上，这种现象的规律性利用概率统计去刻画；

第三种为模糊现象，如“今天天气很热”“小女孩很漂亮”等，利用模糊数学去刻画。

特别是第三种现象，其概念的外延不甚清楚，在属于该概念与不属于该概念之间无明显分界线，人们在对这样一些问题进行评价时，很难用一个准确的数字来表达他的认识，如对于年龄问题发表看法，往往只能用“年轻人”“中年人”“老年人”加以区分，很难用一个数字来表达；又如评价衣服的好坏问题，因为影响衣服评价的因素有很多，如花色、舒适度、耐用度、价格等，每一个因素都很难用一个确切的数字来表达，所以评价的结果只能是一个模糊的概念，这种描述的不确定性就是模糊性。

为了定量地刻画这种模糊概念，1965 年美国自动控制专家查德教授提出了模糊（fuzzy）的概念，并发表了第一篇用数学方法研究模糊现象的论文，提出“模糊集合”（fuzzy set）理论。他提出用“模糊集合”以及隶属度函数作为表现模糊事物的数学模型。在“模糊集合”上逐步建立运算、变换规律，开展有关的理论研究，构造研究现实世界中大量模糊现象的数学基础，看起来相当复杂的模糊系统进行定量描述和处理，以表达事物的不确定性。

如对于年龄问题，考虑年龄集 U=[0，100]，A= “年老”，则查德给出了“年老”集函数刻画（见图 20 - 1）：

$$A(u)=\begin{cases} 0 & 0\leqslant u\leqslant 50 \\ \left[1+\left(\dfrac{u-50}{5}\right)^{-2}\right]^{-1} & 50\leqslant u\leqslant 100 \end{cases}$$

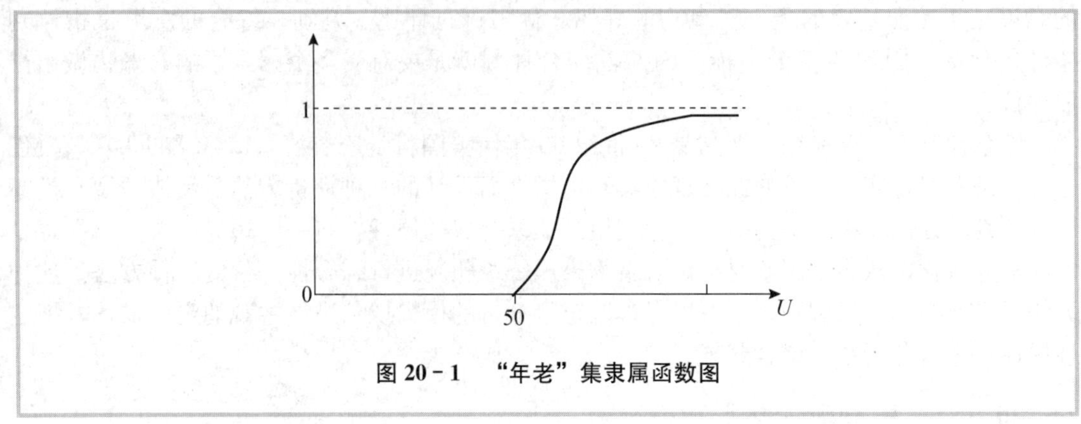

图 20-1 “年老”集隶属函数图

再如，B=“年轻”也是U的一个子集，只是不同的年龄段隶属于这一集合的程度不一样，查德给出它的隶属函数（见图 20-2）：

$$B(u)=\begin{cases} 1 & 0\leqslant u\leqslant 25 \\ [1+(\frac{u-25}{5})^2]^{-1} & 25\leqslant u\leqslant 100 \end{cases}$$

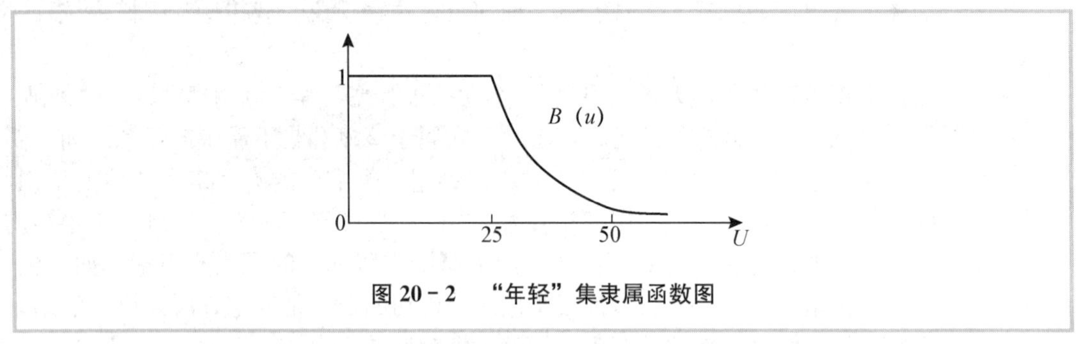

图 20-2 “年轻”集隶属函数图

一般地，为研究某事物的规律性，总是先定义目标集，如研究年龄规律，取［0，100］，它表达了问题的总范围，称为论域，记为 U。在论域 U 上就可以定义模糊集，即设 A 是论域 U 到［0，1］的一个映射，即 A：U→［0，1］，则称 A 是 U 上的模糊集，而函数 A 称为模糊集 A 的隶属函数，A(x) 称为 x 对模糊集 A 的隶属度。

2. 模糊变量的运算

由于模糊变量是用隶属度描述的，因此运算应为模糊运算。设有模糊矩阵

$$\underset{\sim}{R}=\begin{pmatrix} 0.5 & 0.3 \\ 0.4 & 0.8 \end{pmatrix} \qquad \underset{\sim}{S}=\begin{pmatrix} 0.8 & 0.5 \\ 0.3 & 0.7 \end{pmatrix}$$

则$\underset{\sim}{R}$与$\underset{\sim}{S}$的并与交运算的规则与集合运算相似，并运算为两中取大，交运算为两中取小。

$$\underset{\sim}{R} U \underset{\sim}{S}=\begin{pmatrix} 0.5U0.8 & 0.3U0.5 \\ 0.4U0.3 & 0.8U0.7 \end{pmatrix}=\begin{pmatrix} 0.8 & 0.5 \\ 0.4 & 0.8 \end{pmatrix}$$

$$\underset{\sim}{R}I\,\underset{\sim}{S}=\begin{pmatrix}0.5I\,0.8 & 0.3I\,0.5\\ 0.4I\,0.3 & 0.8I\,0.7\end{pmatrix}=\begin{pmatrix}0.5 & 0.3\\ 0.3 & 0.7\end{pmatrix}$$

模糊矩阵的乘积定义如下：

$$\underset{\sim}{R}\times\underset{\sim}{S}=\begin{pmatrix}(0.5I\,0.8)U(0.3I\,0.3) & (0.5I\,0.5)U(0.3I\,0.7)\\ (0.4I\,0.8)U(0.8I\,0.3) & (0.4I\,0.5)U(0.8I\,0.7)\end{pmatrix}$$

$$=\begin{pmatrix}0.5 & 0.5\\ 0.4 & 0.7\end{pmatrix}$$

20.1.2　模糊综合评判的步骤

模糊综合评判一般采取如下步骤。

（1）建立因素集。

因素就是评判对象的各种属性或性能，在不同场合，也称为参数指标或质量指标，它们综合地反映出对象的质量。所谓因素集，就是影响评判对象的各种因素组成的一个普通集合，一般有 $U=\{u_1, u_2, u_3, \cdots, u_n\}$。

（2）建立评语集。

评语集是评判者对评判对象可能做出的各种总的评判结果所组成的集合，一般有 $V=\{v_1, v_2, v_3, \cdots, v_m\}$，各元素 v_i 代表各种可能评判结果。如对学生成绩评判中的优秀、良好、中等、及格、不及格等。

（3）统计、确定单因素评判隶属度向量，形成隶属度矩阵。

隶属度是指多个评判主体对某个评判对象在 u_i 方面做出 v_j 评定的可能性大小。评判因素 i 的隶属度向量 $\underset{\sim}{R_i}=(r_{i1},r_{i2},\cdots,r_{im})$，$i=1,2,3,\cdots,n$，$\sum_{j=1}^{m} r_{ij}=1$。

隶属度矩阵 $\underset{\sim}{R}=(\underset{\sim}{R_1}, \underset{\sim}{R_2}, \cdots, \underset{\sim}{R_n})^T$

可以表达为$\underset{\sim}{R}=\begin{bmatrix}r_{11} & r_{12} & \cdots & r_{1m}\\ r_{21} & r_{22} & \cdots & r_{2m}\\ \vdots & \vdots & & \vdots\\ r_{n1} & r_{n2} & \cdots & r_{nm}\end{bmatrix}$

（4）建立因素权重集。

在因素中，各因素的重要程度是不一样的，为了反映各因素的重要程度，对各因素应赋予一定的权重，由各因素权重所组成的集合称为因素权重集，即 $\underset{\sim}{W}=\{w_1,w_2,\cdots,w_n\}$，$\sum_{i=1}^{n} w_i=1$。

（5）模糊综合评判。

按照模糊运算法则，计算综合评定向量（综合隶属度向量）$\underset{\sim}{S}$ 及综合评定值 Z。

通常 $\underset{\sim}{S}=\underset{\sim}{W}\underset{\sim}{R}$，$Z=W_E\underset{\sim}{S}^T$，$W_E$ 为各评语对应的分值。

20.1.3　模糊综合评判的特点

模糊综合评判的特点主要表现在以下两个方面：

（1）相互比较。以最优的评判因素值为基准，其评判值为 1；其余欠优的评判因素依据欠优的程度得到相应的评判值。

（2）可以依据各类评判因素的特征，确定评判值与评判因素值之间的函数关系（即隶属度函数）。确定这种函数关系（隶属度函数）有很多种方法，例如，F 统计方法，各种类型的 F 分布等。当然，也可以请有经验的评估专家进行评价，直接给出评判值。

20.2 模糊综合评判的软件实现

目前来说，没有实现模糊综合评判的专用软件。在具体应用中可以借助其他软件来进行编程设计。具体来说可以借助 VBA 编程在 Excel 中实现，或者借助 MATLAB 来进行编程实现。

MATLAB 是矩阵实验室（Matrix Laboratory）的简称，是美国 MathWorks 公司出品的商业数学软件，用于算法开发、数据可视化、数据分析以及数值计算的高级技术计算语言和交互式环境，主要包括 MATLAB 和 Simulink 两大部分。

Visual Basic for Applications（VBA）是 Visual Basic 的一种宏语言，主要用来扩展 Windows 的应用程式功能，特别是 Microsoft Office 软件。也可说是一种应用程式视觉化的 Basic Script。1994 年发行的 Excel 5.0 版本中，即具备了 VBA 的宏功能。

这两个分析软件具有界面友好、使用方便、运行良好快速的优点，但是在具体运用过程中都需要编程。限于本书的讲述重点，就不展开介绍这两种方法的具体运用了。

20.3 模糊综合评判的简单应用

例 20－1

某地对区级医院 2012—2013 年的医疗质量进行总体评判与比较，按分层抽样方法抽取两年内某病患者 1 250 例，其中 2012 年 600 例，2013 年 650 例。患者年龄构成与病情两年间差别没有统计学意义，三项观察指标分别为疗效、住院日、费用。规定很好、好、一般、差的标准见表 20－2，病人医疗质量各等级频数分布见表 20－3。

表 20－2　某地对区级医院 2012—2013 年的医疗质量的评判

指标	很好	好	一般	差
疗效	治愈	显效	好转	无效
住院日	≤15	16～20	21～25	>25
费用（元）	≤1 400	1 400～1 800	1 800～2 200	>2 200

表 20－3　2012—2013 年病人按医疗质量等级的频数分配表

指标	年份	很好	好	一般	差
疗效	2012	160	380	20	40
	2013	170	410	10	60
住院日	2012	180	250	130	40
	2013	200	310	120	20
费用（元）	2012	130	270	130	70
	2013	110	320	120	100

现综合考虑疗效、住院日、费用三项指标对医院 2012—2013 年的工作进行模糊综合评判。

（1）根据评判目的确定评判因素集合。

评判因素集合＝{疗效，住院日，费用}

（2）给出评判等级集合。

评判等级集合＝{很好，好，一般，差}

（3）2012 年与 2013 年两个评判矩阵分别为

$$R_1=\begin{pmatrix}160/600 & 380/600 & 20/600 & 40/600\\180/600 & 250/600 & 130/600 & 40/600\\130/600 & 270/600 & 130/600 & 70/600\end{pmatrix}=\begin{pmatrix}0.267 & 0.633 & 0.033 & 0.067\\0.300 & 0.417 & 0.217 & 0.067\\0.217 & 0.450 & 0.217 & 0.117\end{pmatrix}$$

$$R_2=\begin{pmatrix}170/650 & 410/650 & 10/650 & 60/650\\200/650 & 310/650 & 120/650 & 20/650\\110/650 & 320/650 & 120/650 & 100/650\end{pmatrix}=\begin{pmatrix}0.262 & 0.631 & 0.015 & 0.092\\0.308 & 0.477 & 0.185 & 0.031\\0.169 & 0.492 & 0.185 & 0.154\end{pmatrix}$$

（4）确定各评判因素的权重。

设疗效、住院日、费用各因素权重分别为 0.5、0.2、0.3，即 $W=(0.5, 0.2, 0.3)$。

（5）综合评判。

作权系数矩阵 W 评判矩阵 R 的模糊乘积运算。

如果只需对该地区区级医院 2012—2013 年医疗质量给出一个总体评判结论，可采用模糊运算法则，确定模糊评判集 S，并按最大隶属度原则进行评判：

$$\begin{aligned}S_1&=W\cdot R_1=(s_k)_{1\times n}\\&=(0.5,0.2,0.3)\begin{pmatrix}0.267 & 0.633 & 0.033 & 0.067\\0.300 & 0.417 & 0.217 & 0.067\\0.217 & 0.450 & 0.217 & 0.117\end{pmatrix}\\&=(0.267,0.500,0.217,0.117)\end{aligned}$$

$$S_2=W\cdot R_2=(s_k)_{1\times n}$$

$$=(0.5,0.2,0.3)\begin{bmatrix}0.262 & 0.631 & 0.015 & 0.092\\ 0.308 & 0.477 & 0.185 & 0.031\\ 0.169 & 0.492 & 0.185 & 0.154\end{bmatrix}$$

$$=(0.262,0.500,0.185,0.154)$$

按最大隶属度原则，两年最大隶属度均为 0.500，可以认为对某地区区级医院 2012—2013 年医疗质量评判结果均为“好”。

如果对该地区区级医院 2012—2013 年医疗质量进行排序，也可将评判等级很好、好、一般、差分别赋值为 4，3，2，1，并采用模糊运算法则确定模糊评判集 S，按加权平均原则进行评判。

2012 年的评判结果为

$$u_1=\frac{\sum_{i=1}^{4}\mu(v_i)gs_i}{\sum_{i=1}^{4}s_i}=\frac{4\times0.267+3\times0.500+2\times0.217+1\times0.117}{0.267+0.500+0.217+0.117}=2.833$$

2013 年的评判结果为

$$u_2=\frac{\sum_{i=1}^{4}\mu(v_i)gs_i}{\sum_{i=1}^{4}s_i}=\frac{4\times0.262+3\times0.500+2\times0.185+1\times0.154}{0.262+0.500+0.185+0.154}=2.790$$

2012 年的工作质量略好于 2013 年。

例 20－2

对一名无疾病的人的健康程度作综合评判，对于招工、提干、升学与人寿保险等方面都有积极意义，今设健康因素为 X，评判集合为 Y。

X＝{气色，力气，食欲，睡眠，精神状态}

Y＝{健康，一般，不好，很差}

现在请健康方面的专家对气色 x_1、力气 x_2、食欲 x_3、睡眠 x_4、精神状态 x_5 分别作单因素评判：

$\underline{x}_1=(0.7,0.2,0.1,0)$　　$\underline{x}_2=(0.5,0.4,0.1,0)$

$\underline{x}_3=(0.4,0.4,0.1,0.1)$　　$\underline{x}_4=(0.3,0.5,0,0.2)$

$\underline{x}_5=(0.4,0.3,0.2,0.1)$

写成模糊关系矩阵

$$\underline{R}=\begin{bmatrix}0.7 & 0.2 & 0.1 & 0\\ 0.5 & 0.4 & 0.1 & 0\\ 0.4 & 0.4 & 0.1 & 0.1\\ 0.3 & 0.5 & 0 & 0.2\\ 0.4 & 0.3 & 0.2 & 0.1\end{bmatrix}$$

再由专家对气色、力气、食欲、睡眠、精神状态这五个因素给出对于健康的权重分配，得模糊向量：

$$\underset{\sim}{A}=(0.2,0.1,0.3,0.2,0.2)$$

于是得到专家对此人健康的综合评判：$\underset{\sim}{B}=\underset{\sim}{A}g\underset{\sim}{R}$，即

$$(0.2\quad 0.1\quad 0.3\quad 0.2\quad 0.2)\cdot\begin{bmatrix}0.7 & 0.2 & 0.1 & 0\\0.5 & 0.4 & 0.1 & 0\\0.4 & 0.4 & 0.1 & 0.1\\0.3 & 0.5 & 0 & 0.2\\0.4 & 0.3 & 0.2 & 0.1\end{bmatrix}$$

$$=(0.3,0.3,0.2,0.2)$$

故此人健康状况属中上水平。

本章小结

本章介绍了模糊综合评判的基本原理及具体分析步骤。模糊综合评判是利用模糊集理论进行评价的一种方法。由于模糊的方法更接近于东方人的思维习惯和描述方法，因此它更适应于对社会经济系统问题进行评价。首先，由某单位欲从多个方面对员工做出全面客观评价的人事考核问题引出了本章所要解决的主要问题。其次，介绍了模糊的概念及度量、模糊变量的运算等模糊数学的基本知识。再次，详细介绍了通过建立因素集与评语集、确定单因素评判隶属度向量与隶属度矩阵、建立因素权重集以及模糊综合评判值的计算来进行模糊综合评判的步骤。在实践中对于复杂的模糊综合评判问题往往可以借助于软件编程来实现，本章简单引出了可以基于 VBA 编程在 Excel 中实现编程设计或者借助 MATLAB。最后，通过对某地区区级医院 2012—2013 年医疗质量的总体评判与比较评判以及对一名无疾病的人健康程度的综合评判，介绍了模糊综合评判在实践中的具体应用。

关键术语

模糊集　　模糊运算　　因素集　　评语集　　隶属度

复习思考题

1. 设教学好坏因素集 $X=\{$深入浅出 x_1，重点突出 x_2，培养能力 x_3，生动活泼 x_4，板书整洁 $x_5\}$，评判集合 $Y=\{$优，良，中，差$\}$，已知 X 与 Y 的模糊关系 $\underset{\sim}{R}$ 和某老师的权数 $\underset{\sim}{A}$（见表 20 - 4），试评判该老师的教学等级。

表 20-4 教学的好坏因素与评判情况

$\underset{\sim}{R}$	优	良	中	差
x_1	0.4	0.5	0.1	0
x_2	0.5	0.3	0.1	0
x_3	0.1	0.2	0.6	0.1
x_4	0.4	0.3	0.2	0.1
x_5	0.1	0.2	0.5	0.2

$\underset{\sim}{A}=(0.4,0.2,0.2,0.1,0.1)$

2. 某班想组织一次班日活动，请结合学生活动的实际，按照模糊综合评判的原理与步骤，设计活动的备选方案以及相应的评判指标对这一问题进行分析。

3. 按照模糊综合评判的原理与步骤，对“引例”中企业员工评判问题进行分析。

第21章

层次和网络层次分析法

引例

在现实世界中，往往会遇到决策的问题，比如如何选择旅游景点，如何选择升学志愿，等等。在决策者做出最后的决定以前，他必须考虑很多方面的因素或者判断准则，最终通过这些准则做出选择。比如选择一个旅游景点时，你可以从宁波、普陀山、浙西大峡谷、雁荡山和楠溪江中选择一个作为自己的旅游目的地，在进行选择时，你所考虑的因素有旅游的费用、旅游的景色、景点的居住条件和饮食状况以及交通状况等。这些因素是相互制约、相互影响的。我们将这样的复杂系统称为一个决策系统。这些决策系统中很多因素之间的比较往往无法用定量的方式描述，此时需要将半定性、半定量的问题转化为定量计算问题。层次分析法是解决这类问题的行之有效的方法。层次分析法将复杂的决策系统层次化，通过逐层比较各种关联因素的重要性来为分析以及最终的决策提供定量的依据。

层次分析法（analytic hierarchy process，AHP）是由美国匹兹堡大学教授萨迪（T. L. Saaty）于20世纪70年代末提出的，它是一种多层次权重解析法。AHP以定性与定量相结合的方法处理各种决策因素，将人的主观判断用数量形式表达和处理，系统性强，使用灵活、简便，在社会经济研究的多个领域得到了广泛的应用。在这一方法的基础上，美国匹兹堡大学教授萨迪（T. L. Saaty）于20世纪90年代在层次分析法的基础上提出了网络层次分析法（An analytic Network Proc ess，ANP）。将系统内各元素的关系用类似网络结构表示，而不再是简单的递阶层次结构，网络层中的元素可能相互影响、相互支配，这样ANP能更准确地描述客观事物之间的联系，是一种更加有效的决策方法。

本章学习要点

- 理解 AHP 与 ANP 的基本步骤
- 理解 AHP 与 ANP 的基本思想
- 学会使用 AHP 与 ANP 软件

21.1　AHP 与 ANP 的基本步骤

21.1.1　AHP 的基本步骤

人们在进行社会、经济以及科学管理领域问题的系统分析中，面临的常常是一个由相互关联、相互制约的众多因素构成的复杂而往往缺少定量数据的系统。AHP 为这类问题的决策和排序提供了一种新的、简洁而实用的建模方法。

所谓层次分析法，是指将一个复杂的多目标决策问题作为一个系统，将目标分解为多个目标或准则，进而分解为多指标（或准则、约束）的若干层次，通过定性指标模糊量化方法算出层次单排序（权数）和总排序，以作为目标（多指标）、多方案优化决策的系统方法。

运用 AHP 进行决策时，大体可分以下四个步骤：

步骤 1：分析系统中各因素之间的关系，建立系统的递阶层次结构模型；

步骤 2：对同一层次的各元素关于上一层次中某一准则的重要性进行两两比较，构造两两比较判断矩阵，进行层次单排序和一致性检验；

步骤 3：由判断矩阵计算被比较元素对该准则的相对权重；

步骤 4：计算各层元素对系统目标的合成权重，并进行层次总排序和一致性检验。

下面分别说明这四个步骤的实现方法。

1. 建立递阶层次结构模型

应用 AHP 分析社会、经济以及科学管理领域的问题，首先要把问题条理化、层次化，构造出一个层次分析的结构模型。在这个结构模型下，复杂问题被分解为人们称之为元素的组成部分。这些元素又按其属性分成若干组，形成不同层次。同一层次的元素作为准则对下一层次的某些元素起支配作用，同时它又受上一层次元素的支配。这些层次大体上可以分为三类：

（1）最高层：这一层次中只有一个元素，一般它是分析问题的预定目标或理想结果，因此也称目标层；

（2）中间层：这一层次包括了为实现目标所涉及的中间环节，它可以由若干个层次组成，包括所需考虑的总准则、子准则，因此也称为准则层；

（3）最低层：表示为实现目标可供选择的各种措施、决策方案等，因此也称为措施层或方案层。

上述各层次之间的支配关系不一定是完全的，即可以存在这样的元素，它并不支配下一层次的所有元素而仅支配其中部分元素。

这种自上而下的支配关系所形成的层次结构称为递阶层次结构。一个典型的层次结构如图 21－1 所示。

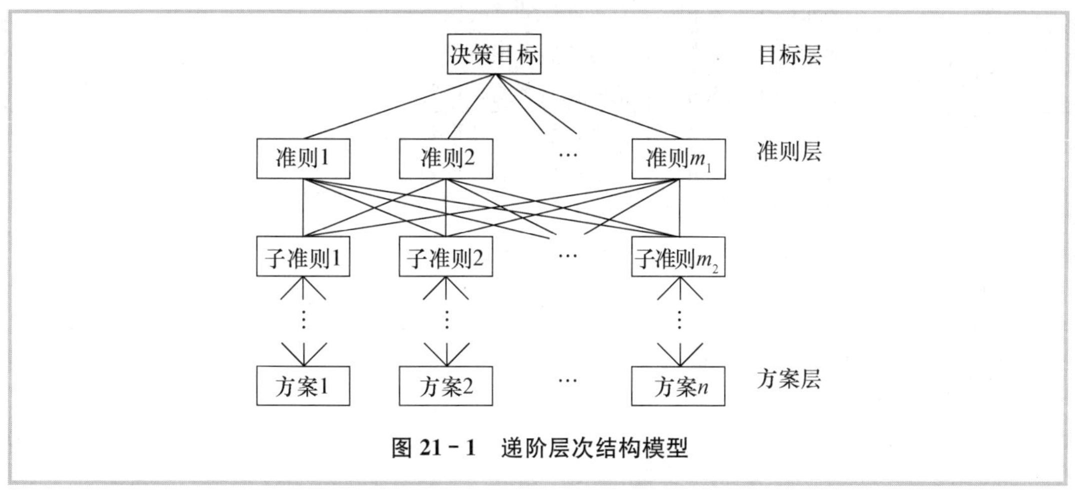

图 21－1　递阶层次结构模型

递阶层次结构中的层次数与问题的复杂程度及需分析的详尽程度有关，一般地说，层次数目可以不受限制。每一层次中各元素所支配的元素一般不要超过 9 个。这是因为支配的元素过多会给两两比较判断带来困难。一个好的层次结构对于解决问题是极为重要的，因而层次结构必须建立在研究者和决策者对所面临的问题有全面深入的认识基础上。如果在层次的划分和确定层次元素间的支配关系上举棋不定，那么最好重新分析问题，弄清各元素间的相互关系，以确保建立一个合理的层次结构。

递阶层次结构是 AHP 中一种最简单的层次结构形式。有时一个复杂的问题仅用递阶层次结构是难以表示的，这时就要采用更复杂的形式，如循环层次结构、反馈层次结构等。它们都是递阶层次结构的扩展形式。

2. 构造两两比较判断矩阵

在建立递阶层次结构模型以后，上下层次之间元素的隶属关系就被确定了。假定以上一层元素 C 为准则，所支配的下一层次的元素为 u_1，u_2，…，u_n，我们的目的是要按它们对于准则 C 的相对重要性赋予相应的权重 u_1，u_2，…，u_n，当 u_1，u_2，…，u_n 对于 C 的重要性可以直接定量表示时（如利润多少、消耗材料量等），它们相应的权重可以直接确定。但是对于大多数社会经济问题，特别是比较复杂的问题，元素的权重不容易直接获得，这时就需要通过适当的方法导出它们的权重。AHP 所用的导出权重法就是两两比较的方法。一般通过专家调查法获得权重。

这一步中，专家要反复地回答问题：针对准则 C，两个元素 u_i 和 u_j 哪一个更重要，重要多少，并按 1～9 比例标度对重要性程度赋值。表 21－1 中列出了 1～9 标度的含义。

$$A=(a_{ij})_{n\times n} \tag{21-1}$$

式中，a_{ij} 就是元素 u_i 和 u_j 相对于 C 的重要性的比例标度。

表 21-1　　1～9 标度的含义

标　度	含　义
1	表示两个元素相比，具有同样的重要性
3	表示两个元素相比，前者比后者稍重要
5	表示两个元素相比，前者比后者明显重要
7	表示两个元素相比，前者比后者强烈重要
9	表示两个元素相比，前者比后者极其重要
2，4，6，8	表示上述相邻判断的中间值
倒数	若元素 i 与元素 j 的重要性之比为 a_{ij}，那么元素 j 与元素 i 重要性之比为 $a_{ji}=\frac{1}{a_{ij}}$

显然判断矩阵具有下述性质：

$$a_{ij}>0,a_{ji}=\frac{1}{a_{ij}},a_{ii}=1 \tag{21-2}$$

判断矩阵 A 为正互反矩阵。它所具有的性质，使我们对一个 n 个元素的判断矩阵仅需给出其上（或下）三角的 $n(n-1)/2$ 个元素就可以了。也就是说只需作 $n(n-1)/2$ 个判断即可。

在特殊情况下，判断矩阵 A 的元素具有传递性，即满足等式

$$a_{ij}\cdot a_{jk}=a_{ik} \tag{21-3}$$

例如当 u_i 和 u_j 相比的重要性比例标度为 3，而 u_j 和 u_k 的重要性比例标度为 2，如果又认为 u_i 和 u_k 重要性比例标度为 6，那么它们之间的关系就满足式（21-3）。但一般我们并不要求判断矩阵满足这种传递性。当式（21-3）对 A 的所有元素均成立时，判断矩阵 A 称为一致性矩阵。

3. 单一准则下元素相对权重的计算

在这一步我们要根据 n 个元素 u_1，u_2，…，u_n 对于准则 C 的判断矩阵 A，求出它们对于准则 C 的相对权重 w_1，w_2，…，w_n，相对权重可写成向量形式，即 $w=(w_1, w_2, \cdots, w_n)^T$。由于权重向量经常被用来作为对象的排序，因此我们也常常把它称为排序向量。这里我们要解决两个问题，一个是权重计算方法，另一个是判断矩阵一致性的检验。

（1）权重计算方法（特征根法）。特征根法是 AHP 中较早提出并得到广泛应用的一种方法。它对 AHP 的发展在理论上起着重要作用。设有判断矩阵 A 与方程

$$Aw=\lambda_{\max}w$$

这里 $\lambda_{\max}$ 是 A 的最大特征根，w 是相应的特征向量。所得的 w 经归一化后就可作为权向量。这种方法称为特征根法，简记为 EM。由正矩阵的 Perron 定理可知 $\lambda_{\max}$ 及相应的特征向量 w 存在且唯一，w 的分量均为正分量，我们可以用幂法求出 $\lambda_{\max}$ 及相应的特征向量 w。

（2）一致性检验。在计算单准则下排序权向量时，如果出现“甲比乙极其重要，乙比

丙极其重要，而丙又比甲极其重要”的判断一般是违反常识的，因此需要对判断矩阵的一致性进行检验，其步骤如下：

1）计算一致性指标（consistency index，CI）。

$$CI=\frac{\lambda_{\max}-n}{n-1}$$

2）查找相应的平均随机一致性指标（random index，RI）。

表 21-2 给出了 1～14 阶正互反矩阵计算 1 000 得到的平均随机一致性指标。

表 21-2　平均随机一致性指标 RI

矩阵阶数	1	2	3	4	5	6	7
RI	0	0	0.52	0.89	1.12	1.26	1.36
矩阵阶数	8	9	10	11	12	13	14
RI	1.41	1.46	1.49	1.52	1.54	1.56	1.58

3）计算一致性比例（consistency ratio，CR）。

$$CR=\frac{CI}{RI}$$

当 $CR<0.1$ 时，认为判断矩阵的一致性是可以接受的。当 $CR\geqslant 0.1$ 时应该对判断矩阵作适当修正。对于一阶、二阶矩阵总是一致的情况，此时 $CR=0$。

为了检验一致性，必须计算矩阵的最大特征根 $\lambda_{\max}$。这可以在求出 w 后，用公式

$$\lambda_{\max}=\frac{1}{n}\sum_{i=1}^{n}\frac{(Aw)_i}{w_i}=\frac{1}{n}\sum_{i=1}^{n}\frac{\sum_{j=1}^{n}a_{ij}w_j}{w_i}$$

求得，式中 $(Aw)_i$ 表示向量 w 的第 i 个分量。

4. 计算各元素对目标层的合成权重

上面得到的仅仅是一组元素对其上一层中某元素的权向量，而最终要得到的是各元素对于总目标的相对权重，特别是要得到最低层各方案对于目标的排序权重，即所谓“合成权重”，从而进行方案选择。合成排序权重的计算要自上而下，将单准则下的权重进行合成，并逐层进行总的一致性检验。

假定已经算出第 $k-1$ 层上 n_{k-1} 个元素相对于总目标的排序权重向量 $w^{(k-1)}=(w_1{}^{(k-1)},\ w_2{}^{(k-1)},\ \cdots,\ w_{nk-1}^{(k-1)})^T$，第 k 层上 n_k 个元素对第 $k-1$ 层上第 j 个元素为准则的排序权重向量设为 $P_j^{(k)}=(p_{1j}^{(k)},\ p_{2j}^{(k)},\ \cdots,\ p_{n_k,j}^{(k)})^T$，其中不受 j 支配的元素的权重为零。令 $P^{(k)}=(p_1^{(k)},\ p_2^{(k)},\ \cdots,\ p_{n_{k-1}}^{(k)})$，这时 $n_k\times n_{k-1}$ 的矩阵，表示 k 层上元素对 $k-1$ 层上各元素的排序，那么第 k 层上元素对总目标的合成排序向量 $w^{(k)}$ 由下式给出：

$$\begin{aligned}w^{(k)}&=(w_1{}^{(k)},w_2{}^{(k)},\cdots,w_{nk}{}^{(k)})^T\\&=P^{(k)}w^{(k-1)}\end{aligned}$$

或 $w_i^{(k)} = \sum_{j=1}^{n_{k-1}} P_{ij}^{(k)} w_j^{k-1}, \quad i=1,2,\cdots,n$

并且一般地有

$$w^{(k)} = P^{(k)} P^{k-1} \cdots w^{(2)}$$

这里 $w^{(2)}$ 是第二层上元素对总目标的排序向量，实际上它就是单准则下的排序向量。

同样地，我们从上到下逐层进行一致性检验。若已求得以 $k-1$ 层上元素 j 为准则的一致性指标 $CI_j^{(k)}$、平均随机一致性指标 $RI_j^{(k)}$ 以及一致性比例 $CR_j^{(k)}$（$j=1, 2, \cdots, n_{k-1}$），那么 k 层的综合指标 $CI^{(k)}$、$RI^{(k)}$、$CR^{(k)}$ 应为

$$CI^{(k)} = (CI_1^{(k)}, \cdots, CI_{n_{k-1}}^{(k)}) w^{(k-1)}$$
$$RI^{(k)} = (RI_1^{(k)}, \cdots, RI_{n_{k-1}}^{(k)}) w^{(k-1)}$$
$$CR^{(k)} = \frac{CI^{(k)}}{RI^{(k)}}$$

当 $CR^{(k)} < 0.1$ 时，认为递阶层次结构在 k 层水平以上的所有判断具有整体满意的一致性。

下面用一个比较简单的例子来显示完整的求解过程与结果。

例 21－1

某企业有一笔留成利润要由领导决定其用途，总目标是希望能促进工厂更进一步发展。可供选择的方案有：作为奖金发给职工，扩建职工住宅、食堂、托儿所等福利设施，开办职工业余学校和短训班进行职工培训，建设图书馆或职工俱乐部等文娱设施，引进新设备进行技术改造。衡量这些方案（措施）可从以下三方面着眼：是否调动了职工的生产积极性，是否提高了企业的技术水平，是否改善了职工的物质文化生活状况。现在要对上述五种方案进行优劣性评价，或者说按优劣顺序把这五种方案排列起来，以便领导从中选择一种方案付诸实施。

建立层次结构模型。我们应用 AHP 对此问题进行分析后，可建立如图 21－2 所示的层次结构模型。

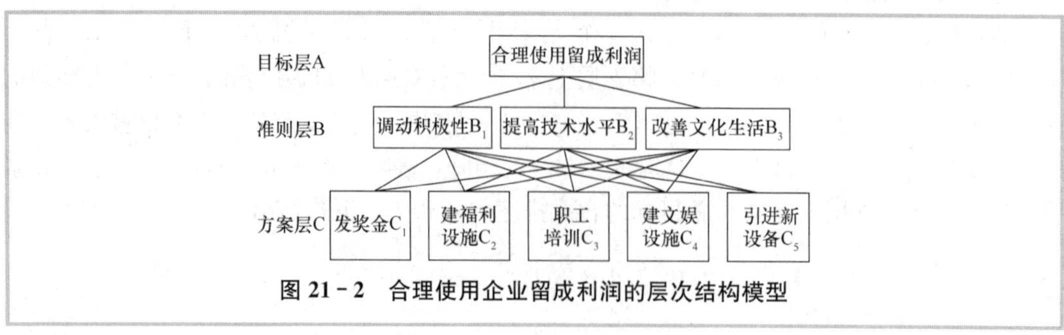

图 21－2　合理使用企业留成利润的层次结构模型

根据各因素的重要性比较构造判断矩阵并进行计算，所得判断矩阵及相应计算结果用表列出。

（1）判断矩阵 A-B（相对于总目标而言，各评价准则之间的相对重要性比较），见表 21－3。

表 21－3　　判断矩阵 A-B

A	B_1	B_2	B_3	w
B_1	1	$\frac{1}{5}$	$\frac{1}{3}$	0.104 2
B_2	5	1	3	0.637 2
B_3	3	$\frac{1}{3}$	1	0.258 3

$\lambda_{max}=3.038\,5$

$CI=0.019\,3$

$RI=0.58$

$CR=0.033\,2<0.10$

可判断矩阵具有满意的一致性。

（2）判断矩阵 B_1-C（相对于调动生产积极性准则而言，各方案之间的相对重要性比较），见表 21－4。

表 21－4　　判断矩阵 B_1-C

B_1	C_1	C_2	C_3	C_4	C_5	w
C_1	1	3	5	4	7	0.491
C_2	$\frac{1}{3}$	1	3	2	5	0.232
C_3	$\frac{1}{5}$	$\frac{1}{3}$	1	$\frac{1}{2}$	3	0.092
C_4	$\frac{1}{4}$	$\frac{1}{2}$	2	1	3	0.138
C_5	$\frac{1}{7}$	$\frac{1}{5}$	$\frac{1}{3}$	$\frac{1}{3}$	1	0.046

$\lambda_{max}=5.126$

$CI=0.032$

$RI=1.12$

$CR=0.028<0.10$

（3）判断矩阵 B_2-C（相对于提高技术水平准则而言，各方案之间的相对重要性比较），见表 21－5。

表 21-5 判断矩阵 B_2-C

B_2	C_2	C_3	C_4	C_5	w
C_2	1	$\frac{1}{7}$	$\frac{1}{3}$	$\frac{1}{5}$	0.055
C_3	7	1	5	3	0.564
C_4	3	$\frac{1}{5}$	1	$\frac{1}{3}$	0.118
C_5	5	$\frac{1}{3}$	3	1	0.263

$\lambda_{max}=4.117$

$CI=0.039$

$RI=0.90$

$CR=0.043<0.10$

（4）判断矩阵 B_3-C（相对于改善职工文化生活状况准则而言，各方案之间的相对重要性比较），见表 21-6。

表 21-6 判断矩阵 B_3-C

B_3	C_1	C_2	C_3	C_4	w
C_1	1	1	3	3	0.406
C_2	1	1	3	3	0.406
C_3	$\frac{1}{3}$	$\frac{1}{3}$	1	1	0.094
C_4	$\frac{1}{3}$	$\frac{1}{3}$	1	1	0.094

$\lambda_{max}=4$

$CI=0$

$RI=0$

（5）层次总排序，计算结果见表 21-7。

表 21-7 层次总排序计算结果

层次 B / 层次 C	B_1	B_2	B_3	层次 C 总排序权值	方案排序
	0.104	0.637	0.258		
C_1	0.491	0	0.406	0.157	4
C_2	0.232	0.055	0.406	0.164	3
C_3	0.092	0.564	0.094	0.393	1
C_4	0.138	0.118	0.094	0.113	5
C_5	0.046	0.263	0	0.172	2

$CI=0.028$

$RI=0.923\,1$

$CR=0.0305<0.10$

计算结果表明，为合理使用企业利润留成，对于该企业来说，所提出的五种方案的优先次序为：

C_3——办职工业余学校和短训班进行职工培训，权值为 0.393；

C_5——引进新设备进行企业技术改造，权值为 0.172；

C_2——扩建职工住宅、食堂、托儿所等福利设施，权值为 0.164；

C_1——作为奖金发给职工，权值为 0.157；

C_4——建立图书馆或职工俱乐部等文娱设施，权值为 0.113。

企业领导可根据上述排序结果进行决策。需要注意的是，不同的人对不同企业中的不同情况有不同的判断，用不同的判断值计算的排序结果也不一样。所以应当请那些对所处理的问题有专门研究的人来作判断，因为他们对所处理的问题和周围的环境了解得比较透彻，能得到合理的判断和正确的排序结果。

21.1.2 ANP 的基本步骤

AHP 法没有考虑层次元素之间的反馈和相互支配作用，而复杂系统中各元素往往是相互关联影响的，所以 AHP 法在较为复杂系统中的应用受到极大的限制，而 ANP 法正好可以处理元素之间的相互支配问题，弥补了层次分析法的缺陷。

运用 ANP 进行决策时，大体可分为以下三个步骤。

1. 构建评价指标体系

首先对决策问题进行详细的描述，对需要解决的问题进行分析，理清思路，构建起评价体系。在已构建的评价体系基础上形成指标体系构建指标之间依存和反馈关系（关联情况）。指标关联情况通常可以通过专家调查或是小组讨论方式得出。

2. 建立网络结构模型

依据上一步骤得到的评价指标体系和指标之间相互依存和反馈关系建立网络结构模型，ANP 网络结构模型将系统元素划分为两大部分，第一部分称为控制因素层，包括问题目标及决策准则，所有的决策准则均被认为是彼此独立的，且只受目标元素支配，控制因素中可以没有决策准则，但至少有一个目标。控制层中每个准则的权重均可用传统 AHP 方法获得，第二部分为网络层，它是由所有受控制层支配的元素组组成的，其内部是互相影响的网络结构，图 21－3 就是一个典型的 ANP 结构。

3. 构造超矩阵并计算权重

（1）计算无权重超矩阵。

在每一控制准则下，构建无权重超矩阵 W_S，即应用两两比较方法对元素进行两两比较。在构建的过程中，首先将构建网络时选取的准则 P_S（$S=1, 2, \cdots, m$）作为主准则，以该网络中某一元素组 C_j 中的元素 e_{jl}（$l=1, 2, \cdots, n_j$）作为次准则，按照元素组 C_i 中各元素对元素 e_{jl} 的影响程度或按照元素 e_{jl} 对元素组 C_i 中各元素的影响程度构造判断矩阵，并求得归一化特征向量 $(W_{i1}^{jl}, W_{i2}^{jl}, \cdots, W_{in1}^{jl})^T$。如此，依次将 C_j 中的各元素作为子准则，将元素组 C_i 与元素组 C_j 中的元素两两比较，构造各自的判断矩阵，最后将各判断矩阵的归一化特征向量汇总到一个矩阵 W_{ij} 中，则该矩阵表示元素组 C_i 中的元素与元

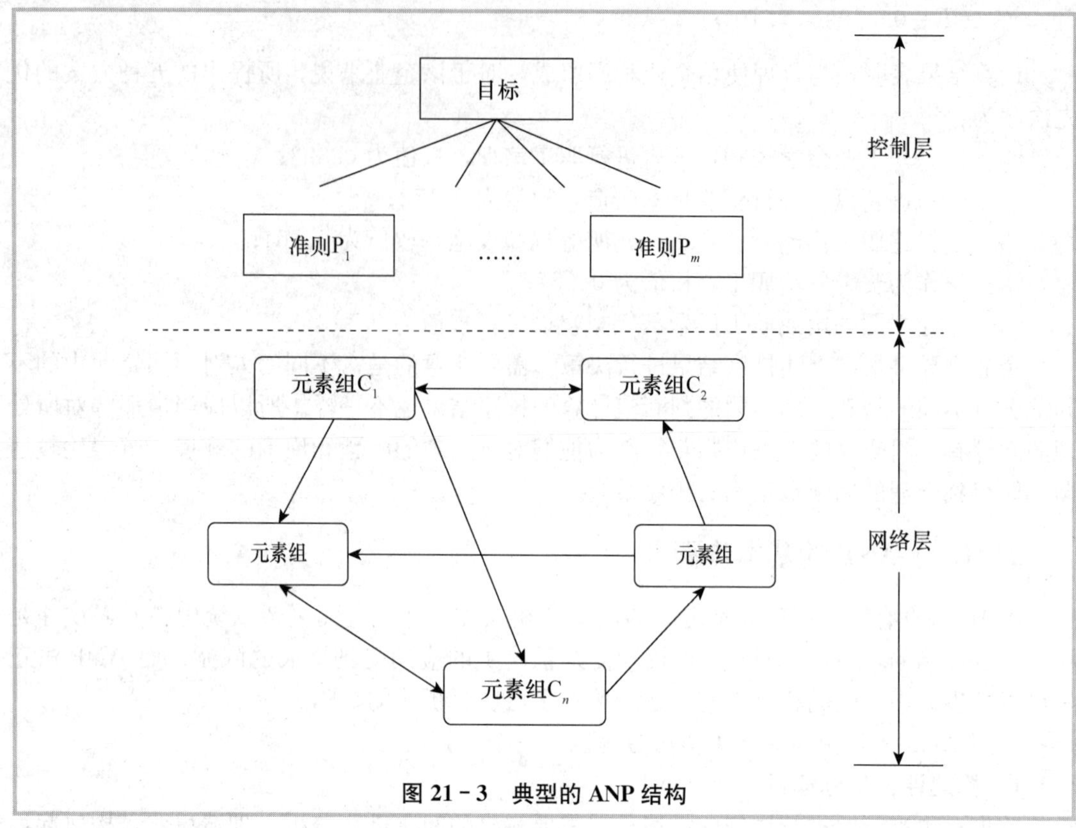

图 21－3　典型的 ANP 结构

素组 C_j 中的元素之间的影响关系。

如此，以 P_S 为主准则，依次将各元素组元素之间的内外关系进行比较，最终可获得无权重超矩阵 W_S。

$$
W_S = \begin{array}{cc}
 & \begin{array}{cccc} C_1 & C_2 & \cdots & C_N \\ e_{11}\,e_{12}\cdots e_{1n_1} & e_{21}\,e_{22}\cdots e_{2n_2} & \cdots & e_{N1}\,e_{N2}\cdots e_{NN} \end{array} \\
\begin{array}{c} C_1 \begin{array}{c} e_{11} \\ e_{12} \\ \vdots \\ e_{1n_1} \end{array} \\ C_2 \begin{array}{c} e_{21} \\ e_{22} \\ \vdots \\ e_{2n_2} \end{array} \\ \vdots \quad \vdots \\ C_N \begin{array}{c} e_{N1} \\ e_{N2} \\ \vdots \\ e_{Nn_N} \end{array} \end{array} &
\left[\begin{array}{cccc} W_{11} & W_{12} & \cdots & W_{1V} \\ W_{21} & W_{22} & \cdots & W_{2V} \\ \vdots & \vdots & & \vdots \\ W_{N1} & W_{N2} & \cdots & W_{NV} \end{array} \right]
\end{array}
$$

其中，$W_{ij}=\begin{bmatrix} W_{i1}^{j1} & W_{i1}^{j2} & \cdots & W_{i1}^{jn_j} \\ W_{i2}^{j1} & W_{i2}^{j2} & \cdots & W_{i2}^{jn_j} \\ \vdots & \vdots & \ddots & \vdots \\ W_{in_1}^{j1} & W_{in_2}^{j2} & \cdots & W_{in_i}^{jn_j} \end{bmatrix}$。

同理，以其他准则为主准则，分别构造无权重超矩阵，共有 m 个。在这里称矩阵 W_S 为无权重超矩阵，主要是因为该超矩阵不是列归一的，只是各个子块 W_{ij} 是列归一的，因而该超矩阵还不能显示各元素的优先权，还需要对元素组进行成对比较，以使得无权重超矩阵转化成为权重超矩阵。

（2）计算权重超矩阵。

以 P_S 为主准则，以元素组 C_j 为次准则，对元素组进行成对比较，构造判断矩阵 a_j，并进行归一化处理，得归一化特征向量（a_{1j}，a_{2j}，…，a_{Nj}）^{T}。由此可以获得在某一准则下反映元素组间关系的权重矩阵 A_S。

$$A_S=\begin{bmatrix} a_{11} & a_{12} & \cdots & a_{1N} \\ a_{21} & a_{22} & \cdots & a_{2N} \\ \vdots & \vdots & \ddots & \vdots \\ a_{N1} & a_{N_2} & \cdots & a_{NN} \end{bmatrix}$$

有了该权重矩阵，就可以获得权重超矩阵，即以权重矩阵 A_S 乘以无权重超矩阵 W_S 得到权重超矩阵 W_S^W

$$W_S^W=A_S\times W_S$$

（3）计算极限超矩阵。

在 AHP 方法中，元素之间相互独立，判断某一准则下两元素的优先权只需对两元素直接比较即可确定。但是在 ANP 方法中，因为引入了反馈、相互依赖关系，使得元素优先权的确定过程变得复杂，两个元素既可以进行直接比较，也可以进行间接比较，如可以 W_{ij} 反映元素 i 与元素 j 的直接比较关系，可以 $\sum_{k=1}^{N} w_{ik}w_{ij}$ 反映元素 i 与元素 j 的间接比较关系，并且元素 i 与元素 j 的复杂间接关系还可以通过超矩阵的迭代反映出来。因而，在 ANP 中，要通过求极限超矩阵的方法确定稳定的元素优先权。

$$W_S^l=\lim_{k\to\infty}W^k$$

式中，W_S^l 表示极限超矩阵，W 表示权重超矩阵。

超矩阵中，每一行相同的数字，即为该行指标的全局权重。

21.2 AHP 和 ANP 的软件实现

21.2.1 AHP 的软件实现

处理层次分析的软件有很多，例如 MATLAB、Excel、YAAHP、AHP 等，只需要把层次结构和判断矩阵输入，这些软件能够方便计算出特征值并进行一致性检验，当然也可以算出总排序。下面我们以 AHP 软件为例，介绍层次分析法的软件实现。

AHP 软件对于构造层次分析模型、构建指标体系并进行权重计算很有用。指标体系一般分为目标层、准则层、要素层、指标层，据此构造判断矩阵，通过判断矩阵进行特征值和特征向量的计算，该软件可以迅速实现两者的计算，并通过一致性检验，最终确定权重的总排序。优点就是避免了平常我们的手算过程，方便快捷，并可以迅速地调整判断矩阵，使其通过一致性检验。此软件解压即可用，无须安装。

我们以例 21－1 的企业利润留成为例，说明 AHP 软件的用法。

第一步，建立层次结构模型，输入模型层数。利润留成问题的层次结构模型共 3 层，因此输入 3，如图 21－4 所示。

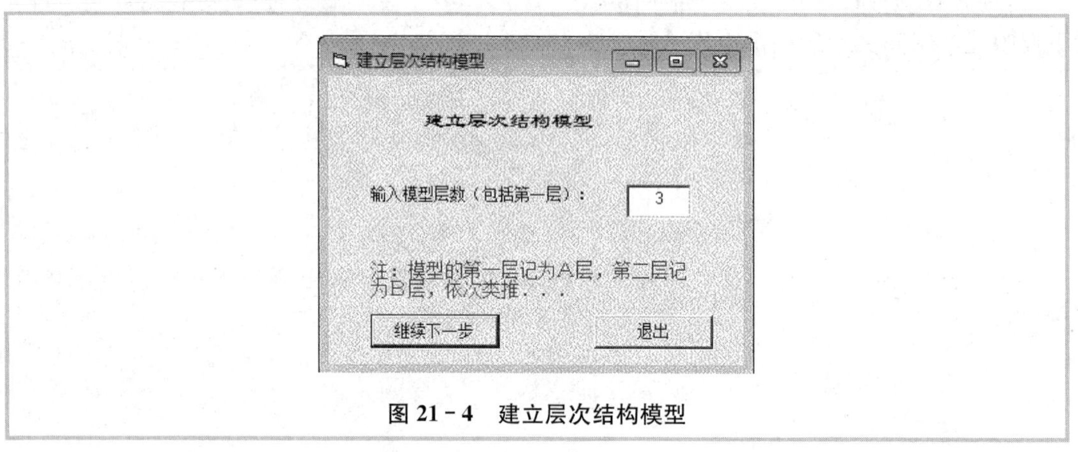

图 21－4　建立层次结构模型

第二步，点击［继续下一步］，输入各层指标数目，如图 21－5 所示，本例准则层为 3、方案层为 5，因此，输入 3 和 5。

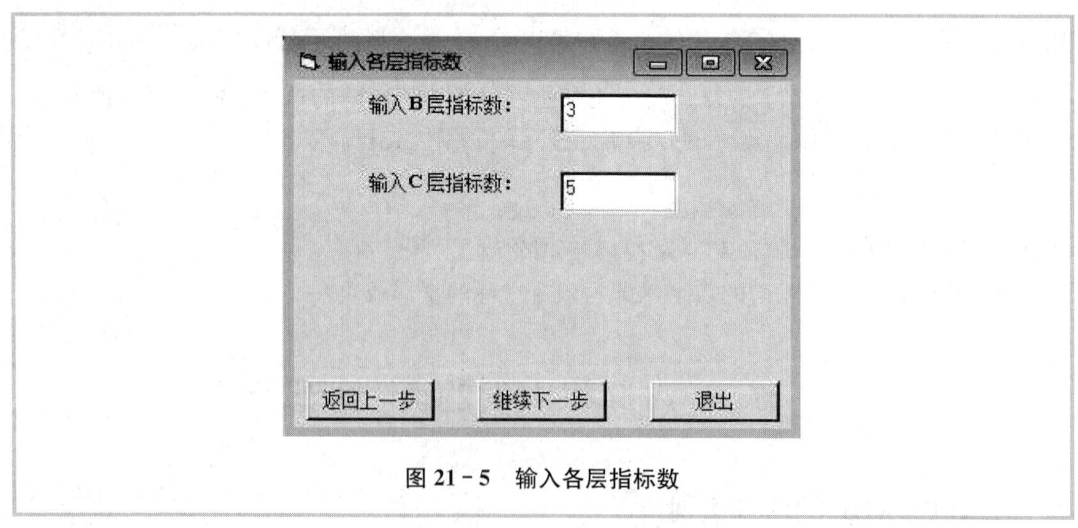

图 21－5　输入各层指标数

第三步，点击［继续下一步］，需要确定层次间关系，即分别在各层中选定与其上一层指标相关联的指标，如图 21－6 所示。

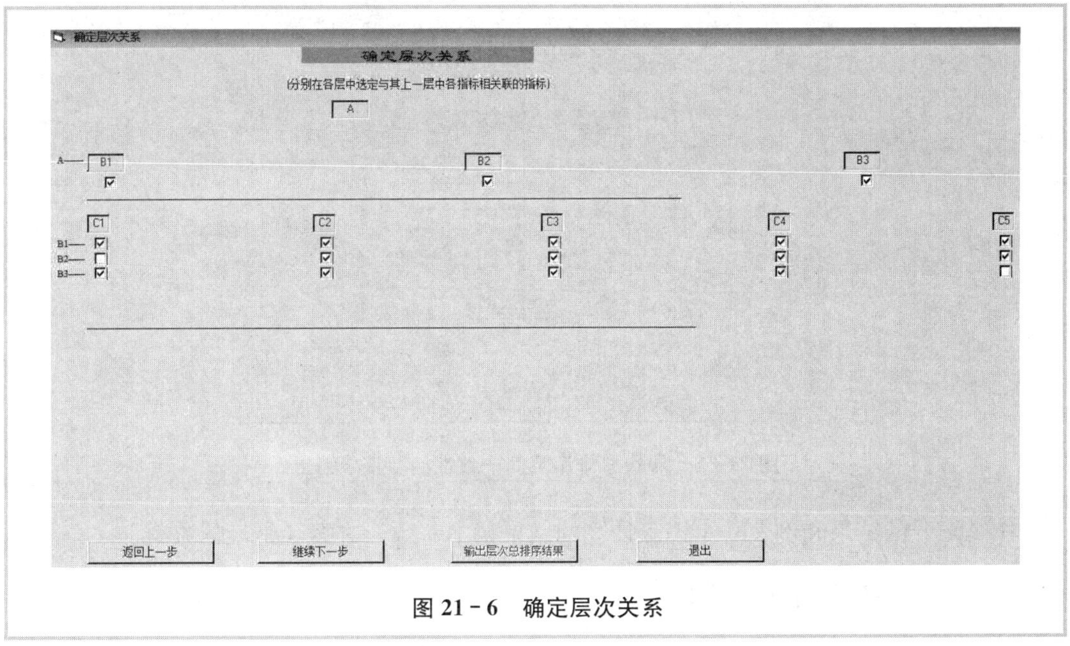

图 21－6　确定层次关系

第四步，点击［继续下一步］，输入 A-B 判断矩阵，并计算最大特征值和进行一致性检验，如图 21－7 所示。

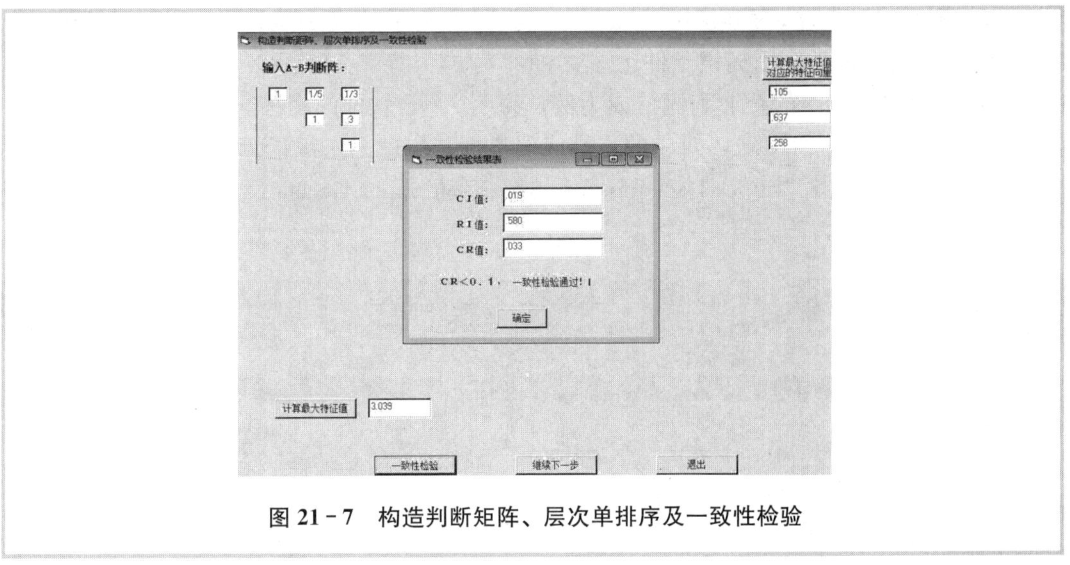

图 21－7　构造判断矩阵、层次单排序及一致性检验

依此类推，输入各个矩阵的判断数据矩阵，最后输出总排序结果，并进行总结果的一致性检验，如图 21－8 所示。

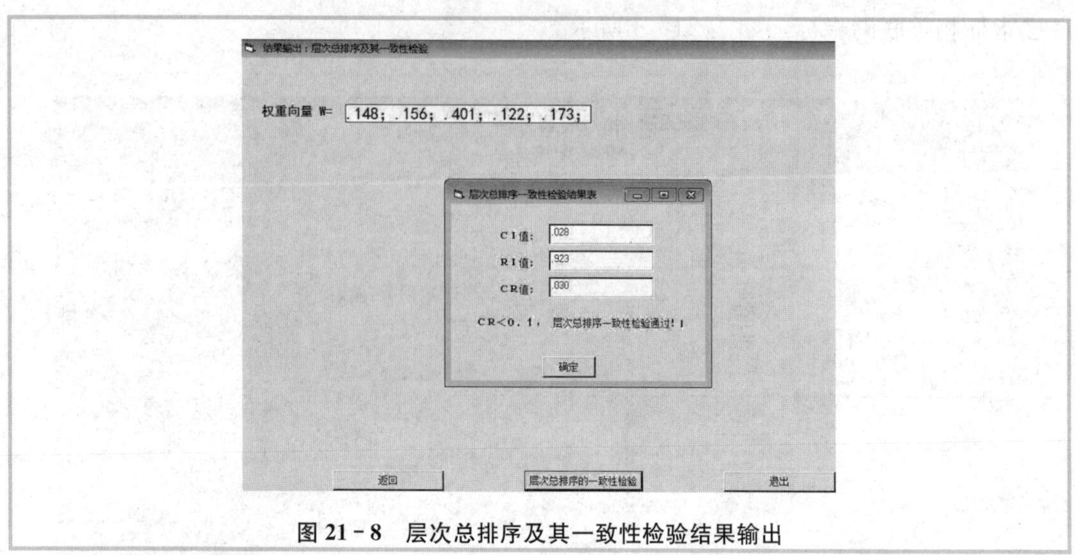

图 21-8 层次总排序及其一致性检验结果输出

图 21-8 的结果和例 21-1 手工计算的结果基本一致，方案 3 是最佳方案。

21.2.2 ANP 的软件实现

由于 ANP 法的原理和过程比较复杂，考虑的元素较多时用手工计算几乎不可能完成，考虑的元素少则不符合实际情况，影响结果精确性，其人工运算极其烦琐，且难度很大，如果不借助计算软件，很难将 ANP 应用于解决实际决策问题。罗姗·萨蒂（Rozann Saty）和威廉姆·亚当斯（William Adams）在美国推出了超级决策（Super Decisions）软件，为 ANP 模型真正应用提供条件。

我们仍以例 21-1 的企业利润留成为例，说明 ANP 软件的用法。

（1）创建元素集 Cluster，对应的是网络层指标，也就是二级指标。

1）在桌面上单击“Super Decisions”图标，启动 Super Decisions。Super Decisions 主界面如图 21-9 所示。

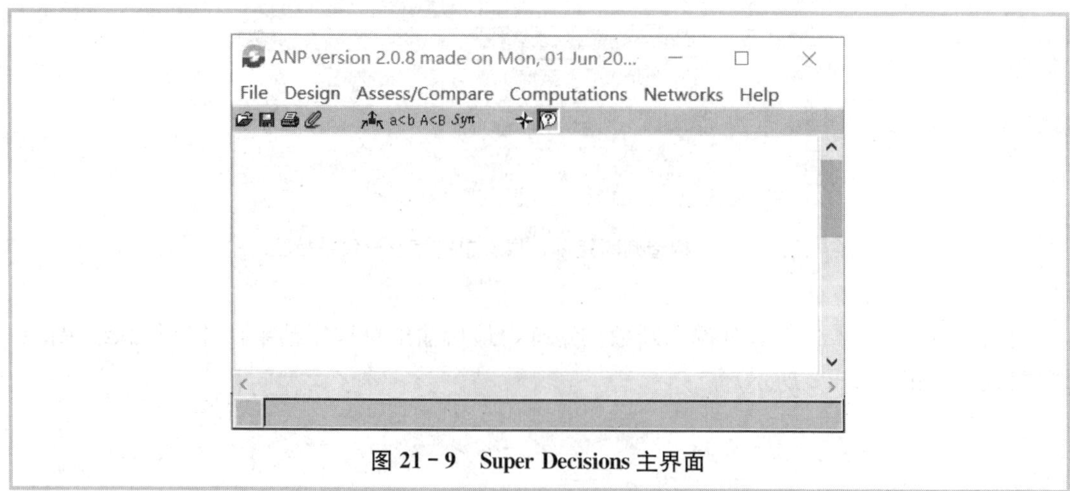

图 21-9 Super Decisions 主界面

2）进入 Super Decisions 主界面，依次选择［Design］⇒［Cluster］⇒［New］菜单命令，调用［New Cluster Dialog］对话框，如图 21－10 所示。

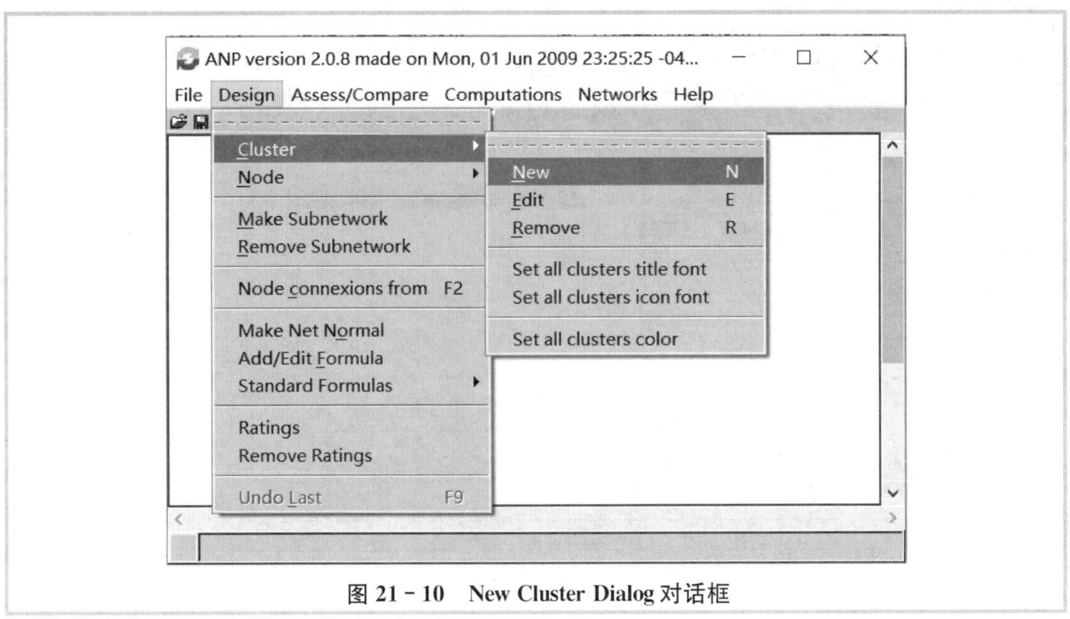

图 21－10　New Cluster Dialog 对话框

3）在弹出的“New Cluster Dialog”对话框中，在［Name］框内输入二级指标“alternatives”，［Description］框内输入二级指标对应的描述，［Main Font］选项更改字体大小，［Icon］选项更改 Cluster 图标，［Color］选项更改 Cluster 颜色（利用颜色可以使层次结构更加清晰），点［Create Another］按钮，完成 Cluster 的创建（见图 21－11）。

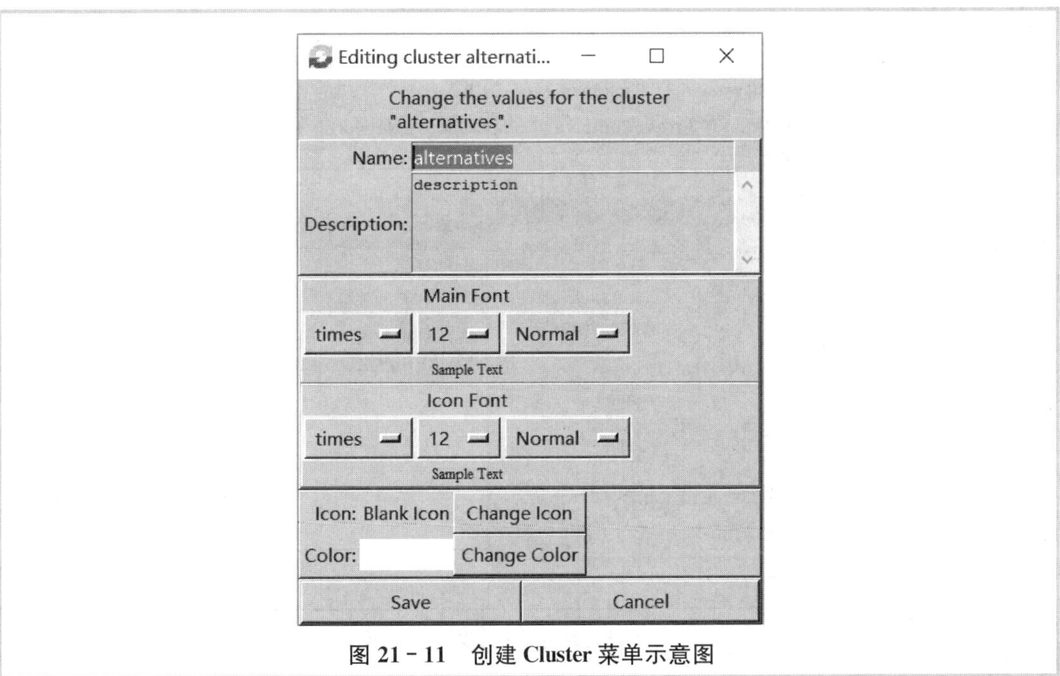

图 21－11　创建 Cluster 菜单示意图

4）反复执行上述过程直到把所有的二级指标创建完毕，可在 Super Decision 软件中看到指标的元素集的示意图（见图 21－12）。

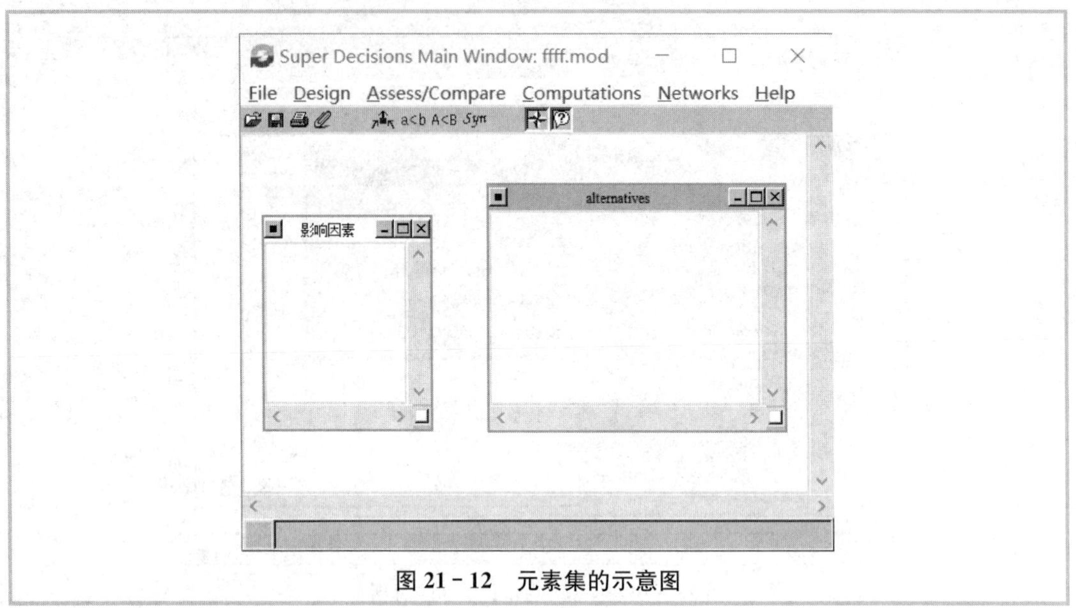

图 21－12　元素集的示意图

（2）创建元素 Node。

Node，即元素，对应的是网络层指标中的指标分项，也就是三级指标。创建元素也就是编辑网络层指标，是指向各二级指标添加下一级指标。

1）进入 Super Decisions 的主界面，依次执行［Design］⇒［Node］⇒［New］菜单命令，调用“Cluster Selector”对话框（见图 21－13）。

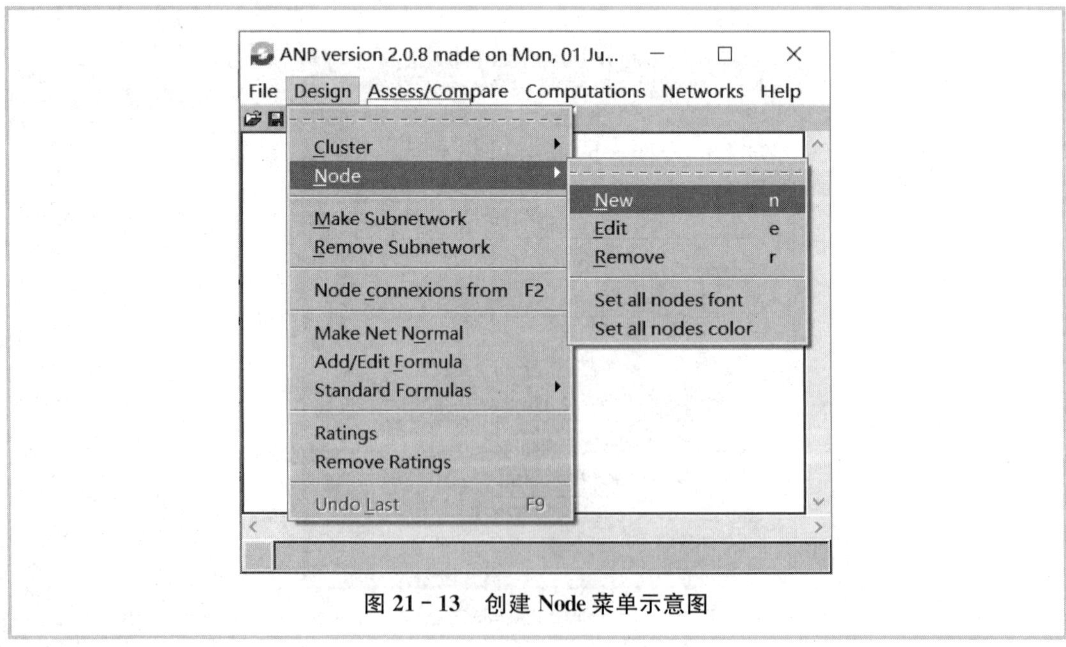

图 21－13　创建 Node 菜单示意图

2）在弹出的“Cluster Selector”对话中，选择要为之创建元素（Node）的元素集（Cluster），点［Okay］按钮，完成 Cluster 的选取（见图 21－14）。

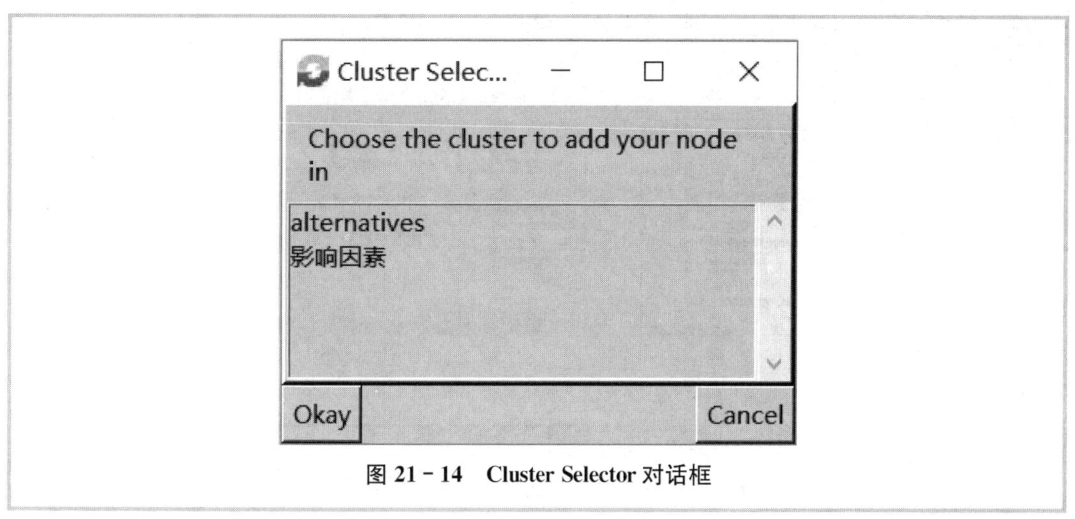

图 21－14　Cluster Selector 对话框

3）在弹出的“New Node Dialog”对话中，［Name］框内输入三级指标“发奖金 C1”，“Description”框内输入三级指标对应的描述，［Main Font］选项更改字体大小，［Icon］选项更改 Node 图标，［Color］选项更改 Node 颜色，点［Create Another］按钮，完成 Node 的创建（见图 21－15）。

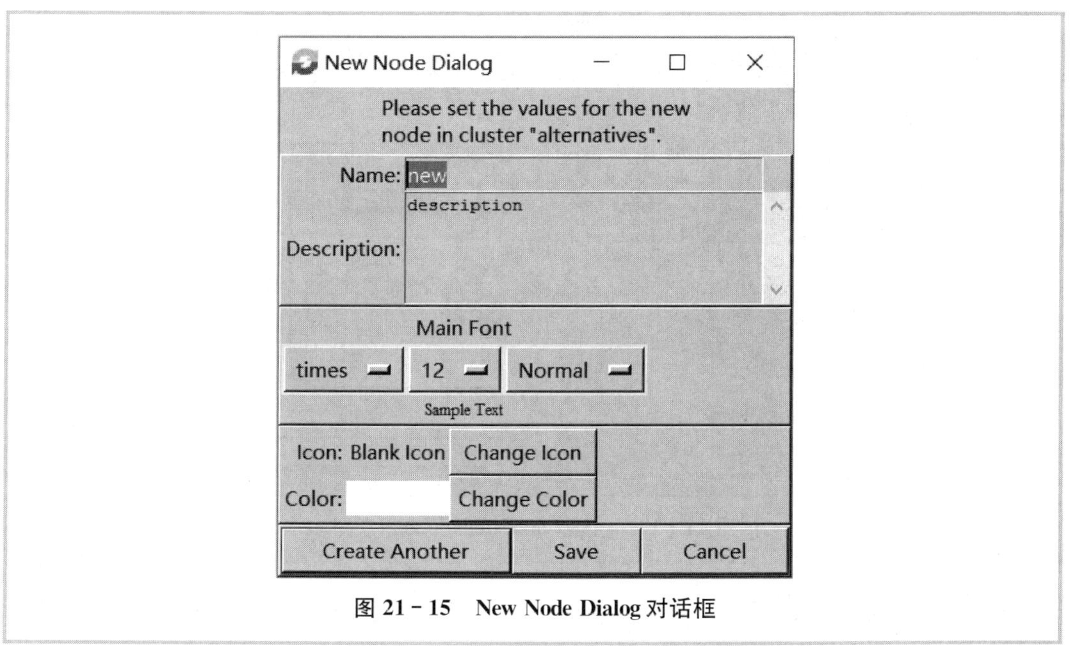

图 21－15　New Node Dialog 对话框

反复执行上述过程直到把所有的二级指标对应的三级指标创建完毕。至此，所有指标就以元素集和元素的形式输入到 Super Decisions 中（见图 21－16）。

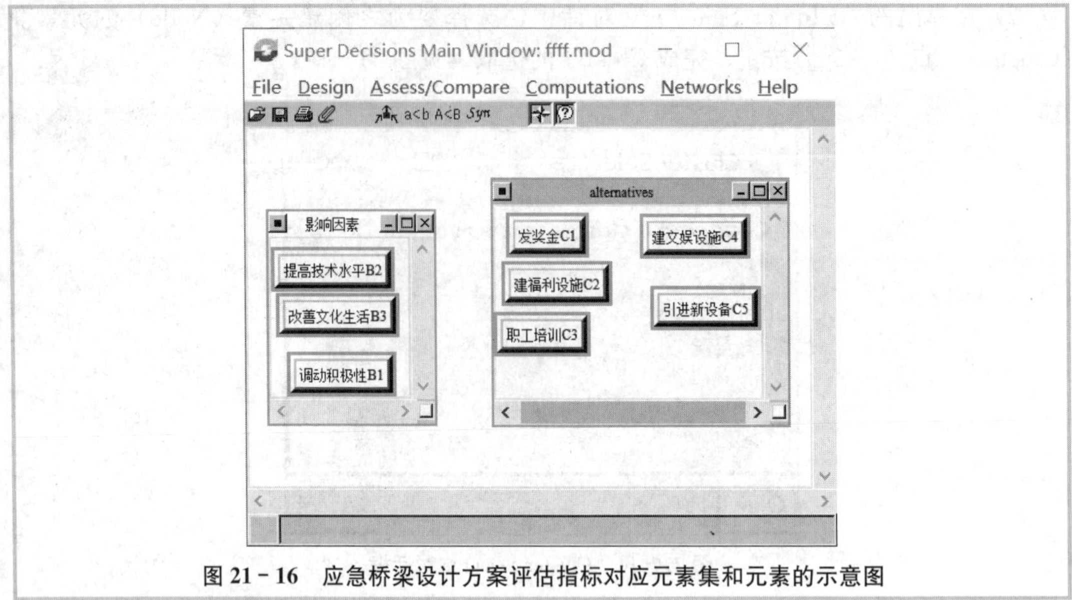

图 21-16 应急桥梁设计方案评估指标对应元素集和元素的示意图

（3）建立元素集及元素之间的关联。

1）进入 Super Decisions 的主界面，依次执行［Design］⇒［Node connexions from］菜单命令，调用“Node Selector”对话框（见图 21-17）。

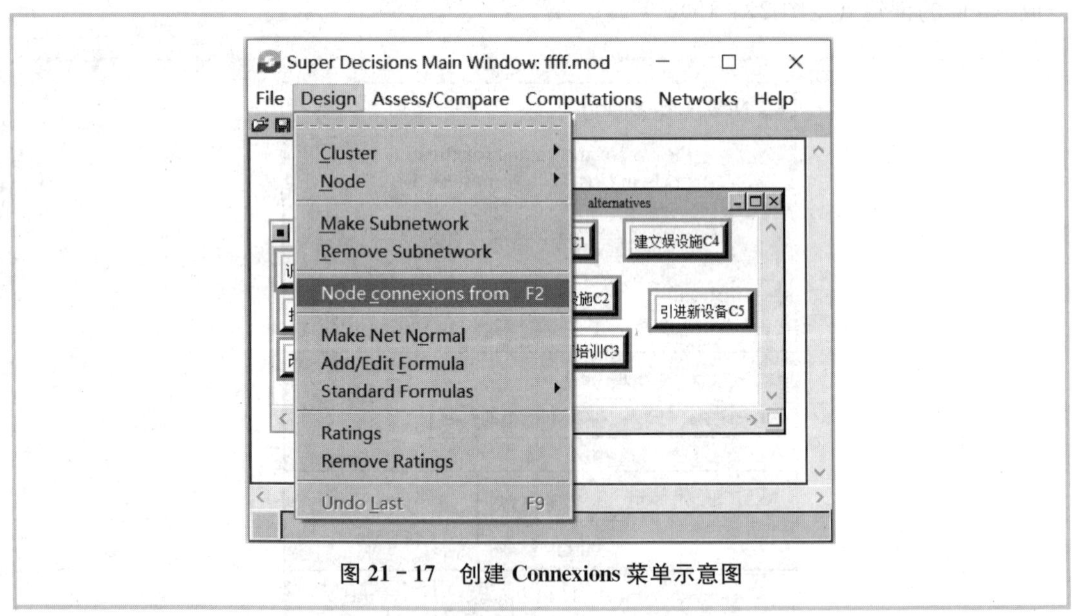

图 21-17 创建 Connexions 菜单示意图

2）在弹出的“Node Selector”对话框中，选择要为之创建链接（Connexions）的元素（Node），点［Okay］按钮，在弹出的“Node Selector”对话框中可以选择被将要创建链接的元素影响的所有元素（见图 21-18）。

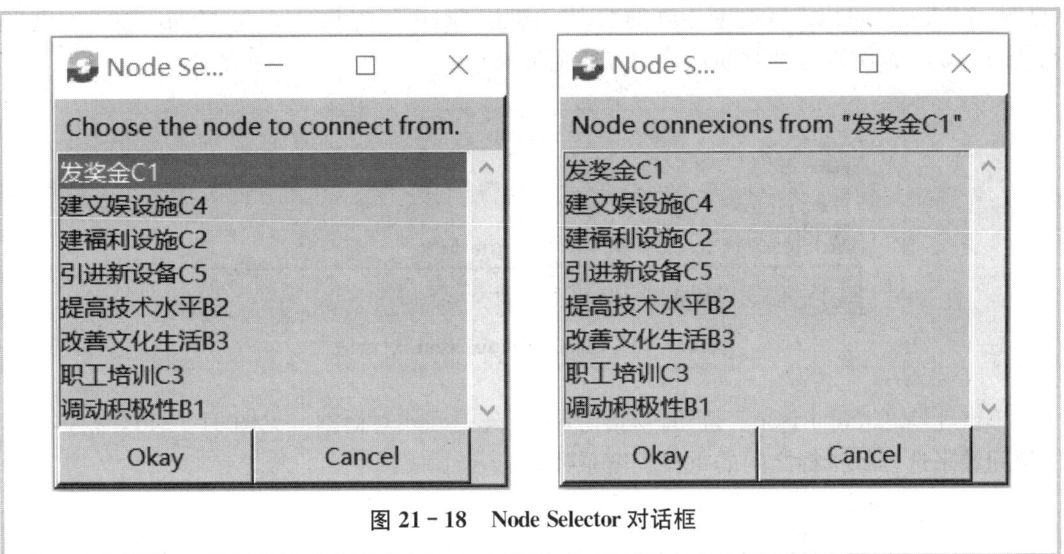

图 21－18 Node Selector 对话框

3）根据指标关联情况，反复执行上述过程，直到把所有元素（Node）的链接创建完毕。至此，完整的网络层次结构模型输入到 Super Decisions 中（见图 21－19）。

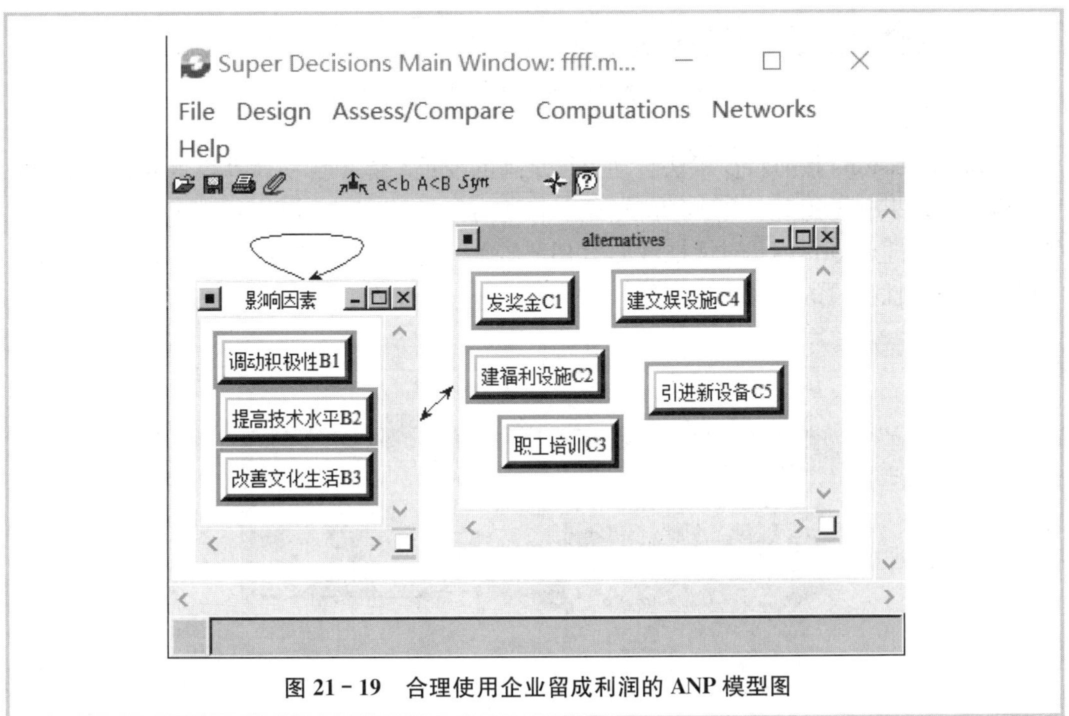

图 21－19 合理使用企业留成利润的 ANP 模型图

（4）建立判断矩阵并赋值。

1）构建二级指标判断矩阵。

进入 Super Decisions 的主界面，依次选择［Assess/Compare］⇒［Cluster Comparisons］菜单命令或者单击主界面中［A<B］按钮，调用“Cluster Comparisons”对话框

（见图 21－20）。可以选择判断矩阵的准则和构建判断矩阵的元素集，所有元素集中的所有元素的关联，都将以这种判断矩阵的方式定量反映。

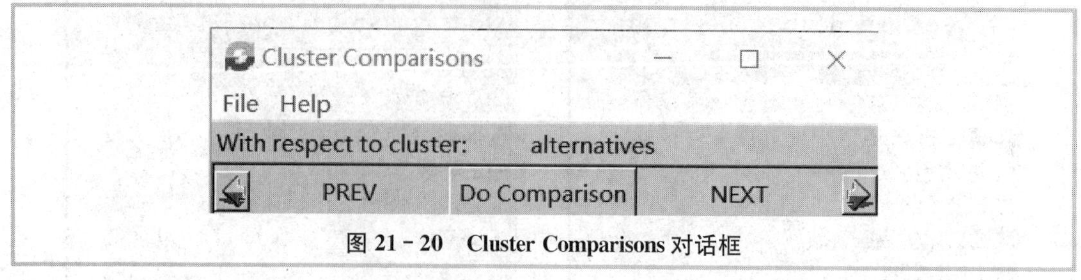

图 21－20 Cluster Comparisons 对话框

单击［Do Comparison］按钮，打开判断矩阵提问式对话框（见图 21－21），根据专家所填问卷来选择各指标之间的重要程度系数。

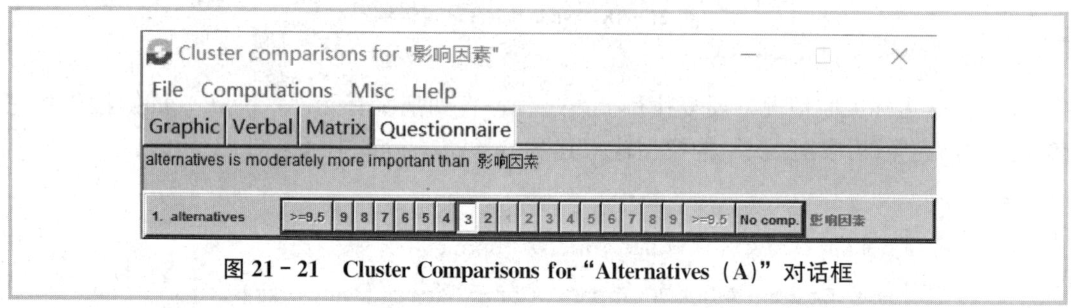

图 21－21 Cluster Comparisons for "Alternatives (A)" 对话框

Super Decisions 按照特征根法自动得出矩阵的权重，除了自动计算权重外，还给出一致性检验的结果（见图 21－22），依次单击［Computations］⇒［Show new priorities］菜单命令，打开［Priorities］对话框（见图 21－23），显示该判断矩阵各具体表现指标生成的权重和一致性检验的结果。

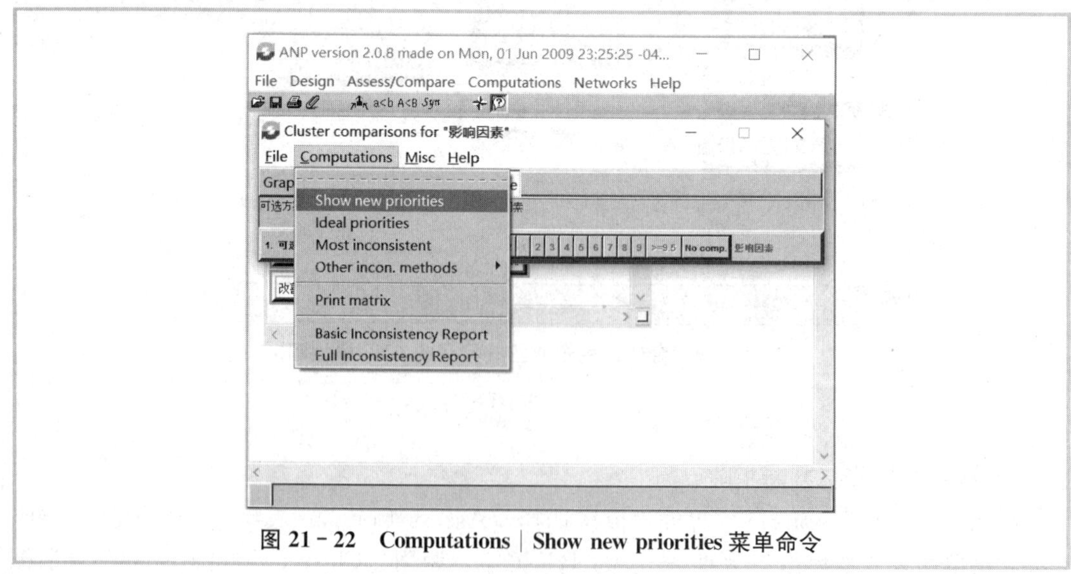

图 21－22 Computations | Show new priorities 菜单命令

如图 21－23 所示，判断矩阵的一致性系数 CR=0.000 0<0.1，表明权重可以接受。

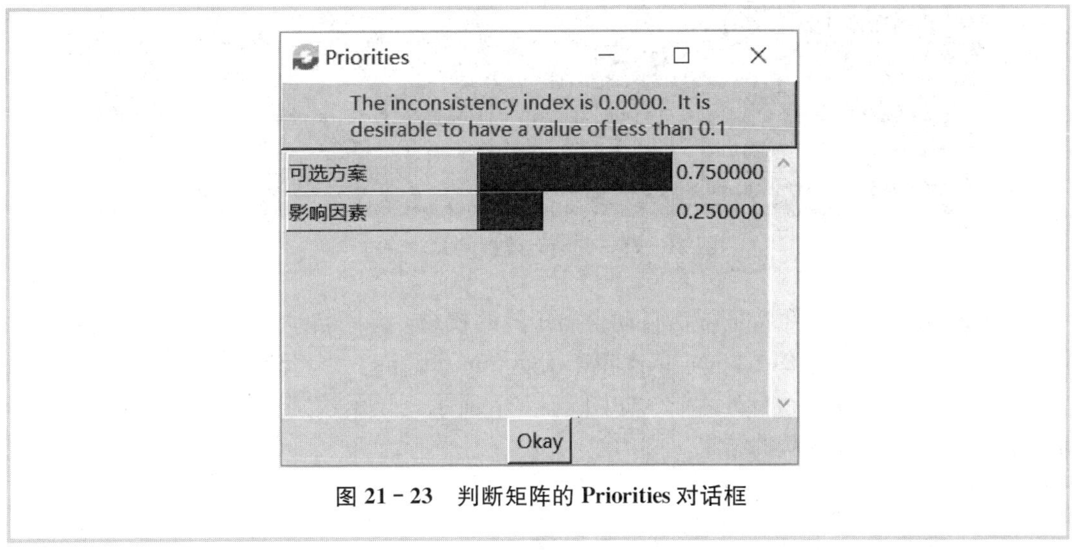

图 21－23　判断矩阵的 Priorities 对话框

单击［okay］返回到图 21－20 所示界面。点选图中的［Yes］表示判断矩阵构筑完成，若有其他判断矩阵，重复构筑判断矩阵并确定权重，直至构筑完所有判断矩阵。

2）构建三级指标判断矩阵。

进入 Super Decisions 的主界面，依次点击［Assess/Compare］⇒［Node Comparisons］菜单命令或者单击主界面中［a<b］按钮，调用“Node Comparisons”对话框（见图 21－24）。可以选择判断矩阵的准则和构建判断矩阵的元素集，所有元素集中的所有元素的关联，都将以这种判断矩阵的方式定量反映。

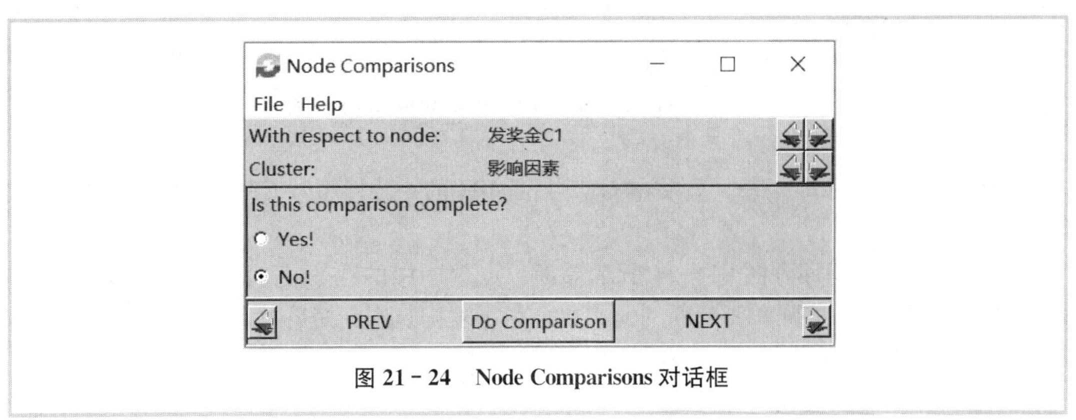

图 21－24　Node Comparisons 对话框

3）单击［Do Comparison］按钮，打开“判断矩阵提问式”对话框（见图 21－25），根据专家所填问卷来选择各指标之间的重要程度系数。在提问形式中，根据问卷调查结果选择重要程度的系数，重复如图 21－24 的过程。

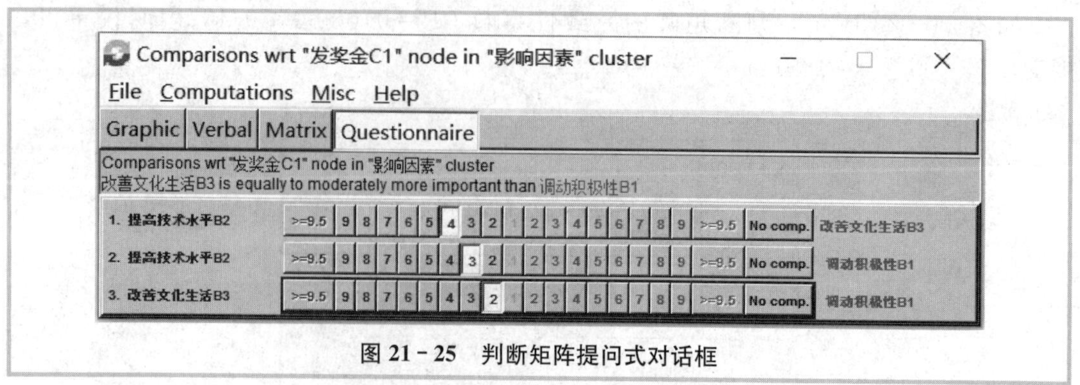

图 21－25　判断矩阵提问式对话框

Super Decisions 按照特征根法自动得出矩阵的权重，除了自动计算权重外，还给出一致性检验的结果（见图 21－26），依次单击［Computations］⇒［Show new priorities］菜单命令，打开［Priorities］对话框，如图 21－27 所示，显示该判断矩阵各具体表现指标生成的权重和一致性检验的结果。

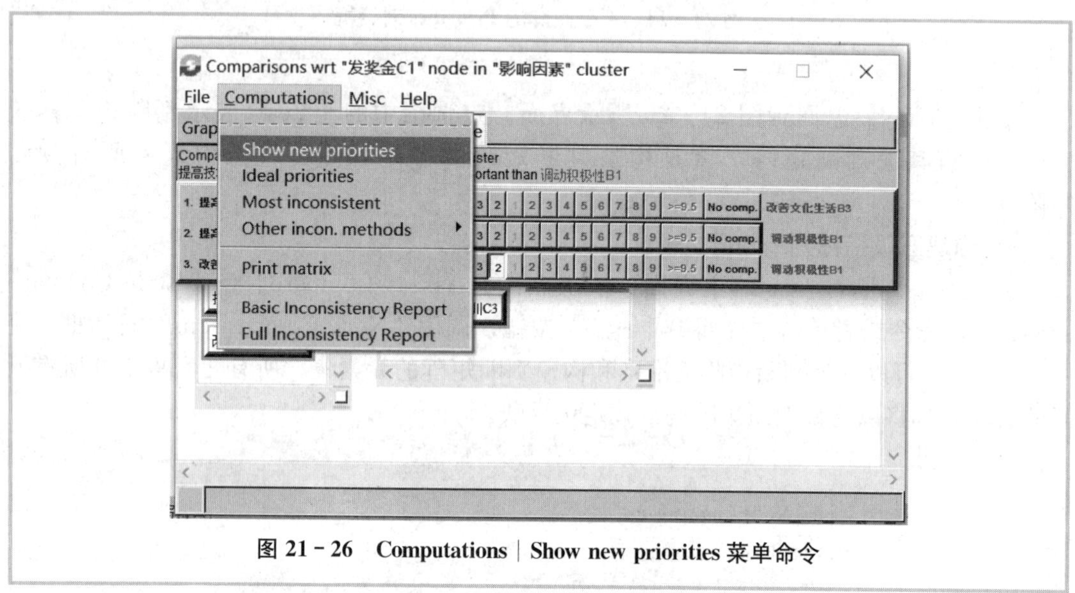

图 21－26　Computations｜Show new priorities 菜单命令

如图 21－27 所示，对于“发奖金 C1”判断矩阵的一致性系数 CR＝0.051 6＜0.1，表明权重可以接受。

单击［Okay］返回到图 21－24 所示界面。点选图中的［Yes］表示判断矩阵构筑完成，再重新选择判断准则和要判断的元素集合，重复构筑判断矩阵并确定权重。接着构筑完所有判断矩阵。

（5）计算未加权超级矩阵。

未加权超级矩阵可以选择判断矩阵的准则和构建判断矩阵的元素集，所有元素集中的所有元素的关联，都将以这种判断矩阵的方式定量反映。未加权超级矩阵的计算在所有判断矩阵构建完成后，直接由 Super Decisions 计算，不需要人工参与。

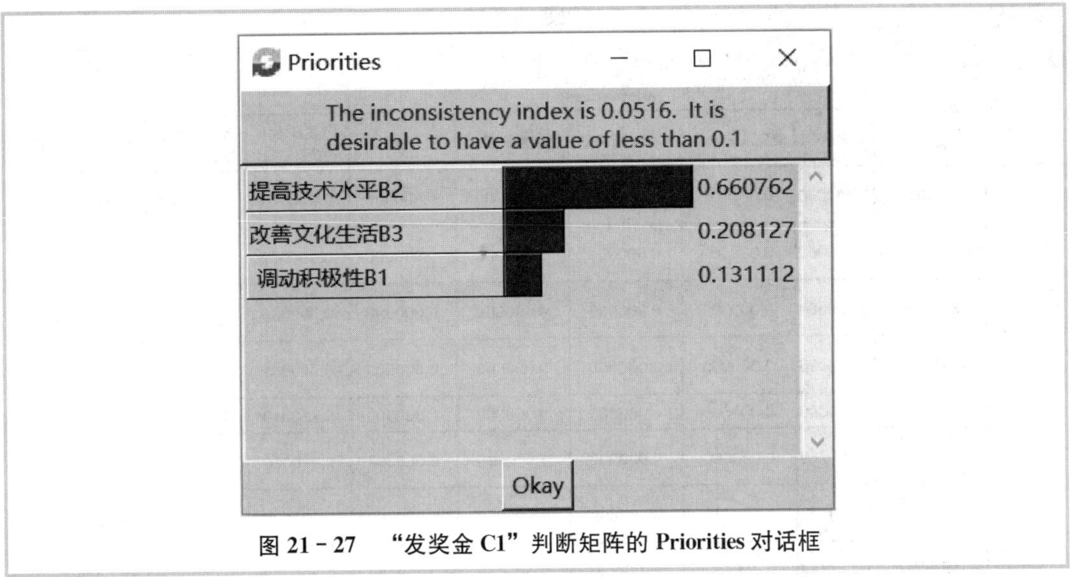

图 21-27　“发奖金 C1”判断矩阵的 Priorities 对话框

1）进入 Super Decisions 的主界面，依次执行［Computations］⇒［Unweighted Super Matrix］⇒［Graphical］菜单命令（见图 21-28）。

2）打开“Unweighted Super Matrix”对话框，显示本例的未加权超级矩阵（见表 21-8）。

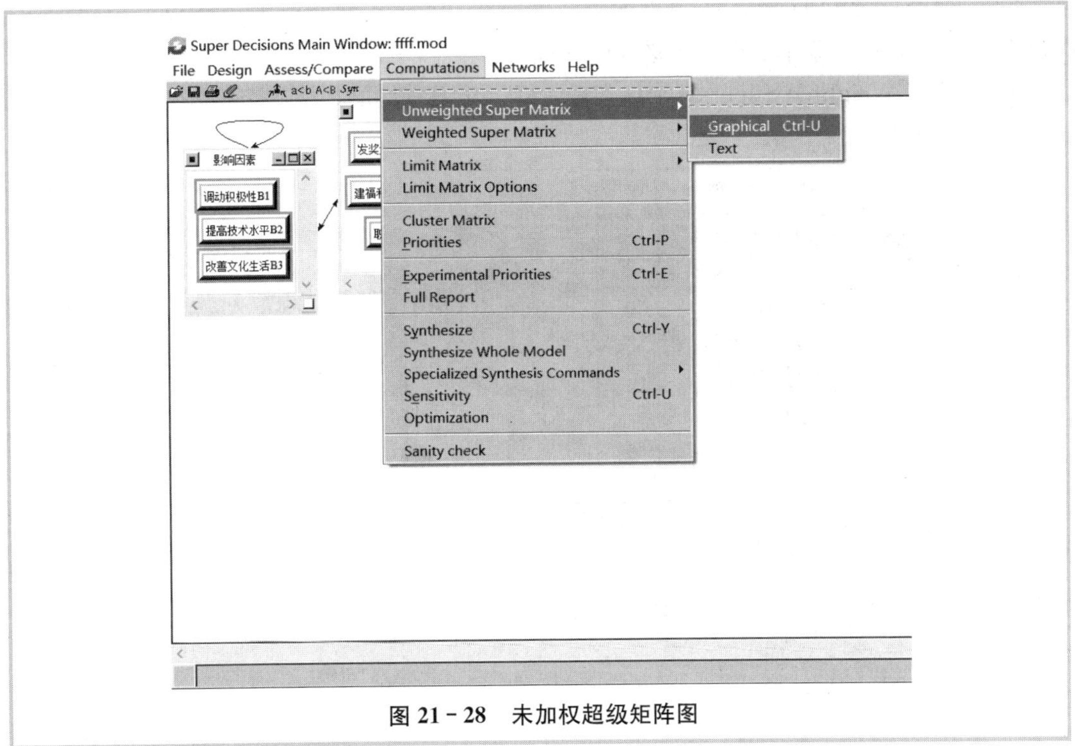

图 21-28　未加权超级矩阵图

表 21-8　　未加权超级矩阵表

Super Decisions Main Window: ffff.mod: Unweighted Super Matrix

Cluster Node Labels		alternatives					影响因素		
		发奖金C1	建文娱设施C4	建福利设施C2	引进新设备C5	职工培训C3	提高技术水平B2	改善文化生活B3	调动积极性B1
alternatives	发奖金C 1	0.000000	0.000000	0.000000	0.000000	0.000000	0.000000	0.380172	0.666667
	建文娱设施C 4	0.000000	0.000000	0.000000	0.000000	0.000000	0.000000	0.288930	0.000000
	建福利设施C 2	0.000000	0.000000	0.000000	0.000000	0.000000	0.000000	0.330898	0.333333
	引进新设备C 5	0.000000	0.000000	0.000000	0.000000	0.000000	0.249981	0.000000	0.000000
	职工培训C3	0.000000	0.000000	0.000000	0.000000	0.000000	0.750019	0.000000	0.000000
影响因素	提高技术水平B2	0.660762	0.000000	0.000000	1.000000	0.666667	0.000000	0.000000	0.000000
	改善文化生活B3	0.208127	0.333333	0.666667	0.000000	0.000000	0.000000	0.000000	1.000000
	调动积极性B1	0.131112	0.666667	0.333333	0.000000	0.333333	0.000000	0.000000	0.000000

Done

（6）计算加权超级矩阵。

建立好未加权超级矩阵，即可对超级矩阵进行加权计算。加权超级矩阵的计算在未加权超级矩阵构建完成后，直接由 Super Decisions 计算，不需要人工参与。

1）进入 Super Decisions 的主界面，依次执行［Computations］⇒［Weighted Super Matrix］⇒［Text］菜单命令（见图 21-29）。

2）打开［Weighted Super Matrix］对话框，显示本例的加权超级矩阵（见表 21-9）。

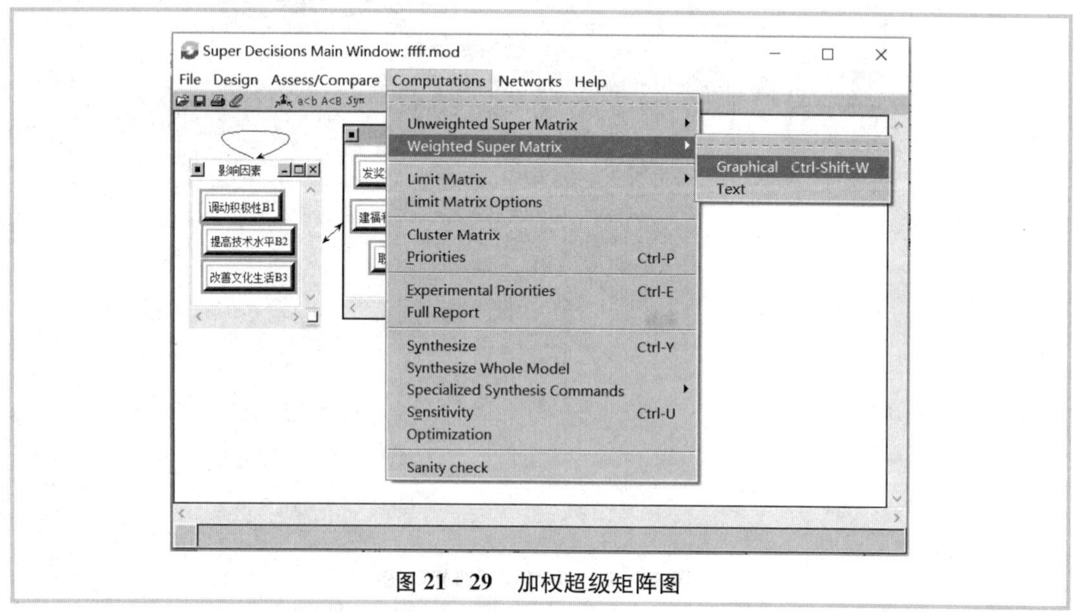

图 21-29　加权超级矩阵图

表 21-9　　加权超级矩阵表

Super Decisions Main Window: ffff.mod: Weighted Super Matrix

Cluster Node Labels		alternatives					影响因素		
		发奖金C1	建文娱设施C4	建福利设施C2	引进新设备C5	职工培训C3	提高技术水平B2	改善文化生活B3	调动积极性B1
alternatives	发奖金C1	0.000000	0.000000	0.000000	0.000000	0.000000	0.000000	0.380172	0.500000
	建文娱设施C4	0.000000	0.000000	0.000000	0.000000	0.000000	0.000000	0.288930	0.000000
	建福利设施C2	0.000000	0.000000	0.000000	0.000000	0.000000	0.000000	0.330898	0.250000
	引进新设备C5	0.000000	0.000000	0.000000	0.000000	0.000000	0.249981	0.000000	0.000000
	职工培训C3	0.000000	0.000000	0.000000	0.000000	0.000000	0.750019	0.000000	0.000000
影响因素	提高技术水平B2	0.660762	0.000000	0.000000	1.000000	0.666667	0.000000	0.000000	0.000000
	改善文化生活B3	0.208127	0.333333	0.666667	0.000000	0.000000	0.000000	0.000000	0.250000
	调动积极性B1	0.131112	0.666667	0.333333	0.000000	0.333333	0.000000	0.000000	0.000000

Done

（7）计算局部权重和全局权重。

为了反映元素之间的依存关系，还需要对加权矩阵做一个稳定性处理，具体算法为计算出加权矩阵的极限矩阵。

1）进入 Super Decisions 的主界面，执行［Computations］⇒［Limit Matrix］⇒［Graphical］菜单命令（见图 21-30），生成极限矩阵表（见表 21-10）。表中每一行相同的数字，即为该行指标的全局权重。

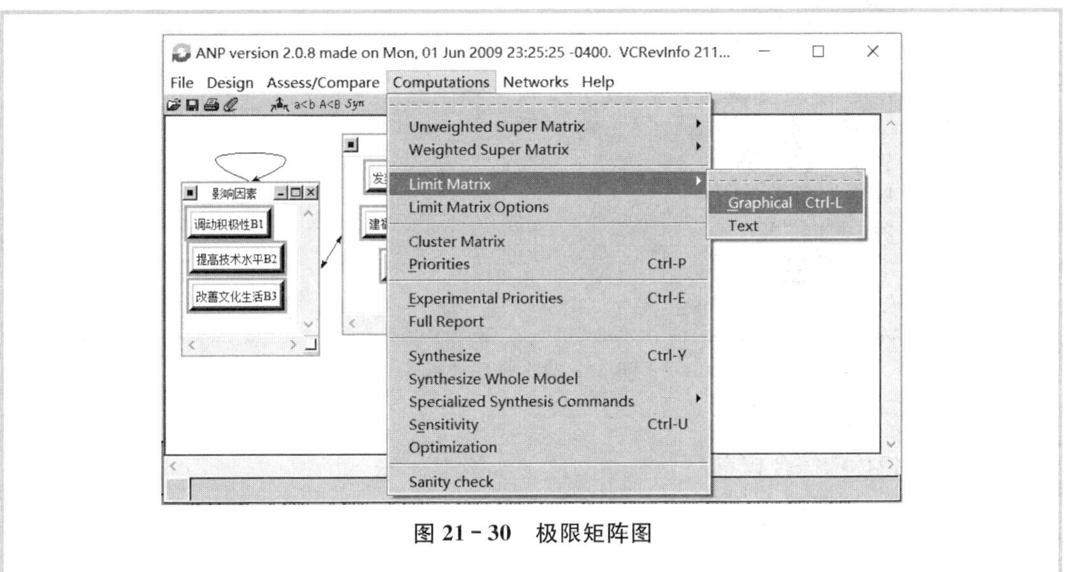

图 21-30　极限矩阵图

表 21-10　　　　极限矩阵表

Super Decisions Main Window: ffff.mod: Limit Matrix

Cluster Node Labels		alternatives					影响因素		
		发奖金C1	建文娱设施C4	建福利设施C2	引进新设备C5	职工培训C3	提高技术水平B2	改善文化生活B3	调动积极性B1
alternatives	发奖金C 1	0.105450	0.105450	0.105450	0.105450	0.105450	0.105450	0.105450	0.105450
	建文娱设施C 4	0.031734	0.031734	0.031734	0.031734	0.031734	0.031734	0.031734	0.031734
	建福利设施C 2	0.068191	0.068191	0.068191	0.068191	0.068191	0.068191	0.068191	0.068191
	引进新设备C 5	0.069670	0.069670	0.069670	0.069670	0.069670	0.069670	0.069670	0.069670
	职工培训C3	0.209032	0.209032	0.209032	0.209032	0.209032	0.209032	0.209032	0.209032
影响因素	提高技术水平B2	0.278702	0.278702	0.278702	0.278702	0.278702	0.278702	0.278702	0.278702
	改善文化生活B3	0.109833	0.109833	0.109833	0.109833	0.109833	0.109833	0.109833	0.109833
	调动积极性B1	0.127389	0.127389	0.127389	0.127389	0.127389	0.127389	0.127389	0.127389

Done

2）回到主界面，执行［Computations］⇒［Priorities］菜单命生成指标的全局权重（见图 21-31）。

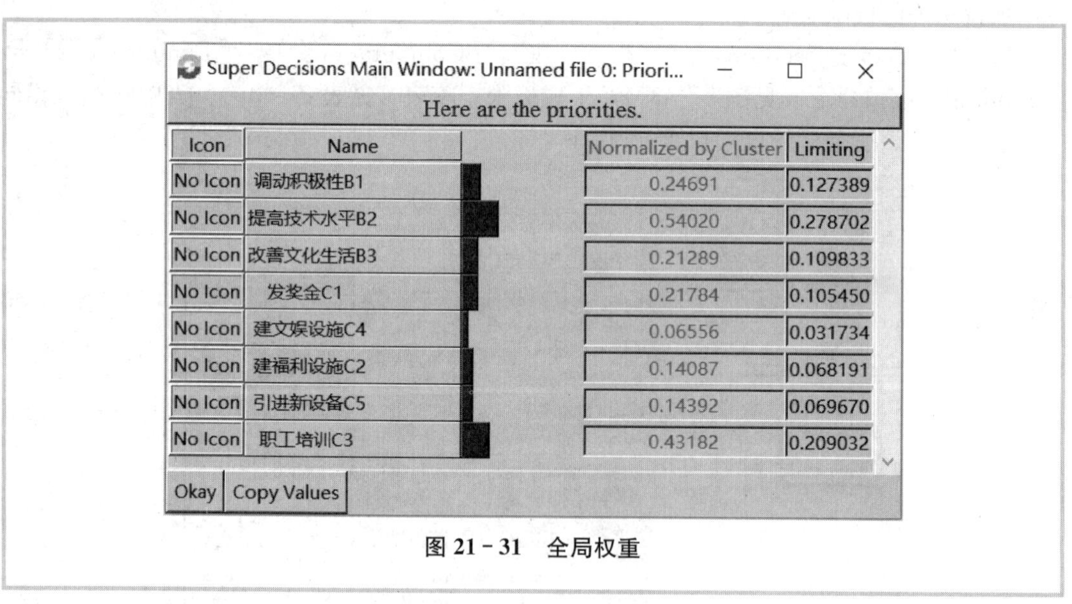

Super Decisions Main Window: Unnamed file 0: Priori...

Here are the priorities.

Icon	Name	Normalized by Cluster	Limiting
No Icon	调动积极性B1	0.24691	0.127389
No Icon	提高技术水平B2	0.54020	0.278702
No Icon	改善文化生活B3	0.21289	0.109833
No Icon	发奖金C1	0.21784	0.105450
No Icon	建文娱设施C4	0.06556	0.031734
No Icon	建福利设施C2	0.14087	0.068191
No Icon	引进新设备C5	0.14392	0.069670
No Icon	职工培训C3	0.43182	0.209032

Okay　Copy Values

图 21-31　全局权重

（8）确定指标的综合权重。

进入 Super Decisions 的主界面，执行［Computations］⇒［Synthesize］⇒［Text］菜单命令，生成综合权重（见图 21-32）。从表中可以看出，“职工培训 C3”权重 0.432，“发奖金 C1”权重 0.218，“引进新设备 C5”权重 0.144，“建福利设施 C2”权重 0.141，“建文娱设施 C4”权重 0.066，最后方案自然就是“职工培训 C3”。

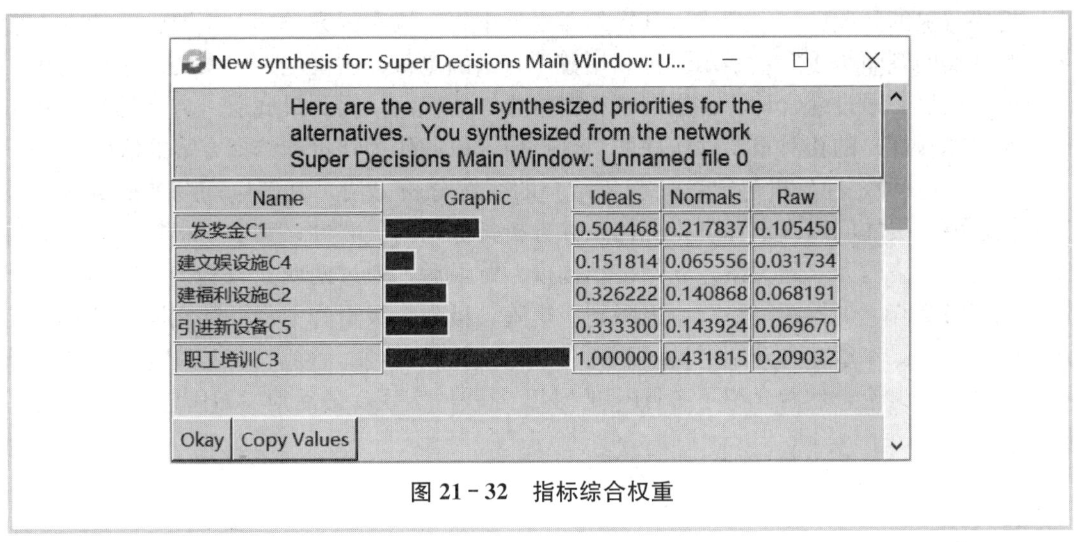

Name	Graphic	Ideals	Normals	Raw
发奖金C1		0.504468	0.217837	0.105450
建文娱设施C4		0.151814	0.065556	0.031734
建福利设施C2		0.326222	0.140868	0.068191
引进新设备C5		0.333300	0.143924	0.069670
职工培训C3		1.000000	0.431815	0.209032

图 21－32　指标综合权重

21.3　ANP 与 AHP 的比较

ANP 是美国萨蒂（Satty）教授在 AHP 的基础上提出来的，下面将对此两种方法从以下几个角度进行比较：

（1）从理论上看，ANP 是在 AHP 的基础上发展起来的，具体来说，ANP 的前身是反馈的 AHP。它们的相同点是都构造比较矩阵，确定特征向量，并且进行一致性检验。不同点是 AHP 是一种多准则决策方法，它将系统划分层次，并假定系统内不存在反馈，且同层内元素相互独立。ANP 则取消这些假定，在理论上有了解决复杂动态系统问题的可能性。

（2）从结构上看，ANP 由控制层和网络层两部分组成。其中 ANP 控制层的结构与 AHP 结构相同，而 ANP 的网络层则是由受控于控制层的所有能反映系统的元素组成，其内部的网络结构是多样的，可以是上述讨论的结构中的任何一种。

（3）从解决问题的实效性看，AHP 的递阶层次结构由于独立性假设，虽然简单易行，但是对于复杂系统往往由于假设太过于理想化从而失真。ANP 的结构具有多样性，能很好地描述实际复杂系统的结构，确定的元素相对排序向量也更具有说服力，从而能更客观地对复杂系统进行评价。

（4）从运行的复杂度比较，AHP 简单易行，对于解决简单系统问题有很好的效果。ANP 解决超矩阵是一项非常复杂的运算过程，运算量大，但一般在实际应用中多采用计算机软件，因此计算复杂不会阻碍 ANP 的推广应用。

本章小结

AHP 是一种定性分析与定量分析相结合的系统分析方法，其解决问题的思路是：首先，把要解决的问题分层系列化；其次，对模型中每一层次因素的相对重要性，依据人们对客观现实的判断给予定量表示，再利用数学方法确定每一层次全部因素相对重要性次序的权值；最后，通过综合计算各层因素相对重要性的权值，得到最底层（方案层）相对于最高层（总目标）的相对重要性次序的组合权值，以此作为评价和选择方案的依据。

ANP 是一种定性分析与定量分析相结合的系统分析方法，其解决问题的思路是：首先，根据要解决的问题确定评价指标体系并分析指标间的关联性；其次，根据控制层的目标和准则和网络的元素间关系建立网络结构模型；最后，通过两两比较构造判断矩阵，计算系统超级矩阵、加权超级矩阵、极限超级矩阵，极限超级矩阵中每一行相同的数字即为该指标的权重。本章首先介绍了 ANP 和 ANP 的思路和步骤，接着对 AHP 和 ANP 的基本思想进行了讨论，然后介绍了 AHP 和 ANP 的软件实现，最后对 AHP 与 ANP 进行了比较。

关键术语

目标　决策准则　控制层　网络层　最大特征根　特征向量　一致性检验　一致性矩阵　无权重超级矩阵　加权超级矩阵　极限超级矩阵

复习思考题

1. 层次分析法是如何解决大型公共管理系统的分析和决策问题的？这种方法有什么特点？

2. 应用层次分析法分析问题时要经过哪些步骤？为什么一致性检验是其中必不可少的一个步骤？

3. 某领导岗位需要增配一名领导者，现有甲、乙、丙三位候选人可供选择。选择的原则是合理兼顾以下六个方面——思想品德、工作成绩、组织能力、文化程度、年龄大小、身体状况。请用层次分析法对甲、乙、丙三人进行排序，给出最佳人选。

4. 某人想去旅游一次，现有三个地点桂林、张家界、庐山可供选择。请用层次分析法帮他选一个适合自己情况的旅游点。

5. 层次分析法和网络层次分析法主要的区别是什么？

6. 应用网络层次分析法分析问题时要经过哪些步骤？

附录 1　随机数

10 097	32 533	76 520	13 586	34 673	54 876	80 959	09 117	39 292	74 945
37 542	04 805	64 894	74 296	24 805	24 037	20 636	10 402	00 822	91 665
08 422	68 953	19 645	09 303	23 209	02 560	15 953	34 764	35 080	33 606
99 019	02 529	09 376	70 715	38 311	31 165	88 676	74 397	04 436	27 659
12 807	99 970	80 157	36 147	64 032	36 653	98 951	16 877	12 171	76 833
66 065	74 717	34 072	76 850	98 867	36 170	65 813	39 885	11 199	29 170
31 060	10 805	45 571	82 406	35 303	42 614	86 799	07 439	23 403	09 732
85 269	77 602	02 051	65 692	68 665	74 818	73 053	85 247	18 623	88 579
63 573	32 135	05 325	47 048	90 553	57 548	28 468	28 709	83 491	25 624
73 796	45 753	03 529	64 778	35 808	34 282	60 935	20 344	35 273	88 435
98 520	17 767	14 905	68 607	22 109	40 558	60 970	93 433	50 500	73 998
11 805	05 431	39 808	27 732	50 725	68 248	29 405	24 201	52 775	67 851
83 452	99 634	06 288	98 033	13 746	70 078	18 475	40 610	68 711	77 817
88 685	40 200	86 507	58 401	36 766	67 951	90 364	76 493	29 609	11 062
99 594	67 348	87 517	64 969	91 826	08 928	93 785	61 368	23 478	34 113
65 481	17 674	17 468	50 950	58 047	76 974	73 039	57 186	40 218	16 544
80 124	35 635	17 727	08 015	45 318	22 374	21 115	78 253	14 385	53 763
74 350	99 817	77 402	77 214	43 236	00 210	45 521	64 237	96 286	02 655
69 916	26 803	66 252	29 148	36 936	87 203	76 621	13 990	94 400	56 418
09 893	20 505	14 225	68 514	46 427	56 788	96 297	78 822	54 382	14 598
91 499	14 523	68 479	27 686	46 162	83 554	94 750	89 923	37 089	20 048
80 336	94 598	26 940	36 858	70 297	34 135	53 140	33 340	42 050	82 341
44 104	81 949	85 157	47 954	32 979	26 575	57 600	40 881	22 222	06 413
12 550	73 742	11 100	02 040	12 860	74 697	96 644	89 439	28 707	25 815
63 606	49 329	16 505	34 484	40 219	52 563	43 651	77 082	07 207	31 790
61 196	90 446	26 457	47 774	51 924	33 729	65 394	59 593	42 582	60 527
15 474	45 266	95 270	79 953	59 367	83 848	82 396	10 118	33 211	59 466
94 557	28 573	67 897	54 387	54 622	44 431	91 190	42 592	92 927	45 973
42 481	16 213	97 344	08 721	16 868	48 767	03 071	12 059	25 701	46 670
23 523	78 317	73 208	89 837	68 935	91 416	26 252	29 663	05 522	82 562
04 493	52 494	75 246	33 824	45 862	51 025	61 962	79 335	65 337	12 472
00 549	97 654	64 051	88 159	96 119	63 896	54 692	82 391	23 287	29 529
35 963	15 307	26 898	09 354	33 351	35 462	77 974	50 024	90 103	39 333
59 808	08 391	45 427	26 842	83 609	49 700	13 021	24 892	78 565	20 106
46 058	85 236	01 390	92 286	77 281	44 077	93 910	83 647	70 617	42 941
32 179	00 597	87 379	25 241	05 567	07 007	86 743	17 157	85 394	11 838
69 234	61 406	20 117	45 204	15 956	60 000	18 743	92 423	97 118	96 338
19 565	41 430	01 758	75 379	40 419	21 585	66 674	36 806	84 962	85 207
45 155	14 938	19 476	07 246	43 667	94 543	59 047	90 033	20 826	69 541

94 864	31 994	36 768	10 851	34 888	81 553	01 540	35 456	05 014	51 176
98 086	24 826	45 240	28 404	44 999	08 896	39 094	73 407	35 441	31 880
33 185	16 232	41 941	50 949	89 435	48 581	88 695	41 994	37 548	73 043
80 951	00 406	96 382	70 774	20 151	23 387	25 016	25 298	94 624	61 171
79 752	49 140	71 961	28 296	69 861	02 591	74 852	20 539	00 387	59 579
18 633	32 537	98 145	06 571	31 010	24 674	05 455	61 427	77 938	91 936
74 029	43 902	77 557	32 270	97 790	17 119	52 527	58 021	80 814	51 748
54 178	45 611	80 993	37 143	05 335	12 969	56 127	19 255	36 040	90 324
11 664	49 883	52 079	84 827	59 381	71 539	09 973	33 440	88 461	23 356
48 324	77 928	31 249	64 710	02 295	36 870	32 307	57 546	15 020	09 994
69 074	94 138	87 637	91 976	35 584	04 401	10 518	21 615	01 848	76 938
09 188	20 097	32 825	39 527	04 220	86 304	83 389	87 374	64 278	58 044
90 045	85 497	51 981	50 654	94 938	81 997	91 870	76 150	68 476	64 659
73 189	50 207	47 677	26 269	62 290	64 464	27 124	67 018	41 361	82 760
75 768	76 490	20 971	87 749	90 429	12 272	95 375	05 871	93 823	43 178
54 016	44 056	66 281	31 003	00 682	27 398	20 714	53 295	07 706	17 813
08 358	69 910	78 542	42 785	13 661	58 873	04 618	97 553	31 223	08 420
28 306	03 264	81 333	10 591	40 510	07 893	32 604	60 475	94 119	01 840
53 840	86 233	81 594	13 628	51 215	90 290	28 466	68 795	77 762	20 791
91 757	53 741	61 613	62 669	50 263	90 212	55 781	76 514	83 483	47 055
89 415	92 694	00 397	58 391	12 607	17 646	48 949	72 306	94 541	37 408
77 513	03 820	86 864	29 901	68 414	82 774	51 908	13 980	72 893	55 507
19 502	37 174	69 979	20 288	55 210	29 773	74 287	75 251	65 344	67 415
21 818	59 313	93 278	81 757	05 686	73 156	07 082	85 046	31 853	38 452
51 474	66 499	68 107	23 621	94 049	91 345	42 836	09 191	08 007	45 449
99 559	68 331	62 535	24 170	69 777	12 830	74 819	78 142	43 860	72 834
33 713	48 007	93 584	72 869	51 926	64 721	58 303	29 822	93 174	93 972
85 274	86 893	11 303	22 970	28 834	34 137	73 515	90 400	71 148	43 643
84 133	89 640	44 035	52 166	73 852	70 091	61 222	60 561	62 327	18 423
56 732	16 234	17 395	96 131	10 123	91 622	85 496	57 560	81 604	18 880
65 138	56 806	87 648	85 261	34 313	65 861	45 875	21 069	85 644	47 277
38 001	02 176	81 719	11 711	71 602	92 937	74 219	64 049	65 584	49 698
37 402	96 397	01 304	77 586	56 271	10 086	47 324	62 605	40 030	37 438
97 125	40 348	87 083	31 417	21 815	39 250	75 237	62 047	15 501	29 578
21 826	41 134	47 143	34 072	64 638	85 902	49 139	06 441	03 856	54 552
73 135	42 742	95 719	09 035	85 794	74 296	08 789	88 156	64 691	19 202
07 638	77 929	03 061	18 072	96 207	44 156	23 821	99 538	04 713	66 994
60 528	83 441	07 954	19 814	59 175	20 695	05 533	52 139	61 212	06 455
83 596	35 655	06 958	92 983	05 128	09 719	77 433	53 783	92 301	50 498
10 850	62 746	99 599	10 507	13 499	06 319	53 075	71 839	06 410	19 362
39 820	98 952	43 622	63 147	64 421	80 814	43 800	09 351	31 024	73 167

资料来源：Reprinted from pages 1－2 of *A Million Random Digits with 100 000 Normal Deviates*，The RAND Corporation (New York：The Free Press，1955)，Copyright © 1955 and 1983 by The RAND Corporation. Used by permission.

附录 2　正态分布表

	0.00	0.01	0.02	0.03	0.04	0.05	0.06	0.07	0.08	0.09
0.0	0.000 1	0.004 0	0.008 0	0.012 0	0.016 0	0.020 0	0.024 0	0.028 0	0.031 9	0.035 9
0.1	0.039 9	0.043 8	0.047 8	0.051 8	0.055 7	0.059 7	0.063 6	0.067 5	0.071 5	0.075 4
0.2	0.079 3	0.083 2	0.087 1	0.091 0	0.094 9	0.098 8	0.102 6	0.106 5	0.110 3	0.114 1
0.3	0.118 0	0.121 8	0.125 6	0.129 3	0.133 1	0.136 9	0.140 6	0.144 4	0.148 1	0.151 8
0.4	0.155 5	0.159 1	0.162 8	0.166 4	0.170 1	0.173 7	0.177 3	0.180 9	0.184 4	0.188 0
0.5	0.191 5	0.195 0	0.198 5	0.202 0	0.205 4	0.208 9	0.212 3	0.215 7	0.219 1	0.222 4
0.6	0.225 8	0.229 1	0.232 4	0.235 7	0.238 9	0.242 2	0.245 4	0.248 6	0.251 8	0.254 9
0.7	0.258 1	0.261 2	0.264 3	0.267 3	0.270 4	0.273 4	0.276 4	0.279 4	0.282 3	0.285 2
0.8	0.288 2	0.291 0	0.293 9	0.296 7	0.299 5	0.302 3	0.305 1	0.307 8	0.310 6	0.313 3
0.9	0.315 9	0.318 6	0.321 2	0.323 8	0.326 4	0.328 9	0.331 4	0.333 9	0.336 4	0.338 9
1.0	0.341 3	0.343 7	0.346 1	0.348 4	0.350 8	0.353 1	0.355 4	0.357 6	0.359 9	0.362 1
1.1	0.364 3	0.366 4	0.368 6	0.370 7	0.372 8	0.374 8	0.376 9	0.378 9	0.380 9	0.382 9
1.2	0.385 0	0.386 9	0.388 8	0.390 7	0.392 6	0.394 4	0.396 2	0.398 0	0.399 8	0.401 5
1.3	0.403 2	0.404 9	0.406 6	0.408 3	0.409 9	0.411 5	0.413 1	0.414 7	0.416 2	0.417 7
1.4	0.419 2	0.420 7	0.422 2	0.423 6	0.425 1	0.426 5	0.427 8	0.429 2	0.430 5	0.431 9
1.5	0.433 2	0.434 4	0.435 7	0.436 9	0.438 2	0.439 4	0.440 6	0.441 7	0.442 9	0.444 0
1.6	0.445 1	0.446 2	0.447 3	0.448 4	0.449 4	0.450 4	0.451 5	0.452 4	0.453 4	0.454 4
1.7	0.455 3	0.456 3	0.457 2	0.458 1	0.459 0	0.459 8	0.460 7	0.461 5	0.462 3	0.463 2
1.8	0.463 9	0.464 7	0.465 5	0.466 2	0.467 0	0.467 7	0.468 4	0.469 1	0.469 8	0.470 5
1.9	0.471 1	0.471 8	0.472 4	0.473 1	0.473 7	0.474 3	0.474 9	0.475 4	0.476 0	0.476 6
2.0	0.477 1	0.477 6	0.479 2	0.479 7	0.479 2	0.479 7	0.480 2	0.480 6	0.481 1	0.481 6
2.1	0.482 0	0.482 4	0.482 9	0.483 3	0.483 7	0.484 1	0.484 5	0.484 9	0.485 2	0.485 6
2.2	0.486 0	0.486 3	0.486 7	0.487 0	0.487 3	0.487 7	0.488 0	0.488 3	0.488 6	0.488 9
2.3	0.489 2	0.489 5	0.489 7	0.490 0	0.490 3	0.490 5	0.490 8	0.491 0	0.491 3	0.491 5
2.4	0.491 7	0.491 9	0.492 2	0.492 4	0.492 6	0.492 8	0.493 0	0.493 2	0.493 4	0.493 6
2.5	0.493 7	0.493 9	0.494 1	0.494 3	0.494 4	0.494 6	0.494 7	0.494 9	0.495 0	0.495 2
2.6	0.495 3	0.495 5	0.495 6	0.495 7	0.495 8	0.496 0	0.496 1	0.496 2	0.496 3	0.496 4
2.7	0.496 5	0.496 6	0.496 8	0.496 9	0.496 9	0.497 0	0.497 1	0.497 2	0.497 3	0.497 4
2.8	0.497 3	0.497 4	0.497 4	0.497 5	0.497 6	0.497 7	0.497 7	0.497 8	0.497 9	0.497 9
2.9	0.498 0	0.498 1	0.498 1	0.498 2	0.498 2	0.498 3	0.498 3	0.498 4	0.498 4	0.498 5
3.0	0.498 5	0.498 6	0.498 6	0.498 7	0.498 7	0.498 8	0.498 8	0.498 8	0.498 9	0.498 9
3.1	0.499 0	0.499 0	0.499 0	0.499 1	0.499 1	0.499 1	0.499 1	0.499 2	0.499 2	0.499 2
3.2	0.499 3	0.499 3	0.499 3	0.499 3	0.499 4	0.499 4	0.499 4	0.499 4	0.499 4	0.499 5
3.3	0.499 5	0.499 5	0.499 5	0.499 5	0.499 6	0.499 6	0.499 6	0.499 6	0.499 6	0.499 6
3.4	0.499 6	0.499 7	0.499 7	0.499 7	0.499 7	0.499 7	0.499 7	0.499 7	0.499 7	0.499 8

资料来源：F. N. Kerlinger and H. B. Lee, *Foundations of Behavioral Research*, 4th ed. Copyright © 2000 by Harcourt College Publishers. Reprinted by permission.

附录 3　t 分布

（单尾显著性水平）

df \ α	0. 10	0. 05	0. 025	0. 01	0. 005	0. 001	0. 000 5
1	3. 078	6. 314	12. 71	31. 821	63. 657	—	636. 619
2	1. 886	2. 920	4. 31	6. 965	9. 925	—	31. 598
3	1. 638	2. 353	3. 19	4. 541	5. 841	—	12. 941
4	1. 533	2. 132	2. 78	3. 747	4. 604	7. 18	8. 610
5	1. 476	2. 015	2. 57	3. 365	4. 032	5. 90	6. 859
6	1. 440	1. 943	2. 45	3. 143	3. 707	5. 21	5. 959
7	1. 415	1. 895	2. 37	2. 998	3. 499	4. 79	5. 405
8	1. 397	1. 860	2. 31	2. 896	3. 355	4. 51	5. 041
9	1. 383	1. 833	2. 27	2. 821	3. 250	4. 30	4. 781
10	1. 372	1. 812	2. 23	2. 764	3. 169	4. 15	4. 587
11	1. 363	1. 796	2. 20	2. 718	3. 106	4. 03	4. 437
12	1. 356	1. 782	2. 18	2. 681	3. 055	3. 93	4. 318
13	1. 350	1. 771	2. 16	2. 650	3. 012	3. 86	4. 221
14	1. 345	1. 761	2. 15	2. 624	2. 977	3. 79	4. 140
15	1. 341	1. 753	2. 13	2. 602	2. 947	3. 74	4. 073
16	1. 377	1. 746	2. 12	2. 583	2. 921	3. 69	4. 015
17	1. 333	1. 740	2. 11	2. 567	2. 898	3. 65	3. 965
18	1. 330	1. 734	2. 10	2. 552	2. 878	3. 62	3. 922
19	1. 328	1. 729	2. 09	2. 539	2. 861	3. 58	3. 883
20	1. 325	1. 725	2. 09	2. 528	2. 845	3. 56	3. 850
21	1. 323	1. 721	2. 08	2. 518	2. 831	3. 53	3. 819
22	1. 321	1. 717	2. 07	2. 508	2. 819	3. 51	3. 792
23	1. 319	1. 714	2. 07	2. 500	2. 807	3. 49	3. 767
24	1. 318	1. 711	2. 06	2. 492	2. 797	3. 47	3. 745
25	1. 316	1. 708	2. 06	2. 485	2. 787	3. 45	3. 725
26	1. 315	1. 706	2. 06	2. 479	2. 779	3. 44	3. 707
27	1. 314	1. 703	2. 05	2. 473	2. 771	3. 43	3. 690
28	1. 313	1. 701	2. 05	2. 467	2. 763	3. 41	3. 674
29	1. 311	1. 699	2. 05	2. 462	2. 756	3. 40	3. 659
30	1. 310	1. 697	2. 04	2. 457	2. 750	3. 39	3. 646
∞	1. 282	1. 645	1. 96	2. 326	2. 576	3. 08	3. 291

资料来源：Adapted from *Applied Regression Analysis and Other Multivariable Methods* by David G. Kleinbaum and Lawrence L. Kupper. Copyright © 1978，Wadsworth，Inc.，Bebnont，CA. Reprinted by permission of the publisher，Duxbury Press. Figures for 0. 025 and 0. 001 calculated by Kenneth j. Meier using NCSS statistical software.

附录4　F的临界值

（黑体字的显著性水平为0.01，普通字体的显著性水平为0.05）

		自由度（分子）									
		1	2	3	4	5	6	7	8	9	10
自由度（分母）	1	161.00	200.00	216.00	225.00	230.00	234.00	237.00	239.00	241.00	242.00
		4 052.0	**4 999.0**	**5 403.0**	**5 625.0**	**5 764.0**	**5 859.0**	**5 928.0**	**5 981.0**	**6 022.0**	**6 056.0**
	2	18.51	19.00	19.16	19.25	19.30	19.33	19.36	19.37	19.38	19.39
		98.49	**99.00**	**99.17**	**99.25**	**99.30**	**99.33**	**99.36**	**99.37**	**99.39**	**99.40**
	3	10.13	9.55	9.28	9.12	9.01	8.94	8.88	8.84	8.81	8.78
		34.12	**30.82**	**29.46**	**28.71**	**28.24**	**27.91**	**27.67**	**27.49**	**27.34**	**27.23**
	4	7.71	6.94	6.59	6.39	6.26	6.16	6.09	6.04	6.00	5.96
		21.20	**18.00**	**16.69**	**15.98**	**15.52**	**15.21**	**14.91**	**14.80**	**14.66**	**14.54**
	5	6.61	5.79	5.41	5.19	5.05	4.95	4.88	4.82	4.78	4.74
		16.26	**13.27**	**12.06**	**11.39**	**10.97**	**10.67**	**10.45**	**10.29**	**10.15**	**10.05**
	6	5.99	5.14	4.76	4.53	4.39	4.28	4.21	4.15	4.10	4.06
		33.74	**10.92**	**9.78**	**9.15**	**8.75**	**8.47**	**8.26**	**8.10**	**7.98**	**7.87**
	7	5.59	4.74	4.35	4.12	3.97	3.87	3.79	3.73	3.68	3.63
		12.25	**9.55**	**8.45**	**7.85**	**7.46**	**7.19**	**7.00**	**6.84**	**6.71**	**6.62**
	8	5.32	4.46	4.07	3.84	3.69	3.58	3.50	3.44	3.39	3.34
		11.26	**8.65**	**7.59**	**7.01**	**6.63**	**6.37**	**6.19**	**6.03**	**5.91**	**5.82**
	9	5.12	4.26	3.86	3.63	3.48	3.37	3.29	3.23	3.18	3.13
		10.56	**8.02**	**6.99**	**6.42**	**6.06**	**5.80**	**5.62**	**5.47**	**5.35**	**5.26**
	10	4.96	4.10	3.71	3.48	3.33	3.22	3.14	3.07	3.02	2.97
		10.04	**7.56**	**6.55**	**5.99**	**5.64**	**5.39**	**5.21**	**5.06**	**4.95**	**4.85**
	11	4.84	3.98	3.59	3.36	3.20	3.09	3.01	2.95	2.90	2.86
		9.65	**7.20**	**6.22**	**5.67**	**5.32**	**5.07**	**4.88**	**4.74**	**4.63**	**4.54**
	12	4.75	3.88	3.49	3.26	3.11	3.00	2.92	2.85	2.80	2.76
		9.33	**6.93**	**5.95**	**5.41**	**5.06**	**4.82**	**4.65**	**4.50**	**4.39**	**4.30**
	13	4.67	3.80	3.41	3.18	3.02	2.92	2.84	2.77	2.72	2.67
		9.07	**6.70**	**5.74**	**5.20**	**4.86**	**4.62**	**4.44**	**4.30**	**4.19**	**4.10**
	14	4.60	3.74	3.34	3.11	2.96	2.85	2.77	2.70	2.65	2.60
		8.86	**6.51**	**5.56**	**5.03**	**4.69**	**4.46**	**4.28**	**4.14**	**4.03**	**3.94**
	15	4.54	3.68	3.29	3.06	2.90	2.79	2.70	2.64	2.59	2.55
		8.68	**6.36**	**5.42**	**4.89**	**4.56**	**4.32**	**4.14**	**4.00**	**3.89**	**3.80**
	16	4.49	3.63	3.24	3.01	2.85	2.74	2.66	2.59	2.54	2.49
		8.53	**6.23**	**5.29**	**4.77**	**4.44**	**4.20**	**4.03**	**3.89**	**3.78**	**3.69**
	17	4.45	3.59	3.20	2.96	2.81	2.70	2.62	2.55	2.50	2.45
		8.40	**6.11**	**5.18**	**4.67**	**4.34**	**4.10**	**3.93**	**3.79**	**3.68**	**3.59**
	18	4.41	3.55	3.16	2.93	2.77	2.66	2.58	2.51	2.46	2.41
		8.28	**6.01**	**5.09**	**4.58**	**4.25**	**4.01**	**3.85**	**3.71**	**3.60**	**3.51**

	19	4.38	3.52	3.13	2.90	2.74	2.63	2.55	2.48	2.43	2.38
		8.18	**5.93**	**5.01**	**4.50**	**4.17**	**3.94**	**3.77**	**3.63**	**3.52**	**3.43**
	20	4.35	3.49	3.10	2.87	2.72	2.60	2.52	2，45	2.40	2.35
		8.10	**5.85**	**4.94**	**4.43**	**4.10**	**3.87**	**3.71**	**3.56**	**3.45**	**3.37**
	22	4.30	3.44	3.05	2.82	2.66	2.55	2.47	2.40	2.35	2.30
		7.94	**5.72**	**4.82**	**4.31**	**3.99**	**3.76**	**3.59**	**3.45**	**3.35**	**3.26**
	23	4.28	3.42	3.03	2.80	2.64	2.53	2.45	2.38	2.32	2.28
		7.88	**5.66**	**4.76**	**4.26**	**3.94**	**3.71**	**3.54**	**3.41**	**3.30**	**3.21**
	25	4.24	3.38	2.99	2.76	2.60	2.49	2.41	2.34	2.28	2.24
		7.77	**5.57**	**4.61**	**4.18**	**3.86**	**3.63**	**3.46**	**3.32**	**3.21**	**3.13**
	26	4.22	3.37	2.98	2.74	2.59	2.47	2.39	2.32	2.27	2.22
		7.72	**5.53**	**4.64**	**4.14**	**3.82**	**3.59**	**3.42**	**3.29**	**3.27**	**3.09**
	28	4.20	3.34	2.95	2.72	2.56	2.44	2.36	2.29	2.24	2.29
		7.64	**5.45**	**4.57**	**4.07**	**3.76**	**3.53**	**3.36**	**3.23**	**3.12**	**3.03**
	29	4.18	3.33	2.93	2.70	2.54	2.43	2.35	2.28	2.22	2.18
		7.60	**5.42**	**4.54**	**4.04**	**3.73**	**3.50**	**3.33**	**3.20**	**3.08**	**3.00**
	30	4.27	3.32	2.92	2.69	2.53	2.42	2.34	2.27	2.21	2.16
		7.56	**5.39**	**4.51**	**4.02**	**3.70**	**3.47**	**3.30**	**3.17**	**3.06**	**2.98**
	34	4.13	3.29	2.88	2.65	2.49	2.38	2.30	2.23	2.27	2.12
		7.44	**5.29**	**4.42**	**3.93**	**3.61**	**3.38**	**3.21**	**3.08**	**2.97**	**2.89**
	38	4.20	3.25	2.85	2.62	2.46	2.35	2.26	2.29	2.14	2.09
		7.35	**5.21**	**4.34**	**3.86**	**3.54**	**3.32**	**3.15**	**3.02**	**2.91**	**2.82**
	40	4.08	3.23	2.84	2.62	2.45	2.34	2.25	2.28	2.22	2.07
		7.31	**5.18**	**4.31**	**3.83**	**3.51**	**3.29**	**3.12**	**2.99**	**2.88**	**2.80**
	46	4.65	3.20	2.81	2.57	2.42	2.30	2.22	2.14	2.09	2.04
		7.21	**5.10**	**4.24**	**3.76**	**3.44**	**3.22**	**3.05**	**2.92**	**2.82**	**2.73**
	50	4.03	3.18	2.79	2.56	2.40	2.29	2.20	2.13	2.07	2.02
		7.17	**5.06**	**4.20**	**3.72**	**3.41**	**3.11**	**3.02**	**2.83**	**2.78**	**2.70**
	60	4.00	3.15	2.76	2.52	2.37	2.25	2.57	2.10	2.04	1.99
		7.08	**4.98**	**4.13**	**3.65**	**3.34**	**3.12**	**2.95**	**2.82**	**2.72**	**2.63**
	70	3.98	3.13	2.74	2.50	2.35	2.23	2.14	2.07	2.01	1.97
		7.01	**4.92**	**4.08**	**3.60**	**3.29**	**3.07**	**2.91**	**2.77**	**2.67**	**2.59**
	80	3.96	3.11	2.72	2.48	2.33	2.21	2.12	2.05	1.99	1.95
		6.96	**4.88**	**4.04**	**3.56**	**3.25**	**3.04**	**2.87**	**2.74**	**2.64**	**2.55**
	100	3.94	3.09	2.70	2.46	2.30	2.19	2.10	2.03	5.97	5.92
		6.90	**4.82**	**3.98**	**3.51**	**3.20**	**2.99**	**2.82**	**2.69**	**2.59**	**2.51**

资料来源：P. G. Hoel, *Elementary Statistics*, 2nd ed.（New York：John Wiley & Sons，1966）. Copyright © 1966 by John Wiley & Sons. Reprinted by permission of John Wiley & Sons. F. N. Kerlinger and H. B. Lee, *Foundations of Behavioral Research*, 4th ed. Copyright © 2000 by Harcourt College Publishers. Reprinted by permission.

附录 5　D-W 统计量检验边界

（显著性水平为 0.05）

	$k=1$		$k=2$		$k=3$		$k=4$		$k=5$		$k=6$	
n	d_L	d_U	d_L	d_U	d_L	d_U	d_L	d_U	d_L	d_U	d_L	d_U
6	0.610	1.400	—	—	—	—	—	—	—	—	—	—
7	0.700	1.356	0.467	1.896	—	—	—	—	—	—	—	—
8	0.763	1.332	0.559	1.777	0.368	2.287	—	—	—	—	—	—
9	0.824	1.320	0.629	1.699	0.455	2.128	0.296	2.588	—	—	—	—
10	0.879	1.320	0.697	1.641	0.525	2.016	0.376	2.414	0.243	2.822	—	—
11	0.927	1.324	0.758	1.604	0.595	1.928	0.444	2.283	0.316	2.645	0.203	3.005
12	0.971	1.331	0.812	1.579	0.658	1.864	0.512	2.177	0.379	2.506	0.268	2.832
13	1.010	1.340	0.861	1.562	0.715	1.816	0.574	2.094	0.445	2.390	0.328	2.692
14	1.045	1.350	0.905	1.551	0.767	1.779	0.632	2.030	0.505	2.296	0.389	2.572
15	1.077	1.361	0.946	1.543	0.814	1.750	0.685	1.977	0.562	2.220	0.447	2.472
16	1.106	1.371	0.982	1.539	0.857	1.728	0.734	1.935	0.615	2.157	0.502	2.388
17	1.133	1.381	1.015	1.536	0.897	1.710	0.779	1.900	0.664	2.104	0.554	2.318
18	1.158	1.391	1.046	1.535	0.933	1.696	0.820	1.872	0.710	2.060	0.603	2.257
19	1.180	1.401	1.074	1.536	0.967	1.685	0.859	1.848	0.752	2.023	0.649	2.206
20	1.201	1.411	1.100	1.537	0.998	1.676	0.894	1.828	0.792	1.991	0.692	2.162
21	1.221	1.420	1.125	1.538	1.026	1.669	0.927	1.812	0.829	1.964	0.732	2.124
22	1.239	1.429	1.147	1.541	1.053	1.664	0.958	1.797	0.863	1.940	0.769	2.090
23	1.257	1.437	1.168	1.543	1.078	1.660	0.986	1.785	0.895	1.920	0.804	2.061
24	1.273	1.446	1.188	1.546	1.101	1.656	1.013	1.775	0.925	1.902	0.837	2.035
25	1.288	1.454	1.206	1.550	1.123	1.654	1.038	1.767	0.953	1.886	0.868	2.012
26	1.302	1.461	1.224	1.553	1.143	1.652	1.062	1.759	0.979	1.873	0.897	1.992
27	1.316	1.469	1.240	1.556	1.162	1.651	1.084	1.753	1.004	1.861	0.925	1.974
28	1.328	1.476	1.255	1.560	1.181	1.650	1.104	1.747	1.028	1.850	0.951	1.958
29	1.341	1.483	1.270	1.563	1.198	1.650	1.124	1.743	1.050	1.841	0.975	1.944
30	1.352	1.489	1.284	1.567	1.214	1.650	1.143	1.739	1.071	1.833	0.998	1.931
31	1.363	1.496	1.297	1.570	1.229	1.650	1.160	1.735	1.090	1.825	1.020	1.920
32	1.373	1.502	1.309	1.574	1.244	1.650	1.177	1.732	1.109	1.819	1.041	1.909
33	1.383	1.508	1.321	1.577	1.258	1.651	1.193	1.730	1.127	1.813	1.061	1.900
34	1.393	1.514	1.333	1.580	1.271	1.652	1.208	1.728	1.144	1.808	1.080	1.891

附录 6 卡方分布

p	0. 10	0. 05	0. 025	0. 01	0. 005	df
	2. 71	3. 84	5. 02	6. 63	7. 88	1
	4. 61	5. 99	7. 38	9. 21	10. 60	2
	6. 25	7. 81	9. 35	11. 34	12. 84	3
	7. 78	9. 49	11. 14	13. 28	14. 86	4
	9. 24	11. 07	12. 83	15. 09	16. 75	5
	10. 64	12. 59	14. 45	16. 81	18. 55	6
	12. 02	14. 07	16. 01	18. 48	20. 3	7
	13. 36	15. 51	17. 53	20. 1	22. 0	8
	14. 68	16. 92	19. 02	21. 7	23. 6	9
	15. 99	18. 31	20. 5	23. 2	25. 2	10
	17. 28	19. 68	21. 9	24. 7	26. 8	11
	18. 55	21. 0	23. 3	26. 2	28. 3	12
	19. 81	22. 4	24. 7	27. 7	29. 8	13
	21. 1	23. 7	26. 1	29. 1	31. 3	14
	22. 3	25. 0	27. 5	30. 6	32. 8	15
	23. 5	26. 3	28. 8	32. 0	34. 3	16
	24. 8	27. 6	30. 2	33. 4	35. 7	17
	26. 0	28. 9	31. 5	34. 8	37. 2	18
	27. 2	30. 1	32. 9	36. 2	38. 6	19
	28. 4	31. 4	34. 2	37. 6	40. 0	20
	29. 6	32. 7	35. 5	38. 9	41. 4	21
	30. 8	33. 9	36. 8	40. 3	42. 8	22
	32. 0	35. 2	38. 1	41. 6	44. 2	23
	33. 2	36. 4	39. 4	43. 0	45. 6	24
	34. 4	37. 7	40. 6	44. 3	46. 9	25
	35. 6	38. 9	41. 9	45. 6	48. 3	26
	36. 7	40. 1	43. 2	47. 0	49. 6	27
	37. 9	41. 3	44. 5	48. 3	51. 0	28
	39. 1	42. 6	45. 7	49. 6	52. 3	29
	40. 3	43. 8	47. 0	50. 9	53. 7	30
	51. 8	55. 8	59. 3	63. 7	66. 8	40
	63. 2	67. 5	71. 4	76. 2	79. 5	50
	74. 4	79. 1	83. 3	88. 4	92. 0	60
	85. 5	90. 5	95. 0	100. 4	104. 2	70
	96. 6	101. 9	106. 6	112. 3	116. 3	80
	107. 6	113. 1	118. 1	124. 1	128. 3	90
	118. 5	124. 3	129. 6	135. 8	140. 2	100

资料来源：Adapted from *Applied Regression Analysis and Other Multivariable Methods* by David G. Kleinbaum and Lawrence L. Kupper. Copyright © 1978，Wadsworth，Inc.，Bebnont，CA. Reprinted by permission of the publisher，Duxbury Press.

参考文献

[1] 谭跃进. 定量分析方法. 北京：中国人民大学出版社，2002

[2] 陈永国. 公共管理定量分析方法. 上海：上海交通大学出版社，2006

[3] 马庆国. 应用统计学：数理统计方法、数据获取与 SPSS 应用. 北京：科学出版社，2005

[4] 林齐宁. 决策分析. 北京：北京邮电大学出版社，2003

[5] 赵光华，占绍文，段中兴. 管理定量分析方法. 北京：北京大学出版社，2008

[6] 肯尼思·J. 迈耶. 公共管理中的应用统计学（第 5 版）. 北京：中国人民大学出版社，2004

[7] 许晓东. 定量分析方法. 武汉：华中科技大学出版社，2008

[8] 艾尔·巴比. 社会研究方法（第 11 版）. 北京：华夏出版社，2009

[9] 米红，张文璋. 实用现代统计分析方法与 SPSS 应用. 北京：当代中国出版社，2000

[10] 张金马. 公共政策分析：概念·过程·方法. 北京：人民出版社，2004

[11] 弗雷德里克·S. 希利尔，等. 数据、模型与决策. 北京：中国财政经济出版社，2001

[12] 刘兰剑，司春林. 网络嵌入性、跨组织学习与技术创新：几个变量的测度. 现代管理科学，2011（10）

[13] 孙蕾. 激发统计趣味. 中国统计，2005（6）

[14] 张玉环. 浅谈假设检验中原假设和备择假设的建立. 大学数学，2012（4）

[15] 汪荣鑫. 数理统计. 西安：西安交通大学出版社，1986

[16] 汪卓，季程远. 怎样测量腐败：国内外腐败测量方法述评. 新视野，2016（3）

人大版公共管理类教材

公共管理类专业教材——学科基础课教材

书名	作者
现代管理学原理（第三版）（“十一五”国家级规划教材）	娄成武　魏淑艳
一般管理学原理（第四版）	张康之　周　军
管理学基础（第三版）	方振邦
管理学教程	方振邦
政治学原理（第三版）	景跃进　张小劲
现代政治学原理（第四版）	石永义　刘玉萼　张　璋
政治学教程	舒　放　刘琼莲
公共管理学（第二版）	陈振明
公共管理学——一种不同于传统行政学的研究途径（第二版）	陈振明
公共管理学（第二版）（“十二五”国家级规划教材）	蔡立辉　王乐夫
公共管理学（精编版）	王乐夫　蔡立辉
公共管理学（第二版）	张康之　郑家昊
公共管理概论（第二版）	朱立言　谢　明
公共管理学概论	曹现强　王佃利
公共管理学导引与案例（第二版）	王丛虎
公共管理案例	中国人民大学公共管理学院
公共政策导论（第五版）	谢　明
公共政策概论（第二版）	谢　明
公共政策学——政策分析的理论、方法和技术（“十一五”国家级规划教材）	陈振明
公共政策学	杨宏山
政策科学——公共政策分析导论（第二版）	陈振明
公共政策学导引与案例	陈季修
公共政策案例	中国人民大学公共管理学院
公共经济学（第三版）（“十二五”国家级规划教材）	高培勇
公共经济学教程	秦立建
政府经济学（第四版）（“十一五”国家级规划教材）	郭小聪
政府经济学（第四版）	潘明星　韩丽华

公共管理类专业教材——方法课教材

书名	作者
行政学研究方法与应用案例	萧鸣政
管理定量分析：方法与技术（第二版）	刘兰剑　李　玲
公共管理的方法与技术（第二版）	魏　娜
公共管理实用分析方法	汪明生　胡象明

公共管理类专业教材——行政管理、公共事业管理专业教材

书名	作者
行政法学导论	姜晓萍
行政法学	朱新立　唐明良　李春燕
公共部门人力资源管理（第四版）	孙柏瑛　祁凡骅
公共部门人力资源开发与管理（第四版）（“十二五”国家级规划教材）	孙柏瑛　祁凡骅
公共部门人力资源开发与管理（第三版）	孙柏瑛
公共部门人力资源管理（第三版）	滕玉成　于　萍
公共部门人力资源管理	方振邦

书名	作者
公共部门人力资源管理概论	方振邦
公共部门人力资源管理案例	周均旭
公共人事制度	刘俊生
行政管理学（第四版）	郭小聪
公共行政学（第五版）	彭和平
公共行政学	张康之　张乾友
行政学导论（第三版）	齐明山
行政管理学导引与案例	陈季修
管理心理学（第二版）	范逢春
公共组织行为学（第三版）（“十一五”国家级规划教材）	孙　萍　张　平
公共组织学（第三版）	李传军
行政组织学（第二版）	张　昕　李　泉
公共组织理论	陆明远
公共事业管理概论（第三版）	朱仁显
公共事业管理概论（“十一五”国家级规划教材）	娄成武　李　坚
公共组织财务管理（第三版）（“十一五”国家级规划教材）	王为民
国家公务员制度（第四版）（数字教材版）（“十二五”国家级规划教材）	舒　放　王克良
国家公务员制度概论（第二版）	刘碧强　郗永勤
公务员制度概论	李如海
公务员制度导论	孙德超
行政领导学（第三版）	朱立言　李国梁
领导学（第四版）	邱霈恩
领导学	王自亮
领导学：理念、行为与艺术	祁凡骅
领导学	孙　健
现代市政学（第四版）（数字教材版）	王佃利　张莉萍　高　原
市政管理学（第四版）（“十一五”国家级规划教材）	杨宏山
市政学导引与案例（第二版）	李燕凌
社区管理（第三版）	汪大海　魏　娜　郇建立
社区管理原理与案例	魏　娜
电子政务教程（第三版）（“十一五”国家级规划教材）	赵国俊
电子政府与电子政务（第二版）（“十一五”国家级规划教材）	张锐昕
电子政府概论（第二版）	张锐昕
管理信息系统	张维明　黄金才
行政伦理学教程（第三版）（“十二五”国家级规划教材）	张康之　李传军
公共危机管理导论（“十一五”国家级规划教材）	肖鹏军
公共危机管理概论	王宏伟
公共危机管理	唐　钧
公共危机与应急管理：原理与案例	王宏伟
行政决策学	许文惠　张成福　孙柏瑛
非营利组织管理	吴东民　等
非营利组织管理（第二版）	康晓光
非营利组织管理导引与案例	崔向华　张　婷
当代中国政府与政治	景跃进　陈明明　肖　滨
当代中国政府与行政（第三版）	魏　娜　吴爱明
当代中国政府（第二版）（“十一五”国家级规划教材）	吴爱明
地方政府学概论（第二版）	方　雷
地方政府管理（第二版）	陈瑞莲　张紧跟
管理秘书实务（第三版）	赵锁龙
行政秘书学	唐　钧
公文写作与处理	赵国俊
机关管理的原理与方法（第三版）	赵国俊　陈幽泓

书名	作者
公共部门绩效管理	方振邦
政府绩效管理	方振邦　葛蕾蕾
政府绩效评估	蔡立辉
公共关系概论（第二版）	邹正方
政府公共关系（第二版）（“十一五”国家级规划教材）	廖为建　张　宁
社会管理	汪大海
社会管理——理论、实践与案例	陈振明
西方行政学理论概要（第二版）（“十一五”国家级规划教材）	丁　煌
公共行政学史	何艳玲
公共行政学经典理论导引与案例	付小均
西方公共管理名著导读	汪大海
管理思想史教程	方振邦　葛蕾蕾
文化管理学（第三版）（“十二五”国家级规划教材）	孙　萍
文化创意产业导论	魏鹏举
卫生事业管理（第二版）（“十一五”国家级规划教材）	李　鲁
教育经济与管理（第二版）（“十一五”国家级规划教材）	娄成武　史万兵
现代公用事业管理	崔运武

公共管理类专业教材——劳动与社会保障专业教材

书名	作者
社会保障概论（第六版）（教育部推荐教材）	孙光德　董克用
社会保障管理（“十一五”国家级规划教材）	邓大松　刘昌平
劳动经济学（“十一五”国家级规划教材）	董克用　刘　昕
劳动法与社会保障法	黎建飞　李　静
人力资源管理	彭剑锋
社会保险学（第三版）	孙树菡　朱丽敏
社会保障基金管理	李春根
社会保险精算原理与实务	王晓军
社会保障国际比较	仇雨临
国际社会保障制度教程	穆怀中
员工福利概论（第二版）（“十一五”国家级规划教材）	仇雨临
医疗保障	王虎峰

公共管理类专业教材——土地资源管理专业教材

书名	作者
土地经济学（第八版）（“十一五”国家级规划教材）	毕宝德
土地法学	严金明
土地法学	王守智　吴春岐
土地科学导论	叶剑平
土地资源管理学	张正峰
土地利用规划学	张占录　张正峰
不动产估价（第二版）（“十一五”国家级规划教材）	叶剑平　曲卫东
土地信息系统	曲卫东　韩　琼
地籍管理（第五版）（“十一五”国家级规划教材）	谭　峻　林增杰

公共管理类专业教材——城市管理专业教材

书名	作者
城市管理学（第三版）	杨宏山

书名	作者
城市管理法	王丛虎
城市总体规划原理	郐艳丽　田　莉

公共管理硕士（MPA）教材——核心课教材

书名	作者
全国公共管理硕士（MPA）核心课程教学指导纲要	全国公共管理专业学位研究生教育指导委员会
社会主义建设理论与实践（第三版）	李景治　蒲国良
公共管理英语（修订版）	顾建光
公共管理学（修订版）	张成福　党秀云
公共管理学原理（修订版）	陈振明
公共管理导论	竺乾威　朱春奎　李瑞昌
公共政策分析	陈振明
公共政策分析导论	陈振明
公共政策分析概论（修订版）	谢　明
政治学：基本理论与中国视角	任剑涛
公共部门经济学（第三版）	高培勇　崔　军
公共经济学	唐任伍
行政法学（修订版）	皮纯协　张成福
行政法学概论（第三版）	胡锦光
非营利组织管理概论（修订版）	王　名
非营利组织管理	王　名　王　超
公共管理伦理学（修订版）	张康之
社会研究方法	陈振明
定量分析方法（第三版）	谭跃进
电子政务理论与方法（第四版）	金江军
电子政务	吴爱明　何　滨
公文写作概论	高永贵
信息技术及其应用（第三版）	张维明

公共管理硕士（MPA）教材——专业方向必修课、选修课教材

书名	作者
公务员制度教程（第五版）	舒　放　王克良
比较政府与政治（修订版）	卓　越
当代中国政府与政治（第三版）	吴爱明　朱国斌　林　震
公共部门人力资源管理及案例教程（第三版）	陈天祥
领导学	祁凡骅　刘　颖
领导学教程	常　健
领导理论与实践	邱霈恩
西方公共行政管理理论精要	丁　煌
社会管理概论	唐　钧
公共部门绩效评估（修订版）	卓　越
公共危机管理（修订版）	王宏伟
公共部门危机管理（第三版）	张小明
公共部门战略管理（修订版）	陈振明
城市管理理论与实务	杨宏山
公共冲突管理	常　健
MPA 学位论文写作指南	汪大海

图书在版编目（CIP）数据

管理定量分析：方法与技术/刘兰剑，李玲编著. —2版. —北京：中国人民大学出版社，2018.3
公共管理系列教材
ISBN 978-7-300-25565-1

Ⅰ.①管… Ⅱ.①刘…②李… Ⅲ.①管理学-定量分析-高等学校-教材 Ⅳ.①C93-03

中国版本图书馆CIP数据核字（2018）第030171号

公共管理系列教材
管理定量分析：方法与技术（第二版）
刘兰剑　李　玲　编著
Guanli Dingliang Fenxi

出版发行	中国人民大学出版社		
社　　址	北京中关村大街31号	邮政编码	100080
电　　话	010－62511242（总编室）		010－62511770（质管部）
	010－82501766（邮购部）		010－62514148（门市部）
	010－62515195（发行公司）		010－62515275（盗版举报）
网　　址	http://www.crup.com.cn		
经　　销	新华书店		
印　　刷	北京七色印务有限公司	版　　次	2014年1月第1版
规　　格	185 mm×260 mm　16开本		2018年3月第2版
印　　张	25	印　　次	2020年7月第3次印刷
字　　数	563 000	定　　价	49.80元

教学支持说明

（教学课件）

中国人民大学出版社政治与公共管理出版分社秉承“出教材学术精品，育人文社科英才”的出版宗旨，多年来，出版了大批高质量的公共管理、教育学、政治学、政治理论公共课教材和学术著作。

我们为本教材制作了相应的PPT教学课件，任何一位采用本书作为授课教材的教师均可免费获得该课件。为了确保该课件仅为授课教师获得，烦请您填写如下材料，并将相关信息通过E-mail发送给我们，我们将在收到相关信息后通过E-mail给您发送该课件。欢迎您加入我们的QQ群（全国政管教师交流群，群号为236159213），或登录我社官方网站（www.crup.com.cn），注册并认证成为教师会员，以获得更好的服务。

我们的联系方式：

地址：（100872）北京市中关村大街甲59号文化大厦1202室

中国人民大学出版社政治与公共管理出版分社

电话：（010）82502724　62514775（传真）

E-mail：ggglcbfs@vip.163.com

QQ群：236159213

兹证明__________大学/学院__________院/系__________专业__________学年第__________学期开设的__________课程，采用中国人民大学出版社出版的____________________（书名、作者）作为本课程教材。授课教师为__________，授课班级共______个、学生______人。授课教师需要与本书配套的教学课件。

联 系 人：____________________

通信地址：____________________

邮　　编：____________________

电　　话：____________________

E-mail：____________________

系/院主任：__________（签字）

（系/院办公室章）

______年_____月_____日